현대家
사람들

현대家 사람들

2015. 11. 17. 초판 1쇄 인쇄
2015. 11. 25. 초판 1쇄 발행

지은이 │ 이채윤
옮긴이 │ 김영진
펴낸이 │ 이종춘
펴낸곳 │ **BM** **성안당**

주소 │ 121-838 서울시 마포구 양화로 127 첨단빌딩 5층(출판기획 R&D 센터)
413-120 경기도 파주시 문발로 112(제작 및 물류)

전화 │ 02) 3142-0036
031) 950-6300

팩스 │ 031) 955-0510
등록 │ 1973.2.1 제13-12호
출판사 홈페이지 │ **www.cyber.co.kr**
ISBN │ 978-89-315-7897-3 (03320)
정가 │ 15,000원

이 책을 만든 사람들
책임 │ 최옥현
편집 · 진행 │ 조혜란
교정 · 교열 │ 장윤정
본문 디자인 │ 김인환
표지 디자인 │ 윤대한, 박현정
홍보 │ 전지혜
국제부 │ 이선민, 조혜란, 신미성, 김필호
마케팅 │ 구본철, 차정욱, 나진호, 이동후, 강호묵
제작 │ 김유석

현대家 사람들

이채윤 지음

정주영의 DNA
실패를 두려워 않는 불굴의 도전 정신

창업주 아산 정주영부터 범 현대가 3세까지

BM 성안당

왜 정주영인가

산업화의 대열에서는 뒤쳐졌으나

이 땅의 산업화는 서구 사회보다는 무려 100~200년이나 뒤늦게 시작되었다. 1750년 무렵 영국은 산업혁명이라는 새로운 길을 열었다. 1750년 이전 전 세계 사람들은 일부 부자나 권력자들을 빼고는 모두 가난했다. 그러나 200년 후인 1950년이 되자 산업혁명의 수혜를 입은 산업국가군의 평균 국민소득은 20배나 상승했다. 유럽과 유럽의 분파라고 부른 미국, 캐나다, 호주, 뉴질랜드가 이들 국가들이다. 연간 500달러였던 평균 국민 소득은 1만 달러를 넘어선 것이다. 하지만 이들은 세계 인구의 15%에 불과했다. 나머지 40억 인구는 여전히 뒤쳐진 과거시대와 같은 삶을 살았다.

아시아에서는 유일하게 일본이 1861년 메이지유신으로 그 대열에 참여했다. 일본은 제1차 세계대전이 끝나가던 무렵인 1917년 무렵 산업화에 안착하면서 철강, 조선, 나아가서 자동차, 비행기까지 만들어낼 수 있는 능력을 갖추게 되었다. 일본은 산업화 대열에 일찍 동참하게 된 행운을 침략과 전쟁이라는 도구로 활용해서 제국주의의 길을 걷다가 처참한 패망을 맞이했다.

이 땅에 근대적 의미의 기업가들이 등장한 것은 일제 강점기 아래
서이다. 엄격한 유교적 신분질서 속에서 미천한 직업으로 분류되던
상업과 공업의 종사자들이 상업 자본을 형성하여 기업가 집단으로,
사회를 주도하는 세력으로 등장하기 시작한 것이다.

하지만 치욕스런 일제의 강점을 벗어나서 8·15 해방을 맞이한 신
생국가 대한민국은 국민소득 60달러의 최빈국 처지에 놓여 있었다.
엎친 데 덮친 격으로 새로운 조국을 건설해 보기도 전에 6·25 한국
전쟁이라는 동족상잔의 비극이 이 땅을 덮쳤다.

이 땅의 '1세대 기업가'들은 잿더미 위에서 조국 건설의 삽질을 시
작했다. 정주영, 이병철, 구인회 같은 '산업화 1세대의 비즈니스 리
더'들은 쌀장수, 포목점, 고물상, 자동차 수리업, 방직업 등으로 시
작하여 기반을 닦았고, 해방 이후의 혼란기와 6·25 한국 전쟁을 겪
으면서 상업과 공업, 그리고 무역으로 부를 축적하여 산업화를 완성
하는 자본가 그룹을 형성해 나갔다.

도전 정신, 최고의 기업가 정신

한국이 6·25 전쟁의 폐허에서 불과 반세기 만에 산업화를 달성하
고 세계 10위의 경제대국으로 성장하게 된 근인(根因)은 누가 뭐래도
'1세대 기업가'들의 '기업가 정신'에서 찾을 수 있다. 일찍이 슘페터
는 기업가들의 창의력이 사회발전의 원동력이라고 설파한 바 있다.

피터 드러커는 위험과 불확실성에도 불구하고 이윤을 추구하려는 모험과 창의적인 정신이 기업가 정신의 핵심이라 했다. 기업가 정신을 한마디로 압축하면 '도전 정신'이다.

한국 기업들의 가장 큰 장점은 무엇보다 최고경영자(CEO)의 도전 정신이라고 말한다. 사실 정주영, 이병철 등으로 대표되는 '1세대 기업가'들의 도전과 모험 정신이 없었다면 한국 경제는 지금과 같은 발전을 이룩하지 못했을 것이다. 그들은 일단 새로운 사업이 선정되면 위험을 감수하고 회사 전체의 역량을 집중해 현재의 한국 기업군을 만들어냈던 것이다.

정주영은 우리나라 1세대 기업가를 대표하는 최고의 기업인이었다. 그는 불세출의 경영자이면서 최고의 아이디어맨이었고 세기의 기인이었다. 세계 기업의 역사를 들추어 보아도 정주영처럼 많은 일화와 역발상의 사례를 쏟아낸 인물은 별로 없을 것 같다. 21세기 들어와 세계는 스티브 잡스의 창의성과 공격적 경영에 열광했다. 정주영의 경영업적을 살펴보면 스티브 잡스를 능가하는 창의성과 불굴의 도전 정신, 진취적 기상이 서려 있음을 알 수 있다.

그는 누구보다도 부지런하고 정력적이었으며 톡톡 튀는 창의력과 우직한 실행력을 지닌 사나이였다. 그를 우리나라 역사의 한 획을 긋는 탁월한 경영자로 만든 것은 기발한 발상과 창의성을 곧바로 사업으로 연결지어 실현시킨 실천의 힘이었다.

진정 정주영은 실천의 사람이었다. 19세 떠꺼머리 청년 때 사업에 투신한 이후 86세로 세상을 떠날 때까지 정주영은 실천의 사람이었다. 그는 온몸을 던진 실천력으로 일제 강점기에 가난한 농군의 아들로 태어나 맨주먹으로 사업을 시작했고, 전쟁의 상처를 딛고 무(無)에서 유(有)를 창조해온, 한국 경제의 역사이자 증인임을 온몸으로 보여주고 있다.

그는 '하면 된다'는 불굴의 도전 정신과 창의적 노력, 진취적 기상으로 현대(現代)그룹을 창업하여 한국을 대표하는 대그룹으로 일으켜 세운 개척자적인 자수성가형 사업가이다. 때로는 그의 발상이 엉뚱해 보이고 기상천외해 보이기까지 한 것이었으나 그는 목표와 우선순위를 명확하게 설정하고 불도저처럼 앞날을 향해 질주했던 것이다.

그는 경부고속도로 건설, 해외건설 시장 진출, 세계 최대의 조선소 건립, 세계를 누비는 자동차 등을 통해 한국 경제발전의 기틀을 다지는 데 큰 역할을 했다. 정주영은 《타임》지가 선정한 아시아를 빛낸 6인의 경제인에 뽑히기도 했다.

범(凡) 현대가(家)의 부활

정주영이 창업한 현대그룹은 한국 최고의 기업군으로 성장해서 그 명성을 전 세계에 떨쳤다. 그러나 중국 속담에 '창업은 쉽고, 이룬 것을 지키기는 어렵다(創業易守成難)'는 말이 있다. 정주영 사후 현대그룹은 불안정한 후계 체제를 겪으며 숱한 자중지란에 빠지기도 했다. 현대그룹은 범 현대가로 분할되면서 한국 최고 기업군의 자리를 삼성에게 내주었으나 2013년 재계순위 50대 그룹 안에 현대자동차그룹(2위), 현대중공업그룹(7위), 현대그룹(20위), 현대백화점그룹(24위), KCC그룹(32위), 한라그룹(37위), 현대산업개발그룹(38위) 등 7개 기업군을 등재하면서 한국 최고의 기업군으로 건재함을 과시하고 있다.

비록 형제간 갈등은 있었지만 정주영이 남겨 놓은 사업들은 대북사업 등 일부 사업을 제외하고는 정주영의 시대 이상으로 더욱 커졌다. 아들들이 이어받은 5개 주요 그룹은 각 분야에서 훌쩍 성장했으며, 동생들이 이어받은 기업들도 독자 영역을 구축했다.

특히 정몽구가 이끄는 현대자동차그룹은 세계 자동차 시장에서 엄청난 도약을 이루면서 도요타, GM, 폴크스바겐, 르노닛산에 이어 '빅5'의 자리를 차지하면서, 자동차만으로 재계 2위의 자리를 지키고 있다.

또 현대중공업그룹은 1983년 이후 줄곧 글로벌 조선시장 점유율 1위를 달리고 있는 저력을 보여주고 있다.

정주영의 마지막 사업인 대북 사업의 유지를 이어가고 있다가 그룹 회장 정몽헌의 자살이라는 비운을 겪기도 했던 현대그룹은, 장성택 처형 이후 북한 내부의 긴박한 상황에도 불구하고 금강산관광 재개 전담팀 등의 태스크포스(TF)를 운영하며 사업 정상화를 위한 일정을 진행하는 뚝심을 보이고 있다.

한때 현대그룹의 간판 기업이었던 현대건설은 2001년 유동성 위

기를 맞아 현대그룹에서 분리되기도 했으나 2011년 4월 현대자동차 그룹의 계열사로 재편입되어 과거의 영광을 재현하기 위한 준비에 몰두해 있었다.

1976년 설립되어 현대그룹의 수출 창구이자 국내 수출 전선의 첨병으로 자리를 확고히 해왔던 현대종합상사는 2003년 9월 워크아웃 되어 현대가로부터 떨어져 나갔다. 그로부터 6년 후인 2010년 1월, 현대중공업은 다시 현대종합상사를 인수했다. 그 후 현대종합상사가 범현대가의 무한 지원을 바탕으로 다시금 '현대(HYUNDAI)'라는 울타리 속에서 영광 재현에 나서고 있다.

다시 정주영 정신으로

2015년은 정주영 탄생 100주년이 되는 해다. 이제 정주영, 그는 갔고 그의 시대는 저물었지만, 아직도 그가 한국 경제에 남긴 발자취는 선연히 빛나고 있다. 창업에서부터 대북 사업에 이르기까지 '인간 정주영'만큼 영국의 역사학자 아놀드 토인비가 말한 '도전과 응전'의 역사를 실천한 사람은 거의 없다고 해도 과언이 아닐 것이다.

2007년 12월 대한상공회의소는 회원사 CEO 120명을 대상으로 설문조사를 벌인 결과, 정주영은 한국 경제에 가장 큰 공헌을 한 기업인 1위로 선정되었다. 2010년 05월, 경제 월간지 《이코노미 인사이트》가 실시한 설문조사에서도 정주영은 "창조·혁신·진취적인 '기업가 정신'을 가장 훌륭하게 구현한 재계 인물"에서 압도적 1위로 선정되었다. 이 선정을 한 사람들이 한국을 대표하는 경제전문가 70인이라는 데 큰 의미가 있다 하겠다. 대중적인 인식과 마찬가지로 국내 대표적인 경제학자들 역시 정주영을 '기업가 정신의 살아있는 신화'로 여기고 있는 것이다.

최근 자유기업원이 대학생 2,000여 명을 대상으로 '2010년 부활하기를 바라는 기업인'을 설문한 결과 절반을 훌쩍 넘는 64.8%가 정주영을 꼽았다. 또한 정주영은 2014년 4월 여론조사 전문기관인 한국갤럽이 조사한 '한국에서 가장 존경할 만한 부자 1위'로 꼽히기도 했다.

이제 정주영 탄생 100주년을 맞이해서 다시 정주영 정신으로 돌아가자는 목소리가 많이 들려온다. 지난 60여 년 동안 한국 경제가 비약적인 성장을 해올 수 있었던 바탕에는 세계 최고로 인정받았던 한국의 산업화를 이끌어낸 '1세대 비즈니스 리더'들의 기업가 정신이 있었다.

그런데 한국 경제는 그런 기업가 정신이 꺼져가고 있다. 2013년 국제 기업가 정신연구협회(Global Entrepreneurship Research Association)가 발표하는 '글로벌 기업가 정신 지수(GEDI)'에서 우리나라 기업가 정신 순위는 선진 40개국 중 27위로 주저앉았다. 한국 경제는 경제의 잠재성장률이 급락하며 성장 엔진마저 꺼져가고 있다. OECD에 따르면, 잠재성장률은 2000년대 4.4%에서 2010년대

3.4%에서 2020년대에는 2.4%, 2030년대 이후로는 1.0%로 떨어질 전망이다. 1980년대 7.9%, 1990년대에 7.0%를 기록했던 점을 감안하면, 경제성장이 수직하락하고 있는 셈이다. 일본의 '잃어버린 20년'이 한국 경제에도 도래하고 있다는 우려의 목소리가 높다.

많은 경제학자들과 기업가들이 한국 경제의 성장 엔진을 갈아 끼워야 한다는 데 동의하고 있다. 한강의 기적을 넘어 제2의 경제부흥을 이루기 위한 제안으로 '다시 정주영 정신으로' 돌아갈 것을 주장하는 이들이 많다.

이제 한국은 산업화의 역사가 60년을 넘어서면서 3세대 경영에 몰입하고 있다. 이 책은 정주영 탄생 100주년을 맞이해서 '다시 정주영 정신으로' 돌아가기 위한 작업의 일환으로 쓰여졌다. 정주영 일대기를 비롯해 그의 2세, 3세들의 삶을 궤적을 다루고 있지만 단순한 일개 가문의 역사만을 다루고 있지는 않다. 정주영이 남긴 도전 정신과 기업가 정신이 무엇이며 그의 후예들이 어떻게 이어받고 있는가를 살펴보면서 '정주영식 자기 계발'이 어떻게 이루어졌는가를 밝혀내고 있다.

그래서 각 장의 말미에 현대가 가족 이야기를 소개하고 '다시 정주영 정신으로' 돌아가기 위한 '정주영식 자기 계발'이란 팁을 각 부마다 달았다. 이 책은 독자 여러분에게 정주영 일가 3대의 스토리텔링을 안겨주면서 정주영이 남긴 도전 정신과 기업가 정신의 요체인 '정주영식 자기 계발서'란 선물도 안겨줄 것이다.

이제부터 창업주 정주영이 현대그룹이란 기업을 창업하고, 그의 후예들이 범현대가를 이루면서 정주영의 유지를 이어가고 있는 여정을 찬찬히 살펴보기로 하자.

2015년 11월
高城山房에서 **이채윤**

차례

제2부 3세 경영 시대

제1부

아들들의 시대

20세기를 산업화 시대라 하면 21세기는 지식정보화 시대라고 할 수 있다. 특히 한국은 20세기 후반에 산업화를 시작하여 21세기 지식정보화 사회에 선착한 좋은 예다.

한국의 제1세대 기업가에 속하는 정주영의 시대를 산업화 시대였다고 한다면, 그 뒤를 이은 아들들의 시대는 지식정보화 시대라고 할 수 있다. 산업화 시대와 지식정보화 시대는 전적으로 다른 시대다. 산업화 시대의 기업가들은 열심히 제품을 만들고 사업에만 신경을 쓰면 모든 것이 절로 이루어지는 시대를 살았다. 그들은 자사의 이사회를 거의 완벽히 통제하고 있었고, 소비자들은 물건만 제대로 만들어 주면 별로 불만이 없었으며, 정부나 언론도 거의 기업가의 편이었다. 하지만 제2세대 기업가 시대에는 모든 것이 바뀌어갔다. 가령, 자동차만 보더라도 전처럼 그냥 잘 달리고 튼튼하기만 하면 되는 것이 아니라 온갖 편리한 첨단 제품이 작동해서 움직이는 첨단 제품의 종합세트라고 보아야 할 것이다. 산업사회에서 지식정보화 사회로의 전환은 거의 모든 것의 변화를 의미한다. 지식정보화 시대는 모든 정보가 공개되고 공유되는 시대이다.

제1장

누가
후계자인가

어떤 사람이 어느 추운 겨울밤에 배불뚝이 난로에게
이렇게 소리쳤다.
"네가 내게 열기를 주면 장작을 넣겠다!"
그것은 돈, 사랑, 행복, 세일즈, 혹은 계약에 있어서도 마찬가지다.
우리가 알아야 할 것은 자신이 원하는 것을 먼저 주는 것이다.
그러면 그것이 뭉텅이로 돌아온다.
나는 사람들이 내게 미소 짓지 않는다고 느낄 때마다
먼저 미소를 지으면서 인사를 한다. 그러면
마술처럼 갑자기 더 많은 사람들이 주위에서 미소를 짓는다.
우리의 세상은 우리의 거울에 불과하다는 말은 진실이다.

– 로버트 기요사키 –

"나무는 꽃을 버려야 열매를 맺고,
강물은 강을 버려야 바다에 이른다.
스스로 '꽃'과 '강'이라는 현실에 안주하지 말고
더 넓은 세계로 나아가기 위해 노력하라."

– 정몽구 –

그룹의 계열분리

①

> 자녀가 태어나기 전부터 자녀를 갖기에 족할 만큼
> 성숙한 사람이 어디 있겠는가?
> 결혼의 가치는 어른들이 자식을 만들어 내는 데 있지 않고
> 아이들이 어른을 만들어 내는 데 있다.
> – 피터 드브리스 –

거함 현대호의 몰락

20세기 최고의 경제학자의 한 사람인 조지프 슘페터는 기업가를 움직이는 동기로서, 사적 제국을 건설하려는 꿈과 의지, 승리자의 쾌감, 창조의 기쁨 등을 들 수 있다고 말한 바 있다. 단순히 성공한 기업가와 위대한 기업가의 차이점은 이러한 사적 제국의 건설을 만인을 위한 공적 제국으로 돌려놓을 줄 아는 비전과 능력을 가지고 있느냐에 따라 달라진다. 또한 단순히 좋은 기업에서 존경받는 기업으로 도약하기 위해서는 사회·경제적 박탈감으로 인한 비판 여론을 충분히 고려해야 한다.

정주영은 1947년 현대를 창업해 중화학 산업을 비롯한 국가기간 산업 발전에 절대적인 역할을 했고, 가장 먼저 해외 시장 개척에 나서 막대한 외화를 벌어들임으로써 한국 경제의 세계화를 주도했다.

또 그는 기술의 국산화를 주창해 건설, 자동차, 중공업, 전자 부문에서 세계적인 경쟁력을 갖추었고, 일찍이 민간 주도형 시장 경제체제와 소유와 경영이 분리된 선진 기업경영을 강조함으로써 한국 경제 발전사에 커다란 비중을 차지하는 거인으로 평가받고 있다.

한 시대의 획을 그었던 거인 정주영의 사후 거함 현대호는 격랑을 헤쳐나가기 위해 여러 척의 작은 배로 분선해서 활로를 찾기 시작한다. 정몽구가 1996년 현대그룹 회장으로 취임하던 날, 기자들이 제일 먼저 질문한 것은 인구에 회자되고 있었던 현대자동차 분리설에 관한 것이었다.

"자동차는 그룹에서 분리되는 겁니까?"

기자의 질문에 정몽구는 단호하게 잘라 말했다.

"현대자동차는 현대그룹에서 분리되지 않습니다. 자동차는 현대그룹이라는 울타리 안에서 독립적으로 운영될 것이며 그룹에서도 전폭적으로 지원을 할 것입니다. 한마디로 자동차 없는 현대그룹은 상상할 수도 없습니다."

그의 대답은 앞으로의 현대그룹의 향방을 결정짓는 답변이었다. 그 답변은 당시의 경영 상황을 고려해서 내려진 답변이기도 하겠지만, 어쩌면 정몽구 자신의 자동차에 대한 강한 집착을 드러낸 답이 아니었을까? 그러나 역사는 그의 답변이 발하는 의지대로 흘러가지만은 않았다.

정주영이 정계에서 입지를 굳히는데 실패한 이후, 정몽구, 정몽헌 등 2세대가 그룹을 이끌면서 거함 현대호는 격랑에 휩쓸리며 침몰 직전의 위기로까지 내몰린다.

앞에서 살펴보았지만 2000년 '현대가 왕자의 난'은 범현대가를 핵분열시킨 결정적인 계기였다. 왕자의 난은 "정몽헌 회장을 후계자로 지목한다"는 정주영의 육성 유언이 공개되기까지 석 달 동안 치열하게 전개됐다. 정몽구가 아버지의 육성 테이프를 듣고 깨끗이 승복했으나 이미 현대호는 엄청난 파고 속으로 내몰린 후였다.

거기에 2001년 3월 정주영이 타계함으로써 그룹 해체와 분화는 가속화되었다. 대대적인 구조조정과 계열사들이 분리·해체라는 지각변동, 사업부문별 소그룹화(계열 분리)를 겪으면서 규모가 상당히 축소되었다.

현대그룹은 1977년부터 2000년까지 24년 동안 국내 자산 총액 기준 재계 서열 1위의 대규모 기업집단으로 자리잡아왔으나, 정주영이 사망한 2001년부터 삼성그룹과 LG그룹에게 1위, 2위 자리를 내주고 말았다. 한국 최대 재벌로 지난 50여 년간 창업자 정주영의 지휘 아래 일사분란하게 움직여온 현대그룹의 위상은 그 어디에서도 찾아볼 수 없는 지경이 되어버린 것이다.

6개 소그룹으로 해체된 현대

이때부터 현대그룹은 창업주 정주영의 2세들이 경영하는 직계 그룹과 정주영의 형제들과 그들의 2세들이 경영하는 여타의 방계 소그룹으로 완전히 분해되는 운명을 겪었다.

우선 창업주의 2세들인 '몽(夢)'자 돌림의 6형제들은 현대그룹을 모두 6개의 소그룹 체제로 계열 분리했다. 정몽헌의 현대그룹을 비롯해 정몽구의 현대기아자동차그룹, 정몽준의 현대중공업그룹, 정몽근의 현대백화점그룹, 정몽윤의 현대해상화재보험그룹, 정몽일의 현대기업금융 등으로 나뉜 것이다. 거기에 정인영의 한라그룹, 정세영의 현대산업개발그룹, 정순영의 성우그룹, 정상영의 KCC그룹 등 방계 그룹이 범현대가를 이루었다.

계열 분리를 겪으면서 범현대 계열에서 떨어져나간 회사들도 있었다. 범현대가의 모태 기업인 현대건설은 2001년 자금난에 빠지면서 채권단에게 넘어가 현대와는 관련이 없는 회사가 되고 말았다. 또한 국내 최대 기업으로 손꼽히던 현대종합상사, 현대오일뱅크, 고려산업개발, 현대투자신탁 등이 현대의 품을 떠났다.

IMF 외환위기 당시 LG반도체를 인수하며 덩치를 불렸던 현대전자는 사업부문별로 쪼개져 분리 매각되는 고통을 겪었다. 현대건설과 현대전자가 법정관리에 들어가게 된 것은 현대를 압박하기 위한 정권차원의 압력 때문이라는 의혹도 일각에서 있었지만 경영권 분쟁 과정에서 부채관리에 실패한 것이 결정적인 요인이 되었다.

그렇다면 정주영은 왜 5남인 정몽헌을 후계자로 지목했을까? 유교적 전통이 강한 정씨 가문에서 장자승계의 원칙을 깬 이유가 무엇이었을까? 만약 장자승계가 원활하게 이루어졌다면 현대호는 소그룹 체제로 계열 분리되지 않았을까?

무엇보다 궁금한 것은 정몽구가 실질적인 현대가의 장자이고, 경영능력도 뛰어났고, 형제간에 미치는 카리스마도 대단했는데 정주영이 왜 그를 인정하지 않았느냐이다. 장자인 정몽구가 반발할 것이란 생각을 어찌 왕회장이 생각하지 못했을 것인가? 특히 정몽구는 자신을 대신해서 감옥까지 갔다 왔고, 그룹 회장직을 수행하면서도 아버지의 그림자조차 밟지 않으려고 조심했던 효자였다.

앞에서 '왕자의 난'으로 불렸던 현대의 경영권 분쟁을 '가신의 난'으로 보는 시각도 있다고 말했지만 현대가의 경영권 분쟁은 그것만으로 설명이 부족한 점이 많다. 일단 노회한 사업가인 정주영은 가문과 비즈니스를 분리하는 전략을 구사했다. 정주영은 자신이 43년 동안 살았던 청운동 집을 정몽구에게 물려주어 가문의 법통을 잇게 하고, 그룹 회장 자리는 5남인 정몽헌에게 내주어 절묘한 교통정리를 했다.

그리고 정주영은 기아자동차와 LG반도체를 인수하면서 2000년부터 2003년까지 그룹을 자동차·건설·전자·중공업·금융 및 서비스라는 5개 전문 소그룹으로 분리해 사실상 그룹을 해체하겠다는 포석을 이미 깔고 있었다. 이미 정주영은 1998년 11월에 현대해상화재보험그룹을, 1999년 4월에 현대백화점그룹을, 1999년 8월에 현대산업개발을, 2000년 1월에 현대정유를 계열 분리 분가시키고 있었다.

이쯤 와서 돌이켜보면 아마도 정주영은 6명이나 되는 아들 중에 어느 한 아들이 공룡처럼 거대해진 현대그룹을 통째로 이끌어나가기는 어려울 것이란 판단을 했던 것이 아닐까 하는 생각이 든다. 장남 정몽필의 사망 이후 특별히 자신의 마음에 들었던 자식이 없었던 것은 아닐까? 정주영은 자신의 사후에 아들들이 경영권 분란을 일으킬 것이라는 예측을 했고 그 상황에서 그가 선택할 수 있었던 것은 '그룹 분할'이었던 것이다. 후계 구도에서 '그룹 분할' 방식은 다른 재벌에서는 선례를 찾아보기 힘든 방식이었으나 자식이 많아 후계 문제에 대해 많은 고민을 한 끝에 내린 결론이었다.

정주영이 5남인 정몽헌의 손을 들어준 것은 리더십의 변화를 원했기 때문이라는 시각도 있다. 정주영은 현장형 리더십으로 기업을 경영하는 산업화 시대가 끝났고, 21세기 정보화 시대에는 세심한 관리와 직관이 중요해지고 있었다는 사실을 직감으로 알고 있었다. 거침없는 성장으로 한국 경제를 지배하던 현대의 신화가 정보화 시대가 도래하면서 퇴색하고 있는 것을 왕회장은 누구보다 잘 알고 있었다.

"앞으로의 현대는 추진력과 관리 조직력의 '현대'가 되어야 한다. 이제 '기술의 현대' 뿐만 아니라 '관리의 현대'를 이루어 내야 한다. 또 물질적인 면보다는 정신적, 인간적, 문화적인 면이 앞서는 현대로 변신해야 한다. 한마디로 그동안 기계류 중심으로 발전해 온 기업 문화를 인문 과학적인 측면에서 관리할 필요가 있다는 말이다."

정주영의 이 말은 자신의 후계자로서 정몽헌을 염두에 두고 할 말이 틀림없어 보인다. 1986년에 현대가 전자산업에 진출하여 반도체 생산에 대규모로 투자하겠다는 발표를 하자 이를 부정적으로 받아들인 사람들이 많았다. 그러나 현대전자의 경영을 맡은 정몽헌은 컴퓨터 시제품이 나오기도 전에 미국에서 3만 대를 수주하는 경영 능력을 발휘했다. 이것은 아버지 정주영이 조선소도 짓기 전에 배를 수주한 업적을 빼닮은 것이었다. 또한 정몽헌은 후발주자인 현대전자를 단기간에 반도체 강자로 등극시킨 빼어난 경영 수완으로 주위의 우려와 불안을 깨끗이 날려버리며 아버지의 신임을 얻었다.

1980년 어느 날. 청운동 집에 정주영의 형제들이 모여 가족회의를 하다가 후계자 문제가 거론됐다. 그때 정몽헌이 가장 많은 표를 얻고, 가장 적은 표가 나온 아들이 정몽구였다. 당시 정주영은 "몽구는 잡화상을 맡기면 잘할 것 같다"는 얘기를 했다고 한다. 여기서 잡화상이란 각종 자동차 부품을 만들어내던 '현대정공'을 가리키는 것이다. 정주영은 평소 "몽구는 화끈한 성격을 가지고 있어 사업보다는 정치를 하는 게 더 성격에 더 맞을 것"이라는 이야기도 자주 했다고 한다. 실제로 정주영은 정몽구에게 "몽구야, 너 국회의원 해라."고 권하기도 했다. 정몽구는 술도 잘하고 호탕해서 사람들이 잘 따르기는 하지만 그런 스타일은 경영에 어울리지 않는다고 보았던 것이다.

정주영은 우직한 리더십의 정몽구보다 머리 회전이 빠르고 지적인 이미지를 갖고 있는 정몽헌의 리더십이 정보화 시대에 먹힐 것이란 판단을 한 것 같다. 그래서 정주영은 자신의 '숙원 사업'인 '대북 사업'을 잘 이해하고 있는 정몽헌을 후계자로 지목했다.

하지만 그룹을 분할해 상속하겠다는 왕회장의 생각은 오히려 형제 간의 분란만 키웠고, 정주영이 평생을 일군 현대가 사분오열(四分五裂)되는 결과만 낳았다.

정몽헌 단독 회장 체제   2

인간은 결코 산을 정복하지 못한다.
우리는 잠시 그 정상에 서 있을 수는 있지만
바람이 이내 우리의 발자국을 지워버린다.
- 알린 블럼 -

정몽헌의
현대호

2000년 1월 1일. '현대금강호'에
이어 금강산 관광 2호선으로 투입된 '현대봉래호'가 동해항을 떠나
파도를 가르며 북한의 장전항을 향해서 달리고 있었다. 1만 8,500
톤급의 대형 유람선인 이 배에는 수백 명의 금강산 투어 관광객들
외에 현대그룹 회장 정몽헌을 비롯한 현대그룹 관계자들이 대거 타
고 있었다.

정몽헌은 '현대봉래호' 선상에서 행사를 주관하고 있었는데 현대
그룹의 '시무식'이나 다름없어 보였다. 1998년부터 정몽헌이 아버
지 왕회장을 대신해서 대북 사업을 적극적으로 수행하고 있던 시기
였다. 2000년대를 여는 그 시점에서 그룹의 임직원들과 금강산 투
어에 오른 것은 금강산 관광을 비롯한 대북 사업에 대한 남다른 그
의 의지를 천명하고 있는 듯이 보였다.

이날 정몽헌은 테이블에 놓인 주스 잔을 거두고 예정에 없는 맥주 파티를 열었다. 신년 벽두에 그룹의 임직원들을 거느리고 금강산 투어에 올라 맥주 파티를 연 것은 그동안 그가 보여준 행보와는 다른 파격이었다. 특히 그 자리에는 언론사의 기자들도 많이 모여 있었는데 그는 기자들에게도 술을 권하며 그룹 회장으로서의 새로운 면모를 보여 주었다.

평상시의 정몽헌은 신중하고 언론에 모습을 드러내기를 무척 꺼리는 편이었다. 그는 대북 사업이라는 '국가적' 프로젝트를 이끌면서도 항상 아버지의 뒤편에서 드러내지 않는 행보를 즐겨왔다. 그런데 그날 정몽헌에게서 치밀한 스타일이나 신중함은 찾아볼 수 없었다. 그는 취할 정도로까지 맥주를 마셨고, 기자들에게 대북 사업에 대한 확신에 찬 자신감도 내비쳤다. 한 마디로 그는 '자신감' 그 자체였다.

그날 정몽헌이 보여준 자신감의 실체가 드러나는 데에는 긴 시간이 걸리지 않았다. 그해 3월 일어난 현대가의 왕자의 난에서 정몽헌은 맏형인 정몽구를 제압하고 현대호(號)의 선장 자리를 물려받는데 성공했다. 말하자면 정몽헌이 금강산 투어 선상에서 보여준 자신감은 이미 '포스트 정주영 시대'를 열어갈 준비를 마쳤다는 자신감의 발로였던 것이다.

정몽구·정몽헌 형제는 1998년부터 현대그룹의 최고 의사 결정 기구인 경영자협의회 공동의장을 맡아왔으나 왕자의 난 이후 정몽헌은 한국 최대 재벌인 현대의 '대권'을 거머쥐고 그룹 경영을 총괄하게 된다. 명실상부한 왕회장의 후계자로서 현대그룹 2대 총수의 자리에 오른 것이다.

2000년 6월 13일 평양에서 남북정상회담이 열리고 대북 사업이 한창 진행 중이던 당시 평양호텔에 가보면 복도에 김대중 대통령과 김정일 위원장이 악수하는 사진과 김정일과 정주영·정몽헌 부자가 같이 찍은 사진이 붙어 있었다. 김정일을 가운데로 하고 오른쪽에 정주영, 왼쪽에 정몽헌 부자가 서서 세 사람이 서로 손을 꽉 잡고 기념 촬영한 사진을 보면 누가 보더라도 현대의 후계자는 정몽헌이라는 인상을 강하게 받게 된다.

정주영은 2000년 4월 17일, 정몽헌을 후계자로 삼는다는 내용의 유언장을 만들었다. 그것도 서초동에 있는 변호사 사무실로 본인이 직접 가서 작성했다고 한다. 정주영은 '3부자 동반퇴진'에 반발하고 나선 정몽구를 배제하고 본인 재산과 현대그룹 모든 상속을 다 정몽헌에게 승계했다. 이로써 정몽헌은 26개 계열사에 그룹 매출만 연 80조 원에 이르는 거대 그룹의 수장이 되었다.

그러나 현대그룹은 정몽구가 자산 28조 5,000억 원인 자동차 소그룹을 가지고 나감으로써 재계 서열 1위 자리를 삼성그룹에 내주고 2위로 내려앉게 됐다. 정몽구는 자동차 소그룹이 거느린 10개 계열사로 재계 5위를 차지하는 위치에 있었다. 정몽준이 거느린 현대중공업과 현대미포조선은 재계 서열 9위를 차지하고 있었다. 재계 1위 현대그룹은 분화되고 말았지만 그룹의 총수였던 정주영이 세 아들에게 각각 재계 2, 5, 9위의 자리를 물려주었으니 '현대왕국'이 얼마나 거대한 영토를 거느리고 있었는지 짐작할 만하다. 문제는 정몽헌의 현대그룹은 단일 회장체제가 되었으나 현대그룹의 재무 사정은 더욱 나빠졌다는 점이었다.

{ **정몽헌은
누구인가?**

정몽헌은 1948년 정주영의 다섯 번째 아들로 태어났다. 그는 보성고등학교를 나와 연세대학교 국문학과를 졸업했다. 공부를 그다지 열심히 하는 편이 아니었는데도 연세대학교에 들어갈 때 문과대 수석을 할 정도로 수재였다.

정몽헌의 꿈은 원래 문학가가 되는 것이었으나 기업을 경영하라는 아버지의 명을 따라 연세대학교 경영대학원, 미국 페어레이디킨슨 (Fairleigh Dickinson) 경영대학원에서 각각 석사 학위를 받았다.

정몽헌은 학창시절 성격이 내성적이어서 별명이 '샌님'이었다고 한다. 그는 뿔테안경을 쓰고 늘 책을 끼고 다녀서 그렇게 보였지 결코 약골은 아니었다. 의외로 체격이 단단하고 가벼워서 철봉의 대차 돌기 같은 운동을 잘했다.

정몽헌의 과단성 있는 성격을 잘 보여주는 일화로 대학입시를 치를 때의 일이 있다. 그가 연세대학교에 입학시험을 치르기 전날 밤, 김신조 등 북한의 무장공비들이 청와대를 습격하려 했던 1·21사태가 터졌다. 정몽헌이 살던 청운동 집은 청와대와 인근에 접해 있어서 집 주변의 모든 길이 봉쇄되어 있어서 개미새끼 한 마리 움직일 수 없는 상태가 되어 있었다. 정몽헌은 궁리 끝에 새벽같이 집을 나와 험준한 인왕산을 타고 넘어가서 시험을 치렀다. 그래서 그는 연세대학교에 입학할 수 있었고 홍길동이란 별명을 얻기도 했다.

또 하나 정몽헌의 성격을 나타내 주는 일화가 있는데 정몽준의 자서전 『나의 도전 나의 열정』에 나오는 다음 대목을 보자.

"몽헌 형이 대학생 때인 어느 여름, 상처 난 몸을 기울에 비춰보며 뿌듯해하는 모습을 본 적이 있다. 깜짝 놀라서 무슨 일인가 물었더니, 만리포 해수욕장에 놀러갔다가 시비를 거는 깡패들과 싸움이 났는데, 그때 깡패들이 휘두른 자전거 체인에 맞은 자국이라고 했다. 몽헌 형은 이처럼 평소에는 내성적이고 조용하지만, 화가 나면 매우 공격적으로 변하곤 했다. 그때 얌전한 사람일수록 한번 화를 내면 크게 내기 때문에 조심해야 한다는 걸 알게 됐다."

한마디로 정몽헌은 외유내강(外柔內剛) 스타일의 전형이었다. 실제로 경영에 임해서도 그는 왕회장과 같은 불을 뿜는 듯한 카리스마를 지니고 있지는 못했지만 외유내강의 리더십을 지닌 오너였다고 한다. 30년간 정주영의 최측근 가신(家臣)으로 영욕을 함께 했던 이익치(李益治) 전 현대증권 회장은 《신동아》 2007년 9월호에서 정몽헌의 성격을 이렇게 증언하고 있다.

"정몽헌 회장이 정주영 회장보다 더 무서웠어요. 솔직한 얘기로 당시 정주영 회장님은 연세가 드셨잖아요. 예전엔 대단했지만. 그 앞에서 토 달면 그냥 끝이야. 정몽헌 회장이 똑같았어요. 어디 그 앞에서 토를 답니까. 긴 얘기는 하고 싶지 않아요. 그것만 아세요. 정몽헌 회장은 칼이야. 그 앞에서 숨도 못 쉬어요. 정주영 회장은 외강내강(外剛內剛), 정몽헌 회장은 외유내강(外柔內剛)이에요. 정몽헌 회장이 화내는 것 못 보셨죠? 저는 여러 차례 봤어요. 아버지가 그런 걸 좋아한 거예요."

1975년 현대중공업 차장으로 입사한 정몽헌은 현대건설 이사, 현대상선 사장, 현대전자산업 사장, 현대종합상사 사장 등 현대의 주요 계열사들을 차례대로 맡아오면서 그룹 내 입지를 넓혀왔다. 그는 전자, 상선, 무역, 건설, 서비스, 남북경협사업 등 굵직한 사업을 이끌어 오면서 뛰어난 경영 능력을 발휘했다.

정몽헌은 1981년 배 두 척으로 시작한 현대상선을 국내 최대의 운송기업으로 성장시키는데 결정적인 역할을 했다. 그는 재임기간인 81년부터 88년까지 약 8년간 현대상선을 국내 최대 종합해운업 기업으로 급성장시켰다. 1980년 대는 해운업계가 불황에 빠져 있던 시기였는데 정몽헌은 "불황기에 선박을 건조해 호황기에 대비한다"는 전략으로 투자를 더욱 확대하고 유조선, 벌크선, LNG 수송선 등으로 사업 다각화를 꾀해 흑자경영의 기반을 마련했다.

현대가 1980년대 초 전자산업 분야에 뛰어들 때 총대를 맨 것도 정몽헌이었다. 그는 경기도 이천의 불모지에 현대반도체(현 하이닉스반도체)를 설립하고 일선에서 진두지휘했다. 현대가 반도체를 시작할 때 일본 전자업체의 한 회장이 "건설과 중공업에 익숙한 현대지만 이 사업에서는 정주영 생전에 흑자는 못 볼 것"이라고 비판적으로 내다보았으나 정몽헌은 반도체 시작 5년만인 1989년 첫 흑자를 기록함으로써 업계를 깜짝 놀라게 만들었다. 1999년 현대전자는 세계 D램 부문 세계 1위로 급부상하기도 했다.

정몽헌은 금강산 관광 등 대북 사업을 관장하기 시작하여 1998년 11월 18일 역사적인 금강산 관광선 운항, 1999년 9월 남북통일농구 대회, 2000년 6월 15일 남북정상회담을 적극 주선하는 등 남북 관계 개선에 획기적인 변화를 이끌었다. 또한 정몽헌은 김정일 국방위원장을 5차례 만나면서 금강산관광사업, 개성공단사업, 류경정주영체육관사업, 철도, 통신 등 대북 SOC(Social Overhead Capital: 민간 투자 사회간접 자본) 사업과 같은 굵직한 민간급 남북경협사업을 추진해왔으며 2003년 2월 금강산 육로관광, 같은 해 6월 개성공단 착공식 등을 성공적으로 이루어내면서 본격적인 남북경협시대를 열었다.

발목을 잡는 아버지의 유업

정주영은 1998년 11월 금강산 관광 시작 이후 남북경협사업을 체계적으로 추진하기 위해 남북경제협력 전문기업인 현대아산(現代峨山)을 설립한다. 정주영 사후 정몽헌은 아버지의 유업을 받들기 위해서 대북 사업에 전념한다.

정몽헌은 대북 사업을 통해서 북한의 경제를 활성화시키고 북한도 중국처럼 개혁개방의 길로 인도할 수 있을 것이라고 믿었던 것 같다. 당시 북한 내부에서도 문호 개방이 불가피하다는 분위기가 형성되고 있었는데 정몽헌은 그것을 지나치게 낙관적인 관점에서 바라보았던 것은 아닐까? 그도 그럴 것이 그는 아버지 정주영이 필생의 사업이라고 여겼던 '금강산 관광사업'에 이어서 '개성공단사업'까지 성사시켜 나아가고 있던 중이었다. 문학을 전공한 사람답게 세상을 너무 낭만적인 것으로 보았던 것이었을까?

하지만 정몽헌은 '왕자의 난'에서 보여주었듯이 결코 나약하기만 한 문사(文士)는 아니었다. 그에게는 남북정상회담에 일조하고 통일의 초석을 놓았다는 자부심이 있었다. 2000년 6·15 남북정상회담 이후 이산가족 상봉, 북한의 남한 주최 스포츠 경기 행사 참가 등 민간 교류 사업이 본격적으로 진행되고 있었다. 비록 당장은 손해를 보고 있지만 대북 사업이 미래에는 큰 이익을 안겨다줄 것이라는 장기 전략이 있었기에 그는 희망을 버리지 않았다.

그런데 그 와중에 대북 불법송금 사건이 터진 것이다. 남북정상회담을 앞두고 현대가 5억 달러를 북한에 송금한 것이 밝혀져 온 나라가 시끄러워졌다. 정치권은 남북관계 개선을 위해서 정몽헌 부자와 현대를 이용했으나 불법송금 사건이 터지자 불똥이 자신들에게 번질 것을 두려워하며 등을 돌렸다.

퇴임 직전 김대중 대통령은 대국민 담화를 통해 '통치행위'라고 강변하면서 "현대는 대북 송금 대가로 북측에서 7대 사업권을 얻었다"고 했고, 대북 정책 책임자는 "민간 기업의 자체 판단에 따른 상업적 거래였다"는 말로 모든 책임을 현대에 떠넘겼다. 결국 다음 정권인 참여정부 수립 이후 특별검사팀이 구성되고 본격적인 수사가 시작되었다.

정몽헌에게 대북송금 특검은 일생일대의 시련이었다. 특검팀은 현대가 대북 7대 사업권을 따내기 위한 명목으로 4억 5,000만 달러를 북한 정부에 몰래 불법 송금한 사실을 밝혀냈고, 그 중 1억 달러는 정부의 정책지원금이라는 사실까지 알아냈다. 남북 정상회담의 대가로 북한에 1억 달러가 건너간 것이 확인된 것이다. 문제는 그 돈을 비공식적인 경로로 현대그룹이 지불했다는 사실이다.

거기에 김대중 정부의 핵심실세 박지원이 정상회담 준비 비용이라며 현대 측으로부터 150억 원을 받은 혐의가 추가되었다. 또한 권노갑 전 민주당 고문이 받았다는 3,000만 달러와 200억 원 사건까지 고구마 줄기처럼 불거져 나왔다. 정몽헌의 기업가로서의 자존심은 여지없이 무너져서 내렸고 기업의 이미지도 크게 실추됐다. 정치권뿐만 아니라 시장이 빠르게 등을 돌리기 시작했다.

금융권은 현대그룹의 돈줄인 현대상선으로부터 약 4,150억 원을 단기에 회수해 갔다. 그러자 현대그룹의 간판 기업인 현대건설은 불과 260억 원의 어음조차 막지 못하는 상황으로 내몰렸다. 채권단은 기다렸다는 듯 현대건설과 하이닉스반도체를 접수했다. 정몽헌으로서는 손을 쓸 여유도 기력도 없었다. 현대그룹에서 떨어져나간 형제 기업인 현대차그룹과 현대중공업그룹들은 이러한 사태를 소 닭보듯 쳐다만 보았다. 그래서 그들은 '남보다 못한 형제'라는 소리를 들었으나 끝내 현대그룹을 돕지 않았다.

돌이켜보면 대북 사업이란 왕회장의 유업은 정몽헌에게는 너무도 무거운 족쇄였다. 물론 정주영의 가슴 속에는 남북통일의 초석을 쌓겠다는 의지가 있었을 것이다. 하지만 대북 사업은 정치가 연결된 사업으로 위험 요소가 너무도 많은 사업이라 정주영의 노욕(老欲)이 자초한 바가 크다 하겠다. 북한의 정책도 수시로 죽 끓듯 바뀌었고 남한도 정권이 바뀔 때마다 대북 관계가 어떻게 될지 누구도 예단하기 힘든 사업이다.

1999년의 '연평해전', 관광객 민영미의 억류 사건 등으로 금강산 관광조차 여의치 않을 때가 많았다. 금강산 관광 투어를 다니는 배의 승무원이 350명인데 승객은 200명인 경우가 허다했다. 진작 외국인 투자자들은 현대의 대북 사업을 계열사 돈 끌어들여 밑 빠진 독에 물 붓는 것으로 보고 부정적인 평가를 하고 있었다. 그렇게 금강산 관광사업이 죽을 쑤는 상황에서도 정몽헌은 약속한 9억 4,200만 달러를 김정일에게 성실하게 분납했다.

현대그룹이 대북 사업은 남북 화해와 교류에 긍정적 결과를 가져오기는 했으나 실로 현대아산의 대북 사업의 결과는 허망했다. 경영 감각이 남달리 뛰어났던 정몽헌이 경제성 없는 대북 사업에 경영의 위기까지 몰고 올 정도의 집착을 가졌던 것은 무엇 때문이었을까? 아버지의 유업을 달성해서 그룹 후계자로서의 정통성을 얻기 위해서? 남북화해를 위해 조국 통일에 기업하는 원대한 야망을 위해서?

아무리 고상한 장기적 비전이 있더라도 현대가 벌인 대북 사업은 누가 봐도 치명적 오판이 아닐 수 없다. 정몽준은 『나의 도전 나의 열정』에서 당시의 상황을 이렇게 정리하고 있다.

장사하는 사람은 정치인을 만날 때 조심해야만 한다. 곤고(困苦)한 입장이 된 몽헌 형은 아무런 말도 할 수 없었는데, 당시 몽헌 형을 이용했던 사람들로부터는 고맙다거나, 안됐다거나 하는 말 한마디 없었다. 노무현 대통령 임기 초에는 대북 송금 문제를 파헤치려고 특검까지 도입되었다. 세간에서는 노 후보 지지를 철회한 나에 대한 보복으로 보는 시각들이 있었다. 노무현 대통령 당선에 김대중 대통령이 많은 도움을 주었는데, 왜 굳이 대북송금 문제를 파헤치려는 것인지 상식적으로 이해되지 않는 일이었다. 그러니 나를 뒷조사할 목적으로 대북송금 특검을 도입했다는 말이 나왔다. 내가 대북 송금에 반대한 것에 대해, 회사 내부에 무슨 문제가 있기 때문이 아닌가 지레짐작했다는 것이다. 대북송금 특검은 김대중 전 대통령의 반발을 불러일으켜 결국 민주당 내에서 김대중 대통령 쪽과 노무현 대통령 쪽의 갈등을 심화시켰다. 그리고 몽헌 형의 비극이 싹 트기 시작했다. 우리 집안에 어두운 그림자가 덮치고 있었다. 얼마나 무서운 비극이 닥쳐오는지 그때는 미처 알지 못했다.

살아생전 정주영과 라이벌 관계를 가졌던 이병철은 정치 권력 쪽과는 '불가근불가원(不可近不可遠)' 원칙을 세우고 오로지 경제 역량을 키우는 데만 전념한 것으로 유명하다. 그는 4·19혁명과 다음 해에 이어진 5·16 군사 정변으로 탈세 혐의자, 부정 축재자로 몰렸었고, 우여곡절 끝에 자신의 최대 야심작이었던 한국비료마저도 국가에 헌납해야 했다. 이병철도 분통이 터져서 정치가로 나서고 싶다는 충동에 사로잡히기도 했다고 자신의 자서전에서 밝히고 있기는 하나 그는 평생 정치권과 담을 쌓고 지냈다.

반면, 정주영은 대선 참여라는 정치적 모험을 벌였고, 정치 참여의 실패는 현대라는 국내 최대의 기업을 위기에 빠트렸다. 말년에 정주영이 벌인 대북 사업은 거함 현대호를 더욱 큰 위기로 몰아넣는 결과를 낳았다. 만약 정주영이 이병철처럼 정치와 '불가근불가원'의 원칙을 지켰더라면 현재 재계의 판도는 달라져 있을 것이고 정주영가의 비극은 일어나지 않았을 것이다.

강도 높은 검찰의 수사를 받으며 정몽헌은 예상치 못한 사태에 당황스러웠을 것이다. 김대중도, 김정일도, 국민도 더 이상 자신의 편이 아니었다. 대북 송금은 김정일에게는 핵개발도 가능한 달러를 안

겨 주었고, 김대중에게는 노벨평화상까지 안겨 주었으나 막상 그 뒷
돈을 댄 자신에게는 껍데기만 남았다는 사실에 정몽헌은 절망했으
리라.

{ 아, 정몽헌!

2003년 8월 4일 오전 5시 52분, 현대그룹 회장 정몽헌은 싸늘한 시신으로 발견됐다. 현대그룹 본사 사옥 뒤편 주차장 앞 화단에서 쓰러져 숨겨 있는 것을 청사 청소원 이 발견, 경찰에 신고했다. 청소원은 새벽에 화단 주변을 청소하던 중 화단 안에 한 사람이 쓰러져 누워 있는 것을 발견했다. 1.5m 길 이의 소나무 가지에 발목과 상체 부분이 가려진 채 똑바른 자세로 누워 있어서 술 취한 사람이 쓰러져 있는 줄 알았다.

신고를 받고 현장에 출동한 경찰은 화단에 쓰러져 있는 사람의 신 원이 정몽헌이고 이미 숨진 상태라는 것을 확인했다. 그는 새벽에 현대그룹 계동사옥 12층 회장실에서 뛰어내려 자살한 것이다. 정몽 헌의 갑작스런 자살은 한국 사회에 엄청난 파문을 일으켰다. 경제계 와 정치권은 물론 남북관계에도 심한 충격파를 던졌다. 일반 서민들 에게도 국내 최고 재벌 총수의 자살은 믿어지지 않는 현실로 받아들 여졌다.

정몽헌은 현대 비자금 사건으로 7월 26일, 31일, 8월 2일 세 차례 에 걸쳐 검찰(대검 중수부)의 조사를 받았었다. 그의 투신 자살은 검찰 에 세 번째로 불려가 조사를 받은 지 이틀 만의 일이었다.

정몽헌은 자살하기 전날인 8월 3일 오후 1시, 서울 용산구 하얏트 호텔 구내 이발소에서 혼자 이발을 했다. 이발을 마친 그는 하얏트 호텔에 묵고 있는 고교 동창생 박모씨(미국 로스앤젤레스 거주 교포)를 로비 라운지에서 만나 장충동 S클럽으로 자리를 옮겼다. 그때 정몽헌은 차안에서 아내에게 "저녁식사를 함께 하자"고 전화를 했다.

그는 친구와 함께 S클럽에서 손위 동서와 그의 딸을 만나 담소를 나누다가 오후 6시경 일행과 함께 강남구 도산공원 앞 N식당으로 갔다. N식당에는 부인 현정은과 큰딸 정지이가 나와 있었다. 정몽헌은 평상시와 같은 담담한 모습으로 식사를 했고 그들이 나눈 대화도 평범한 가족 친지의 일상적인 대화였다.

2시간 정도의 저녁식사가 끝나자, 정몽헌은 가족과 친지를 먼저 돌려보내고 친구 박씨와 함께 인근 청담동의 한 카페로 자리를 옮겨 와인 2병을 마셨다. 그들이 자리에서 일어난 시간은 11시 반경이었다. 정몽헌은 박씨를 하얏트호텔에 내려주고 운전사에게 "집으로 가자"고 했는데 잠시 후 갑자기 "회사로 가자"며 방향을 돌렸다.

정몽헌의 차가 현대사옥에 도착한 것은 11시 52분경이었다. 정몽헌은 운전사에게 "20~30분쯤 있다 오겠다"고 말한 뒤 보안직원이 열어준 회장실 문을 통해 집무실로 들어갔다. 30여분 뒤 사옥 보안요원이 회장실을 점검했을 때 문은 안으로 굳게 잠겨 있었다.

정몽헌, 그는 무슨 심경의 변화를 일으킨 것일까? 정몽헌은 모두 3통의 자필 유서를 남겼다. A4 용지에 굵은 사인펜으로 급하게 쓴 듯 한 필체였는데 집무실 책상 위에서 발견됐다. 흰색 편지봉투에 각각 들어 있는 3통의 유서 중 한 통은 김윤규 현대아산 사장에게,

한 통은 부인과 가족에게 보내는 유서였다. 다른 한 통은 겉봉에 '죄송합니다'라고 써 있을 뿐 정확한 수신인이 적혀 있지 않았다.

그는 유서를 통해 "어리석은 사람이 어리석은 짓을 했다"는 말과 "용서해 달라"는 말을 네 번 이상 반복했다. 김윤규 사장에게는 "대북 사업을 강력하게 추진하기 바란다"고 당부하고 있다. 경찰은 유서의 필적 감정을 하겠다고 밝혔으나 유족들은 "글씨가 정 회장의 것과 같다"고 밝혔고 경찰은 유서의 사본을 언론에 공개했다. 유서에는 대북 송금 관련 내용 등 민감한 내용은 전혀 없었다. 그는 모든 비밀을 혼자서 안고 세상을 떠난 것일까? 아무리 그래도 정몽헌의 죽음에는 많은 의문이 남는다.

우선 회사가 어려움에 처해 있기는 했으나 유동성 위기였을 뿐 자살을 선택할 정도는 아니었다는 점이다. 그것은 그의 사후 경영에 대해서는 아무 것도 모르던 가정주부였던 그의 아내 현정은이 현대그룹을 잘 이끌어 오고 있는 것으로 증명이 된다.

자살 현장의 정황도 그렇다. 정몽헌이 뛰어내렸다는 현대사옥 회장실 창문은 가로 95cm, 세로 37cm에 불과한 개폐식 창문이다. 그 좁은 창문 틈을 비집고 나가서 떨어져서 죽으려면 화재를 당한 경우이거나 물리적으로 누군가에게 쫓기는 입장의 사람인 경우나 가능할 일이다. 심리학자들은 특검을 받는 도중에 심리적 압박이 크기는 했겠지만 거대그룹 회장인 정몽헌이 선택할 수 있는 자살의 방법이 아니라고 진단하고 있다.

정몽헌은 자살 직전까지 자살을 감행하려는 사람에게서 찾을 수 있는 '자살의 예비 징후'를 거의 남겨 놓지 않았다. 특히 그가 자살하기 몇 시간 전 식사를 같이한 아내와 딸, 고교 동창생 박씨가 그의 행동에서 수상한 전혀 낌새를 전혀 눈치 채지 못 했다는 점은 풀리지 않는 수수께끼다. 그래서 《월간 조선》 2006년 2월호는 정몽헌의 자살에 대해서 의문을 제기했고 작지 않은 사회적 파장을 몰고 오기도 했다. 인터넷 상에는 아직도 그의 의문사를 다룬 기사가 실려서 논란거리가 되고 있다.

죽은 자는 말이 없다!

정몽헌이 세상을 떠난 며칠 후인 8월 11일 검찰은 김대중 정권의 핵심실세인 권노갑을 긴급 체포했다. 정몽헌이 죽기 전 검찰에 남긴 진술 가운데 권노갑에게 3,000만 달러와 200억 원을 건넸다는 내용이 있었기 때문이었다. 이미 그해 6월 박지원은 150억 원을 받은 혐의로 구속되어 있는 상태였다. 김대중 정권의 핵심실세 두 사람이 구속됨으로써 불법대북송금사건은 정경유착 비리의 전형이라 할 만한 것이 되었다.

문제는 현대 비자금 수사 사실을 공개한 대검 중수부가 정몽헌을 세 차례 불러 이와 관련된 조사를 벌였다고 뒤늦게 시인했다는 점이다. 검찰의 강압수사 논란이 이는 가운데 8월 2일의 조사는 12시간이나 계속되었다는 사실이 알려지면서 정치권에서는 정몽헌의 자살과 관련해 '검찰 책임론'이 대두되었다. 국회 법사위 민주당 함승희 의원은 제3의 기관을 통해 정 회장에 대한 강압수사 의혹을 규명해야한다고 촉구하고 나섰다. 검사 시절 특수통이었던 한 변호사는 정몽헌의 자살이 검찰 수사와 관련됐을 개연성을 재기했다.

"강압수사가 아니었더라도 정회장은 충분히 모멸감을 느꼈을 것이다. 재벌회장이 검찰에 출두해 그런 일로 조사 받는 것 자체가 수모 아닌가. 특검 수사내용이 사실이라면 정몽헌도 피해자로 볼 수있다. 당시 권력실세인 박지원이 (돈을) 달라는 데 안 줄 수 있나. 보이지 않는 공갈에 뺏긴 게 아닌가. 또 당시엔 얼마나 친밀한 관계였겠나. 그런데 돈 받은 사실을 부인하니 정회장은 자신의 행위에 대해 수치심을 느꼈을 법하다. 그런 데다 검찰에 불려가 또 다른 비자금을 추궁 당했으니…."

여기서 눈여겨봐야 할 것은 검찰의 적극적 수사의지다. 대북송금 특검수사가 종료된 것은 그해 6월 29일이었다. 바로 다음날 검찰은 정몽헌을 비롯해서 김윤규 현대아산 사장, 이익치 전 현대증권 회장, 김재수 현대경영전략팀 사장, 김충식 전 현대상선 사장 등 현대 관계자들을 출국금지 조치했다. 수사가 끝났는데 출국금지 조치를 취했다는 것은 무엇을 의미함인가?

그것은 신정권과 구정권 간의 알력에서 시작된 '파워게임' 때문이었다. 그 시기 전직 대통령 김대중과 현직 대통령 노무현 사이는 갈등관계가 시작되고 있었다. 세간의 예상을 뒤집고 노무현은 대북송금사건 특검을 수용했고 김대중 정권의 오른팔, 왼팔이 모조리 구속되고 말았다. 노무현은 스스로도 밝혔듯 김대중의 대북정책 계승자다. 그러던 노무현이 돌연 김대중을 공격하고 나선 까닭은 무엇일까. 현재 권력은 과거의 권력을 속죄양으로 삼는다는 것을 우리 현대사는 여실하게 보여주고 있다. 노무현은 다음 해에 있을 총선을 대비해 한나라당과 타협 차원에서 특검을 수용한 것이다.

또 다른 이유도 있다. 노무현은 김대중에게 속았다는 기분에 빠져 있었다. 노무현은 남북문제에 관한 한 김대중이 이룬 업적을 높이 평가하고 있었고 햇빛 정책을 비판하는 보수 세력의 공격으로부터 지켜주려고 했다. 그런데 그는 정권을 인수받으면서도 대북송금 사실을 모르고 있었다. 대북송금이 사실이라는 것을 언론을 통해서 알게 된 노무현은 분기탱천했다. 동지 사이라면 서로 숨기는 것이 없어야 하는데….

노무현은 특검에 대한 거부권을 행사하지 않은 이유를 훗날 자서전『운명이다』에서 이렇게 밝히고 있다.

> 거부권을 행사하면 특검은 막을 수 있었다. 그러나 검찰 수사까지 막기는 어려웠다. 검찰 수사를 막을 수 있는 유일한 논거는 '통치행위론'이었다. 나는 법률가로서 이 이론을 인정하지 않았지만, 그래도 옳다고 우기면서 검찰이 수사를 하지 못하도록 지시하고 정면으로 부딪칠 수는 있었다. 그런데 그렇게 하려면 김대중 대통령께서 나서주셔야 했다.

그러나 김대중은 나서지 않았다. 김대중이 나섰더라면 노무현도 '통치행위론'을 내세워 검찰 수사를 막았을 것이다. 『운명이다』를 다시 보자.

김대중 대통령이 매우 신뢰할 만한 사람을 보내 이런 뜻을 말씀드렸다. 그런데 내 노력이 부족했는지 소통이 잘못되었는지 모르겠지만, 김대중 대통령은 마지막 기자회견에서 4억 달러 문제를 사전에 보고받지 않아 몰랐다고 하셨다. 대통령이 한 일이 아니라고 했으니 '통치행위론'을 내세우는 데 논리적 근거가 사라져 버렸다. 참모가 대통령 모르게 한 일까지 '통치행위론'으로 덮을 수는 없는 일이었다.

상황은 그렇게 어긋나고 있었던 거였다. 실로 고래 싸움에 새우 등이 터진 격이다! 박지원은 현대 측으로부터 150억 원을 받은 일이 없다고 부인하고 나섰다. 권노갑도 마찬가지였다. 이 사건에서 아주 중요한 키를 쥐고 있는 사람은 무기중개상으로 알려진 김영완(金榮浣)이었다. 현대 측이 권노갑에게 넘겼다는 3,000만 달러와 200억 원, 박지원에게 넘겼다는 돈이 150억 원을 관리한 사람이 김영완이다.

이 사건에서 권노갑은 징역 5년을 선고 받아 실형을 살았고 박지원은 무죄 판결이 났다. 검찰은 3,000만 달러에 대해서는 증거 불충분, 200억 원에 대해서는 김영완이 단순 전달자일 뿐이라는 결론을 내렸다. 그러나 검찰은 남은 의혹이 있다고 판단하고 2011년 11월 김영완을 국내로 불러들여 두 차례 조사를 벌였다. 150억 원과 200억 원 외에도 김영완이 현대그룹으로부터 3,000만 달러를 송금 받았다는 증거를 찾기 위함이었다. 하지만 김영완은 끝까지 입을 열지 않았다.

2013년 6월 검찰은 김영완을 10년 만에 무혐의 처리하고 현대의 3,000만 달러 송금 수사 종결했다. 검찰은 "진실을 가장 잘 알고 있는 정몽헌 회장이 이미 스스로 목숨을 끊었고, 자금 출처로 지목된 현대상선 미국법인 계좌추적 결과 흔적이 없다"고 밝혔다. 이로써 10년을 끌어왔던 대북 송금 사건 수사가 일단락됐다. 정몽헌은 죽기 전날 검찰에서 "김영완이 알려 준 권노갑의 스위스 계좌로 현대상선 자금 3,000만 달러를 입금했다"고 진술했다. 그런데 검찰은 도피 9년 만에 귀국한 김영완의 진술만 듣고 스위스 계좌를 확인하기 어렵다는 무책임한 결론을 내렸다.

김영완 수사가 10년이나 걸린 이유도 납득하기 어렵지만, 또 하나 풀리지 않는 미스터리가 있다. 김영완이 보관하고 있던 121억 원의 출처다. 2003년 당시 김영완은 문제의 돈을 검찰에 들고 가서 "이 돈의 주인은 박지원이고, 나는 보관 중일 뿐"이라고 주장했다. 그러나 박지원은 그 사실을 부인했고 무죄 판결을 받았다.

검찰이 121억 원의 주인을 찾는다는 공고까지 냈지만 주인이 나타나지 않았다. 결국 2013년 5월 15일 서울중앙지검 공판3부는 안전행정부가 관리하는 국고 계좌로 121억 5,337만 원을 송금해 환수 조치했다. 현금 36억 5,000여만 원과 자기앞수표 43억 6,000여만 원, 주택채권 41억 2,000여만 원 등이었다. 그런데 150억 원 중 121억 원만 남았다면 나머지 29억 원은 어디로 간 것일까?

정몽구의 현대자동차그룹 ③

형 노릇이 어려운 건
뒷모습까지 가꿔야 하기 때문이다
아우는 형의 뒤를 밟는다
– 카피라이터 정철, 『한 글자』에서 –

정주영은 자동차 사업에 대한 욕심과 집념이 무척 강했다. 그는 세계를 누비고 다니는 현대차에 대한 자부심이 강해서 "자동차는 달리는 국기다. 만약 내가 성공하지 못한다 해도 내 후대들에게 자동차 산업 발전을 위한 디딤돌을 놓을 것이다"라고 말하곤 했다.

자동차 사업에 대한 정주영의 애착은 현대의 후계구도 변화에도 영향을 끼쳤다. 정주영은 현대자동차를 장자인 정몽구에게 낙점함으로써 그의 자동차에 대한 애착이 얼마나 큰 것인가를 보여주었다. 키운 공으로 치면 현대차는 당연히 동생 정세영에게 돌아가야 할 몫이었다. 형으로부터 자동차에서 손을 떼라는 지시를 받은 정세영은 아쉬움이 많은 가운데 물러나는 수밖에 다른 도리가 없었다.

현대자동차의 대권을 잡은 정몽구는 1998년 10월 기아자동차와 아시아자동차를 인수하고, 현대·기아자동차 체제로 전환했다. 그리고 왕자의 난 이후인 2000년 9월 현대그룹의 다른 계열사 9개사와 함께 현대그룹에서 분리되어 현대·기아자동차그룹으로 독립하기에 이른다.

정주영은 정몽헌에게 그룹의 대권을 넘겨주기는 했지만 자신이 가장 애착을 가진 자동차 사업을 장자인 정몽구에게 물려줌으로써 가장 빼어난 선택을 한 셈이 되었다. 현대그룹의 지명된 후계자가 허무하게 세상을 떠났으나 아버지에게 인정받지 못했던 장자는 심기일전해서 무엇인가를 보여주기 시작했다.

정몽구가 있기까지

앞에서도 살펴보았지만 정몽구는 지금은 현대자동차서비스가 된 현대자동차 서울사업소에서 부품과장으로 첫 직장 생활을 시작했다. 그가 사회에 첫발을 내디디며 부품 업무를 맡고 현장 감각을 익힌 것은 훗날 그가 자동차의 부품 조달과 서비스, 판매까지 일괄 책임지는 현대자동차서비스를 탄생시키는 밑거름이 되었고, 나아가서 현대차그룹을 이끌어 나가는 데 큰 힘이 되었다.

정몽구는 부품 과장으로 일하면서 자동차는 판매도 중요하지만 A/S가 중요하다는 것을 깨달았다. 당시 현대가 포드와 기술도입 및 판매계약을 맺고 생산해서 판매하던 코티나는 고장이 잦아 문제가 많은 차였다. 그래서 정몽구가 입사한 이듬해 현대는 지금의 서울 용산구 원효로 자리에 A/S를 위한 정비 공장을 세웠다. 그는 경쟁사보다 자동차를 한 대라도 더 많이 판매하기 위해서는 신속한 A/S와 성능이 뛰어난 부품이 뒤따라야 한다고 판단했다. 아울러 전국 어디서나 고객들이 손쉽게 부품을 구입할 수 있도록 서비스 유통망을 구축해야 한다고 생각했다. 정비에는 필수적으로 부품 사업이 뒤따르게 마련인데 당시의 자동차 부품들은 질이 엉망이었다. 그는 부품의 상품 가치를 높이는 일이 무엇보다 시급하다는 사실을 깨달았다. 그는 직접 트럭을 몰고 부품 순회 판매에 나서면서 부품 판매망을 구축해 나가기 시작했다. 비록 과장의 직책이었지만 부품 업무에 관한 한 전권을 행사했던 그는 각종 시스템을 하나하나 뜯어고쳐 나가기 시작했다.

1973년 말, 정주영은 현대자동차 경영진들에게 AS사업부를 분리할 것을 지시한다. 자동차 판매를 늘리고 경영 합리화를 위한 조치였다. 그리하여 현대자동차서비스가 창립되면서 정몽구가 사장이 되었다. 자본금 2,500만 원에 인원 113명으로 출발한 작은 회사였지만 정몽구는 아버지에게 자신의 경영 능력을 검증받는 첫 무대라는 생각으로 맨발로 뛰는 투혼을 발휘했다.

그는 '현대자동차서비스'를 경영하면서, 현대자동차의 취약점이 무엇인지, 고객의 불만이 무엇이고, 고객이 무얼 원하는지를 현장에서 온몸으로 파악했다. 차량에 대한 A/S가 강화되자 자동차의 판매는 당연히 늘어났다.

정몽구는 전국 A/S망을 갖추어 나가는 한편 부품의 국산화 고급화에 혼신의 힘을 기울였다. 현대자동차서비스 설립 첫해부터 흑자 경영의 위업을 달성한 정몽구는 1977년 7월 1일, 종합 부품 생산 공장인 '현대정공'을 창립하기에 이른다.

이 현대정공은 정몽구가 일으킨 독자사업의 첫출발이었고 훗날 그가 정주영에게 경영능력을 인정받아 자동차그룹을 이끌게 되는 단초를 제공하는 회사가 된다.

{ '뚝심'으로 일취월장하는 정몽구

"곰 같은 외모에 뱀 같은 머리를 지녔으며 여우같은 행동가이다."

정몽구와 격의 없이 지내는 누군가가 그를 이렇게 평가했다고 한다.

적절한 비유인지는 모르겠지만, 그의 외모는 다소 투박해 보이고 말씨는 어눌해 보일 때가 있다. 하지만 자동차그룹을 이끌면서 그가 지난 20년간 보여준 뚝심과 저력은 대단한 것이 아닐 수 없다.

그는 1977년에 현대정공을 설립하면서 일찌감치 아버지의 그늘에서 벗어났다. 이후 기아차를 인수하고 왕자의 난을 거쳐 자동차 전문 그룹인 현대·기아차그룹을 만들기까지 평생을 자동차와 함께 했다.

정몽구는 현대·기아자동차 그룹 회장에 취임하기 전에 이미 일곱 개의 계열사, 즉 현대자동차서비스, 현대정공, 현대강관, 현대산업개발, 인천제철, 현대우주항공, 현대할부금융을 거느리고 있었다. 거의 모두 그가 일구어 낸 회사들이었다. 그래서 현대그룹 내에서는 그가 거느린 기업군을 정몽구의 영자 이름을 따서 'MK그룹'이라고 부르기도 했다. 그는 'MK그룹'을 이끌면서 현대정공 시절, 일일이 차를 뜯어보고 조립하면서 갤로퍼 신화를 만들어 내기도 했다. 그때부터 정몽구는 왕회장으로부터 경영 능력을 인정받기 시작한다.

정몽구는 지난 2000년 자동차 경영권을 접수한 뒤, 오로지 자동차에만 전념했다. 그리고 2010년 현재, 정주영의 장자로서의 역할을 제대로 하고 있는 기업가로서 정평을 얻고 있다. 예컨대 정몽구는 '갤로퍼 신화에서 품질 경영'까지 차에 관한 한 누구보다 전문가라고 할 수 있다.

현대·기아자동차 단일 그룹을 진두지휘하면서 정몽구의 리더십은 진가를 발휘하기 시작했다. 그는 현대그룹에서 현대·기아자동차그룹을 독립시켜 자동차전문 그룹으로 발족시킨 직후인 지난 2001년 '품질 지상주의'를 표방하면서 세계를 종횡무진으로 누비는 '월드베스트카'라는 구체적 목표를 화두로 제시했고 곧바로 스피드 경영에 들어갔다.

"품질에서만큼은 그 목표에 끝이 없습니다. 나는 싸구려 차는 절대 만들지 않을 것이오. 제대로 만들어서 제값 받고 팔아 주기 바랍니다."

정몽구는 임직원들에게 이같이 주문했고, 그때부터 그가 주도한 현대차의 모든 변혁은 바로 '품질 향상'에 초점이 맞춰졌다. 그는 양재동 본사 1층 로비에 '품질상황실'을 꾸미고 매일 품질 체크를 했다. 품질이 확보되지 않는 한 다음 단계로 넘어갈 수 없는 '품질 패스제'를 도입한 탓에 품질향상은 지상 명제가 되었다. 또한 현장 경영주의자인 그는 수시로 작업현장을 돌면서 실제 상황을 점검해 나갔다. 부품업체들의 경쟁력을 키우기 위해 세계적으로도 유례없는 '자동차부품산업재단'을 설립했고, 협력 업체들도 품질에만 전념할 수 있도록 '5-스타제'를 실시해서 품질향상의 대열에 합류시켰다. 그는 자동차로 잔뼈가 굵은 기업가답게 양산 단계 이전에 미리 차량을 제작해 보는 것은 물론, 실제 라인 생산 작업까지 해보면서 생산 과정에서 생길 수 있는 문제점들을 미리 파악하고 개선하는 파일럿 센터를 창안해내기도 했다.

현대자동차만의 독특한 품질관리 시스템이 가동되자 품질 경영은 이내 그 열매를 맺기 시작했다. 2004년 4월에 미국 차량조사기관인 J.D.파워의 초기품질지수조사에서 현대차가 도요타에 이어 2위를 차지하는 성과를 이루는 성과를 올린 것이다. 당시 자체 기술로 만든 '세타 엔진'은 다임러크라이슬러에 장착되는 성가를 올렸는데 세타 엔진으로 자동차를 만들어낸 다임러크라이슬러 관계자는 "벤츠가 설계해도 이보다 잘 만들 수는 없다"고 극찬을 할 정도였다. 정몽구는 '품질 경영', '현장 경영', '뚝심 경영'으로 상징되는 그만의 독특한 경영 리더십을 통해 지난 20년 간의 지속적인 성공을 거둘 수 있었다.

2003년 정몽헌이 허망하게 세상을 등진 이후, 정몽구는 자신의 힘으로 현대가의 법통을 이은 장자로서의 위치를 되찾는데 성공한다. 그는 현대자동차는 물론 부실기업이던 기아자동차를 반석 위에 올려놓았고 자동차만으로도 재계 2위를 차지하는 위상을 구축해 놓고 있다.

미국 자동차전문지 《모터트렌드》는 '2009 글로벌 자동차업계 파워 리스트 50'에서 정몽구를 전년도보다 41계단이나 오른 6위에 올려놓았다. 품질 및 글로벌 경영으로 현대·기아차는 2007년부터 글로벌시장에서 판매대수 기준으로 일본 혼다를 누르고 '글로벌 톱 5'에 오르는 쾌거를 이뤘다. 정몽구의 리더십은 현대·기아차를 '글로벌 톱 5' 진입에 만족하지 못하고 '글로벌 톱 3'까지 넘보게 하고 있다. 그는 세계 초일류 기업만이 살아남을 수 있는 치열한 국제경쟁에서 국내 기업의 활로가 어디에 있는지를 온몸으로 보여주고 있다.

정주영의 청운동 집

현대가의 사람들은 정주영의 기일(忌日)에는 정주영이 반평생 살았던 청운동 집으로 모두 모여든다. 왕자의 난 등을 겪으며 가족 간의 불편한 관계도 있었지만 정주영의 기일만큼은 한 자리에 모여서 고인을 추모하며 현대가 사람들의 우애를 다시금 다지면서 범현대가의 중흥을 위한 정보와 의견을 주고받는다.

정주영이 이 집을 지은 것은 43세 때, 현대그룹의 기초를 닦던 시기였고 그는 반평생인 43년간 그 집에서 살았다. 청운동 집은 토지가 154평에 지하 1층·지상 3층짜리 건물의 연면적은 총 77평으로 재벌가의 본산으로서는 그다지 큰 집이 아니다. 그러나 정주영은 현대라는 기업을 이 집에 살면서 본격적으로 일구었다.

정주영 생전에 "우리 집은 청운동 인왕산 아래에 있는데 산골 물 흐르는 소리와 산기슭을 훑으며 오르내리는 바람소리가 좋은 터"라며 늘 자랑삼아 얘기했다. 풍수전문가들에 따르면 정 회장의 집터는 '소가 누워서 음식을 먹는' 와우형(臥牛形)의 명당이라고 한다.

청운동 자택의 1층에는 다음과 같은 글귀의 액자가 걸려 있었다.

'일근천하무난사(一動天下無難事)'

즉, '한결같이 부지런하면 천하에 어려움이 없는 법이다'라는 뜻이다. 이 글귀는 박정희 전 대통령이 정주영에게 내려준 선물로 알려져 있는데, 현재는 한남동 정몽구의 자택에 걸려 있다고 한다.

정주영은 생전에 청운동 자택에서 자식들과 아침을 같이 먹고 자식들과 함께 걸어서 계동 현대그룹 본사 사옥으로 출근한 것으로도 유명하다.

제2장

소그룹으로
나누어진 현대

지식과 지혜의 뿌리는 같지만 습득하는 방법에는 다소 차이가 있
다. 지식은 책이나 스승 등을 통하여 배우고 익혀 머릿속에 갈무리
해 두면 그런대로 손색이 없지만, 지혜는 배운다고 얻어지는 것이
아니다. 습득한 지식을 효율적으로 활용하는 것이 곧 지혜이다. 그
렇게 하자면 머릿속에 들어온 지식을 깊이 관찰하고 이해하여 가공
하지 않으면 안 된다. 관찰과 이해를 통해 지혜를 획득한 사람들의
특질은 사려 깊다는 것이다. 이들은 지식을 지니기 위해 독서를 할
때에도 처음부터 끝까지 세세하게 읽고, 의문이 들거나 이해하지
못하는 부분은 그냥 지나치지 않고 골똘히 생각을 거듭해 지혜를
키운다. 독서의 목적은 지식을 습득하는 데 있지만 지혜의 폭을 확
장하는 데도 도움이 된다. 지식과 지혜는 다같이 소중한 가치지만
지혜로 탈바꿈되지 않는 지식은 싹을 틔우지 못하는 씨앗과 같다.

– 에머슨 –

"경제에 기적은 없다. 외국 학자들은 한국의 경제성장을 '한강의
기적'이라고 표현하지만, 나는 경제에는 기적이 있을 수 없다고 확
신한다. 한국의 경제 성장은 온 국민의 진취적인 기상, 개척 정신,
열정적인 노력으로 이루어진 것이다. 기적의 열쇠는 바로 여기에
있는 것이다."

– 정주영, 1983년 10월, 현대그룹 사내 특강에서 –

현정은의 현대그룹

"현대 드림호 명명식을 맞이해 새로운 꿈을 꾸고자 한다.
지금 해운업계가 어려운 시기를 보내고 있지만
현대 드림호를 통해
현대그룹과 현대상선은 재도약이라는 꿈을 반드시 이룰 것이다."
– 현정은, 2014년 2월 28일 현대컨테이너 명명식에서 –

현정은은 누구인가

현정은은 무주공산이 될 뻔한 현대그룹을 지켜온 '뚝심의 리더십'으로 정평이 나있다. 그녀는 혼신의 힘을 기울여서 남편이 떠난 현대그룹을 지켜내는데 성공했다. 그녀는 결혼 이후 오랫동안 전업주부로 살았다. 하지만 2003년 10월 21일, 그녀는 남편의 뒤를 이어 현대그룹의 새 회장으로 취임했고 현재까지 현대그룹 회장직을 수행하고 있다.

현정은은 경기여고와 이화여자대학교 사회학과 학사와 석사 과정을 졸업했다. '호남 거부'로 알려진 현준호가 할아버지이고 신한해운을 창업한 현영원이 그녀의 아버지이다. 그녀의 외할아버지 김용주는 전남방직의 창립자이며 어머니 김문희는 용문중·고교를 거느린 용문학원 이사장이며 새누리당 국회의원이자 당 대표인 김무성이 외삼촌이다.

정몽헌과 현정은이 부부가 될 수 있었던 것은 양가(兩家)의 아버지들 덕분이었다. 신한해운을 운영하던 현정은의 아버지 현영원은 1972년 정주영 명예회장이 현대중공업의 울산조선소 착공 직후 홍콩 선주들을 초청한 자리에서 선주들을 설득해 현대중공업이 2척의 유조선을 수주하는 데 도움을 줬다. 이를 계기로 두 사람은 사업적 동지가 되었다. 1975년, 현영원이 현대중공업에 주문한 벌크선의 진수식이 있는 날이었다. 이 자리에서 정몽헌과 현정은의 첫 만남이 이루어졌다. 정주영은 피부가 곱고 예쁘면서도 후덕한 풍모를 지닌 현정은을 며느리감으로 점찍었다.

자식들의 혼사에 그다지 나서지 않던 정주영이었지만 사람을 시켜서 현정은에 대해서 알아보게 했다. 현정은은 현영원의 4녀 중 둘째 딸이었다. 정주영은 현정은이 학창시절 학업성적이 뛰어나서 월반을 한 덕분에 17세에 이화여대에 입학했고 20살인 그때 이미 졸업반이란 사실을 알고 쾌재를 불렀다. 게다가 영어도 잘한다는 이야기를 들은 정주영은 더 알아보거나 기다릴 것도 없다고 생각하고 정몽헌에게 물었다.

"몽헌아, 신안해운 현 회장 딸을 내 며느리로 삼고 싶은 데, 너는 어떻게 생각하냐?"

아버지의 말 습관을 아는지라 정몽헌은 그 며느리의 남편이 자기인 것을 알았다. 정몽헌은 그녀에 대해 예쁘면서도 참하고 야무진 아가씨 같다는 인상을 받았기에 싫지 않았다. 그렇게 해서 1976년 정몽헌과 현정은은 결혼을 했다.

결혼 후 현정은은 2녀 1남을 기르면서 오랫동안 전업주부로 살았다. 그렇다고 그녀가 집안에서 살림만 한 것은 아니었다. 그녀는 기업 경영에 참여하지 않은 대신 한국걸스카우트연맹, 대한여학사협회, 대한적십자사 등의 단체에서 활발히 활동했다. 그것은 용문학원 이사장인 어머니의 독려 덕분이었다. 걸스카우트연맹의 한 관계자는 현정은이 "조용한 성품이지만 맡은 일은 확실히 완수하고 추진력도 강한 편"이라고 말했는데 그것은 그녀가 남편의 사후에 현대그룹을 이끌어나가는 리더십을 말해주는 듯하다.

어쨌거나 현정은은 남편이 세상을 버린 그해 10월 21일 현대그룹의 새 회장으로 취임했다. 국내 최고 최대의 재벌인 현대그룹을 이끌던 남편 정몽헌이 비운의 생을 마감한지 3개월도 되지 않아서였다, 현정은에게는 대북 사업이라는 시아버지와 남편이 남긴 커다란 유업이 있었다. 현정은은 어느 잡지와의 인터뷰에서 이런 절규를 내뱉은 적이 있다.

"우리가 부시(미국 대통령) 뒷다리만 잡고 가면 패망할 텐데, 남북이 서로 이해하고 화합하고 자주적으로 문제를 풀어야 할 텐데…. 핵 포기의 해법은 경협밖에 없다고…. 그런 말씀을 마지막 자리에서도 한두 마디 하셨어요…."

정몽헌이 부인인 자신에게 했던 말이란다. 세간에서는 정주영·정몽헌 부자의 대북 사업이 경영 위기를 돌파하기 위한 방편적 사업이었고, 그래서 민족적 숙원이 통일 과업과는 무관한 사업가의 농단적 사업 행각으로 보는 시각이 있다. 하지만 현정은의 이러한 증언은 무엇을 말함인가?

정주영은 타의추종을 불허하는 불세출의 기업가다. 그가 만년에 노욕으로 인해서 멋진 마무리를 맺지는 못했으나 대북 사업의 진정성을 의심해서는 안될 것 같다. 정주영 외에는 대북 사업이 얼마나 크고 중요한지 아는 사람이 거의 없었다. 그의 생각과 비전을 이어받는 것이 정몽헌이었다.

이것이 정몽헌의 자살을 비즈니스적 시각에서만 바라보아서는 안되는 이유이기도 하다. 그래서 현정은은 정주영·정몽헌 부자의 유업을 잇겠다는 의지를 굽히지 않았고 대북 사업의 출사표를 던지게 된다. 그때부터 그녀에게는 상상도 하지 못할 온갖 시련이 닥쳐오기 시작한다.

도전과 응전

적은 멀리 있지 않은 법이다. 현정은은 현대그룹을 이끌면서 크게 두 차례에 걸쳐 정씨 일가의 공격을 받고 벼랑 끝에 내몰리게 된다.

현대가의 사람들은 현대의 정통성을 이어받는 정몽헌이 허망하게 세상을 뜬 후에 전격적으로 그의 아내가 그 자리를 차지해 버리자 망연한 상태가 되었다. 유동성 위기를 이기지 못해서 현대건설과 현대전자는 놓아버린 상태가 되었으나 정주영의 유업을 이어가는 법통은 현대그룹에 있었기 때문이었다.

격분해 마지않은 것은 정주영의 동생들이었다. 유교적 전통이 강한 신념으로 무장되어 있는 그들에게 다른 성씨를 가진 며느리가 현대의 법통을 이어받는다는 것은 상상도 할 수 없는 일이었다. 정인영과 정세영은 건강의 여의치 않아서 정주영의 막내 동생인 정상영이 나섰다.

KCC그룹을 이끌고 있는 정상영은 한걸음 더 나아가서 현대그룹의 경영권이 정씨 가문에서 김씨 가문으로 넘어가고 있다고 보았다. 그것은 현정은의 친정어머니인 김문희 용문중·고 이사장이 현대그룹의 지주회사 격인 현대엘리베이터 지분 18.5%를 소유한 1대 주주인 때문이었다. 그래서 정상영은 현대가(家) 대 김씨 가문의 다툼으로 몰아가며 이른바 '숙질(叔姪)의 난'을 총지휘 했다. '리틀 정주영'으로도 불리는 정상영은 정몽헌이 자금난에 몰렸을 때 200억 원을 선뜻 내놓았을 만큼 의리도 강한 사람이지만 그것은 정씨 가문을 위한 것이었다.

11월 22일, 정상영은 기자들을 만나 "현 회장은 내 며느리고 감싸 줘야 할 사람이다. 하지만 김문희 여사가 현대엘리베이터의 1대 주주인 것은 납득할 수 없다"고 밝혔다. 정상영은 김문희가 보유 지분을 '정씨 가문' 사람인 현정은에게 넘기고, 현정은은 집안 어른들의 뜻에 따라야 한다'고 주장했다.

2003년 12월, KCC그룹은 현대그룹의 현대엘리베이터와 현대상선 지분을 매집하며 현대그룹에 대한 적대적 인수합병(M&A)를 시도했다. 위기에 몰린 현정은은 KCC그룹의 지분매입에 맞서 '국민주 공모를 통한 국민기업화'를 선언하고 나섰다. 그녀는 돈이나 경영권이

목적이 아니라 남편 정몽헌의 추락한 명예를 어떻게든 회복해야 한다는 사명감으로 경영권 방어에 나섰다. 양측의 갈등은 법정으로 옮아갔으나 현정은은 현명한 대처로 어려움을 이겨낼 수 있었다.

그 후에도 현정은은 여러 차례 경영권을 위협받았다. 2006년에는 정몽준의 현대중공업이 현대상선 주식을 매집하며 경영권을 공격했다. 소위 '시동생의 난'으로 일컫는 경영권 쟁탈전에서도 현정은은 강력 대응으로 현대그룹의 경영권을 지켜냈다. 그녀는 두 번의 경영권 방어를 성공적으로 마무리하며 그룹 결속력을 새롭게 다졌으며 대외적으로 경영 능력을 인정받기에 이른다.

현정은은 시아버지와 남편의 유지를 받들어 취임 직후부터 대북사업에 더욱 박차를 가했다. 그녀는 대북관광사업과 개성공단 구축사업의 핵심 주체로서 한때 현대그룹을 통하지 않고선 대북 사업을 할 수 없다고 할 정도로 입지를 굳혔다. 그 결과 현대아산을 비롯한 현대상선, 현대엘리베이터, 현대증권 등 주력계열사들도 안정적인 성장 궤도에 진입하게 되었다.

2004년 12월, 남북경협사업의 상징인 개성공단에서 생산된 'made in 개성' 제품인 개성 냄비가 처음으로 서울 시내에서 판매됐다. 2005년 7월, 현정은은 김정일을 만나 백두산 관광과 개성 관광을 성사시키며 북한 관광 루트를 확대하는 데 성공했다.

그러나 대북 사업은 경제의 논리를 벗어난 예측을 불허하는 사업이었다. 2006년 10월 북핵 사태가 터지고 2008년 7월 11일, 금강산 관광을 갔던 관광객 박왕자 피격 사망사건이 일어나자 남북 경협 사업이 존폐 위기에 몰렸다.

금강산관광객 피격사건, 천안함 사태로 이어지는 악재 때문에 대북관광사업이 전면 중단됐고, 현대그룹은 다시 악화일로를 걷기 시작한다. 2010년 11월 23일 연평도 포격 사건 이후 개성공단 사업도 중단되면서 현대는 그룹의 주요 방향타를 잃어버리고 그룹 전체의 재무구조 개선까지 요하게 되는 최악의 상황을 맞게 됐다.

그러나 현정은은 마음의 평정을 잃지 않았다. 2005년 7월 초복을 맞이해서 현정은은 전 계열사 임원 190여 명의 집으로 '삼계탕 선물 세트'를 택배로 보냈다. 한마디로 여성 특유의 '감성 경영'을 펼치기 시작한 것이다.

그녀의 '삼계탕 선물'은 꾸준히 이어져서 2013년 초복에는 계열사 전체 임직원 1만여 명에게 보내졌다. 각 가정으로 4마리씩 포장된 삼계탕 선물세트를 받은 직원과 가족들은 단순한 삼계탕이 아닌 오너의 따뜻한 마음을 받은 것 같아 회사에 대한 애정이 샘솟는 기분이 생겼다고 한다. 현정은은 그냥 삼계탕만 보낸 것이 아니었다.

그녀는 삼계탕에 동봉한 편지에서 "사랑하는 임직원 여러분. 쉼 없이 달려와 보니 어느덧 여름입니다. 여러분과의 만남은 제게 축복이고 지난 10년은 행복이었습니다. 여러분은 제게 꼭 필요한 사람입니다. 알찬 휴가와 함께 가족 모두 건강한 여름 보내시기 바랍니다."라는 메시지도 전했다.

현정은의 감성 경영은 거기서 그치지 않았다. 그녀는 수시로 임직원들에게 자녀 교육의 지침이 되는 책이나 수험생 자녀를 위한 목도리, 여직원들에겐 여성 다이어리 등을 선물하는 등 따뜻한 마음을 전달하기 위한 감성 경영을 펼쳐나간다. 또 수시로 임직원들을 격려

하는 "매일 KISS(Keep It Simple & Speedy) 하세요"란 사내 이메일을 직접 보내기도 한다.

**뚝심으로
수성하다**　　　　　'숙질의 난', '시동생의 난' 이후에
도 시련은 끊이지 않았다. 금강산 관광객 피격 사건으로 악화일로로 내달은 대북 사업은 가장 큰 난제였다. 온갖 어려움에도 불구하고 현정은은 대북 사업의 끈을 결코 놓지 않았다. 시아버지와 남편의 유업이기도 했지만 이제는 남과 북을 위해서 자신이 이루어야 할 지상과제이기도 했다.

그녀는 2005년 7월, 처음 평양을 방문했는데 그 자리에서 김정일은 "금강산은 남편에게 줬는데 백두산은 현 회장이 해보쇼."란 약속을 했다. '백두산과 개성 시범 관광'이라는 선물을 이끌어내면서 대북경협 입지를 굳건히 마련했다.

그러나 남북 사업은 곧 파란을 겪는다. 그해 8월 북측의 신뢰가 두터웠던 김윤규 부회장을 비리 혐의로 경영에서 물러나게 한 때문이었다. 정몽헌이 유서에서 대북 사업을 부탁할 정도로 김윤규는 정주영·정몽헌 부자와 함께 대북 사업을 이끌던 핵심이었다. 김윤규를 해고하자 북한은 현대아산을 맹비난하면서 복직시킬 것을 요구했다. 그러나 경영권 방어 때 '현다르크'란 별명을 얻었던 현정은은 그것은 회사의 내부 문제라며 거부했다.

그때부터 대북 사업은 휘청거리기 시작한다. 북한은 느닷없이 금

강산 관광객 수를 하루 1,000명에서 600명으로 깎아내렸고 급기야 10월 20일 '현대와의 사업을 전면 재검토'하겠다고 선언했다. 이미 약속했던 백두산 관광을 위한 사전 답사 작업도 무산되었다.

현정은은 김정일의 무지막지한 보복에도 굴하지 않았다. 그녀는 김윤규를 대북 사업의 중심에 그대로 놓아두고는 대북 사업에서 주도권을 쥘 수 없다고 판단했던 것이다. 그녀는 주변에서 많은 압력과 비난에도 불구하고 주변에 휘둘리지 않는 친정 체제 구축을 강하게 밀고 나갔고 그룹의 지배권을 확실하게 장악해 나갔다.

현정은은 홈페이지에 '국민 여러분께'라는 글을 통해 자신의 심정을 다음과 같이 전했다.

"남북한의 경제 협력은 상호간의 정직한 신뢰를 바탕으로 이루어져야 합니다. 그것은 우리 겨레의 염원인 통일을 위한 사업이기 때문입니다. 지난 금강산 방문 때 핸드백까지 열어 보이는 모욕을 당하면서도 저는 한 가지만 생각하였습니다. '목숨과 맞바꾼 사람도 있는데 이정도 모욕은 아무것도 아니지 않은가, 결코 포기하지 않겠다.' 저들도 나의 진정한 뜻을 알아줄 것이라고 가슴속으로 되뇌었습니다."

느닷없는 외풍과 변수가 많은 대북 사업의 불확실성에도 불구하고 현정은은 줄기차게 밀고나간다. 2년 후인 2007년 11월, 현정은은 평양을 다시 방문해서 김정일을 만났다. 이 자리에서 김정일은 "앞으로 (백두산) 들쭉술을 마시려면 현 회장한테 허락받으시오"란 말을 남겼다. 현정은은 백두산 관광과 내금강 비로봉 관광, 개성 관광 성사라는 성과를 거두면서 대북 사업자로서의 독점적 지위를 재확인 받았다.

다시 재개된 금강산 관광은 2008년까지 195만 명을 기록했고, 금강산은 이산가족 상봉, 남북장관급 회담, 남북공동행사 등 남북교류협력의 장소이자, 한반도 평화의 상징으로 자리매김했다.

2009년 8월 16일, 현정은은 다시 한 번 군사분계선을 넘었다. 북한 체제 비난 등의 죄목으로 현대아산 직원 유성진이 억류된 지 4개월이 넘어서던 시점이었다. 그녀는 김정일과의 면담을 통해 직원 송환과 더불어 남북 화해무드의 물꼬를 텄다.

금강산 관광객 피격 사건 이후 대북관광사업이 중단되어 있었지만 현정은은 김정일의 조문 사절로 2011년 12월 북한을 방문했고 김정일의 후계자 김정은 조선로동당 제1비서를 직접 만난 국내 유일의 기업인이 되었다.

현정은은 2013년 8월에도 정몽헌의 10주기 추모식을 위해 북한 금강산을 방문했다. 그녀는 남편의 10주기 추모식을 금강산에서 하고 싶다고 밝혔고 그 뜻이 받아들여진 것이었다. 그 자리에는 북한 측에서 원동연 조선아시아태평양평화위원회 부위원장이 나와 김정은의 구두 친서를 전달했다. 2013년은 현정은이 그룹 경영을 맡은 지 10주년이 되는 해이기도 해서 그녀의 감회가 남다를 수밖에 없었으리라.

10년 세월 동안 현정은은 '투지'와 '뚝심'의 경영인으로 거듭났다. '현정은 체제' 10년의 경영 성적표는 온갖 악재에도 불구하고 뛰어난 성적을 올렸다. 그룹 자산은 2003년 8조 4,590억 원에서 2012

년 27조 5,820억 원으로 세 배 이상 증가했다. 매출도 2003년 5조 4,830억 원에서 11조 7,030억 원으로 두 배 이상 불어났다. 2003년 당시 현대그룹은 현대상선, 현대증권, 현대엘리베이터 등 7개 계열 사를 보유했으나 현대유엔아이, 현대투자네트워크, 현대자산운용 등 새로운 계열사가 추가되면서 총 12개 계열사 체제가 됐다. 10년 간 매출은 두 배, 자산은 세 배 이상 성장한 셈이다.

특히 현대상선·현대엘리베이터 등 계열사들의 해외 네트워크가 크게 확장됐다. 현대상선은 2003년 4개 본부, 23개 현지 법인, 57 개 해외 지점을 운영했는데 2013년에는 4개 본부, 26개 현지 법인, 75개 해외 지점으로 늘어났다. 현대엘리베이터도 2003년 20여 개 였던 해외 법인 및 지사를 60여 개로 확대했다. 중국 상하이에 공장 을 운영하고 있으며 2014년에는 브라질 현지 공장을 완공했다.

현대엘리베이터는 고용노동부와 노사발전재단이 주관한 '2013년 노사문화 대상' 심사에서 우리나라 기업 가운데 가장 우수한 기업으 로 선정돼 10월 23일 대통령상을 수상하기도 했다.

현정은의 경영 능력을 해외에서도 높이 인정받고 있다. 2014년 9 월 미국 경제전문지 《포춘(Fortune)》이 발표한 '2014 가장 영향력 있 는 아시아·태평양 여성기업인 25인' 중 14위에 선정됐다. 그녀는 영 국의 세계적인 경제지 《파이낸셜타임스(FT)》가 2011년 발표한 '2011년 세계 50대 여성 기업인'에 선정기도 했고, 미국 《포브스》가 선정한 '세계에서 가장 영향력 있는 여성'에 2008년과 2009년 2년 연속 선정되기도 했다. 또 2007년엔 미국 《월스트리트저널》이 '주 목할 만한 세계 50대 여성 기업인'으로 뽑기도 했다. 지난 10년 동안 현대그룹은 크고 작은 위기를 겪었지만 현정은의 뚝심과 긍정의 리더십은 이를 극복해왔다. 취임 10주년을 맞은 현정은은 2013년 10월 24일 경기도 양평 그룹 종합연수원 '블룸비스타(BloomVista)' 개원식에서 '제2기 신경영'을 선언했다. 이 자리에서 현정은은 '새로운 10년 제2기 신경영'을 구현해나가겠다"면서 "선대 회장에게서 이어받은 현대 정신과 인재 경영·창의 경영·행복 경영이라는 경영 철학을 기반으로 '현대 WAY'를 정립할 것"이라고 강조했다.

정몽준의 현대중공업

나는 골프공을 한 번도 잃지 않는 골프 선수를 본 적이 없다.
또 실연을 한 번도 하지 않고 사랑에 빠진 사람을 본 적도 없다.
그리고 돈을 한 번도 잃지 않고 부자가 된 사람을 본 적도 없다.
대부분의 사람들이 돈 문제에서 이기지 못하는 이유는
돈을 잃는 고통이 부자가 되는 기쁨보다 훨씬 더 크기 때문이다.
사람들은 부자가 되는 꿈을 꾸지만 돈을 잃는 것을 더 무서워한다.
 — 로버트 기요사키 —

현대중공업을 맡아라

"몽준이가 중공업 맡아라."

1982년, 정주영은 만 서른 살의 정몽준을 현대중공업 사장으로 임명했다. 초등학교밖에 나오지 못한 정주영은 아들 중에서 유일하게 서울대학을 나온 정몽준을 대견스러워했다. 정몽준은 "경제를 알아야 경영을 한다"고 권한 아버지의 뜻을 따라 서울대 경제학과를 다녔고 미국 매사추세츠공과대학교 경영대학원에서 경영학 석사, 존스홉킨스대에서 국제정치학 박사학위를 받았다. 정몽준은 미국 매사추세츠 공과대학교 경영대학원을 졸업하고 졸업 논문을 보완해 『기업경영이념』이란 책을 냈는데 정주영은 아들의 책을 읽고 아주 흡족해하며 현대중공업을 맡겼다.

"니가 쓴 논문 읽어봤다. 니 말이 다 옳다. 기업은 지 혼자 저절로 크는 게 아니다. 기업 하는 사람은 처음 물건 팔릴 때의 고마움을 잊으면 안 된다. 배운 너야 유식한 말로 썼다마는 그게 다 그 말 아니냐? 그만하면 아버지가 보기엔 노벨상감이다. 이참에 중공업에 가서 네 뜻을 한 번 펼쳐 보거라."

정몽준은 아버지가 자신의 책을 읽어보리라 예상은 했지만 그렇게까지 칭찬받을 줄은 몰랐다. 여섯째 아들인 정몽준이 형들을 제치고 현대중공업 사장이 되자 현대가의 형제들 사이에는 작은 술렁거림이 일었다. 그도 그럴 것이 현대중공업은 비약적인 발전을 거듭해서 정몽준이 사장직에 오른 다음 해에 세계 최대 조선소의 자리를 차지하게 되었던 것이다.

정주영은 진작부터 현대중공업을 정몽준의 몫으로 떼어놓았던 듯싶다. 정몽준과 현대중공업의 인연은 1975년으로 거슬러 올라간다. 정주영은 정몽준이 대학을 졸업하자마자 현대중공업에 전략기획실에 입사를 시켜서 후계자 수업을 받게 한다. 그러나 정몽준이 경영 수업을 받은 기간은 그리 길지 않다. 1978년부터 2년 6개월 동안 미국 유학을 떠나 자리를 비웠다. 정몽준은 석사 과정에서 전공을 경영학으로 바꿔서 공부를 했다.

정몽준이 다시 현대중공업으로 돌아온 것은 1980년 7월이다. 그는 상무의 자리를 차지하고 본격적으로 경영에 참여하기 시작했는데 그로부터 2년 후에 정주영은 현대중공업을 아들에게 넘겨준 것이었다. 다른 아들들이 시샘을 부릴만도 한 사건이었다. 그때는 장남인 정몽필이 살아 있을 때였고, 어떤 아들도 이렇다 할 제 몫의 기업을 배정받지 못했던 상태였다. 그만큼 정주영의 정몽준에 대한 애정이 두터웠던 모양이다. 정몽준은 자신의 자서전 『나의 도전 나의 열정』에서 당시의 감회를 이렇게 적고 있다.

"그렇게 해서 나는 서른 살에 현대중공업 사장이 되었다. 이전에 상무 직함을 갖고 경영회의에 참석하기는 했지만, 그것과는 비교도 할 수 없는 자리였다. 벤치에서 경기를 지켜보기만 하던 후보 선수가 하루아침에 주전이 되어 마운드에 선 기분이었다. 현대중공업은 당시 매출, 수출, 고용 등의 주요 지표에서 우리나라 최고의 회사였다. 매출 규모가 삼성전자나 현대자동차의 두 배가 넘었고, 종업원이 3만 명이나 됐다. 경제학을 공부했다고는 하지만 3만 명 종업원들의 생계를 책임지기엔 경륜도 능력도 많이 부족했다. 현대중공업이란 이름이 새겨진 작업복을 입고 조찬 모임에 갔다. 수백 명의 간부들이 나를 기다리고 있었다. 짧게 인사말을 하고 자리에 앉자 마자 각종 보고가 쏟아졌다. 무슨 내용인지 파악도 못한 상태에서 다른 질문들이 들어왔다. 다행히 현장에서 산전수전을 겪은 노련한 간부들이 나를 도와주었다. 나는 옛날 이야기 듣듯이 조선소의 모든 것을 들었다. 볼품없이 덩치만 큰 콘크리트 도크마다 눈물과 웃음이 범벅이 된 감동적인 전설이 숨어 있었다. 나는 아버지가 이루신 일들이 그리도 거칠고 외로운 투쟁에서 비롯된 것인 줄 다시금 알게 되었다."

그런데 정몽준은 1985년 돌연 미국 워싱턴의 존스홉킨스대 박사 과정에 입학하면서 2년 동안 자리를 비웠다. 그는 이번에도 다시 전공을 바꾸어서 정치학으로 학위를 딴다. 사실 정몽준의 정치를 향한 꿈이 그때부터 싹 트고 있었다. 정몽준에게 정치의 꿈을 심어준 것은 아버지 정주영이었다. 정주영은 군사 정권의 강압적인 정치 분위기 속에서 수탈에 가까운 정치자금을 내놓아야 하는 현실에 넌더리를 내고 있었다. 그는 정치가 먼저 변해야 나라가 변한다는 생각을 했고 아들 중 하나쯤은 정치인으로 키워야겠다는 생각을 한 것이다.

정몽준은 아버지의 뜻을 비장하게 받아들였고 정치를 하기로 마음 먹었다. 그는 어떤 정치를 할 것인가에 대해 생각하다가 아버지가 늘 자신을 '부유한 노동자'라고 말한 것처럼 자신은 '정치 노동자'가 되기로 결심을 했다.

1985년, 정몽준은 12대 총선에 출사표를 던졌다. 그러나 예기치 못한 장벽이 그를 가로 막았다. 당시 대통령이었던 전두환이 대뜸 "젊은 사람이 큰 회사 사장 해먹고 있으면 좋을 텐데 왜 정치를 하려고 하느냐"면서 출마를 제지시켰다. 그것은 전두환이 전 청와대 정무 수석을 지낸 사람을 울산에 출마시키려 했던 때문이었다. 울산 동구의 주민은 대부분 현대중공업 가족이어서 정몽준이 출마할 경우 자신의 심복이 떨어질 것을 우려했던 모양이다.

어찌해볼 도리가 없는 상황이 되자 정몽준은 출마를 포기하고 본의 아니게 두 번째 유학을 떠나게 되었던 것이다. 정몽준은 1987년 11월 귀국한 뒤 곧바로 현대중공업 회장에 올랐다. 그러나 그는 다음 해인 1988년 4월 13대 국회의원 총선 때 울산 동구에 무소속으로 출마, 국회의원에 당선되어 정치인으로서 첫발을 내딛게 된다. 국회에 입성을 하게 된 정몽준은 현대중공업 회장을 그만 두고 고문으로 물러났다.

정몽준은
누구인가

정몽준은 한국전쟁 중인 1951년 피란지인 부산시 범일동에서 태어났다. 그러나 전쟁이 끝나면서 3살 때 서울로 올라와서 그의 어린 시절 기억은 서울시 중구 장충동 1가의 집과 동네에서 시작된다. 광희문 옆에 자리한 시장이 집 근처에 있었고 그는 시장 부근에 있는 유치원을 다녔다. 장충동 집은 정주영의 많은 동생들과 자식들 거기다 찾아오는 손님들도 많아 늘 여관같이 북적였다.

정몽준은 장충초등학교를 다녔는데 박근혜 대통령, 김승연 한화그룹 회장, 김종필의 딸 김예리가 동기생들이다. 초등학교를 다닐 때 정몽준은 공부를 잘하는 축에 들어서 정주영은 아들이 당시 최고 명문인 경기중학교에 들어가는 것을 은근히 기대하기도 했다. 하지만 그는 체력장 시험을 망쳐서 결국 후기 시험을 쳐서 중앙중학교에 들어갔다고 한다.

그 무렵 정몽준은 두 살 터울이 지는 바로 위의 형 정몽헌과 같은 방을 쓰고 있었는데 훗날 정몽헌은 "중학입시 실패가 몽준이에게 약이 됐을 것"이라는 말을 했다. 정몽준이 중·고등학교를 다닐 시기에 아버지 정주영은 국내 굴지의 재벌로 성장하고 있었다. 그러나 정몽준은 그런 사실에 대한 의식이 별로 없었다. 그가 잘 사는 집 아들 같아서 친구들이 "너희 집 뭐하니?"라고 물으면 그는 "잘 모른다"고 대답하곤 했다.

정몽준이 부잣집 아들로 소문이 나기 시작한 것은 중학교 3학년 때, 아버지가 학교 도서관을 짓는 데 필요한 시멘트 1만 포대를 기부한 후 부터였다. 정몽준은 중학교 1학년과 3학년 때 반장을 하기도 했으나 부잣집 아들 티를 전혀 내지 않았다. 그는 축구를 좋아해서 축구부원으로 활동을 했는데 호주머니를 털어 부원들에게 간식을 사줄 때가 많았다.

정몽준은 고등학교에 진학을 해서는 권투에 빠져들었다. 1966년, 김기수 선수가 이탈리아의 니노 벤베누티를 누르고 한국 최초의 세계 챔피언이 되면서 온 국민이 권투를 배우는 열풍에 빠져 있을 때였다. 정몽준은 키는 컸지만 비쩍 마른 체격이라서 몸에 근육을 키우기 위해 집 안에 있던 콘크리트 역기로 매일 운동하던 시절이었다.

마침 집 앞에 권투도장이 생기자 정몽준은 도장을 다니기 시작했다. 소질이 있으니 권투를 계속해보라고 코치가 권한 탓에 정몽준은 더욱 신이 나서 열심히 했다. 그는 언제 주먹을 날려야할 지를 알았고 가장 구사하기 힘들다는 스트레이트 펀치를 제대로 날렸다고 한다. 운동을 마치고 집에 돌아오면 너무 지쳐서 저녁밥도 못 먹고 쓰러져 아침까지 잘 지경이었다.

한 번은 유도부 주장과 시비가 붙어서 학교 뒤편 삼청공원에서 맞장을 뜨게 되었다. 시비의 발단은 학교 매점을 옮겨야 할 사정이 생겼는데 정몽준은 선생님께 유도부 옆으로 옮기는 게 좋겠다고 제안을 했다. 그 말이 유도부 친구들의 심기를 건드린 모양이었다.

"니가 뭔데 옮기라 마라야?"

정몽준은 그곳이 적당할 것 같아서 한 말이었다. 매점이 유도부 옆으로 옮겨가면 뭐가 안된다는 건지 알 수가 없었다.

"덤벼!"

아무 생각 없이 한 말이 그런 풍파를 일으킬 줄이야! 후회를 하거나 사태를 수습할 겨를도 없이 파국으로 내몰렸다. 공원에는 이미 유도부를 비롯한 주먹을 쓰는 아이들이 잔뜩 모여 있었는데 족히 100여 명은 되어 보였다.

유도부 주장은 힘깨나 쓰던 학교 주먹패를 대표하는 아이였다. 그는 유도부의 위신을 세워야 한다는 불퇴전의 투지에 불타 있었으므로 타협의 여지는 없었다. 어쩔 수 없이 결투를 받아들였다.

상대는 유도부 주장답게 정몽준을 붙잡아서 메다꽂으려고 다가섰다. 그러나 싸움은 싱겁게 끝이 났다. 정몽준은 그동안 단련한 스파링 솜씨를 뽐낼 수 있었다. 팍! 팍! 스트레이트 펀치를 몇 대 날렸더니, 기세등등하던 유도부 주장은 땅바닥에 쓰러져 일어나지 못했다. 맞붙어 싸우는 데는 유도보다 권투가 훨씬 유리하다는 것을 처음 안 사건이었다. 이날 사건으로 정몽준은 교내에서 유명해졌지만 학교 주먹패들의 위협 때문에 일주일간 결석을 해야 했다.

중·고등학교 시절 정몽준은 많은 스포츠에 탐닉했다. 부자 아버지를 둔 덕분에 당시 일반인들은 꿈도 꾸지 못했던 스키를 일찌감치 탈 수 있었고, 승마, 다이빙, 수상스키를 하면서 학창 시절을 땀에 절어 보냈다. 덕분에 부상도 많이 당했다. 중학교 때는 다이빙 연습 도중 두 번이나 물이 아닌 맨바닥으로 떨어져 크게 다쳤다. 축구를 하거나 스키를 타다가 골절상도 다섯 번 당했다.

그렇다고 학교성적이 나빴던 것도 아니다. 정몽준의 고교시절 성적은 1학년 때 전교생 490명 중 84등, 2학년 때는 문과생 160명 가운데 5등, 3학년 때는 문과 160명 중 9등이었다. 그는 1962년 독일 유학 중 사망한 삼촌 정신영의 영향을 받아 독일어는 열심히 했는데 3학년 때는 서울사대 주관 독일어 경시대회에서 입상하기도 했다. 정몽준의 자서전을 보면 88올림픽 유치 때 바덴바덴에서 아버지 정주영을 도우며 독일어 실력을 유감없이 발휘했다고도 한다.

정몽준은 1970년 서울대 상대 경제학과에 입학했다. 정몽준은 대학 3학년 때부터 ROTC 13기로 군사 훈련을 받았다. 대학 졸업 후 정몽준은 경기도 양평 5사단 경리참모부에서 근무했다.

정치인 정몽준

정몽준은 현대중공업이란 거대 기업을 운영하면서도 정치에 더 많은 관심이 있었다. 그래서 1988년 13대 총선 때 정몽준은 울산에서 무소속으로 국회의원에 당선되어 정치계에 첫발을 내디뎠다. 그의 정치 입문은 그를 정치가로 만들겠다는 아버지의 뜻을 따른 것이기도 하다. 1992년 1월 아버지 정주영이 통일국민당을 창당하고 대통령 선거에 출마하자 아버지를 따라 통일국민당에 입당했다. 그후 정몽준은 울산에서 내리 5선을 한다.

1993년부터 대한축구협회 회장과 FIFA 부회장을 지내고 있던 정몽준은 1996년 5월 31일 2002 FIFA 월드컵 한국과 일본 공동개최를 확정지으면서 인기가 급상승했다. 1997년 미국의 시사주간지 《타임》은 한국의 2002년 월드컵 개최에 큰 기여를 한 정몽준을 아시아 차세대 지도자에 선정하기도 했다.

2002년은 정몽준에게 있어서는 아주 특별한 운명의 한 해였다. 2002년 월드컵에서 한국 팀이 4강 신화를 써내려가자 정몽준의 주가는 더욱 상승해서 유력한 대선 후보로 떠올랐다. 정몽준은 대선후보 출마를 위해 '국민통합21'이란 정당을 만들고 새천년민주당의 대선후보 노무현 과 여론조사로 후보 단일화에 나섰으나 패했다. 이후 정몽준은 노무현 후보 지지 활동에 나섰으나, 선거일 전날 밤 지지를 철회했다. 그러나 정몽준의 지지 철회로 위기감을 느낀 진보 진영이 노무현에게 표를 몰아주는 의외의 효과로 노무현은 대통령에 당선되고 만다. 아버지 정주영에 이은 아들의 대권도전도 실패로 끝나고 만 셈이 되었다.

정몽준은 나홀로 국회의원으로 '국민통합21'이란 정당을 이끌다가 2004년 9월 당을 해체하고, 여당인 한나라당(현 새누리당)에 입당한다. 정몽준은 2008년 18대 총선에서는 서울 동작 을에 출마했다. 여당인 한나라당의 전략공천 때문이었는데 상대는 대통령 후보로 나서기까지 했던 정동영이었다. 지인들은 동작 을은 전통적으로 한나라당에게 어려운 지역인데 왜 모험을 하느냐며 만류했으나 그는 모험을 선택했다. 결국 정몽준은 정동영을 꺾는 기염을 토했다. 그는 제19대 총선에서도 동작 을에서 재선함으로써 7선으로 최다선 의원이 되었다.

2010년 정몽준은 한나라당 대표를 지냈으나 9개월 만인 2010년 6·2 지방선거 패배의 책임을 지고 물러났다. 정몽준은 아버지의 유지를 받들어서 대권의 꿈을 접지 못했다. 그는 대권 도전의 서막이라고도 할 수 있는 서울시장에 우선 도전하기로 결심했다.

2014년 6·4지방선거에서 정몽준은 집권여당인 새누리당의 서울시장 후보로 나섰다. 정몽준은 3월 2일 중구 남산 백범광장에서 서울시장 출마 선언식을 열고 "1,000만 서울 시민과 함께 대한민국의 심장, 수도 서울이 힘차게 고동치도록 서울시장 선거에 출마한다"고 밝혔다. 그는 전 총리인 김황식, 이혜훈과 경선을 치러 최종 서울시장 후보로 선출되어 현직 박원순 시장과 맞대결에 들어갔다.

그런데 그 와중에 뜻하지 않은 악재가 등장했다. 세월호 사건으로 인심이 흉흉해져 가고 있을 때 정몽준의 아들이 SNS에 올린 글이 시민의 감정을 자극하는 촉매의 역할을 했다. 정몽준의 막내아들이 세월호 사고 이틀 후인 4월 18일 자신의 페이스북에 "대통령에 소리지르고 욕하고 국무총리에 물세례. 국민 정서 자체가 굉장히 미개"라는 글을 올렸다.

이에 대해 비난여론이 일면서 한 때 여론조사에서 앞서나가던 정몽준의 지지율은 급락하기 시작했다. 세월호 사건에 대해서 대통령의 사과까지 요구하는 여론이 형성되던 예민한 시기에 터진 악재였다. 정몽준은 기자회견을 열고 "제 막내아들의 철없는 짓에 아버지로서 죄송하기 그지없다. 국민 여러분께 다시 한 번 진심으로 사죄드린다"라고 세 번이나 고개 숙여 사죄했으나 민심은 그에게서 등을 돌렸다. 선거 결과 정몽준은 큰 표 차로 패배하고 말았다.

정몽준은 서울시장 후보 등록과 함께 국회의원직마저 상실해서 공중에 붕 뜨고 말았다. 앞으로 정치인 정몽준의 선택이 무엇일지, 어떤 행보를 걸을 것인지 귀추가 주목된다.

소유와 경영의
분리
　　　　　　　　　　"현대중공업은 소유와 경영이 분리
돼 있다."

　2014년 4월 9일, 새누리당 서울시장 후보 경선 TV토론회 자리에서 정몽준이 한 말이다. 정몽준은 현대중공업 지분 10.15%를 보유하고 있는 최대 주주이지만 경영에는 참여하지 않고 있다.

　정몽준은 정치에 입문하던 1988년 현대중공업 회장 자리에서 물러나 고문이 되었고 2002년 대선을 치루면서 고문 자리마저 내놓았다. 현대중공업은 그해 2월 28일 현대미포조선·현대기업금융·현대기술투자 등을 이끌고 현대그룹에서 계열분리 했다.

　그 후, 현대중공업은 전문경영인 체제로 운영됐다. 현대중공업 경영은 민계식 회장과 최길선 사장, 그리고 이재성 회장 등으로 이어졌다. 그러나 현대중공업 회장 자리는 오랫동안 공석에 있는 경우가 많았고 부회장과 사장단이 현대중공업을 이끈 점으로 보아서 최대주주인 정몽준의 영향력을 배제할 수는 없을 것 같다. 경영은 전문경영인에게 맡겼지만 정몽준은 대주주로서 회사의 중요한 결정에 영향력을 행사하고 있는 것으로 알려졌다. 그것은 정몽준 이후 회장에 오른 전문경영인이 모두 현대그룹 계열사에서 잔뼈가 굵은 경영인들이란 점에서 확연히 드러난다.

　그동안 현대중공업은 2007년 경제지 《포천》이 선정한 전 세계 500대 기업에 진입하는 등 승승장구했다. 현대중공업은 10개의 대형 건조 도크와 9기의 초대형 골리아스 크레인을 비롯한 최신 생산

설비, 뛰어난 기술력을 바탕으로, 드릴쉽, LNG선, LPG선 등 해양 개발 관련 선박 및 가스선은 물론 유조선, 컨테이너선, 살물선, 자동차운반선, ROPAX 등 일반 상선과 이지스 구축함, 잠수함 등 최신예 함정에 이르기까지 다양한 배를 건조함으로써 세계 1위 조선소로서의 위상을 공고히 했다.

현대중공업은 조선산업 최고의 기술력을 보유하고 있고 방산업체이기도 하다. 함정의 총아라 할 수 있는 한국형 이지스 구축함을 독자 기술로 설계·건조해낸 것은 현대중공업의 기술력이 세게 최고 수준임을 말해준다. 이지스함은 강력한 레이더로 적 항공기나 미사일을 수백 km 이상 떨어진 곳에서 발견하고 최대 100km 이상 떨어진 곳에서 요격할 수 있어 현대전의 총아이자 '꿈의 함정'으로 불린다. 현대중공업은 3척의 이지스함 모두를 독자 기술로 도면을 설계했고, 이 가운데 2척을 현대중공업이 건조했다. 첫 번째 이지스함인 세종대왕함은 지난 2007년 5월 진수돼 2008년 12월 실전 배치됐다. 3호 이지스함인 서애 류성룡함은 2009년 9월 건조를 시작해 2011년 2월 말 진수식을 가졌다. 한국형 이지스함은 미국과 일본의 최신형 이지스함에 견주어 봐도 결코 뒤지지 않는다

현대중공업그룹은 2013년 말 현재 자산총액 순위에서 58조 3,950억 원으로 재계 서열 7위에 26개의 계열사를 거느리고 있는 거대그룹이다. 2013년 매출 60조 3,490억 원에 당기순이익 3,700억 원을 냈다. 부채비율도 112.6%로 양호한 편이다.

그동안 현대중공업은 조선과 중공업뿐 아니라 신재생에너지 등 새 영역에도 발을 내디디며 사업 다각화를 추진하기도 했다. 2009년에는

현대종합상사 2011년에는 현대오일뱅크를 인수해서 범현대가의 또 다른 주역으로 떠올랐다.

정몽준은 현대중공업의 경영에는 나서지 않고 있지만 아버지의 사랑을 가장 많이 받은 아들답게 정주영에 대한 추모 사업을 많이 벌이고 있다. 비슷하게 아버지의 사랑을 많이 받은 정몽헌이 대북 사업으로 아버지의 유업을 이어받으려고 했다면 정몽준은 아버지에 대한 추모 사업으로 그 유지를 기리려 하고 있는 셈이다.

2011년 8월 16일 범현대가는 정주영의 10주기를 기리기 위해 '아산나눔재단' 설립을 발표했다. 정몽준이 약 2,000억 원 정도 사재를 출연하여 재단의 재원을 만들고, 현대중공업 계열 6개사의 2,380억 원과 현대해상, 현대산업개발, KCC, 현대종합금속, 현대백화점 등의 620억 원을 합쳐 총 5,000억 원 규모의 거대 자선재단이 만들어졌다. '아산나눔재단'은 정주영이 설립한 '아산사회복지재단'과 쌍두마차를 이루면서 정주영의 정신을 이어갈 다양한 프로그램을 운영하고 있다.

그런데 최근 잘 나가기만 하던 현대중공업에도 위기가 닥쳐왔다. 현대중공업은 1983년부터 세계 1위 조선기업의 위치를 지켜왔으나 중국의 거센 도전에 직면해서 창사 이래 최대 규모의 적자를 기록했다. 2014년 상반기 1조 4,000억 원에 육박하는 영업 손실을 기록하고 비상경영태세에 들어갔다. 엎친 데 덮친 격으로 '19년 무파업'을 이어오던 현대중공업노조가 20년 만에 파업 절차 돌입함으로써 현대중공업은 최악 실적에 20년 만에 파업이란 위기 상황에 처해 있다.

경제계는 정몽준이 다시 경영일선에 복귀해서 위기상황의 돌파구를 찾아내야 할 것이라는 조심스런 전망을 내놓고 있는 상황에 이르렀다. 서울시장 선거에서 낙선한 정몽준으로서는 국회의원직도 내놓은 상태이므로 다시금 '친정체제' 구축에 나설 수 있는 시간적 여유도 생긴 셈이 되었다. 그래서인지 현대중공업은 과거 현대중공업을 세계 1위의 조선업체로 이끌었던 주인공들을 전면에 내세우기 시작했다.

현대중공업은 2014년 8월 은퇴했던 CEO를 구원투수로 다시 불러들였다. 현대중공업의 대표이사 사장을 지냈던 최길선 조선·해양·플랜트 부문 총괄회장으로 선임한 것이다. 최길선 신임 회장은 국내 조선업의 살아있는 역사로 불릴 만큼 오랜 기간 이 산업에 종사했고, 한국 조선산업을 세계 1위로 끌어 올리는 데 주도적인 역할을 했던 인물로 평가 받고 있다. 또 권오갑 현대오일뱅크 사장을 현대중공업 사장 겸 그룹기획실장에 임명했는데 이들의 공통분모는 바로 정몽준의 최측근이라는 점이다.

소유와 경영의 분리 원칙을 지키며 회사와 거리를 두고 정치적 행보를 해온 정몽준이 창사 이래 최대 위기에 직면한 '회사 살리기'에 나섰다는 평가가 지배적이다. 현대중공업은 소유와 경영이 분리된 채로 계속 갈 것인가, 아니면 다시 오너 경영으로 복귀할 것인가? 정몽준이 어떤 선택을 할 것이냐에 따라 현대중공업과 자신의 정치적 앞날을 결정하게 될 것이다. 정치권 안팎에선 이번 사장단 인사와 정 전 의원의 정치적 입지를 연관 짓는 시선이 적지 않다. 정몽준은 현대중공업의 경영 정상화를 통해 '경제를 아는 정치인' 이미지를 완성, 차기 대선을 준비하려는 꿈을 꾸고 있는지도 모른다.

범현대가의 기업들 ⑥

현대가의 위상

'왕자의 난'과 정주영의 타계, 정몽헌의 타계를 거치면서 현대가는 그룹이 쪼개지고 한때 어려움을 겪기도 했지만, 그런 시련은 오히려 전화위복이 된 듯하다. 현대차그룹, 현대백화점, 현대그룹, 현대중공업, 현대해상, 현대기업금융 등 전문 그룹의 길로 나서면서 경쟁력은 더 강해졌고, 기업 규모도 정주영의 시대 이상으로 더욱 커졌다.

아들들이 이어받은 5개 주요 그룹은 각 분야에서 훌쩍 성장했으며, 동생들과 그의 자식들이 이어받은 기업들도 독자 영역을 구축했다.

앞에서도 살펴보았지만 현대그룹은 범현대가로 분할되면서 한국 최고 기업군의 자리를 삼성에게 내주었으나, 2013년 재계순위 50대그룹 안에 현대·기아차자동차 그룹(2위), 현대중공업 그룹(7위), 현대 그룹(20위), 현대백화점그룹(24위), KCC그룹(32위), 한라그룹(37위), 현대산업개발그룹(38위) 등 7개 기업군을 등재하면서 한국 최고의 기업군으로 건재함을 과시하고 있다.

또한 범현대가의 기업들은 '왕자의 난' 이후 잃어버렸던 기업들을 대부분 되찾음으로써 창업주 정주영의 유업을 이어받는데 혼신의 힘을 다하고 있다. 정주영의 형제 중 유일하게 생존해 있는 정상영이 좌장 역할을 하면서 범현대가 부활 프로젝트를 진두지휘를 하고 있다. 정상영은 소카인 정몽구과 나이차가 불과 2살밖에 나지 않아서 정력적으로 일을 도모하고 있다. 잃어버렸던 기업의 인수 작업은 자금 형편이 넉넉한 현대자동차와 현대중공업이 주로 맡았다.

2008년 한라그룹은 만도를 되찾았고, 2011년 현대차그룹은 그룹의 모태인 현대건설을 인수했으며, 현대중공업그룹은 현대종합상사와 현대오일뱅크를 잇따라 사들였다. 정주영 타계 후 팔려나갔던 범현대가 기업 중 현대전자의 후신인 SK하이닉스, 현대증권을 제외한 대다수 기업이 다시 현대가의 품으로 돌아오게 된 것이다.

정주영의 후예들은 근래 들어서 '범현대가'라는 기업 체제를 구축하며 지난 2012년 공정위 기준 250조원 이상의 자산규모(6개 그룹 자산규모 총합)를 보유하고 있다. 기업은 계열분리가 됐지만 여전히 범현대가는 한 가족이다.

{현대차 그룹

현대가의 실질적인 장손인 정몽구가 이끄는 현대차그룹은 최근 2014년 9월 통 큰 베팅을 해서 주목을 끌었다. 서울 강남구 삼성동의 한전 부지를 감정가보다 3배 이상 높은 10조 5,500억 원에 낙찰받음으로써 한국판 '아우토슈타트(독일의 자동차 테마파크)'를 조성하겠다는 원대한 구상을 실현할 수 있게 되었다. 삼성동 한전 부지는 약 2만 4,000평(7만 9000㎡)으로 강남역 삼성타운의 3배에 달한다. 한전부지 매입으로 세계 완성차 5위 업체 위상에 걸맞은 번듯한 신사옥을 짓겠다는 정몽구의 숙원이 풀리게 된 것이다.

현대차는 2020년까지 이 땅에 30여 개 계열사 모두를 아우를 수 있는 관제탑 역할을 할 초고층 신사옥뿐만 아니라 자동차 테마파크와 박물관, 전시장, 최고급 호텔, 백화점 등도 함께 조성할 방침이다. 현대차 측은 글로벌 비즈니스 센터가 완공되면 해외 행사 유치 등을 통해 2020년 기준 연간 10만 명 이상의 해외 인사를 국내로 초청할 수 있을 것으로 예상하고 있다.

현대차그룹의 통큰 배팅은 제2의 도약을 추구하려는 최고경영자 정몽구의 구상과 의지가 담긴 100년 이상 미래를 내다본 결정이었다. "입찰에서 2등은 꼴등이다"라는 정주영의 경영철학을 그대로 실천한 배팅이었다. 그래서 정몽구는 아버지 정주영을 그대로 빼다 박았다는 평가를 다시 한 번 받게 되었다.

현대차그룹은 계열사로는 현대자동차, 기아자동차, 현대건설,

현대모비스, 현대제철, 현대하이스코, 현대로템, 현대엠코, 현대엔지비, 현대카드, 현대캐피탈, HMC투자증권, 이노션, 글로비스 등 30여 개 계열사를 거느리고 있다.

현대중공업 그룹

현대중공업그룹은 앞에서 살펴본 대로 지난 30여 년간 세계 시장 점유율 1위 조선소인 현대중공업을 주축으로 하는 조선 및 중화학 관련 기업집단이다. 창사 이래 2013년 말 현재까지 총 48개 국, 282개 선주사에 1,800여 척(특수선 제외)의 선박을 성공적으로 인도했고, 2012년 세계 최초로 '선박 건조량 1억 톤'이라는 신기록을 달성하여 세계 역사상 최단기간 내 최대 건조 실적이라는 대기록을 수립했다.

국적별로는 독일이 210척으로 가장 많았고 그리스 209척, 일본 116척, 덴마크 96척, 미국 85척 순으로 나타났으며, 선종별로는 컨테이너선 510척, 유조선 351척, 벌크선 342척, 정유제품운반선 124척, LPG선 109척 등이 가장 많았다.

현대중공업은 조선사업을 통해 축적된 기술로 해양, 플랜트, 엔진기계, 전기전자시스템, 건설장비 사업에도 진출하여 세계적인 종합 중공업 회사로 성장한 것이다.

현대중공업 직원들의 평균 근속 연수는 19년으로, 국내 기업 중 가장 길다. 요즘 잘나간다는 전자회사들의 평균 근속 연수는 7년에 불과하다. 정년퇴직하는 근로자들을 보는 게 현대중공업에서는 그리 어려운 일이 아니다.

현대중공업노조는 1987년 노동자 대투쟁의 진원지로 출발해 1994년까지 장기간의 '골리앗 투쟁' 등으로 강경노조의 대명사로 불렸으나 1995년부터 2014년까지 20년간 연속 무분규 사업장이 되었다. 그러나 최근 현대중공업의 경영 상태 악화와 맞물려서 20년 만에 파업 분위기가 고조되고 있다.

현대중공업그룹은 현대중공업, 현대미포조선, 현대삼호중공업, 현대오일뱅크, 현대종합상사, 현대기술투자, 호텔현대, 코마스, 하이투자증권, 하이자산운용, 아산나눔재단 등의 계열사를 거느리고 있다.

현대 그룹

현대그룹은 정몽헌의 사후 그의 아내인 현정은 체제로 움직이고 있으나 현대그룹의 법통을 이어받았다는 자부심을 내세우고 있다. 정주영이 만년에 다섯째 아들인 정몽헌을 후계자로 지목한 때문인데 그것이 현대가 정(鄭)씨들의 심기를 불편하게 만들어서 경영권 분쟁을 가져왔다. "정씨가 세운 기업, 정씨가 지켜야"한다는 것이 현대가 사람들의 가부장적 논리다. 며느리가 이끄는 '현씨의 현대'를 받아들이지 못하겠다는 명분 때문에 현정은 체제는 지난 10년간 경영권 분쟁으로 힘든 시기를 보냈다. 2010년 현대건설이 매물로 나오자 정몽구의 현대차그룹과 현정은의 현대그룹은 또 다시 맞붙는 상태가 되었다. 양측은 현대그룹의 모태라고 할 수 있는 현대건설 인수를 위해 치열한 신경전을 벌였다. 현정은의 현대그룹은 '현대건설은 현대그룹이 지키겠습니다'란 내용의 방송 광고를 통해 여론전을 폈으나 2011년 3월 경합 끝에 현대차그룹의 승리로 현대건설 인수전은 마무리됐다.

2011년 11월 현대그룹은 현대저축은행을 인수함으로써 현대건설 인수전에서 패한 것에 대한 위안으로 삼았다. 2014년 2월 현정은은 현대상선이 발주한 초대형 컨테이너선 명명식에서 배의 이름을 '현대드림호'로 붙이고 새로운 항해를 시작했다. 현대그룹은 현대상선, 현대증권, 현대엘리베이터, 현대로지스틱스, 현대아산, 현대유엔아이, 현대자산운용, 현대투자네트워크, 현대경제연구원, 현대인재개발원 등의 계열사를 거느리고 있다.

현대백화점 그룹

현대백화점그룹은 압구정 본점을 포함한 총 14개의 매장을 운영하고 있다. 정주영의 셋째 아들인 정몽근이 운영하다 2003년 장남인 정지선 체제로 바뀌었다. 정지선은 주로 백화점 사업 부문의 지분을 갖고 있는 반면, 차남 정교선은 현대H&S를 비롯한 비유통 부문의 경영권을 갖고 있다. 현대백화점그룹은 한때 현대그룹에 속해 있었던 가구 업체 리바트를 2011년 11월 인수했다. 한때 현대백화점그룹은 계열사인 현대그린푸드를 통해 세계 최초로 김치냉장고 브랜드 '딤채'를 선보이며 주목을 받았던 위니아만도를 사들일 것으로 알려졌으나 2014년 9월 5일 공시를 통해 위니아만도 인수를 철회한다고 밝혔다. 위니아만도 매각이 무산된 이유는 위니아만도 노동조합이 요구한 일부 조항인 '2년간 조직 변경 금지, 사내복지금 적립, 임금 관련 조항' 등 민감한 부분에 대해 현대백화점그룹 측이 부담감을 가진 탓으로 알려졌다.

현대백화점그룹은 현대백화점, 현대홈쇼핑, 현대HCN, 현대미디어, 현대드림투어, 현대그린푸드, 현대LED, 현대F&G, 현대DSF, 현대쇼핑, 호텔현대금강, 한섬, 현대리바트 등의 계열사를 거느리고 있다.

{ KCC 그룹

KCC그룹은 범현대가의 기업군에 속하지만 정주영이 창업에 관여한 기업이 아니다. 1958년 정주영의 막냇동생인 정상영이 형이 권하는 유학까지 마다하고 차린 금강스레트공업주식회사가 모체다. 대학을 갓 졸업한 애송이 청년이 직원 7명을 모아 서울 영등포에 세운 이 회사는 1970년 새마을운동 시작과 함께 슬레이트(지붕 천장 등에 사용되는 돌판) 수요가 급증하면서 놀라운 성장을 거듭한다. 1973년 회사를 증권거래소에 상장시킨 정상영은 1974년 유기화학 업체인 고려화학을 세웠고, 도료, 유리, 실리콘 등 건축자재 위주의 사업을 독자적으로 확장해왔다. 2000년에 두 회사를 금강고려화학으로 합병했다. 현재의 상호는 2005년 변경된 것이다. 2005년 도료 사업의 국외 현지화가 안정적으로 추진되고 세계 시장에서 기업 이미지가 높아지면서 사명을 금강고려화학에서

KCC로 바꿨다. KCC그룹이 급성장한 건 현대건설, 현대차, 현대중공업 등 범현대가 기업의 보이지 않는 지원 덕분이라는 평가도 있지만 창립 이후 KCC그룹 경영은 현대그룹과는 무관했다. 현재 KCC그룹의 실제 경영은 정상영의 장남인 정몽진이 경영을 주도하고 있다. KCC그룹은 주력기업인 KCC를 비롯해 KCC건설, KCC자원개발, KAM, 금강레저, 코리아오토글라스, 금강레저, 고려시리카 등의 계열사를 두고 있다.

{ 한라
그룹

한라그룹은 정신영이 1962년 설립한 현대양행에서 출발한다. 한때 재계 12위까지 올랐으나 IMF 외환위기 당시 한라중공업에 대한 무리한 지원으로 산산조각이 났다. 그룹의 주력 기업인 만도기계를 매각한 후 한라건설을 중심으로 회생했다. 한라건설은 자체 브랜드인 '한라비발디'를 통해 수익성이 양호한 주택건설 사업에서 성공을 거두며 한라그룹의 마지막 자존심을 지켜줬다. 창업자인 정인영이 2006년 세상을 떠나며 외국 기업에 넘어간 "만도는 반드시 되찾아야 한다"는 유언을 남겼는데 한라그룹을 넘겨받은 그의 둘째아들 정몽원은 2008년 한라그룹의 모기업이었던 만도를 되찾는 데 성공한다. 거기에는 현대·기아차, 현대중공업, KCC 등 '범현대가'의 도움이 컸다. 현대가의 좌장이 된 정상영이 정인영의 1주기 행사에서 "빼앗긴 회사를 반드시 찾아 형님(정인영)의 한을 풀어야 한다"고 강조함으로써 범현대가의 '몽(夢) 연합군'이 힘을 몰아주어 한라그룹은 만도를 되찾을 수 있었다. 만도가 한라그룹 품에 안기자 회장 정몽원은 '제2의 창업'을 선포하고 '한라그룹 부활'의 신호탄을 쏘았다. 그 결과, 만도는 2013년 매출액 5조 6,000억 원을 달성하면서 그룹의 중심 기업으로서의 역할을 톡톡히 했다. 만도는 제품 생산의 70%를 현대·기아차에 납품하는 까닭에 그룹의 대표 '캐시카우'로서 보배적인 존재가 되었다. 정신영의 큰 아들 정몽국은 1994년 아버지가 동생을 그룹 후계자로 지목하자 경영에서 완전히 손을 뗐다. 한라그룹은 한라건설, 만도, 만도신소재, 한라개발, 한라스택플, 한라마이스터, 한라엔컴, 한라I&C, 한라ENCOM, 대한산업, 마이스터, 목포신항만운영 등의 계열사를 거느리고 있다.

현대산업개발 그룹

현대산업개발은 1999년 8월 현대그룹에서 벗어나 계열분리하면서 큰 변화를 맞게 된다. 정주영이 '포니 신화'를 만들었던 정세영을 현대자동차에서 물러나게 하고 대신 현대산업개발을 넘겨준 때문이었다. 현대산업개발은 1976년 창립한 한국도시개발과 1977년 설립된 한라건설이 모태인데 1986년 두 회사가 합병한 후 한국도시개발의 주택사업과 한라건설의 토목분야 강점이 시너지를 내며 종합건설업체로 발돋움한 회사다. 빅딜을 하듯 회사를 넘겨받은 정세영은 명예회장으로 물러나 앉고 장남 정몽규가 회장직을 수행하면서 경영 안정화를 통한 '몸집 불리기'에 나서서 오늘의 현대산업개발그룹으로 성장시켰다.

현대산업개발이 독자생존에 성공한 건 독자로 자라난 환경 때문에 홀로서야 한다는 강한 승부욕과 주력 사업인 도시개발사업에 성공한 덕분이다. 2001년 3월부터 기존 '현대아파트' 대신 새 브랜드 'I PARK'를 도입해서 단순한 시공사가 아닌 자체 개발사업을 통해 민간 도시개발 대표 기업으로 성장했다. 2005년 4월 호텔서비스 회사인 호텔아이파크를 설립했고, 2006년 5월에는 종합음악회사인 영창악기를 인수했다. 2006년 8월에는 쇼핑몰 개발 및 운영 회사인 현대아이파크몰이 아이파크백화점을 오픈했다. 부산에 연고를 둔 프로 축구단인 아이파크스포츠도 운영 중이고, 정몽규 현대산업개발 회장은 현재 축구협회장을 맡고 있다. 현대산업개발은 2005년 11월 재단법인 '포니정재단'을 설립해서 정세영의 업적과 공로를 기리기 위해 다양한 프로그램을 운영하고 있다.

주력사인 현대산업개발을 비롯해 현대EP, 현대아이파크몰, 호텔아이파크, 영창뮤직, 아이앤콘스, 아이콘트롤스, 아이서비스, HDC자산운용, 남양주아이웨이, 아이투자신탁운용 등 10개 계열사를 둔 그룹으로 성장했다.

현대해상 화재보험그룹

현대해상화재보험그룹은 현대해상 화재보험을 모체로 하는 금융그룹이고 정주영의 7남인 정몽윤이 회장직을 수행하고 있다. 현대해상화재보험은 1955년 3월 5일 현대그룹이 설립한 해상보험 회사인데 1999년 1월 4일 현대그룹에서 분리해 나가면서 새로운 CI를 채택했다. 정몽윤은 계열분리한 뒤 보험업과 소비자금융업, 자산운용업을 중심으로 계열사를 늘려 나갔지만 금융업 외에 다른 업종에는 곁눈도 주지 않았다. 정몽윤은 왕자의 난을 겪는 와중에도 그의 이름이 거론되지 않는 무욕의 행보를 보임으로써 풍파에 시달리지 않았다. 현대해상화재보험그룹은 현대해상화재보험, 현대해상손해사정, 현대하이카다이렉트자동차보험, 현대HDS, 현대C&R, 현대인베스트먼트자산운용, 현대해상투자자문 등 10개의 계열사를 거느리고 있다.

{성우 그룹

성우그룹의 모대인 현대시멘트는 1969년 현대건설에서 독립해 설립됐다. 정주영의 둘째동생인 정순영이 이끈 현대시멘트는 1970년대부터 본격적인 성장을 이루어 현대종합금속, 성우종합건설, 성우전자 등을 거느린 기업 그룹으로 사업 영역을 확장했다. 외환위기 당시 시멘트 업체들이 무수히 무너질 때도 현대시멘트만큼은 건재했다. 1995년부터는 성우그룹이란 명칭을 공식적으로 사용하기 시작했고 1997년 맏아들인 정몽선이 그룹 경영을 이어받았다. 둘째 아들인 정몽석은 현대종합건설을, 셋째인 정몽훈은 성우전자를, 넷째인 정몽용은 자동차부품 업체인 성우오토모티브를 물려받았다.

2000년대 들어서도 성우그룹은 시멘트와 레저산업을 두 축으로 꾸준히 성장 가도를 달렸다. 그러나 2008년 금융위기 이후 건설 경기 침체가 극심해지면서 시멘트 수요 감소로 재고가 쌓이면서 단양 공장이 가동을 중단하는 성장 동력을 잃었고 급기야 2010년 자회사 성우종합건설과 함께 워크아웃(기업개선작업)에 들어갔다. 성우그룹은 2011년 12월 스키장, 콘도미니엄, 유스호스텔, 골프장 등 종합레저 시설을 갖춘 현대성우리조트를 1,180억 원에 신안그룹에 넘겼고 본사 사옥도 750억 원에 팔았다. 성우그룹은 현대시멘트, 성우종합건설, 성우오스타개발 등 3개 계열사를 거느리고 있지만 그룹의 위상을 찾아보기는 힘들다.

{ 서한
그룹   서한그룹의 모태는 한국프랜지공업

인데 정주영의 매제인 김영주가 세운 회사다. 김영주는 정주영의 유일한 여동생인 정희영의 남편으로 정주영을 도와 현대그룹을 키운 1세대 경영인으로 꼽힌다. 정씨 가문의 회사는 아니지만 한국프랜지공업을 범(凡)현대가의 기업이 아니라고 하는 자는 하나도 없다.

김영주는 1974년 울산철공을 창업했고 1976년 회사 이름을 한국프랜지공업으로 바꿨다. '프랜지(Flange)'라는 용어의 원래 의미가 선박의 밑바닥에 들어가는 파이프 이음새(관 이음새)를 뜻하듯이 이 회사는 설립 당시의 본업이 대형 파이프의 이음새 역할을 해주는 프랜지를 만드는 조선업이었다. 프랜지를 만드는 공정을 단조(鍛造. 금속을 두드려 형태를 만든다는 뜻)라고 하는데, 이런 이유로 한국프랜지는 '단조

사관학교'라고 불렸다. 한국프랜지공업은 1999년 11월 기아자동차의 몰락으로 화의 상태에 있던 카스코(옛 기아정기)를 인수해서 자동차 부품 업계의 핵심 과제인 대형화의 첫발을 내딛으면서 자동차 부품의 강자로 떠올랐다. 한국프랜지의 현재 본업은 자동차 부품업이고 신사업으로 풍력과 조선업을 하고 있다. 2000년 창업주의 장남인 김윤수가 경영권을 물려받아 현대자동차의 1차 부품 제공업체로서 입지를 다지면서 서한그룹으로 기업을 키웠다. 서한그룹은 자동차 부품 회사들인 서한산업, 엠테스, 캄텍, 서한Warner, Kofco USA 등을 비롯해 자유 단조 및 풍력발전 분야의 서한ENP, 무역 회사인 서한 글로비즈, 지역민방인 울산방송 등 20여 개의 계열사를 거느리고 있다.

범현대家 주요 일지 --
- 1998년 11월 현대해상화재보험 분가
- 1999년 4월 현대백화점그룹 분가
- 2000년 3월 정몽구 회장 vs 정몽헌 회장, '왕자의 난'
- 2000년 9월 현대·기아차그룹 분가
- 2001년 3월 정주영 명예회장 별세
- 2002년 2월 현대중공업그룹 분가
- 2003년 8월 정몽헌 현대그룹 회장 자살
- 2003년 11월 KCC vs 현대엘리베이터, 경영권 분쟁 '숙부의 난'
- 2006년 5월 현대중공업 vs 현대그룹, 현대상선 지분경쟁 '시동생의 난'
- 2007년 3월 현대차 비자금 사태, 정몽구 회장 구속
- 2008년 1월 한라건설, 만도 인수
- 2008년 4월 현대중공업 vs 현대그룹, 현대건설 인수전
- 2011년 4월 현대차그룹, 현대건설 인수
- 2014년 9월 현대차그룹, 한전부지 매입

범현대家의 좌장 정상영

정주영의 막내 동생인 정상영(1936년~)은 현재 범현대가 창업 1세대 형제 중 생존해 있는 유일한 큰 어른이다. 그는 조카인 정몽구과 나이차가 불과 2살밖에 나지 않아서 아직까지 정력적으로 일을 도모하고 있다. 그는 '리틀 정주영'으로 불릴 정도로 정주영의 성격을 빼닮아서 저돌적이면서도 치밀하게 사업을 추진한다.

정상영은 현대가의 좌장으로서 범현대가 부활 프로젝트를 진두지휘를 하고 있다. 유교적 전통이 강한 정씨 가문의 좌장으로서 그는 현대그룹 경영권 분쟁에서 "현대 경영권은 정씨 일가의 것"이라는 일관된 주장을 펴면서 '시국의 난'을 진두지휘한 바 있고, 최근에는 '왕자의 난' 이후 잃어버렸던 기업들을 대부분 되찾음으로써 창업주 정주영의 유업을 이어받는데 혼신의 힘을 다하고 있다.

정상영의 지휘와 정몽구의 뒷심이 바탕이 되어 범현대가는 현대의 상징적 기업인 현대건설을 비롯해서 한라그룹의 실질적인 모기업인 '만도'를 재인수해 범현대가 부활 프로젝트에 성공했다.

최근 정상영은 동국대학교에 사재 100억 원을 장학자금으로 쾌척해서 화제를 모았다. 정상영은 오랜 기간 동안 꾸준히 모교에 관심을 가지고 후원을 이어온 것으로 유명한데, 이번 기부는 개인이 낸 기부금으로는 동국대 사상 최대 규모다.

제3장

도약하는
현대자동차그룹

"앞으로 동북아시아는 미국, 일본, 중국, 러시아와 통일한국 등 5
국 체제가 되어야 한다. 통일한국은 동북아시아를 이끌어갈 기관
차가 될 수 있다. 남한이나 북한 어느 쪽도 통일을 못한 채 허점을
보이면 밖의 네 나라가 경쟁적으로 달려들어 하루도 편할 날이 없
을 것이다."

– 정주영 1992년 3월, 민간개발연구원 특강 중에서 –

"내가 여기 있는 이유는 여러분의 업무를 돕기 위해서입니다.
나는 여러분이 성공할 수 있도록 싸우고 방어하며, 모든 간섭을 배
제할 것입니다. 왜냐하면 여러분이 성공해야 내가 성공하기 때문
입니다."

– 레이 크록, 맥도날드 창립자 –

정몽구의 뚝심 경영 ⑦

> "품질에서만큼은 그 목표에 끝이 없습니다.
> 우리 현대는 싸구려 차는 절대 만들지 않을 것이오.
> 제대로 만들어서 제값 받고 팔아 주기 바랍니다.
> 앞으로 모든 신차종에 대해 높은 품질을 적용, 세계적인 명차로
> 이미지를 높여 나가겠습니다."
>
> – 정몽구, 2004년 6월 월례조회 –

현장에 답이 있다

이제 자동차 단일 그룹으로 재계 2위를 차지하고 있는 정몽구를 실질적인 정주영의 후계자라고 보지 않는 사람은 없어 보인다. 정몽구는 13년여 만에 현대가(家)의 모태기업인 현대건설을 다시 손에 넣은 후 현대건설을 현대가의 상징인 계동사옥 본관으로 이전시켰다. 뿐만 아니라 정몽구는 자신의 집무실도 아버지 정주영이 쓰던 맨 위층인 15층 집무실로 옮겨서 출근하고 있다. 이로써 현대차그룹은 옛 현대그룹의 적통을 계승했다는 상징성을 획득했다. 사옥 입구에는 가로 2.5m, 세로 1.8m 크기로 '現代'라고 쓰인 큼지막한 표지석이 세워져 있다.

정몽구는 경영 능력에서도 그렇지만 현장을 중시하는 현장 경영에서도 판박이다. 정몽구는 말보다는 행동을 중시하고 자신이 직접 말뚝을 박은 기업만 경영하기로 유명했던 아버지 정주영을 그대로 빼

닮았다.

사실 정몽구는 그룹의 창시자는 아니지만 아버지처럼 현장에서 잔뼈가 굵은 '현장맨'이다. 이미 살펴본 대로 그는 현대차 서울사무소에서 말단 자재관리 사원으로 출발한 이래, 자동차 관련 중소기업인 '현대자동차서비스', '현대정공(현 현대모비스)' 등을 자신의 손으로 만들어서 대기업으로 키워 현대그룹 내 소그룹이라 일컫던 'MK'그룹을 일구어내고, 현대차그룹의 총수가 되기까지 줄곧 현장을 누비고 다녔다.

정몽구가 말단 자재관리 사원으로 출발했던 1970년대 초에는 차량부품의 국산화가 10%에도 못 미치던 시기였다. 당시 현대차는 포드와 손을 잡고 일을 하고 있었지만 포드로부터 자재가 적기에 조달되지 않아 엄청난 어려움을 겪고 있었다. 그는 직원들과 함께 자동차 부품을 싣고 전국 순회 서비스를 직접 다니며 고객의 불만을 직접 접하는 경험을 했다. 그는 그렇게 현장을 누비면서 현대자동차의 취약점이 무엇인지, 고객의 불만이 무엇이고 고객이 무얼 원하는지를 현장에서 몸으로 파악했던 것이다.

뿐만 아니라 그는 직원들과 동고동락하며 소주잔을 기울이는 '소통의 리더십'을 발휘하곤 했다. 현대자동차서비스의 사장이 된 후에도 그는 일이 많을 때는 서울 원효로 3가 정비공장 앞 슈퍼에서 일을 마친 직원들과 소주를 마시거나 공장 구석에 드럼통을 놓고 삼겹살을 구워먹다가 회사 인근의 친구 아파트에서 잠을 자곤 했다. 이러한 정몽구의 소탈한 성격은 사람을 모으고 자기 사람을 만드는 비결 중 하나이기도 하다.

그의 이러한 행동은 현장에서 품질을 직접 챙기는 현장 중심주의의 발로라고 볼 수 있을 것이다. 정몽구의 현장주의는 그가 거대 그룹을 이끌면서도 면면히 이어져 나가고 있다. 그는 2001년부터 현대·기아차 신입사원 수련회에도 한 번도 빠짐없이 참석하고 있다. 업무에 바쁜 최고경영자가 매년 수련회에 직접 참석해서 직접 신입사원들을 대하며 기업비전을 제시하고 스킨십을 하는 것은 흔치 않은 일이다.

밑바닥에서부터 시작해서 30년 동안 끊임없이 현장을 누비면서 기업을 만들고, 키워가면서 터득한 현장체험이 그의 현장 경영 철학을 만들어 낸 것이다.

정몽구의 트레이드 마크가 된 '현장 중심주의 경영'을 '삼현주의(三現主義)'라고 부르는 이들이 있다. 즉 '현장에서 보고 배우고, 현장에서 느끼고, 현장에서 해결한 뒤 확인까지 한다'는 것이다.

부실기업 기아차를 정상화 시키다

정몽구의 현장 경영이 빛을 발한 대표적 사례로 한국을 IMF 구제금융 사태로 빠뜨린 적자투성이 기업 기아차의 정상화 과정을 들 수 있을 것이다.

1998년, 기아차를 인수한 이후 현대차 내부에서는 기아차를 조기에 정상화시키기 위해, 현대차 임직원 2,000여 명을 투입하는 방안을 검토하고 있었다. 그러나 그 보고를 받은 정몽구는 그 건의를 묵살하고 파견 인원을 9명의 중역으로 최소화시켰다. 점령군의 냄새를 풍기지 않기 위해 가급적 파견 인원을 줄인 것이다. 특히 생산직들의 동요가 심한 공장에는 공장장 한 명씩만을 보냈다.

대신 정몽구는 자신이 직접 전면에 나서기 시작했다. 정몽구는 기아차 충남 아산공장(현 화성공장)과 경기도 소하리 공장을 둘러보고 이튿날은 아시아차 광주공장까지 둘러보는 강행군을 했다. 그는 엔진공장, 주물공장, 보일러 배관실 등 구석구석을 샅샅이 훑어보고 분위기를 잡아나갔다.

정몽구는 공장을 방문할 때면 제일 먼저 엔진 공장부터 찾는다. 대부분 자동차 최고경영자들은 조립 라인부터 살피지만 그는 항상 엔진 공장부터 찾는다. 그것은 자동차 품질에 있어서 엔진만큼 중요한 게 없기 때문이다. 엔진 공장을 둘러 본 정몽구는 기아차의 엔진 생산 설비가 기대 이하라는 판단을 했다. 엔진 성능이 좋지 않다 보니 매연이 심하고 연비도 좋을 리 없었다. 그래서 소비자들에게 기아차가 외면을 당하고 있었던 것이다. 그는 "아무리 많은 돈이 들더라도 엔진 설비 전부를 당장 교체하라"고 지시를 내렸다. 그 후 기아차는 1조 원이 넘는 자금을 투입해서 엔진 설비를 교체했다.

이렇게 공장을 돌아본 정몽구는 다음해인 1999년부터 "80만 대를 생산해서 30만 대는 내수 시장에 팔고 50만 대는 수출하겠다"고 선언했다. 당시 기아차 판매 대수는 40만 대를 갓 넘을 정도였으므로 모두들 정몽구의 호기가 지나치다고 반신반의했다. 그러나 그의 말은 허황된 것이 아니었다. 기아차는 인수 4개월 만에 공장이 정상화됐으며, 1999년 판매 목표 80만 대를 넘어 83만 대를 팔아치웠고 1,357억 원의 흑자를 기록하면서 수년간의 적자의 늪에서 벗어나기 시작했다. 어떻게 그런 일이 가능했을까?

한 마디로 현장주의자 정몽구였기에 가능한 일이었다. 그는 한 달에 한 번꼴로 화성·광주·소하리에 있는 기아차 공장을 찾아 다녔다. 현장 근로자들을 격려하면서 일하는 분위기를 만들기 위해서였다. 기아차 현장을 꼼꼼하게 살펴보고 난 후, 정몽구는 늘 자재(資材)부터 챙겼다. 그는 현대자동차서비스를 30년 가까이 운영하면서 품질 우선주의에 대해 노하우를 쌓은 탓이다. 그는 자재의 품질을 가지고 승부하지 않으면 안 된다는 신념을 갖게 되었다. 정몽구의 이 같은 신념이 기아차 품질 확보의 근원이 됐다. 부품 관리를 제대로 하니까 원가 절감으로 이어졌고, 그것은 기아차가 흑자를 낼 수 있는 요인이 되었다.

정몽구는 펜이나 굴리며 사무실에 앉아 있지 못하는 성격이다. 그는 "책상에 앉아 결과를 기대하지 마라"로 임원들에게 요구하고 있고 스스로도 생산 현장을 돌아다녀야 직성이 풀린다. 그는 발로 뛰고 몸으로 부딪치며 직원들을 독려하고 다그친다. 그래서 정몽구의 중요한 결정은 모두 현장에서 나온다 해도 과언이 아니다. 그는 현장에서 품질을 직접 확인하고 그 해법을 현장에서 제시하며 반드시 그 현장에 다시 가서 그것을 확인한다. 외환위기를 불러온 부실기업 기아를 그처럼 빠르게 정상화시킨 것은 '품질과 서비스 최우선'의 정신을 구현한 정몽구식 현장 경영의 승리하고 할 수 있겠다.

현대차가 기아차를 인수할 때 기아차는 적자가 6조 6,400억 원에 달하는 부실기업이었다. 그런데 정몽구는 그런 기업을 1999년 1,357억 원, 2000년 3,307억 원, 2001년 5,522억 원의 흑자를 내게 만들었고 이후 해마다 5,000~7,000억 원의 이익을 꾸준히 내는 기업으로 탈바꿈시켰다. 판매 대수도 2004년, 창사 이래 처음 100만 대를 돌파한 111만 대를 기록했고, 2005년 3월에는 수출 500만 대를 기록하는 성과를 거뒀다. 외환위기를 부른 주범으로 꼽히던 기아차는 정몽구의 주도로 완전 정상화된 것이었다.

세계를 누비는 현대·기아차 ⑧

"가치의 시대가 도래했다.
최고의 상품을 세계 최저의 가격으로 팔지 못하면
당신은 게임에서 도태될 것이다.
고객을 잃지 않는 최선의 방법은 고객에게 더 많은 것을
더 낮은 가격에 제공하는 방법을 끊임없이 강구하는 것이다."

– 잭 웰치 –

'품질 향상' 이라는 절대목표

2004년, 정몽구는 미국 경제지 《비즈니스위크》로부터 '자동차부문 세계최고 CEO'로 선정되있는데, 선정 이유를 "정몽구 회장이 지난 24년간 현대자동차서비스를 경영하며 얻은 품질 우선의 경영"이라고 밝혔다.

사실 정몽구의 현장 경영은 품질 경영을 위해 혼신을 다한 각고의 노력이자 몸부림이었다고 보아야 할 것이다. 그는 1970년대 초부터 AS를 총괄하며 정비차량을 타고 직접 정비현장을 누비면서면서 품질의 중요성을 깨달았다. 그는 현장에서 품질 불량 차종에 대한 소비자의 불만을 직접 보고 들으면서 품질 좋은 차를 만들어야겠다고 뼈저리게 느꼈던 것이다.

거기에 현대차 그룹의 총수로서 일을 시작한 1998년 그가 충격을 받은 사건이 발생했다. 미국의 대표적인 시장조사 전문기관인 JD파워의

신차품질조사(IQS)에서 현대차는 꼴찌를 한 것이다. JD파워는 미국에서 출시되는 신차를 대상으로 소비자의 불만사항을 조사해 언론에 공표하고 있는데, 그 결과에 따라 현지판매가 좌우될 정도로 권위를 인정받고 있는 기관이다. 정몽구는 1999년 현대자동차 회장으로 미국을 방문하면서 다시 한 번 충격을 받았다. 그는 현대차가 품질이 뒷받침되지 못해 소비자들로부터 리콜 요청이 쇄도하는 현장을 보게 되었던 것이다. 정몽구를 만난 미국 딜러들은 차의 품질이 좋지 않으니 못팔겠다고 아우성을 치며 좋은 차를 만들어 달라고 요구했다. 당시 미국 언론은 현대차의 품질을 문제 삼아 가십의 주제로 삼기도 했다. NBC의 코미디 프로그램인 '쟈니 카슨 쇼'와 CBS의 '데이비드 레터맨쇼' 같은 프로그램에서는 당시 미국정부의 잘못된 정책 결정을 현대차 구매 결정과 비교했을 정도였다.

갓 현대자동차그룹의 선장이 된 신임 회장 정몽구가 받은 충격은 대단히 컸다.

'이러다가 현대자동차란 배를 제대로 물 위에 띄워보지도 못하고 수장되는 것은 아닌가?'

정몽구가 현대자동차의 키를 쥐었을 때 그가 현대자동차란 거함을 제대로 몰고 갈 수 있으리라고 믿는 사람은 별로 없었던 시절이기도 했다. 어떤 사람들은 정몽구가 운동선수 같은 외모에 학창시절 럭비선수로 뛴 전력을 들어서 그의 지적·경영 능력을 신뢰하지 않는 사람들도 있었다. 거기에 당시 미국과 유럽 등 주요 해외 시장에서 현대자동차를 비롯한 한국산 자동차는 일본 자동차의 아류에 불과한 '싸구려'로 인식되고 있던 시절이었다. 그래서 그가 현대자동차를 넘겨받았을 때만 해도 우리나라 자동차 산업이 세계시장에서 주목을 받으리라 생각한 사람은 많지 않았다. 정몽구는 신발끈을 다시 조여 매는 심정이 되지 않을 수 없었다.

그는 귀국하자마자 JD파워에 품질과 관련된 컨설팅을 받도록 지시했다. 컨설팅 결과 JD파워는 현대차에 다음과 같은 5가지 사항을 권고했다.

첫째, 제품기획, 설계, 생산 단계에 고객의 목소리가 제대로 반영되지 않는다.

둘째, 고질적인 품질 문제는 모델이 바뀌어도 반복해 발생한다.

셋째, 문제점을 해결하려는 대책이 불완전하여 시장 상황을 더욱 악화시킨다.

넷째, 대당 문제점 건수가 전체 평균보다 2~3배 높다.

다섯째, 협력 업체 품질 관리가 부족하다.

정몽구는 엄청난 수치심을 느끼며 생산, 영업, R&D 등 여러 사업 부문 가운데 품질을 최우선으로 삼겠다는 강력한 의지를 천명했다. 그의 지시에 따라 현대차와 기아차의 품질본부가 즉각 하나로 합쳐지고, 회장이 직접 주재하는 품질 회의가 꾸려졌다. 2000년, 현대·기아차는 품질 경영을 선언하고 모든 역량을 차량의 품질을 개선하는 데 결집했다.

'품질상황실', '품질회의실', '품질확보실'

2001년 정몽구는 양재동 사옥으로 본사를 이전하면서 품질에 관한 특별지시를 내렸다. 그의 지시에 따라 양재동 사옥 1층 로비에는 다른 곳에서는 전례를 찾아볼 수 없는 방들이 꾸며졌다. 그것은 온통 품질에 관련된 방들이었다. '품질상황실', '품질회의실', '품질확보실'이 그것들이다. 이 '품질총괄본부'는 품질을 자신의 경영철학의 '넘버원'으로 삼겠다는 정몽구의 의지를 상징적으로 보여주는 것이다.

정몽구는 "우리 차가 사하라 사막 한가운데 멈춰 서있는 것을 상상해봤느냐"면서 품질상황실의 설치 이유를 설명했다고 하는데, 이곳은 정몽구의 품질철학의 실천 장이 되어 현대차의 품질을 뒷받침하는 촘촘한 그물망 역할을 도맡게 된다.

현대차 품질 경영의 전초기지라 할 수 있는 품질상황실은 24시간 가동되면서 실시간으로 전 세계 5,000여 딜러 및 애프터서비스 네트워크로부터 품질과 관련된 불만사항을 수집해 처리하는 곳이다.

정몽구는 상황실 출범과 함께 매일 새벽까지 접수된 사안을 보고서를 만들도록 했고, 이를 품질 관련 부서의 임직원들에게 모두 전달할 것을 지시했다. 이른바 'QIR(Quality Information Report, 품질정보보고서)'이란 보고서였다. 이렇게 접수된 보고서는 품질 관련 중역부터 생산 현장 사원에게까지 실시간으로 보내졌다. 정몽구는 출근을 하자마자 이 보고서를 보고 문제점을 직접 챙기기 시작했다. 문제 발생 원인이 무엇인지, 어떻게 대처할지에 대해 수시로 담당부서에 전화를 걸어서 확인하곤 한다. 그렇게 회장이 직접 상황실에 접수되는 내용은 확인하고 지시를 내리기 때문에 담당자들은 보고서를 보지 않고는 하루 일과를 시작할 수가 없게 되었다.

일단 보고서로 문제가 제기되면 최고경영진부터 품질 관련 담당자들까지 재빨리 하자를 파악하고 대책 마련에 온힘을 쏟을 수밖에 없는 것이다. 상황실에서는 누가 몇 시 몇 분에 열람했는지, 얼마나 자주 들여다보는지가 전산으로 집계가 된다. 만약 담당 직원이 보고서를 보지 않으면 상황실에서 왜 열람하지 않는지 확인 전화가 걸려온다. 그러다보니 경영진들은 해외 출장을 가더라도 인터넷으로 이 보고서를 꼭 확인하고 사안을 처리해야 했다.

이 품질싱황실에 들어서면 입구 오른쪽 벽면에는 가로 2m 세로 2m의 커다란 문구를 담은 액자가 걸려 있다. 'JD파워의 충고'란 제목의 액자인데 2001년, JD피워가 현대차의 품질을 높이기 위해 반드시 고쳐야 할 것으로 지적했던 다섯 가지 사항을 적어 넣은 액자였다. 정몽구는 상황실 앞에 'JD파워의 충고'를 액자로 걸라고 하면서 "도요타 자동차를 따라잡기 전까지는 액자를 떼지 말라"고 지시했다는 것이다. 이곳을 방문했던 JD파워의 최고경영자는 이렇게 감탄했다고 한다.

"사실 JD파워는 저와 유사한 내용을 세계 여러 자동차 회사에도 조언해 왔습니다만, 그 내용을 이처럼 강한 의지로 실천하고 있는 곳은 보지 못했습니다."

품질상황실 안의 회의실에는 자동차에 들어가는 각종 부품이 총망라되어 전시되어 있다. 이 전시장이 생긴 것은 품질과 관련된 문제가 생겼을 때 상황실 직원들이 실제 부품을 눈앞에 놓고 설명을 들으면 더 쉽게 문제 파악이 될 것이라는 정몽구의 지시에 따라 마련해 놓은 것이다. 이곳에는 이미 10년 전부터 정몽구의 지시로 화상회의 시스템도 갖춰져 있어서 언제 어느 때나 해외 현지와 화상으로 연락을 주고받을 수 있다. 화면으로 부품을 직접 보면서, 상대와 직접 얼굴을 맞대고 대화하면서 문제를 찾아내는 것이 훨씬 효율적이기 때문이다. 정몽구는 요즘도 해외에서 오는 VIP를 꼭 품질상황실로 안내한다. 이곳은 바로 현대차의 품질 제고 노력을 한눈에 알 수 있는 '현장'이기 때문이다. 그래서 정몽구는 직원 사이에 '정몽구 회장은 품질본부장'이라는 소리를 듣게 되었다고 한다.

품질회의실과 품질확보실에서는 선진 자동차업체들의 차종과 비교 전시를 통한 품질 관련 회의가 한 달에 평균 두 번꼴로 열리고 있다. 이때 한 달에 한 번은 정몽구가 직접 품질 및 연구 개발, 생산 담당 임원들을 모아놓고 회의를 주재한다. 시중에 팔리고 있는 차에 대한 문제점을 점검하는 것은 물론 개발 중인 차의 실물을 회의 참석자들과 함께 만져보고 들여다보며 품질 개선 방안을 하나하나 지시한다. 품질 회의 때마다 정몽구는 예상치 못한 돌발 질문과 지적을 수시로 쏟아내 참석자들을 긴장시키곤 한다.

정몽구는 이 회의를 통해서 품질이 확보되지 않을 경우 다음 단계로 넘어갈 수 없는 '품질패스제'를 도입했다. 또 부품업체들의 경쟁력을 키우기 위해 세계적으로도 유례없는 '자동차부품산업재단'을 설립하고, 협력 업체들이 품질에만 전념할 수 있도록 '5-스타제'를 실행하기도 했다. 양산 단계 이전에 미리 차량을 제작해 보는 것은 물론, 실제 생산 라인 작업까지 해보면서 생산 과정에서 생길 수 있는 문제점들을 미리 파악하고 개선하는 파일럿센터는 정몽구가 창안한 현대자동차만의 독특한 품질관리 시스템이 가동되는 곳이다.

2004년 8월 23일, 품질회의실에는 정몽구를 비롯해서 현대차그룹 사장단 모두가 참석한 회의가 열렸다. 이날 회의는 3년여를 준비해 온 현대차의 야심작인 'NF쏘나타'의 품질을 최종 점검하는 'NF쏘나타 판매 개시 결정 회의'였다. 정몽구는 사장단을 이끌고 품질확보실로 옮겨갔다. 품질확보실에는 도요타의 캠리와 NF쏘나타 두 대가 리프트에 올려져 있었다. 정몽구는 정몽구는 캠리의 하부 구조와 NF쏘나타의 하부 구조를 유심히 살폈다. 차체에는 NF쏘나타와 캠리의 기능과 성능을 비교평가한 차트가 10여 개 붙여져 있었다. 현대차가 캠리를 비교 전시한 것은 아주 특별한 의미를 갖는 것이었다.

NF쏘나타는 개발과정에서부터 캠리를 경쟁 차종으로 타켓을 정하고 개발된 차였다. 이제부터 해외에서 캠리와 '전면전'을 벌이겠다는 강력한 자신감과 의지의 발로였다. 정몽구는 쏘나타에 올라 시동을 걸었다. 그는 번갈아서 사장단들을 태우며 자신이 지시했던 사항들이 개선됐는지를 꼼꼼히 챙겼다. 30여 분에 걸쳐 직접 '실물'을 점검한 정몽구는 다시 품질회의실로 발걸음을 옮겼다. 그날 회의에서 쏘나타 개발과정과 어떻게 품질안정을 완수했는지, 협력 업체 부품 품질을 어떻게 확보했는지, 생산기술 품질을 달성하기 위해 어떤 설비를 확충했는지, 생산 공정에서의 작업자 교육 및 생산계획을 어떻게 짜고 있는지, 개발과정에서 제기됐던 품질 문제를 어떻게 개선했는지에 대한 보고가 있었고, 정몽구는 품질이 만족스러운 것에 대해서 기쁨을 감추지 못했다. 그는 이날 NF쏘나타가 캠리보다 성능이 우수하다는 결론을 내렸고 NF쏘나타를 생산할 미국 앨라배마 공장의 초기 품질 확보를 위한 바탕이 조성되었으니 이를 위해 총력을 기울여 달라고 지시했다.

이런 노력은 결실을 맺었다. 2004년 JD파워 신차품질 만족도 조사에서 쏘나타가, 도요타를 제치고 최고의 평가를 받았고, 그 결과 미국과 유럽, 중국 등 주요 시장에서 판매 대수가 급속히 증가하는 결실을 맺기 시작한 것이다.

품질로 세계를 넘어라

오너가 강력한 의지를 가지고 품질 경영에 '올인'하자 생산과 연구개발 등 품질과 직접적으로 연관이 있는 부서뿐만이 아니라 마케팅, 영업, 관리 부문의 조직도 품질 경영 체제로 전환했다. 품질을 보장하지 않으면 신차를 출시하지 않고 판매하지 않는다는 원칙 아래 전방위적인 품질 경영 시스템이 구축되기 시작한 것이다.

정몽구는 신차 개발 초기 품질부터 잡기 시작했다. 기획, 설계, 생산 등 단계별로 일정 수준의 품질이 확보되지 않을 경우 다음 단계로 넘어가지 못하도록 했다. 그것이 '품질패스제', 일명 '라인스톱제'다. 2003년 8월 기아차 오피러스 수출을 앞두고 있을 때 일이다. 신차종을 개발할 때마다 항상 그랬듯이 그는 남양연구소를 방문해서 주행성능 검사를 직접 참관했다. 정몽구는 수출용 오피러스를 직접 몰고 주행시험장을 몇 바퀴나 돌았다. 그런데 그의 귀에 이상한 소음이 들렸다. 'Whine Noise(모기 소리)' 정도의 미세한 소음이었다. Whine Noise는 전문가들도 찾아내기 힘든 것인데도 그는 예민하게 그 결함을 찾아낸 것이었다. 미국 소비자들이 자동차를 구매할 때 소음을 중시한다는 성향을 정몽구는 꿰뚫고 있었던 것이다. 정몽구는 즉각 기술진에게 원인 규명 및 개선을 지시했다. 관련 임원들은 문제될 것이 없을 정도의 잡음이고, 만약 그 결함을 잡자면 약속된 선적 날짜를 맞출 수 없다고 했다.

그때 정몽구는 노기 띤 음성으로 "이렇게는 못 팔아!"라고 말하며 품질개선 지시를 내렸다. 품질본부에서는 Whine noise를 해결하기 위해서는 40여 일이 소요된다고 보고했다. 이미 예약받은 물품의 수출을 40여 일이나 연기하는 것은 현실적으로 힘든 상황이었다. 그러나 정몽구는 수출을 늦추더라도 저소음 엔진으로 바꾸도록 지시했다. 결국 오피러스의 미세소음 제거를 위한 프로젝트팀이 꾸려졌고 결국 수출 일정은 40여 일이나 늦어졌다.

이것은 정몽구가 얼마나 품질 경영에 심혈을 기울이고 있는지, 그가 얼마나 예민한 자동차 마니아인지를 보여주는 한 장면이라 할 수 있겠다.

이처럼 좋은 품질의 차를 수출해야 한다는 정몽구의 철학 때문에 현대자동차는 생산라인을 수도 없이 중단시켜야 했다. 불량제품이 나올 경우에는 아예 생산라인을 세우는 '라인스톱 제도'를 실시해서 제품의 불량을 근본적으로 없애는 진통 과정을 겪었다. 진정한 품질 경영을 위해서는 제품부터 최고의 상품을 만들어야 하고, 그러기 위해서는 단 한 개의 불량품도 용인해서는 안 된다는 것이 정몽구의 고집이었다. 그래서 정몽구에게는 품질본부장이라는 또 하나의 직책이 생긴 것이다.

전에는 품질을 높이기 위해 라인을 세운다는 것은 생각도 못한 일이었다. 라인을 세우면 당장 생산을 못해서 손실이 나는 것은 물론 수출 납기를 대지 못해서 대외 신용도가 떨어지는 손실도 무시하지 못할 일이었다. 그래도 정몽구는 '품질 경영'의 원칙이 깨지는 것을 허용하지 않았다. 라인을 세워놓고 문제점을 찾고 나면 추가로 수백억 원의 개발 비용이 더 들어가는 경우가 많았다. 또 신차 출시 시기가 지연되는 상황도 왕왕 발생했다. 그 동안 해외 시장에서 가격 경쟁력에 의존했던 현대자동차로서는 엄청난 부담이었다. 신형 쏘나타를 비롯해 신차 발표 시기가 3~4개월씩 연기된 이유 중 하나가 완벽한 품질이 아니면 시판하지 말라는 정몽구의 강력한 지시 때문이었다. 그는 차량 가격이 올라가고 수익성이 다소 떨어진다 해도 궁극적으로 현대자동차가 살아남는 길은 '품질' 뿐이라는 확고한 신념을 가지고 있었다.

정몽구의 품질 경영은 본사에만 국한되지 않는다. 그의 품질 경영의 주요한 축의 하나는 협력 업체다. 완성차의 품질은 부품에서 결정 나는 것이기 때문에 그는 협력 업체의 품질 수준을 직접 챙기기 시작한 것이다.

2001년 초, 정몽구는 양재동 본사 25층 자신의 집무실로 협력 업체 사장들을 자주 불러 들였다. 품질회의에서 지적받은 자재들의 품질 확보를 위해 협력 업체 사장들과 대화의 장을 만든 것이었다. 정몽구는 부품을 공급하는 협력 업체의 기술력을 높이는 일도 '품질경영'의 하나로 추진해 나갔다. 공정하고 정밀한 심사를 통해 부품의 품질을 평가하고 일정 수준에 오르지 않으면 납품을 하지 못하게 하는 체제를 구축했다. 그 후 현대·기아차 품질본부는 부품업체들의 경쟁력을 키우기 위해 세계적으로도 유례없는 '자동차부품산업재단'을 설립했다.

협력 업체들이 품질에만 전념할 수 있도록 '5스타제'를 도입했다. '5스타제'란 현대차의 '퀄리티 마케팅' 중점 추진 과제로 무고장·무결점, 품질저하 없는 비용 절감 노력, 신속하고 완벽한 품질개선, 가장 안전한 차량 생산, 높은 품질 기반의 생산 현장 문화 정착의 '5대 의식변화(High 5)'를 부품업체들에게도 제시하는 제도로서 품질개선에 적극적인 업체에는 인센티브를 주고, 그렇지 않은 업체들에는 불이익을 주는 당근과 채찍을 동시에 사용하는 제도였다. 현대자동차가 수출 1,000만 대를 돌파할 수 있었던 것은 정몽구의 품질 경영이 뒷받침되어서였다.

현대차는 2009년부터 '그랜드 품질 5스타' 제도를 마련해서 부품 협력 업체의 품질 수준을 글로벌 확고하게 수준으로 높는 경쟁력 강화에 나서고 있다.

'그랜드 품질 5스타'는 기존 품질 5스타보다 높은 최고등급으로 더욱 강화된 품질 기준을 세워놓고 그 기준을 통과한 협력 업체를 선정하는 제도이다.

자동차의 품질 경쟁력은 완성차 업체의 노력만으로는 한계가 있는 것이다. 수만 가지 부품 하나하나의 품질 기반 없이는 완성차 역시 품질 향상을 기대할 수 없다. 그렇기 때문에 현대차는 완성차 품질 수준 극대화를 위해 부품협력 업체와의 상생을 통한 부품 품질 경영을 강화하고 있다. 현대차는 상생협력을 통한 세계 최고 수준의 부품 품질을 강화하고 기술경쟁력을 확보하기 위해 협력 업체를 대상으로 품질 평가 제도를 운영하고 있는 것이다.

2008년 9월, 현대차는 약 2,400개 협력사와 공정거래 협약을 체결했다. 국내 최대 규모의 협약체결이 이뤄진 협약식에서 현대차는 협력사들과 공정한 거래질서를 확립하고 상생협력을 통한 동반성장의 강한 위지를 표명했다. 협약의 주요 내용은 공정하고 투명한 하도급 거래를 보장하기 위한 하도급법 등 관련 법규 준수의지 및 공정거래 원칙을 천명하고, 대·중소기업간 상생협력을 위한 3대 가이드라인 도입해서 상생협력을 위한 협력회사 자금 및 기술 등 종합지원 대책을 세우는 것을 골자로 하고 있다. 특히, '3대 가이드라인'은 공정한 하도급 거래와 대·중소기업간 상생협력을 위한 제도적 장치를 마련했다는데 의미가 크다고 할 수 있다. 3대 가이드라인은 원자재 가격, 시장 환경 변동요인 등을 반영한 하도급 대금 결정, 계약체결 후 서면계약서 교부, 부당한 감액행위 금지를 골자로 하고 있다. 현대차는 이를 통해 협력회사 선정 및 운용에서 계약체결에 이르기까지 투명하고 공정한 기준이 마련되고, 우월적 지위를 통해 거래상 발생할 수 있는 불공정 행위를 사전에 예방하고 감시할 수 있도록 하고 있다. 이와 함께 현대차는 협력회사의 글로벌 경쟁력 강화를 통해 혁신 자립형 중소기업을 육성하는 데도 적극 나서고 있다.

우선 재무 건전화를 위해 납품대금 100% 현금결제, 무담보 신용대출을 지원하는 네트워크론 외에도 100억 원 규모의 친환경 자동차 연구개발비 무상지원, 경영혁신을 위한 300억 원 규모의 상생협력펀드 조성, 1,000억 원 규모의 운영자금 신용대출 등을 지원하고 있다. 또 품질 및 기술 육성을 위해 부품산업진흥재단과 게스트 엔지니어링 제도 등을 강화하고, 협력회사와 제품 아이디어를 공모해 공동기술을 개발하는 벤처플라자를 새롭게 운영하고 있다.

현대차는 '그랜드 품질 5스타' 제도를 도입해 '품질 5스타'를 달성한 우수 협력 업체가 더 높은 품질 기준을 바탕으로 글로벌 부품 메이커로 도약, 완성차 메이커와 함께 품질 경쟁력을 높여 최고 품질의 제품을 생산한다는 전략이다. 또한 협력 업체의 품질 마인드를 강화해 체계적인 품질관리 시스템을 구축하도록 함으로써 글로벌 부품 메이커로 자리매김하는 데 큰 역할을 하고 있다.

세타 엔진을 가속하라 ⑨

브랜드 경쟁력을 높이기 위해 중요한 것은
소비자들이 믿고 탈 수 있는 자동차를 생산하는 것이며
그 기본은 품질이다.
– 정몽구 –

엔진 수입국에서
엔진 수출국으로

현대·기아차 양재동 사옥 1층 로비에는 70여 평의 자동차 및 엔진 전시 공간이 마련되어 있다. 그곳에는 현대·기아차가 생산하는 주요 차종과 전차용 엔진, 전차용 자동변속기, 파워텍 엔진, 수동, 자동변속기가 전시되어 있다. 이 전시장은 일반인들에게도 인기가 높은데 그것은 전시장을 둘러보면 현대·기아차의 '현재'를 직접 눈으로 살펴볼 수 있기 때문이다.

독일 부품 회사인 헤이스레머츠 사의 임원인 칼로데는 현대차의 전시물을 둘러보고 나서 혀를 내둘렀다.

"세계 여러 자동차 회사를 방문해 봤지만 이처럼 대규모의 전시 공간을 갖춘 회사는 없으며, 특히 엔진과 자동 변속기까지 전시해 놓은 곳은 없다."

그는 현대차와 상담에 앞서 이 회사가 생산하는 제품을 눈으로 확인할 수 있어서 이해도가 높아지는 '학습효과'까지 있다면서 엔지니어를 중시하는 회사라는 인상을 받았다고 소감을 말했다.

이 전시장에는 현대가 최초로 개발한 4기통 알파 엔진(1.3~1.6리터)으로부터 베타 엔진(*1.6~2.0 엔진), 알루미늄 블럭으로 개발한 V6 감마엔진도, 알루미늄제 4기통인 세타 엔진, 그리고 V6 람다 엔진, V8 오메가 엔진, 타우 엔진까지 다양하게 갖추어져 있다.

현대자동차는 80년대부터 자체 기술로 엔진을 개발하려고 무척 노력하였던 회사다.

현대가 스스로의 힘으로 엔진을 개발하기 시작한 것은 1983년, 정주영 선대 회장의 지시로 '신엔진 개발 계획'을 세운 때부터다. 현대자동차는 당시만 해도 엔진 설계 부서조차 없었다. 엔진 개발 계획에 따라 1984년 경기도 용인 마북리에 현대의 연구개발조직인 마북리 연구소가 생겨났다. 이때 마북리 연구소에서 개발을 진행한 첫 독자기술 엔진은 멀티밸브를 얹은 전자제어 연료분사 방식의 1.5X급이었다. 현재 세계적으로 인정받고 있는 현대차의 엔진 기술을 개발해 온 주인공은 이현순 현대자동차 부회장이다. 1984년, 그는 서울대 기계공학과를 졸업하고 미국 뉴욕주립대에서 기계공학 박사 학위를 받은 후 미국 GM자동차에서 엔지니어로 일하던 중 현대차로부터 엔진 개발을 맡아달라는 제안을 받고 국내 자동차 산업의 밀알이 되겠다는 심정으로 입사를 했다. 당시 한국 자동차 산업은 불모지나 다름없었다. 대부분의 자동차 기술은 외국에 의존하고 있었고 생산 설비도 매우 미약했다. 당시 현대차는 연산 10만 대 이하의 작은 회사였고 연구소도 450명 정도였다. 직원 5명으로 엔진 부서가 꾸려졌다. 당시 현대차는 일본 미쓰비시에서 엔진을 공급받아 스텔라, 엑셀을 만들고 있었다. 그리고 미쓰비시가 현대차의 최대 주주였다. 엔진을 사오면서 주식으로 대금을 줬기 때문이다. 현대차에 기술이전을 꺼리던 미쓰비시는 이현순이 스카우트되어 오자 현대가 독자기술을 개발할까 경계심을 가졌다. 미쓰비시의 구보 도미오 회장은 1989년 "최신 기술을 줄테니 이현순을 해고하라. 로열티 절반을 깎아 줄테니 사표를 받아라"는 식으로 압박을 할 정도였다. 서울 올림픽이 열리던 1988년 현대차가 800억 원의 최대 순익을 내고도 450억 원을 미쓰비시에 바치던 시절이었다.

그러나 정주영은 그 제안을 딱 잘라서 거절했다. 하지만 막강 파워를 자랑하던 미쓰비시는 집요했다. 이현순이 독일 출장을 간 사이 이사회를 동원해서 그의 보직을 해임하고 책상마저 치워버리는 바람에 그는 귀국한 후, 복도에서 업무를 보는 설움을 당했다. 현대차 내부에서도 엔진 개발에 성공하리라는 믿음이 크지 않았다. 그때를 그는 이렇게 증언한다.

"한때는 경영진들에게 국산엔진 개발이라는 허황된 꿈을 심는 사기꾼 취급을 받기도 했습니다. 그 때문에 한동안 보직 해임을 당해 기술 자문역으로 지내기도 했지요."

하지만 6개월 후, 정주영이 그를 다시 제자리에 앉혔다.

1991년 1월, 이현순은 드디어 엔진 개발에 성공해서 '알파(α)'라는 이름을 붙였다. 이후 현대는 알파 엔진을 응용한 다양한 변형 엔진을 선보였다. 첫 독자기술 엔진의 개발로 자신감을 얻은 현대는 1990년 준중형차와 중형차에 쓸 베타(β) 엔진, 1992년 경차에 쓸 입실론(ε) 엔진, 1993년 대형 승용차용 V6 델타(δ) 엔진 개발에 들어갔다. 엔진 개발에는 엄청난 비용이 필요하지만, 알파 엔진을 개발하면서 얻은 경험을 토대로 개발과 생산에 들어가는 비용을 줄여 나갔다. 1998년에 나온 EF 쏘나타 2.5의 델타 V6 엔진은 국내 기술로 개발한 엔진 가운데 처음으로 실린더 블록을 비롯한 주요 부품을 알루미늄 합금으로 만들었다.

현대차는 결국 1991년 첫 독자 엔진을 시작으로 2002년엔 세계를 놀라게 한 세타(Θ) 엔진을 개발했다. 세타 엔진은 소나타에 시용되던 미쓰비시 시리우스 엔진을 대체하기 위해 2002년 개발된 엔진이다. 세타 엔진 개발은 우리나라 자동차 역사에 새로운 획을 그은 획기적인 사건이다. 뛰어난 성능의 엔진을 만들었다는 의미도 있지만 자동차 선진국의 기술을 배우기 급급했던 우리나라가 다른 분야도 아닌 자동차의 핵심인 엔진 기술을 미국, 일본 등에 전수하게 된 것이었다. 새 엔진의 뛰어난 성능에 고무된 정몽구는 당시 제휴관계를 맺고 있던 다임러크라이슬러 측에 "최근에 개발한 엔진 성능이 괜찮으니 혹시 쓸 생각이 있으면 한번 와서 보라"고 제의를 했다. 제안을 받은 다임러크라이슬러 측은 7명의 엔진 전문가들을 현대차 남양연구소로 보내 세타 엔진의 성능을 파악하도록 했다. 이들은 닷새 동안 연구소를 샅샅이 뒤지고 엔진을 분해하고 설계도를 꼼꼼히 살펴가며 세타 엔진을 들여다봤다. 그리고 이들은 세타 엔진을 분석한 결과를 담은 분석 보고서를 작성해 본사에 보냈다. 보고서 내용은 아주 명쾌했다.

"벤츠가 설계를 해도 이보다 더 잘할 수는 없겠다."

바로 세타 엔진의 성능을 인정한 것이다. 곧바로 미국 다임러크라이슬러와 일본 미쓰비시가 생산하는 차에 각각 70만 대, 40만 대씩 장착하기로 현대차와 기술이전 계약을 체결했다. 현대차는 5,700만 달러의 기술 이전에 대한 로열티 수입을 챙긴 것이다. 그것도 이현순의 사인이 없으면 디자인 변경 불가 조건까지 붙여서 였다. 설움을 받던 미쓰비시를 누르는 순간이었다.

현대차가 어렵게 개발한 세타 엔진 기술을 이들 기업에 공개한 데는 다 이유가 있다. 3개 사가 같은 엔진을 쓰게 됨에 따라 부품 공동 구매가 가능해지기 때문이다. 3개 사가 차를 만들면 생산량이 많아지고 그러다 보면 대량으로 부품을 구매하게 될 것이고 자연히 보다 싼 가격에 부품을 조달받을 수 있게 된다. 이 때문에 부품 구매에 차질이 없도록 하기 위해 크라이슬러나 미쓰비시가 설계구조 변경을 할 때는 반드시 현대차의 허락을 받은 뒤 할 수 있도록 기술이전 계약서에 명기한 것이었다.

세타 엔진은 기술적인 면 외에도 여러 가지 의미를 내포하고 있다. 우선 1990년대까지만 해도 미쓰비시를 스승으로 모시고, 기술을 배워 오던 현대차가 역으로 기술을 미쓰비시에 팔았다는 점이다. 또 하나는 지난 2004년 5월, 보유하고 있던 현대차 지분을 정리함과 동시에 현대차와의 전략적 제휴를 청산한 다임러크라이슬러 측이 세타 엔진 기술 도입 건만은 파기하지 않았다는 점이다. 이 두 가지만 봐도 세타 엔진을 개발한 현대차의 기술 위상 변화를 충분히 확인할 수 있다.

1991년 국내 최초의 독자 엔진인 '알파 엔진'을 만든 지 10여 년 만에 현대차는 세계 시장에 내놓아도 손색이 없는 엔진을 만드는 기술력을 갖추게 된 것이다.

현대차는 지금 다시 세계를 놀라게 하고 있다. 현대차는 2010년 1월, 미국 자동차 전문 미디어 《워즈오토(WardsAuto)》가 선정한 '2010 10대 최고 엔진(2010 10 Best Engines Winners)' 상을 2년 연속 수상한 것이다. 자동차엔진 부문의 '아카데미상'으로 불리는 이 상을 수상하는 시상식에 참석한 현대차 이현순 부회장은 이렇게 소감을 밝혔다.

"8기통 엔진으로는 유일하게 타우 엔진이 10대 엔진에 선정돼 매우 기쁘다. 앞으로 글로벌 친환경 리딩 기업으로 거듭나기 위해 기술 역량을 집중할 것이며, 특히, 고연비 기술 개발에 노력을 다할 것이다."

타우 엔진은 현대차·기아차가 북미 시장을 겨냥해 지난 2005년부터 약 4년 간의 연구개발 기간을 거쳐 8기통으로는 국내에서 첫 독자 개발했다. 타우 엔진은 375마력(hp)의 고출력을 보유하고 정지 상태에서 시속 100km에 도달하는데 6초 밖에 소요되지 않으며, 보유한 특허만 해도 국내 출원 177개, 해외 출원 14개에 이를 정도로 첨단 기술이 집약돼 있다.

미국의 자동차 전문 미디어인 《워즈오토(WardsAuto)》는 "비단같이 부드러운 파워 제공(silky, smooth power delivery), 순발력 있는 가속력(aggressive tip-in), 만족스러운 배기 기준과 감탄할 만한 연비 제공

등의 조화가 압도적"이라고 타우 엔진의 성능을 극찬했다.

　세계 최대 자동차 시장 중 하나이자 수많은 차들이 경쟁하고 있는 미국 시장에서 차량의 심장이라 할 수 있는 엔진의 기술력을 입증받은 것은 그만큼 현대차의 기술력을 인정받고 아우디, 도요타 등 최고의 품질력 갖춘 해외 브랜드들과 어깨 나란히 하게 된 현대차의 최고 품질력을 재확인하게 된 쾌거라고 할 수 있겠다.

연구 개발에 돈을 아끼지 마라

　　　　1990년 중반 이후, 인터넷 시대를 맞이한 세계는 신기술의 변화 속도가 더욱 빨라지고 시장과 고객이 다양화, 글로벌화 되면서 기술 관련 정보의 장악과 기술흐름에 대한 이해가 기업 성공의 중요한 요인이 되고 있다. 이러한 변화에 적절히 대응하기 위해 대다수 기업들은 R&D(Research and Development) 투자 규모의 확대, 다양하고 차별화된 신제품 개발 출시 활동 등을 전개하고 있다.

　세계 최고의 기업으로 불리는 GE의 경우, 100년이 넘는 기업의 역사에도 불구하고 지속적인 제품 혁신으로 선두 기업을 유지하고 있는 것은 품질 경영, 엔지니어링 마인드에 입각한 경영을 끊임없이 해오고 있기 때문이다. GE의 경우 R&D 조직은 상아탑 속에 갇혀 있는 조직이 아니라 경영진과 마인드를 공유하는 경영 브레인들이다. 이것이 100년이 넘는 역사를 관통하고 있는 GE의 근본적인 힘이다.

'R&D는 보험'이라는 말이 있다. 농부가 배가 고프다고 뿌릴 종자를 먹는 바보 같은 행위를 해서는 안 된다. 현대·기아차 그룹의 남양연구소는 'R&D는 보험'의 현주소라 할 만하다. 남양연구소의 주요 기능 중 하나는 현대·기아차의 핵심 기술력을 높이는 것이다. 정몽구는 연구·개발에 결코 돈을 아끼지 않는다. 특히 그는 엔진 개발에는 아무리 많은 돈을 써도 문제 삼지 않는다.

2003년 1월, 경영계획회의에서 정몽구는 이런 공식 선언을 해버렸다.

"돈을 아무리 많이 들이더라도 필요하다고 판단되면 신기술은 과감히 적용해. 도요타, 혼다, BMW, 벤츠보다 더 좋은 엔진을 만들어야해. 그래서 말인데, 앞으로 파워트레인연구소는 아예 예산 한도를 없애도록 해. 돈 몇 푼에 연구가 제약을 받으면 안 되잖아. 돈 생각하지 말고 좋은 엔진 만드는 데만 신경 쓰게 해."

그 덕분에 현대차·기아차는 불과 몇 년만에 세계 최상품의 자동차 엔진을 보유하는 기업이 될 수 있었던 것이다.

2009년 11월 17일, 남양기술연구소 인근 '롤링힐스'에서는 현대·기아차의 새로운 야심작 '세타 GDi 엔진'이 첫 공개되었다. 현대·기아차가 연비와 성능 두 마리 토끼를 잡았다고 자부하는 이 엔진의 발표회 명칭은 '현대·기아 국제 파워트레인 컨퍼런스(Hyundai-Kia International Powertrain Conference)'였다. 그룹회장 정몽구를 비롯해서 현대·기아차 임직원을 포함하여 보쉬, 마그나 파워트레인 등 세계적인 파워트레인 부문 업체들과 국내외 학계, 유관 학회 및 연구소 등에서 600여 명이 참가한 가운데 열린 이 컨퍼런스는 2001년부터 2008년까지 8년 동안 개최된 '환경 친화형 디젤 엔진 심포지엄'을 이어받아, 주제를 가솔린 엔진, 변속기 등 파워트레인 기술 전반으로 영역을 확대해 국제적인 파워트레인 부문 컨퍼런스로 거듭났다. '녹색 성장을 위한 창의적이고 지속적인 파워트레인의 진화(Creative Sustainable Powertrain Evolution for Green Growth)'라는 슬로건을 내건 컨퍼런스에서 국내 최초 순수 독자 기술로 개발한 차세대 '세타(Θ) 직접 분사(GDi, Gasoline Direct Injection) 가솔린 엔진'을 선보인 정몽구는 컨퍼런스가 진행되는 이틀 동안 무척 상기된 표정으로 기쁨을 감추지 못했다.

'세타 GDi 엔진'은 고성능, 저연비, 친환경성을 만족시키는 2.4리터급 차세대 가솔린 엔진이다. 2006년부터 약 46개월의 연구 기간 및 약 1,700억 원의 연구비를 투입한 '세타 GDi 엔진'은 쏘나타, 로체 등 중형차에 적용되고 있는 2.4리터급 가솔린 엔진을 대체할 새로운 엔진으로, 현대·기아차는 2010년 출시되는 쏘나타 2.4리터 가솔린 모델을 시작으로 이 엔진을 양산 차에 장착하기 시작했다.

'세타 GDi 엔진'은 다양한 성능 및 친환경 기술의 적용으로 배기가스 배출도 획기적으로 개선해 세계적으로 가장 규제가 심한 미국 캘리포니아 배출가스 기준인 ULEV2(Ultra-Low Emission Vehicle, 초저공해 차량), PZEV(Partial Zero Emission Vehicle) 배기 규제 및 국내 수도권 저공해차 규제치를 만족시켰다.

'세타 GDi 엔진'은 최고 출력 201마력, 최대 토크 25.5kgf.m으로 경쟁사 동급 GDi 엔진을 압도하는 것으로 알려졌으며 연비 또한 대폭 향상돼 동급 최고 성능과 경제성을 확보한 것으로 현대·기아차에 새로운 자부심을 안겨준 엔진이다.

현대·기아차 기술 개발의 메카, 남양연구소

2003년 5월 26일, 현대·기아차는 경기도 화성군 남양면에 위치한 남양연구소가 현대차 울산연구소와 기아차 소하리연구소를 하나로 통합하여 세계 자동차 산업의 기술 개발 경쟁 체제에 대응하는 세계적 자동차종합연구소로 새롭게 출범했다. 현대자동차가 연구개발에 회사의 미래를 걸겠다는 굳은 의지를 나타낸 사건이다. 현대자동차 울산연구소와 기아자동차 소하리연구소를 경기도 남양종합기술연구소로 흡수해 집중적인 연구 개발의 산실로 키운다는 것이 통합 목적이다. 이로써 남양연구소는 5,370명의 연구 인력을 거느린 동아시아 최대 자동차 연구개발 거점으로 떠올랐다. 실제로 남양연구소는 차량 설계와 엔진 등 주요 부품을 검사하는 건물을 비롯해 실차 풍동시험장, 디자인센터를 갖춘 종합연구단지로 손색이 없다. 차량 개발의 전 과정과 각종 미래 기술을 연구할 수 있는 첨단 장비를 갖추고 있다. 남양연구소는 설비를 들여오고 건물을 짓는 데만 1조 원에 육박하는 금액을 투입했다. 여기에 박사와 석사 급 인력 수천 명의 인건비와 복지비, 신차를 개발할 때마다 투입하는 비용을 감안하면 남양연구소에만 현대자동차는 매년 천문학적인 비용을 투입하고 있다.

정몽구는 새롭게 출범하는 통합연구소 개소식 인사말에서 이렇게 다짐했다.

"남양연구소가 세계적 연구소로 새롭게 통합 출범됨으로써 연구 개발 역량과 효율 극대화를 통해 세계 5대 자동차 메이커로의 도약이 가속화될 것입니다. 자동차 산업이 국민소득 향상과 생활의 질을 높이고 수출의 견인차 역할을 하도록 최선의 노력을 다하겠습니다."

그는 그 자리에서 자동차 산업의 미래가 연구 개발 투자에 달려 있다면서 매년 매출액의 6%를 연구 개발비로 사용하는 것을 원칙으로 하겠다는 다짐을 했다. 이제 현대·기아차 남양종합기술연구소는 세계 '자동차 빅3' 희망을 심어주고 있는 미래형 친환경차 개발 심장부가 되었다. 105만 평의 부지 위에 신차 및 신기술 개발뿐만 아니라 디자인, 설계, 시험 및 평가, 연구개발에 필요한 모든 자원이 투입된 이곳은 엔진·트랜스미션동, 설계동, 풍동시험장, 디자인연구소, 시험동, 연구동 등 기술 개발 시설과 주행 시험장을 갖춘 국내 완성차 R&D의 메카다. 남양연구소 종합주행시험장은 세계에서도 손꼽히는 시설로 1993년에 완공되었으며 165만m²의 부지에 벨지언 로를 비롯한 34개의 노면과 4.5km에 달하는 고속주회로 등 총연장 70km의 시험로를 갖추고 있다.

또 350억 원을 투자해서 가동을 시작한 풍동시험장은 세계 3번째로 공력소음까지 측정할 수 있는 시설이다. 그밖에 완성차를 대상으로 내구성 시험을 하는 로드 시뮬레이터, 전파 무향시험실, 전자파

시험을 위한 야외 EMI(Electro Magnetic Interference, 전자파 간섭) 시험장 및 충돌시험장 등을 갖추고 있다.

현대·기아차는 국내 통합연구거점인 남양종합기술연구소를 중심으로 미국 디트로이트와 LA에 기술연구소, 일본 기술연구소, 독일 테크니컬 센터 등 범세계적인 연구소 망을 갖추게 되었으며, 얼마 전 준공된 캘리포니아 디자인테크니컬 센터와 미국 모하비 사막에 530만 평 규모의 주행시험장을 착공하는 등 세계 5대 메이커로 발돋움하기 위한 글로벌 R&D 네트워크(Global R&D Network)를 완성하게 되어 각 나라 취향에 맞는 디자인과 신차종 개발로 고객만족과 품질우위를 확보할 전망이다.

남양연구소의 전체적인 조직은 행정지원실, 프로젝트추진실, 승용설계실, 승용평가실, 연구개발시스템실 등 각 실 아래 세부 팀들이 포진하고 있는 구성이다. 자동차가 개발되기까지는 제품기획, 디자인, 설계, 시작(試作), 평가 및 양산 단계를 거치게 된다. 따라서 모든 조직은 이 과정에 관계되는데 이 중 주요 개발부서를 소개한다.

먼저 시작팀은 남양연구소에서 설계하는 새 모델과 페이스 리프트, 모델이어(Model Year), 테스트카(T-car, 새로운 시스템의 설계 또는 메커니즘의 채택을 확인하기 위해 제작하는 차), 메카프로토카(Mecha-Protocar, T-car의 이전단계로 신기술 아이템 적용 가능성을 확인하기 위해 양산차를 개조해 만드는 차)의 제반 성능 평가를 위한 시험차를 제작해 개발 초기 단계에서 설계 품질을 확인하고 시작차를 각 평가팀에 제공하는 일을 맡고 있다.

시작차는 개발 차종이 완전히 신모델인 경우 50~150대, 페이스

리프트일 경우 15~50대를 제작하며 테스트카는 50대 전후, 메카프로토카인 경우 5대 내외를 제작한다. 남양시작팀은 앞으로 완전 신모델인 경우 평균 100대에서 50대로 줄여 개발 비용을 줄일 계획이라고 밝혔다.

또한 새 차를 개발할 때 빼놓을 수 없는 부분이 경쟁차를 분석, 참고하는 벤치마킹(Bench marking)이다. 1995년 5월부터 가동한 제품개발2팀의 테어다운(Tear Down)실은 세계적인 베스트 셀링카를 분해해 각 부문(차체·의장·전자·섀시)별로 특성을 파악해 설계 부문에 넘겨주는 일을 한다. EF쏘나타를 개발할 때 이곳에서 도요다 캠리를 테어다운했다. 테어다운을 하면서 가장 중요한 것은 차를 효율적으로 분해하는 일이다. 분해를 잘못하면 다시 조립해야 하기 때문이다.

설계, 시작을 마치면 평가 단계로 넘어가는데 이 과정에서 잘못된 점이 있으면 원인을 파악해야 한다. 이때 시험기 및 계측기를 이용해 각종 실험실에서 평가를 하는 것이 기능시험팀의 업무다. 기능시험팀은 1998년 진동소음2팀, 환경시험2팀, 안전시험2팀을 합쳐 기능시험2팀이 만들어졌다. 워킹그룹은 공력·시력·에어로다이내믹, 진동·소음, 내구·강도·강성, 환경, 충돌 등 크게 다섯 부문에 대한 실험을 한다.

이처럼 에어컨, 히터 등의 공조성능, NVH(진동, 소음, 잡소리), 충돌 등에 대한 실험이 기능시험팀에서 이루어진다면 차의 전반적인 성능을 테스트하는 곳이 성능시험팀이다. 성능시험2팀은 1999년 2월에 신설된 팀으로 가솔린엔진시험2팀에서 저연비차 개발, 배기가스 규제 만족, 자기진단시험(OBD-II) 법규 만족 등 엔진의 운전성

(driveability) 최적화 관련 부문, 차량시험2팀 평가 중 최고속도, 가속 성능, 추월가속 등 동력성능 최적화 관련 부문, 그리고 AT시험팀의 자동변속기 변속감 최적화 부문 등이 합쳐져 만들어졌다.

종래에 개별적으로 이루어진 성능시험 결과 어느 한쪽에만 해당되는 사항보다 여러 분야에 걸쳐 연관성 있는 문제가 많아 이를 통합적으로 시험하기 위한 것이다. 즉 연비, 운전성, 배기가스 규제 만족 등을 통합적으로 실시함으로써 시너지 효과를 얻는다는 얘기다.

그밖에 EMI(전자파 간섭) 야외 시험장에서는 '실차 10m, 30m EMI 측정 시험' 및 '안테나 수신 성능 시험'을 실시한다. 실차 10m, 30m EMI 측정 시험은 실차를 대상으로 외부 수신 안테나와 차의 거리가 10m, 30m인 상태에서 차에서 나오는 전파를 측정, 이 수치가 법규를 만족하는지를 시험하며, 안테나 수신 성능 시험은 외부 송신용 안테나에서 전파를 쏘아 차가 이 전파를 얼마나 잘 수신하는지를 테스트한다.

연구소가 최근 몰라보게 좋아졌고 현대·기아차의 성능도 몰라보게 좋아졌지만 그럼에도 정몽구는 "좀더 잘할 수 없나, 좀더 잘 만들 수 없나" 등 '좀더'라는 말을 자주 쓰는 것으로 알려져 있다. 지금 상황에 만족하지 않기 때문이다. 연구소에 대해서도 마찬가지다. 그는 독일 벤츠나 일본 도요타와 어깨를 나란히 하는 세계 최고 수준의 연구소를 만드는 게 꿈이다. 그래야 그들을 따라잡을 명차가 나올 수 있다고 믿기 때문이다.

현대가 개발한 자동차 엔진들

파워트레인 센터

강한 심장과 섬세한 트랜스미션의 파워트레인 경차에서 대형 승·상용차까지 모든 자동차의 심장부를 개발하는 곳이다. 자동차의 심장부라 할 수 있는 엔진, 변속기와 더불어 친환경적인 배기 시스템을 연구·개발, 독자 모델 엔진 풀 라인업 구축을 통해 세계가 인정한 동급 최고의 초일류 파워트레인을 개발한다.

➡ 알파 엔진

국내 최초로 독자 개발에 성공한 알파 엔진은 내구성을 개선하고 주행, 동력 성능과 엔진 정숙성이 향상된 알파 VVT 엔진으로 거듭나고 있다.

➡ 양산 시점: 1991년, 탑재 차종: 스쿠프, 최대 마력(PS): 110, 배기량(L): 1.5

➡ 세타 엔진

알루미늄 엔진 블럭, 흡배기 가변 밸브 타이밍 기구, 정숙형 타이밍 체인을 적용한 세타 엔진은 차세대 신중형 엔진으로 고성능, 저연비, 정숙성, 내구력, 친환경으로 특화된 세계적 수준의 엔진이다.

➡ 양산 시점: 2004년, 탑재 차종: 쏘나타(YF), 최대 마력(PS): 165/201,

배기량(L): 2.0/2.4GDi, 최대 토크(kg.m): 20.25/25.5

➔ S-엔진

현대자동차가 독자적으로 개발한 세계 최고 수준의 V6형 S-승용 디젤 엔진은 동급 세계 최고 수준인 245마력의 강력한 동력성능과 1등급 연비를 달성, 최상의 경제성을 자부하는 엔진이다.

➔ 양산 시점: 2006년, 탑재 차종: 베라크루즈, 최대 마력(PS): 245,

배기량(L): 3.0, 최대 토크(kg.m): 46

➔ 람다FR 엔진

국내 최초의 후륜구동 엔진인 람다 엔진은 현대자동차의 주력 차종인 중대형 자동차에 탑재하기 위해 독자적으로 개발한 고성능, 고효율 엔진으로, 정숙성과 내구성 등 모든 면에서 탁월함을 선보인다.

➔ 양산 시점: 2008년, 탑재 차종: 제네시스/제네시스 쿠페,

최대 마력(PS): 290/303, 배기량(L): 3.8/3.8, 최대 토크(kg.m): 35.5/36.8

➔ 타우 엔진

중대형이상 승용차 및 SUV에 탑재되는 국내 최초로 독자 개발한 후륜구동V6 가솔린 엔진으로 고성능, 고효율, 저소음, 저공해의 차세대 엔진이며 현대자동차의 프리미엄 브랜드 인지도를 높인 탁월함을 선보인다.

➔ 양산 시점: 2009년, 탑재 차종: 에쿠스, 최대 마력(PS): 366,

배기량(L): 4.6, 최대 토크(kg.m): 44.8

➜ R 엔진

국내 최초 유로-5 배기 규제 및 수도권 저공해 차량 인증을 획득한 R-승용디젤 엔진은, SUV 최초 1등급 연비 인증을 획득한 고출력 친환경 엔진이다.

➜ 양산 시점: 2009년, 탑재 차종: 투싼 ix, 최대 마력(PS): 184/200,

배기량(L): 2.0/2.2, 최대토크(kg.m): 40/44.5

'글로벌 빅3'를 넘보다

"이번 미국 공장 설립이 그동안
글로벌화 전략을 적극적으로 추진한 현대자동차가
세계 자동차 산업의 중심지인 미국에서 현지 기업으로 거듭나
고객들에게 보다 좋은 품질과 서비스로 보답하는
계기가 된 것이다."

— 정몽구, 2002년 4월 16일, 앨라배마 미국 현지공장 기공식에서 —

세계 1위까지 200만 대 남았다

2014년 현대자동차는 연간 판매량 800만 대를 넘어서며 세계 시장 4위에 올라섰다. 현대·기아차는 2009년 미국 포드를 제치고 글로벌 5위(판매대수 기준)로 도약한 이후 5년 만에 한 단계 더 올라서 글로벌 톱4에 진입한 것이다.

2013년도 글로벌 자동차회사들의 신차 판매순위를 보면 세계1위까지 불과 200만 대 밖에 남지 않았음을 보여준다. 1위인 토요타 998만 대, 2위인 폭스바겐 973만 대, 3위인 GM 971만 대였는데 현대·기아차는 800만 대를 넘어섬으로써 글로벌 톱4를 넘어서 더 이상의 야망을 가질 수 있게 되었다. 글로벌 자동차 업체 가운에 가장 늦은 1967년 자동차 사업을 시작한 현대·기아차의 최단기 800만 대 판매 돌파는 세계 1위 도요타를 추월할 수 있다는 자신감을 줬다는 점에서 의미가 있다. 800만 대 판매는 2012년 700만 대 돌파 이후

2년 만에 기록한 것이다.

특히 현대·기아차에게 희망을 주는 것은 자동차 수요가 급증하고 있는 중국과 인도 등 신흥 시장에서의 도요타를 압도하면서 선전하고 있다는 점이다. 현대·기아차는 인도 시장에서 강세를 지속하고 있다. 2014년 1~10월 현대차는 신형 i20, 엑센트 등의 신차 효과로 전년 대비 8% 판매가 증가했다. 인도 평균 판매 증가율(인도자동차공업협회 기준) 1.9%의 네 배가 넘었다. 브라질 시장에서도 기대치 이상의 성적을 올리고 있다. 전체 자동차 업체들의 1~10월 판매(브라질자동차 산업협회 기준)는 전년 동기 대비 8.6% 감소했으나, 현대·기아차는 2012년 완공한 브라질 공장의 가동과 월드컵 마케팅을 활용해 전년 대비 7.2% 신장했다. 이렇듯 신흥 시장에서의 선전인 현대·기아차 글로벌 순위 약진에 큰 힘이 되고 있다.

그러나 정몽구는 2014년 12월 15일 서울 서초구 양재동 본사에서 열린 하반기 해외법인장 회의에서 "800만 대에 만족하기엔 갈 길이 멀다. 800만 대는 새로운 시작이며, 출발점"이라며 이렇게 말했다.

"한 치 앞도 내다볼 수 없는 시장 환경에서 우리가 믿을 수 있는 것은 바로 우리 자신뿐입니다. 성과에 취하거나 불안한 세계 경제 전망에 위축되지 말고 더 큰 목표를 향해 나아가야 합니다. 내년에는 세계 경제의 저성장, 엔저 가속화, 미국 금리 변동 및 유가 하락에 따른 신흥국 위기 가능성 등으로 자동차 시장 환경이 우호적이지 않을 것입니다."

일본 자동차 회사와 현대자동차

일찍이 현대자동차는 일본 자동차 회사로부터 많은 것을 배웠다. 1964년 일본은 도쿄 올림픽을 성공적으로 치르면서 경제성장에 더욱 박차를 가하게 되었고 자동차 생산은 드디어 50만 대를 넘어섰다. 도요타를 일본 제일의 메이커 자리에 확실하게 자리매김하게 만든 코롤라(Corolla)는 1966년 말에 시판되기 시작했는데, 1983년 초, 1,000만 대 생사을 돌파하는 대기록을 세웠다. 포드 T형의 1,500만 대, 폴크스바겐 비틀의 2,000만 대에 이은 세 번째 1,000만 대 돌파 모델이었다. 도요타가 1,000만 대 생산을 돌파하는 대기록을 세우고 있을 때, 현대차는 일본 미쓰비시 자동차 공업의 기술 협력을 받아 자체 모델인 '포니'와 '스텔라'를 겨우 생산하고 있었다. 그러나 현대차는 1976년 포니를 생산하자마자 에콰도르에 수출한 것을 시작으로 유럽, 파나마, 미국으로 시장을 넓히며 1981년 전 차종 생산 누계 300만 대를 돌파해 나갔다.

반면 도요타는 1957년 8월, 도요타는 미국 시장에 관심을 갖고 크라운을 수출했으나 순발력과 내구성 부족으로 예상했던 판매량을 실현하지 못하고 참담한 실패를 맛보았다. 크라운의 1.5리터 엔진은 미국의 광대한 고속도로를 달리기에 터무니없이 힘이 부족했다. 당시 한 포드 간부가 크라운을 "고철 덩어리에 지나지 않는다"라고 비아냥거릴 정도였다. 이에 당황한 도요타자동차는 재빠르게 미국 시장에서 철수를 단행했고 그 후 수년간 세계 제1의 자동차 시장에 진입하는 데 실패했다는 자책감은 도요타자동차를 괴롭혔다.

일찍이 일본 기업의 글로벌 경영은 미국의 영향력 아래서 서서히 진행되고 있었다. 그것은 패전 이후 일본이 미군정의 지배를 받는 과정에서 미국 기업들의 글로벌 경영을 학습하게 된 까닭이기도 하다.

일본 기업의 글로벌 경영의 시작은 두 가지 형태로 나타났다. 첫 번째는 일본에 진출한 미국 다국적기업 베끼기였고, 두 번째는 미국 본토로의 진출이었다. 그것은 일본이 서구 제국주의를 베끼기 시작하면서부터 산업화를 이루기 시작한 일본의 숙명과도 같은 것이었다. 일본 기업들은 미국 다국적기업 베끼기로 동남아시아 진출에 눈을 돌렸다. 두 번째로는 미국 본토로의 진출이었다. 자본주의 종주국이자 세계 최대의 시장인 미국 시장에서 검증 받아야만 살아남을 수 있다는 인식 때문이었다. 일본 자동차 회사로서 가장 먼저 미국 시장에 문을 두드린 것은 도요타가 아니었다. 가장 먼저 미국에 진출한 회사는 혼다였다. 1972년, 혼다는 미국 오하이오 주에 오토바이 공장을 가동하면서 혼다 특유의 기술력으로 미국의 10대들을 사로잡으면서 '오토바이는 혼다'라는 명성을 만들어 냈다. 이런 명성에 힘입은 혼다는 1982년에 승용차 생산법인을 설립했다. 1983년, 혼다의 성공에 고무된 닛산이 테네시 주에 승용차 공장을 건설하면서 본격적인 미국 진출을 감행했다.

도요타는 두 회사의 미국 시장 진출을 착잡하게 지켜보기만 했다.

도요타가 미국 진출을 늦추고 되도록 신중을 기했던 것은 미국 진출에서 맛보았던 패배의 쓴잔이 남긴 쓴맛이 아직도 목구멍에 남아 있었던 탓이었다. 그래서 그들은 쓴맛을 다시며 혼다와 닛산의 미국 경영을 지켜볼 수밖에 없었다. 도요타가 미국 진출을 서두르지 않았던 이유는 안정적인 내수 시장이 뒷받침하고 있었던 까닭이다. 당시 도요타는 일본시장에서 40%에 육박하는 시장점유율을 유지하며 확고한 이익 기반을 갖추고 있었던 탓에 수많은 불확실성을 동반하는 해외 진출은 신중에 신중을 기한 것이다.

현대자동차는 일본자동차 회사들의 움직임을 바라보며 많은 것을 배웠다. 기술제휴선인 미쓰비시로부터는 수모에 가까운 대접을 받았고, 도요타의 미국 시장 진출 실패에서 얻은 교훈을 분석하면서 해외 시장 개척을 계획해 나갔다. 현대자동차는 1987년 전차종 생산 누계 200만 대 돌파에 이어 88올림픽이 있던 이듬해인 1989년 '엑셀' 단일 차종으로 수출 누계 100만 대를 돌파하는 기록을 세웠다.

도요타가 최초의 미국 공장의 문을 연 것은 1984년의 일이었다. 도요타는 GM이 경영하던 캘리포니아 주의 프리먼트 공장을 인수하여, 그것도 100% 인수한 것이 아니라 GM과 합작하는 50 : 50의 조건으로 미국 시장에 조심스럽게 발을 들여 놓은 것이다. 1988년, 도요타는 켄터키 주 조지타운에 미국에서는 첫 번째인 자체 공장을 지었다. 이 공장은 연산 20만 대의 규모로 당시로서는 사상 최대 규모의 해외 투자였다. 이때부터 도요타는 글로벌 회사로 커나가기 시작한다.

한편 현대자동차도 미국 시장 진출 후 도요타와 같은 몸살을 앓고 있었다. 미국에 초기에 수출됐던 엑셀은 오직 가격 경쟁력이 무기였다. 소비자들은 한국 자동차를 싼 맛에 구매했고 당시 현대자동차 경영진은 장기적인 전략을 세우기보다 당장 눈앞에서 이루어지는 판매에 급급했다. 하지만 이런 주먹구구식 마케팅은 사상누각에 불과했다. 진출 4년 만인 1988년부터 꺾이기 시작한 판매 실적은 1998년 9만 1,200대로 곤두박질쳤다. 진출 2년째 기록했던 26만 3,000대의 3분의 1 수준으로 감소한 것이다.

첫째 원인은 품질 문제였다. 값이 아무리 싸다고 해도 자동차는 운전자의 생명에 직결되기 때문에 최소한의 품질이 유지돼야 한다. 또 불편 없는 운전이 가능해야 재구매가 이루어진다. 미국 수출을 처음 시작했을 때 현대자동차는 두 가지를 모두 충족시키지 못했다. 고장도 많고 안전하지 않은 싸구려 자동차로 인식됐다. 이런 실패 때문에 1998년 현대·기아차그룹의 키를 잡기 시작한 정몽구는 품질 경영의 칼을 높이 뽑아든 것이다.

미국 현지 공장 진출

2001년 6월, 미국 30여 개 주 주지사와 투자유치 담당자에게 다음과 같은 내용의 공문이 배달됐다.

"모 완성차 회사가 미국 현지에 10억 달러를 투자해 30만 대 생산 규모의 공장을 지을 계획입니다. 이에 투자 유치를 원하는 주정부로부터 투자 제안서를 받고자 합니다."

발신자는 투자자를 대행하고 있는 미국의 한 유명 컨설팅 사였다. 투자 관행상 투자하겠다는 기업은 명기되어 있지 않았다. 10억 달러라는 엄청나 규모의 투자 유치를 주정부 입장에서는 놓칠 수 없는 호재였다. 고용을 늘리고 막대한 세수(稅收)를 확보할 수 있는 기회가 아닌가. 각 주 정부는 서로 자신들의 주로 오라는 구애섞인 투자 제안서를 투자업체에게 보냈다. 이 투자업체가 바로 현대자동차였다. 현대차의 미국 상륙은 이렇게 시작됐다.

2000년도에 들어서자 정몽구는 해외 공장 건설에 눈을 돌리기 시작했다. 1998년 말 인수한 기아자동차가 자리를 잡기 시작하자, 좁은 국내 시상에 한계를 느끼게 된 탓이었다. 현대·기아차가 살아나갈 길은 글로벌 시장 밖에 없었다. 가장 큰 해외 시장인 미국 시장은 대단히 중요했다. 때마침 외환위기 직후 달러에 대한 원화 약세는 수출에 날개를 달게 했다. 현대차의 미국 수출은 1998년 9만 대에 그쳤으나 1999년 16만 5,000대로 급격히 늘었다. 기아차의 미국 수출도 급격히 늘었다. 기아차의 미국 수출은 1998년 10만 6,000대에서 1999년에 14만 대로 증가했다.

그런데 문제는 수출이 늘어난다고 무작정 좋아할 일은 아니라는 데 있었다. 대미 수출 확대는 곧바로 한국차 수입 제한이나 한국 시장 개방 등의 통상압력으로 이어질 것이 자명했다. 그런 일은 이미 1980년대에 일본차 업계가 겪었던 일이었다. 일본차가 미국 시장에서 인기를 얻고 많이 팔려나가자 미국은 일본에 통상 압력을 넣기 시작했다. 미국 자동차 노조도 미국에서 번 돈을 일본으로 고스란히 가져가는 일본 자동차업계를 거세게 비난했다. 이때 일본차 업계가 선택한 것이 미국 현지에 공장을 건설하는 것이었다. 미국에서의 판매도 늘리고 이런 저런 압력에서도 벗어나기 위한 선택이었다. 현지

공장은 미국에서 번 돈으로 미국에 재투자도 하고 고용도 증대한다는 명분이 있었다. 정몽구는 이런 일본의 전례를 익히 알고 있었기에 미국 현지공장을 하루빨리 세워야 한다는 생각을 하고 있었다. 2000년에 들어서자 그는 미국 현지 공장 건설 타당성 검토를 지시했다. 타당성 검토 결과 승산이 있다는 결론이 나자 그는 미국 현지 공장을 건설을 결심했다. 그가 이 같은 결심을 처음 구체적으로 밝힌 것은 2000년 7월 미국의 자동차전문지 《오토모티브뉴스》와의 인터뷰에서였다.

"2005년에는 미국과 유럽 시장 판매량이 50만 대에 이를 것이며 이에 따라 각종 수입규제가 따를 것으로 예상되는 만큼 우리 현대차는 현지공장 설립을 추진하기로 한 것입니다."

2001년이 되자 미국 공장 설립을 위한 구체적인 실무 작업이 시작되었다. 그해 7월, 정몽구는 김동진 사장을 총괄사장으로 발령을 내리고 미국 공장의 입지를 선정할 임무를 부여했다. 8월 공장 설립을 추진할 태스크포스팀인 'V프로젝트팀'이 결성됐다. 팀장은 현대정공 출신으로 그룹 내 미국통으로 꼽히는 안병모 기아차 미국법인장이 맡았다.

10월, 김동진 사장과 'V프로젝트팀'은 각 주의 투자조건을 비교 평가한 후, 미국을 방문했다. 그들은 각 후보지를 탐방하고 주정부 인사들과 면담을 거쳐 정밀 검토한 뒤, 앨라배마, 켄터키, 오하이오, 미시시피 등 네 곳으로 후보지를 좁혀 나갔다. 후보지 선정이 가까워지자 각 주 정부의 경쟁이 치열해졌다. 주지사는 물론 상·하원의원들이 양재동 현대·기아차 본사를 찾아와 정몽구와 김동진 사장에게 자신들의 주가 왜 최적지인지를 설파했다.

2002년 1월, 김동진 사장은 후보지들을 다시 방문해서 이들 지역에 대한 장단점을 다시 한 번 면밀하게 검토했다. 김동진의 보고서를 받아든 정몽구는 켄터키와 앨라배마 두 곳을 최종 후보지로 선정했다. 그는 김동진에게 두 주 정부를 오가며 동시에 협상을 진행해 가장 유리한 조건을 끌어내라고 지시했다. 일종의 양다리 교섭 작전이 동원됐다.

최종입지 발표일을 1주일 정도 앞두고 켄터키는 1억 2,300만 달러의 대규모 지원을 하겠다고 발표했다. 그것은 앨라배마의 1억 1,800만 달러보다 나은 조건이었다. 그리고 켄터키는 기후가 좋고 미국의 중심지인 동부와의 거리도 앨라배마보다 가깝다는 장점이 있었다. 그래서 대세는 켄터키 쪽으로 기우는 듯했다. 그러나 앨라배마는 아주 파격적인 조건을 제안해왔다. 기존 지원액에 1,000만 달러를 더 얹어 주고 20년간 법인세를, 10년간 재산세를 받지 않겠다는 조건 제시였다. 정몽구와 경영진은 고민에 잠겼으나 일은 의외로 수월하게 끝이 났다. 켄터키 주 공장 후보지의 땅 소유주가 땅을 팔지 않겠다고 나선 때문이었다. 4월 2일 오전, 정몽구와 경영진은 노조 활동이 약한 데다 강력한 지원 의지를 나타낸 앨라배마를 주저하지 않고 선택했다.

미국 현지 공장의 성공

2005년 5월 20일, 미국 남동부에 있는 앨라배마 주의 수도인 몽고메리 시.

조지 부시 전 미국 대통령을 비롯해 밥 라일리 앨라배마 주지사, 이희범 한국 산업자원부장관, 문정인 동아시아재단 위원장 등 4,000명이 넘는 사람들이 참석한 큰잔치가 벌어졌다. 그 잔치는 현대자동차 미국 현지 공장의 준공식을 기념한 자리였다. 210만 평 드넓은 부지에 5만 6,000평 규모로 우뚝 선 이 공장은 연간 30만 대를 생산하는 규모로 현대자동차가 총 11억 달러를 투자한 공장이었다.

현대자동차 회장 정몽구는 다소 흥분된 목소리로 귀빈들을 향해 연설을 시작했다.

"2002년 첫 삽을 뜬 후 4년 만에 완공한 이 앨라배마 공장 가동은 현대자동차 38년의 역사를 새로 여는 매우 중요한 계기가 될 것입니다. 이 공장 이 그 동안 축적한 현대자동차의 신기술과 신공법을 결집한 산물입니다. 우리 현대자동차는 이제 앨라배마 공장을 통해 진정한 의미의 글로벌 자동차 메이커로 도약할 것입니다."

사실 앨라배마 공장 준공은 현대자동차에게 아주 중요한 의미를 갖는 사건이었다. 현대자동차가 글로벌 기업으로 성공할 수 있느냐 하는 것은 자동차 시장의 본 고장인 미국에서 성공에 달려 있다고 해도 과언이 아니기 때문이었다. 미국은 GM와 포드, 크라이슬러로 대표되는 자동차 '빅3'가 버티고 있고 도요타와 닛산, 혼다와 같은 일본 업체, 벤츠, BMW, 폭스바겐, 르노 등 유럽의 명차들이 시장 쟁탈전을 벌이고 있는 각축장이 아닌가. 지금은 세계 1위의 자리를 중국에게 내주었지만 당시만 해도 미국 시장은 연간 1,800만~2,000만 대가 팔려나가서 아시아 태평양 전 지역을 합친 것보다 큰 시장이었고 유럽 연합(EU) 전체보다도 큰 시장이었다.

앨라배마 공장의 차체 라인은 총 255대의 로봇이 가동되는 등 자동화 비율을 획기적으로 높인 공장이다. 그만큼 인력을 줄이면서 차량의 품질과 완성도를 높일 수 있는 장점을 지니고 있다. 모든 차량을 로봇이 실시간 검사하고 있는 것도 완벽한 품질 확보를 위한 장치이다. 앨라배마 공장 의장 라인은 모듈화 비율을 다른 현대자동차 생산 시설에 비해 10% 이상 높인 20%로 설정했다. 이는 복잡한 작업 공정을 대폭 줄여 사람들이 작업할 때 발생하는 오류를 방지하고 생산성 개선과 원가 절감을 위한 것이다. 현대자동차가 앨라배마 공장을 첨단 설비로 무장한 것은 최대 자동차 시장인 미국 시장에 '모든 것을 건다'는 것을 보여주는 정몽구의 의지를 보여주는 것이다. 미국 현지 생산 초기 투입 차종이 신형 쏘나타와 싼타페라는 점에서도 미국 시장 '올인' 전략을 거듭 확인할 수 있다. 신형 쏘나타는 현대자동차가 독자 개발한 람다 엔진을 탑재했고 제어와 조향, 편의 장치 등 성능 면에서 가장 완성도를 높인 모델로 성능과 디자인 측면에서 도요타 캠리와 혼다 어코드 등 경쟁 차종과 필적한다는 평가를 받았다. 앨라배마 공장은 최첨단 시설로 생산성 부문에서 타사 공장들보다 비교 우위에 올라선 곳으로 현대차의 미국 판매 확대에 일등공신이 됐다.

연산 30만 대의 현대차 앨라배마 공장은 한미 산업협력의 대표적인 성공 사례로 평가받으며 브랜드 이미지를 높이고 있다. 앨라배마 프레스 공장은 '2009 하버리포트'에서 북미 생산성 1위에 올랐고 업체별 생산성에서도 전체 12개 메이커 중 2위를 차지했다.

현대차 앨라배마 공장에 이어 기아차가 2010년 2월 조지아주 웨스트포인트에 연산 30만 대 생산 능력을 갖춘 제2자동차 공장을 세우면서 현대·기아차는 미국 언론의 집중적인 스포트라이트를 받았다. 현지 공장은 세금과 물류 등 이점 외에 지역 경제에 기여하는 글로벌 업체의 이미지를 확고히 하는 장점이 있다. 기아차 조지아 공장은 협력 업체(25개 사)를 포함해 총 5,100명의 신규 고용을 창출함으로서 현지 실업률은 14.5%에서 12.7%로 낮아졌다. 현대차그룹은 제3공장을 설립하기 위해 내부적으로 검토 중이다.

미국 시장에서 공격적인 마케팅 적중

첫 '메이드 인 USA' 마크를 단 쏘나타가 생산되자, 현대자동차는 공격적인 마케팅과 영업 전략을 펼쳐나갔다. 고객과 오피니언 리더들을 초청한 시승회를 실시하면서 대대적인 광고로 정면 돌파를 시도했다. 미국 전역을 커버하는 TV와 신문, 잡지에 잇따라 광고를 게재하고 뉴욕 타임스퀘어 광장 등 사람들이 많이 모이는 곳에는 옥외 광고를 시작했고 전국 550여 개 극장에도 광고를 했다.

NBC, CBS, ABC, ESPN 등 6개 전국 방송에 TV광고를 냈고, 41개 케이블 방송의 인기 프로그램에 광고를 집중했다. USA투데이, 뉴욕타임즈, LA타임즈, 워싱턴포스트 등 미국의 대표적인 신문과 타임, 뉴스위크, 포춘, 오토모티브 뉴스 등 30개 잡지에도 광고를 냈다. 현대자동차는 온라인 광고도 마다하지 않았다. 야후, MSN 등 포털 사이트에도 쏘나타를 대대적으로 광고했다. 현대자동차의 이런 전 방위적 홍보 전략은 주효했다. 현대차는 세계 최대 시장인 미국에서의 '마케팅 돌풍'을 일으키기 시작한 것이다.

현대차는 1999년 자동차 업계 사상 처음으로 '10년-10만 마일 보장 프로그램'을 도입했다. 이 마케팅이 발표됐을 때 미국 자동차 업체들은 엄청난 비용을 어떻게 감당하려고 무모한 결정을 내렸는지 알 수 없다는 반응이었다. 하지만 품질에 자신감이 붙은 정몽구는 그것을 밀어붙였다. 미국 시장에서 크게 어필한 '10년 품질 보장'은 정몽구의 아이디어였다. 미국 시장에서 10년씩 차를 탈 사람은 드물겠지만, 미국 소비자들에게 '품질에 자신감을 가져서 그런 것 아니냐'는 좋은 인상을 준 것은 사실이다. 실제로 잔고장을 획기적으로 줄인 차량의 품질이 마케팅을 뒷받침하면서 현대자동차 판매는 늘어나기 시작했다. 당시 미국 시장에서 시장 점유율 1%를 밑돌던 현대차는 이 마케팅 효과로 점유율을 2002년 3.6%에서 2009년은 5.4%까지 올렸다.

2010년 1월엔 '실직자 보장 프로그램(Assurance Program)'으로 대박을 터뜨린 데 이어 최근 휘발유값 지원 마케팅 프로그램을 도입, 큰 반향을 불러일으키고 있다. 현대차 관계자는 "휘발유 지원 프로그램으로 들어가는 지원금이 1인당 연간 1,000달러 정도인데, 5,000달러 이상의 마케팅 효과가 난 것으로 분석됐다"고 말했다.

현대·기아차는 기아차의 조지아 공장 준공을 기념하면서 현대차와 기아차가 나란히 슈퍼볼 광고로 브랜드 및 제품 노출을 극대화시켰다. 미네소타 바이킹스의 인기 쿼터백 브렛 파브를 모델로 한 현대차 쏘나타 광고는 전 세계 1억 명의 시청자의 눈길을 사로잡았다. 뉴욕의 타임스퀘어에 등장한 기아차 쏘렌토R 옥외광고도 화제를 모았다. 미국의 광고 전문지 《애드버타이징 에이지(Advertising Age)》가 '2009 최고의 마케터(Marketer of the Year)'로 현대차를 선정한 것도 수긍이 가는 대목이다. 현지 공장 설립과 품질 경영, 공격적인 마케팅은 빠른 판매 확대로 이어졌다. 불과 2년 전 4.8%였던 현대·기아차의 미국 시장 점유율은 2009년 7%로 올라섰다. 2009년 세계 경제 불황 속에서도 판매량이 늘어난 데다 최근 도요타 리콜 사태로 반사이익까지 얻은 결과이다. 2009년 미국 시장에서는 GM이 207만 1,000대로 1위를 차지했고, 도요타 177만 대, 포드 167만 7,000대, 혼다 115만 대, 크라이슬러 93만 1,000대 순이었다. 현대·기아차는 73만 5,000대를 판매했다.

만리장성을 넘어라

현대·기아차의 중국 진출은 해외 다른 경쟁업체들보다 사뭇 늦었다. 현대차의 중국 사업이 본격적으로 시작된 것은 정몽구의 지시로 2000년 11월 중국 베이징에 중국

총괄본부가 설립되면서부터다. 이를 계기로 현대차의 중국 진출 계획은 물밑 작업에서 수면 위로 부상했다. 현대차가 중국 진출을 본격화한 그 무렵은 이미 폴크스바겐 GM 등 해외 메이저 업체들이 중국 시장에서 터전을 잡고 호황을 누리고 있었다. 일부에서는 현대차가 중국행 막차를 탔다는 걱정을 하는 이들도 많았다. 그러나 정몽구는 의연하게 뚝심으로 현대·기아차의 중국 진출을 밀어붙였다.

2002년 말 출범한 베이징현대기차(北京現代汽車, 중국어 '기차'는 우리말로 자동차를 의미한다)는 현재 현대자동차 해외 공장 중 가장 아찔할 정도로 빠른 성장세를 보여주는 곳이다.

베이징현대기차는 비록 출발은 늦었지만 2004년, 15만 대 생산에, 14만 5,000대를 판매, 중국 내 완성차 브랜드 중 4위를 차지했다. 출범 첫해인 2002년 말 메이드 인 차이나 1호 EF쏘나타를 생산한 이래 불과 2년 만에 이룬 기적 같은 성과였다. 2년 전 그 누구도 현대차가 세계 자동차의 격전장인 중국에서 이 같은 성공을 거둘 것이라고는 예상하지 못했다.

베이징현대기차의 성공에는 대만 화교 출신으로 현대차 내에서 중국 사업을 진두지휘하던 설영흥 현대차 부회장의 역할이 지대했다. 그는 한때 서울 강남에서 대형 중국음식점을 하던 인물로서 화교 사회와 중국 인맥이 대단했다. 정몽구가 중국과 본격적으로 인연을 맺은 것은 현대정공 회장 시절이었다. 1993년 10월 그는 현대종합상사와 함께 광둥성 하당공업단지에 스틸컨테이너 합작공장 설립계약을 체결할 때 현재의 설영흥을 고문으로 영입했다.

두 사람은 1980년대부터 알고 지내던 사이로 정몽구가 중국 관련

일을 할 때마다 도움을 받고 있던 처지였다. 설영흥의 가세로 컨테이너 공장 설립은 성공적으로 마무리됐다. 1996년 6월 7일 베이징 인민대회당에서 정몽구와 장쩌민 중국 국가주석과의 회동을 성사시킨 일은 설영흥의 진가가 발휘된 일대 사건이었다. 이때 정몽구는 베이징시 지하철 총공사와 합작으로 베이징현대지하철도차량공사 설립에 합의했음은 물론, 중국의 최고 실력자와 인연을 맺는 성과를 거뒀다.

그 후로도 설영흥의 중국 사업에 대한 활약은 계속되었다. 정몽구가 현대차의 중국 진출을 결정하다 그에게는 중국 내 승용차 합작 파트너를 잡으라는 특명이 떨어졌다. 중국 정부는 중국 업체들에게 선진업체의 기술과 경영 노하우를 배우게 하기 위해 해외 완성차 업체가 중국에 공장을 세울 때에는 반드시 현지 업체와 합작법인을 차리도록 규제를 하고 있어서 파트너 찾기는 필수였다. 그런데 많은 선진 자동차 업체들이 중국에 들어가 있는 상황이어서 진입이 쉽지 않았다. 하지만 길은 있었다. 마침 베이징 시에서는 2008년 베이징 올림픽을 앞두고 베이징을 대표하는 자동차 기업을 육성하려는 계획을 갖고 있었다. 설영흥은 정통한 정보를 쥐고 베이징기차 측과 상담에 들어갔다. 현대차는 베이징기차는 서로가 필요로 하는 조건을 많이 공유하고 있어서 손쉽게 손을 잡을 수 있었다.

2002년 2월, 현대자동차는 베이징기차와 합작법인 설립 양해각서(MOU)를 맺고 5월 정식 계약을 체결했다. 정몽구는 법인 계약을 체결하자마자 공장 설비 발주를 지시했다. 7월 1일을 기해 생산 관련 엔지니어들을 중국에 투입했다. 공장 실사 작업이 시작됐고, 8월에는 노재만 전무를 베이징현대 총경리로 발령을 내리고 공장 건설 실무를 맡겼다. 9월 6일부터 베이징기차의 낡은 시설을 철거하고 본격적인 공장 짓기가 시작됐다. 앞서 발주한 장비들을 받아 하나둘 공장에 설치했다.

작업 3개월 만인 그해 12월 23일 마침내 공장을 돌려 첫 EF쏘나타가 생산됐다. 정몽구의 추진력이 아니었다면 그 짧은 기간에 공장을 짓고 제품을 생산하는 기적 같은 일은 불가능했을 것이다. 정몽구의 시장을 내다보는 선견력은 베이징현대기차의 설립 작업에서도 진가를 발휘했다. 중국 시장을 그다지 밝게 바라보고 있지 않던 실무진들은 초기 연간 생산 규모를 2만 대 정도로 잡고 있었다. 하지만 정몽구의 생각은 달랐다. 그는 중국 시장이 폭발적으로 성장해서 10년 안에 100만 대 체제로 갈 수 있을 것이란 계산을 하고 있었다. 정몽구는 실무진의 이야기를 듣고 소리쳤다.

"뭐, 2만 대? 2만 대 만들어 어디다 쓸 거야? 그 정도로는 아무 것도 못해 5만 대 이상으로 맞춰."

그렇게 해서 연간 5만 5,000대 규모의 생산 설비를 갖추게 된다. 정몽구는 또 베이징현대기차는 자동화하기보다는 저렴한 중국 인력을 활용하는 쪽이 옳다는 실무진의 말을 듣고 반대했다.

"당장 비용을 아끼는 것도 좋지만 앞날을 생각해야지. 품질과 생산성을 향상시키기 위해 자동화는 필수야!"

정몽구는 베이징 공장을 현대차의 최신 공장으로 꼽히던 아산 공장 이상으로 자동화율을 높이라고 지시했다. 정몽구추의 돌파 작전은 맞아떨어졌다. 그 해 10월 14일 중국 국무원의 비준을 받았고, 미리 설비 준비를 한 결과 허가 두 달 만인 12월 23일 EF쏘나타를 처음 생산해냈다.

그 덕분에 베이징 현지에서는 '현대속도(現代速度)'라는 말이 유행하기 시작했다. 현대차의 성장 속도에 감탄하여 중국인들이 만든 신조어다. 주말이면 베이징현대 공장은 견학을 하려고 중국 각지에서 몰려든 사람들로 늘 북적인다.

2004년 현대차의 공장 가동률은 95%를 넘었다. 거의 쉬는 날 없이 2교대로 풀가동됐다. 다른 업체들의 60~70% 가동률을 훨씬 웃도는 것이다. 정몽구의 속도와 추진력이 만든 베이징현대의 속도는 처음부터 조짐을 드러냈다. EF쏘나타는 생산을 개시한 뒤 꾸준히 판매가 늘면서 출시 8개월 만인 2004년 7월에는 월 기준으로 5,000대를 돌파하는 기록을 세웠다. 하지만 아반떼XD의 질주는 EF쏘나타를 능가했다. 아반테XD는 출시 2개월째인 2004년 1월 2,254대에서 2월 3,239대, 3월 4,613대, 4월 7,499대, 5월 8,622대, 6월 8,515대, 7월 8,172대, 8월 9,607대로 가파르게 상승했다.

아반떼XD의 판매가 급증하던 시기에 중국은 긴축 정책 여파로 소비가 급속히 냉각되고 있었다. 중형차인 EF쏘나타의 판매도 크게 줄어 베이징현대의 지속적인 성장에 빨간불이 켜지는 듯 했다. 이런 상황에서 아반떼XD가 제몫 이상을 해 주었다. 사후 판단이기는 하지만 이런 의미에서 아반떼XD의 투입은 적기에 이루어졌다고 평가할 수 있다. 이처럼 시장의 변화를 예측해 적기에 적절한 차종을 투입한 것은 중국뿐 아니라 현대자동차의 다른 해외 법인도 마찬가지다.

베이징현대는 2005년 들어 본격적으로 속도 경영의 결실을 맺기 시작한다. 1월 들어서 2만 508대의 판매 실적을 올리면서 중국 진출 2년 만에 전 차종 판매 1위를 달성하는 기염을 토했다. 중국에 진출한 모든 자동차 메이커를 통 털어 2년 만에 최다 판매 업체가 된 곳은 현대자동차 한 곳 뿐이다. 도요타와 폭스바겐, 혼다, GM 등 기라성 같은 메이커들이 하지 못했던 최단 기간 최대 판매 기록을 세운 것이다. 중국에서 보여준 전광석화 같은 현대자동차의 속도전에 전 세계는 놀랐다.

현대·기아차의 중국 판매량은 2008년 43만 6,000대, 2009년에는 81만 1,695대, 2010년 100만 대를 넘어섰고, 2013년에는 모두 158만여 대를 팔았다. 2014년 올 1~4월 현대·기아차는 중국에서 승용차 58만 2,890만 대를 팔아, 57만 6,134대를 판매한 제너럴모터스를 제치고 2위를 기록했다. 중국 진출 후 10년 간의 연평균 성장률은 무려 22%에 달한다. 현대·기아차는 2014년 1~8월 중국 승용차 시장에서 111만 9,893대를 판매해 9년 만에 최고치인 10.6%의 점유율을 올린 것으로 집계됐다.

문제는 판매량에 비해서 생산능력이 달리고 있다는 점이다. 2014년 판매 목표치가 171만 대인데 중국 1~3공장의 연 생산능력은 133만 대에 불과해서 수요를 충당하려면 추가 공장 건설이 시급하다. 이 때문에 현대차는 중국 4공장 부지로 충칭(重慶)시로 낙점했고 이미 충칭에 45만 평의 공장용지도 확보해 놨다. 충칭은 베이징, 톈진, 상하이와 함께 중국 4대 직할시에 속하며 중서부시장 개척의 요충지로 꼽힌다. 하지만 지금까지 중국 중앙정부는 최종 허가를 내주지 않고 있어서 현대차 그룹의 경영진들 속을 태우고 있다.

중국 정부는 최근 현대차가 허베이(河北)성에 공장을 짓겠다고 하면 충칭 공장에 대해서도 허가를 내주겠다는 뜻을 알려옴으로써 현대차그룹은 중국에 제4·5공장을 동시에 지을 전망이 높아졌다. 그렇게 되면 현대차그룹은 '연산 200만 대 체제'를 열 수 있을 것으로 전망된다.

중국에서 현대차그룹의 완성차 누적 판매량은 800만 대를 돌파했는데 이는 2002년 중국에 진출한 지 12년 만에 거둔 쾌거다. 현대차는 2020년까지 중국에서 300만 대 생산체제를 구축하겠다는 목표를 세워 놓고 있다.

글로벌 빅3를 향하여

현대·기아차는 2007년부터 글로벌 시장에서 판매 대수 기준으로 일본 혼다를 누르고 '글로벌 톱 5'에 오르는 쾌거를 이뤘다. 현대·기아차는 '글로벌 톱 5' 진입에 만족하지 못하고 '글로벌 톱 3'까지 넘보고 있다.

2013년 현대·기아차는 전세계 시장에서 모두 736만 7,000대(소매판매)를 팔아 8.8%의 점유율을 기록했다. 세계 시장에서 현대·기아차는 2007년 점유율 6.1%로 처음 6%를 넘긴 뒤 2008년 6.4%, 2009년 7.8%로 2년 만에 7%를 돌파했고 2010년 처음으로 8%대를 넘어선 뒤 9%대로 올라서지 못하고 있다가 2014년 2분기 세계시장 점유율 9.1%로 껑충 뛰어 올라서 연간 점유율 '마의 9%' 장벽을 넘을 수 있을지 주목된다.

2013년 글로벌 시장에서 도요타는 998만 대, 폴크스바겐은 973만 대, GM은 972만 대를 각각 판매했는데 2014년에는 글로벌 빅3 자동차 제작사의 판매량이 1,000만 대를 돌파할 것이란 전망이다. 현대·기아차도 800만 대를 넘을 것으로 예상되어서 르노닛산과 벌이는 글로벌 4위 자리 경쟁이 뜨겁다. 르노닛산은 2012년 826만 대, 2013년 810만 대로 800만 대 이상을 유지하고 있다. 반면 현대·기아차는 2012년 756만 대, 2013년 712만 대를 팔면서 800만 대의 벽을 넘지 못했다.

현대차는 2014년 JD파워가 발표한 '2014년 상품성 만족도' 조사에서 미국과 중국에서 동시에 일반 브랜드 부문 중 1위를 차지했다. 현대차는 미국에서 1,000점 만점에 804점을 획득해 폴크스바겐, 미니, 뷰익 등을 제친 것이다. 또 중국에서는 현대차는 총 54개 업체를 대상으로 고객 응대, 딜러 시설, 딜러 역량 등에 대한 종합적인 판매 만족도를 조사한 평가에서 1,000점 만점에 772점을 기록, 같은 점수의 둥펑시트로엥과 함께 일반 브랜드 부문 공동 1위를 달성했다.

정몽구는 이러한 결과에 고무되어 '글로벌 톱 3'까지 넘보고 있다. 현대차그룹 산하 자동차산업연구소는 최근 '글로벌 빅3 1,000만 대 이후 과제 및 대응 전략'이란 보고서를 내놓았는데 "빅3는 중장기적으로 1,000만 대 규모에 걸맞은 경영 전략과 내부 시스템, 조직 문화의 변화를 추구할 것이며 특히 업체간 1위 경쟁은 중국과 유럽, 인도에서의 성과가 좌우할 전망"이라고 내다봤다. 2010년대에 들어서면서 세계 최대의 자동차 시장은 미국에서 중국으로 넘어갔다.

현대차는 중국 시장은 물론 인도, 유럽, 러시아, 중남미에서 선전하면서 글로벌 파워를 키워나가고 있다. 도요타는 엔저를 기반으로 미국과 유럽 시장에서 선전하고 있지만 중국과 인도, 브라질, 러시아 등 신흥시장에서는 부진한 편이다. 폭스바겐은 중국과 유럽에 대한 의존도가 커지고 있고 투자비와 연구개발비, 인건비 증가로 수익성이 악화하고 있는 점이 해결해야 할 당면 과제로 꼽혔다. GM은 최근 1,000만 대가 넘는 대규모 리콜 사태로 소비자들의 신뢰도가 크게 추락한 가운데 유럽과 신흥시장에서 취약성을 극복하는데 초점을 맞출 것으로 예상됐다.

"이제는 브랜드 이미지를 높여야 한다."

정몽구는 '글로벌 톱 3' 전략으로 '양보다 질'을 외치는 '브랜드 경영'에 주력하고 있다. 자동차를 몇 대 파느냐보다 더 중요한 것은 브랜드 경영이다. 브랜드 경영은 현대기아차의 '글로벌 톱 3'를 향한 전략이면서 동시에 생존을 위한 불가피한 선택이다.

1999년 회장 취임 후, 정몽구는 일관되게 제1의 경영 목표를 현대차의 품질 경영으로 삼았다. 이건희가 '양(量)을 버리고 질(質) 위주로 가자'는 취지의 신경영 선언을 한 후, 삼성이 품질 경영 조직 전체에 대한 대폭적 수술의 시작을 알리는 신호탄이 되었듯이 정몽구의 품질 경영은 현대차의 품질을 비약적으로 발전시켜 왔다.

정몽구는 "품질을 잃으면 모든 것을 잃는다"는 철학 하나로 지난 10여 년간 강력한 품질 경영 드라이브를 걸어왔고, 글로벌 자동차 시장에서 유례없는 고속 성장의 신화를 이뤄낸 것이다.

특히 인도와 러시아, 중국 등 신흥 시장에서 현대·기아차는 도요타와 혼다 등 품질에서 한수 위인 일본 메이커들까지 누르고 가장 많이 판매하는 브랜드로 부상했다. 특히 중국과 인도 등 신흥시장에서 최단 기간 거둔 실적을 보면 선진 자동차 메이커들이 혀를 내두를 정도다. 속도를 낼 수 있는 강력한 오너 경영체제 덕택이라고 할 수 있다. 만약 도요타가 현대자동차를 경계하고 있다면 무서운 속도로 사업을 펼치는 능력 때문일 것이다.

철은 자동차의 쌀이다 ⑪

어떤 사람들은 사물을 있는 그대로 바라보면서
'왜 그럴까?' 하고 묻는다.
반면에 나는 예전에는 없었던 것들을 꿈꾸면서
'그건 왜 안 되지?' 하고 묻는다.
– 조지 버나드 쇼 –

제철을 향한 현대가의 야망

과거 삼성그룹은 경박단소(輕薄短小)의 생필품 사업으로 기업을 키워온 반면 현대그룹은 중후장대(重厚長大)의 기간 사업으로 기업을 키워왔다. 기간 사업에서 가장 필요한 물자는 철이다. 건설이건, 자동차이건, 조선이건 철이 들어가지 않는 분야는 없다.

그래서 제철 사업은 정주영 선대 회장의 염원이자 유지다. 그는 줄곧 제철 사업의 꿈을 꾸면서 청사진을 그려왔다. 정주영은 "우리만큼 철판을 사다 쓰는 회사가 또 어딨다고. 우리가 돈이 없어, 뭐가 없어. 우리가 직접 철강을 못 만들 이유가 있나, 당장 만들어야겠다" 면서 1970년대 중반 고로제철소 설립 의지를 강하게 나타냈다. 그는 제철 사업에 뛰어들기 위해 백방으로 노력했으나 정부와 경쟁업체들의 견제로 번번이 고배를 마셔야 했다.

1978년, 박정희 정부는 제2제철소 건설 계획을 발표한다. 현대중공업은 자본금 2억 달러로 현대제철소를 설립하겠다고 선언한다. 울산에 300만 톤 규모의 제철소를 짓고 최종적으로 1,000만 톤 규모의 종합제철소를 건립하겠다는 구체적 청사진도 제시한다. 그러나 제2제철소 건설 문제는 그해 10월 초 대통령 박정희가 주재하는 경제장관회의에서 포스코가 맡는 것으로 결론이 났다.

그래서 고로(高爐) 사업은 정몽구가 현대그룹 회장직을 맡은 순간부터 최우선 과제로 삼아 온 프로젝트였다. 정몽구는 다시 제철 사업을 그룹 수종 사업으로 선언한다.

"철은 산업의 쌀이다. 제철업은 최소 100년 이상 가는 사업이다. 프로젝트를 꼭 성공시켜야 한다."

당시 현대그룹 종합기획실은 정몽구의 지시로 '종합제철사업 프로젝트팀'을 발족, 이계안 당시 부사장이 팀장을 맡아 일관제철소 건설을 그룹 숙원사업으로 추진한다. 프로젝트팀에는 종기실 멤버 외 INI스틸, 건설 등 주요 계열사 40여 명의 베테랑급 직원들이 참여해 부지 선정, 선진 제철소 벤치마킹, 자금 조달 등 구체적인 방안을 수립했다.

프로젝트팀은 당시 전남 율촌, 경남 하동, 전북 군산 등 3곳의 후보지를 놓고 정밀 검토 작업을 벌인 결과, 경남 하동으로 후보지를 정했으며 정몽구는 헬기를 타고 현지를 직접 둘러보며 투지를 불살랐다. 하지만 1992년 대선에서 정주영이 YS와 맞붙었던 것이 역시 문제가 되었다. YS정부는 대선 후 현대에 대한 세무조사 등으로 압박을 가했는데 그런 정치적 이유로 현대의 제철소 사업은 쉽지가 않았다. 게다가 국내에서 독점적으로 철강 사업을 벌이고 있는 포스코가 이번에도 강력하게 반발하고 나섰다. 포스코는 "고로(高爐)제철은 한물 간 사업이며 현대가 진입할 경우 공급 과잉이 우려 된다"는 논리로 현대의 진입을 완강하게 반대했다. 어쨌거나 YS정부는 포스코의 이런 논리를 받아들여 현대 제철 사업을 인가하지 않았고, 현대의 제철 사업은 또 다시 고배를 마시고 말았다.

1997년 7월, 정몽구는 제철 사업 추진 의지를 다시 밝혔다. 현대그룹은 경남지역 주민들에게 호소해서 관민 합동으로 이뤄진 가두 서명운동에서 280만 명이 서명을 받아냈는데, 서명록 분량이 2.5톤 트럭 3대에 달했다. 여론의 지지를 등에 업은 현대의 철강 사업 진출은 가시권에 들어오는 듯 했다. 한보철강 부도로 '공급 과잉론'이 수그러들던 것도 철강 사업의 당위성을 안겨주었다. 그 해 10월, 현대그룹은 경남도청과 경암 하동 갈사만에 고로제철소를 건립하겠다는 내용의 기본합의서를 체결했다. 정몽구가 제철 사업을 추진한 것은 자동차, 모비스, 중공업 등 현대 계열사들의 경쟁력은 철에 달려 있다는 판단 때문이었다. 특히 자동차의 핵심 부품인 엔진은 철의 질에 따라 경쟁력이 좌우된다는 게 정몽구의 신념이었다. '질 좋은 철강재를 적기에 공급받을 수 있어야 자동차, 중공업, 모비스의 경쟁력이 높아진다'는 게 정몽구의 철학이었다.

하지만 이번에는 외환위기가 발목을 잡았다. 재계에서는 YS가 현대를 구했다는 우스갯소리가 퍼질 정도였다.

기아와 한보, 두 부실 기업을
정상화시킨 뚝심 경영

뚝심의 사나이 정몽구는 2004년 초, 다시 한 번 철강 사업에 도전하고자 한보철강에 대한 입찰을 지시한다. 곧바로 실무팀이 구성됐다. 현대자동차와 기아자동차, 모비스 등 주력사가 빠진 가운데 INI스틸과 현대하이스코가 중심이 돼 입찰 준비 작업에 들어갔다. 한보철강 인수에 현대차와 기아차가 참여할 경우 시장의 평가가 나빠진다는 판단에 따른 조치다. 정몽구는 2000년 계열분리 당서 자동차그룹의 전문화를 선언한 바 있다. 한보철강 인수로 전문화를 폐기하고 문어발식 경영으로 돌아가는 것 아니냐는 여론의 역풍도 우려해야 했다.

아무튼 INI스틸은 2004년 3월 17일 한보철강 인수를 검토 중이라고 공시하면서 인수전에 나설 것임을 공식화했다. 포스코와 동국제강 컨소시엄도 현대차그룹의 이런 움직임을 간파하고 입찰에 뛰어들었다. 제철사업을 놓고 벌이는 현대와 포스코의 세 번째 혈투가 시작된 것이다.

1978년 제2제철소 민영화, 1996년 하동 갈마 제철소 추진 등 두 번에 걸쳐 고배를 마신 현대로서는 반드시 이겨야 한다는 절박함이 배어 있었다. 더욱이 현대하이스코는 포스코로부터 핫코일을 공급받고 있었다. 포스코의 신경을 자극해서 핫코일을 공급받지 못하면 공장 문을 닫아야 할 판이었다. 그래서 현대차그룹으로서는 포스코를 자극하지 않기 위해 신중에 또 신중을 기할 수밖에 없었다.

현대차 측은 입찰 도중 은밀히 포스코에 밀사를 파견했다. 동반

인수하자는 제의였다. 포스코는 그러나 대답이 없었다. 실무진에서 검토한 결과 사업성이 있다고 보고 계열 INI스틸에 공동 인수를 제의했으나 INI스틸은 거부했다. 유찰되면 낙찰 가격이 떨어질 수 있다는 판단에서다. 하지만 3차 입찰에서는 어쩔 수 없이 포스코를 만나야 했다. INI스틸과 현대하이스코는 컨소시엄을 구성해 3차 입찰에 참여한다는 방침을 세웠다. 정몽구의 지시에 다른 것이었다.

"INI스틸이 중심이 돼 입찰에 참여하라. 한보철강을 인수하는 것이 국가 발전에 도움이 될 것이다. 자동차 쪽에서는 지원할 수 없다."

인수팀은 철저한 보안 속에 채권단과 포스코의 움직임을 예의주시했다. 포스코를 자극하지 않으면서 한보철강을 인수해야 하는, 즉 두 마리 토끼를 잡아야 했다. 정몽구는 한보철강 인수 작업을 진두지휘했다. 입찰 가격까지 본인이 결정했다. 입찰 마감일 하루 전날 김원갑 당시 현대하이스코 사장은 입찰 가격을 갖고 양재동 정몽구 회장실을 찾는다. 그는 8,000억 원대로 입찰가를 써 넣은 보고서를 내밀었다. 그러나 정몽구는 생각이 달랐다. 그는 이 가격으론 안 된다면서 9,100억 원대로 직접 고쳐 썼다. 결과는 놀라웠다. 포스코도 9,100억 원대를 적어냈던 것이었다. 두 회사의 입찰 가격이 같았다는 믿기지 않는 일이 발생한 것이다. 그러나 승리의 여신은 정몽구의 손을 들어 주었다. 현대차그룹은 가격 외에 할인율과 근로자 고용 조건에서 나은 점수를 받은 탓에 극적인 승리를 차지할 수 있었다. 결국 현대차 품으로 돌아온 한보철강은 현대제철로 다시 태어났다.

경제학자들은 한국 경제 최근세 파탄 요인을 세 가지로 분류한다. 6·25 한국 전쟁과 2차례 오일 쇼크에 이어 마지막 요인이 IMF 관리체제다. 기아차와 한보는 한국이 IMF 관리체제로 들어가는 원인을 제공했다. 정몽구가 두 회사를 인수해 정상화시킨 것은 우연이 아니다. 정주영은 88올림픽으로 한국 경제의 위상을 제고했다. 정몽구는 기아와 한보 두 부실 회사를 정상화시켜 한국 경제가 IMF의 그늘에서 탈출하는 데 기여했다.

정몽구의 현대차그룹은 2000년 현대자동차와 기아자동차, 현대모비스 등 10개 계열사로 출발했으나 2011년 현대건설을 인수하면서 계열사 50개, 총자산 126조 원, 임직원수 18만 4,000명으로 성장했다.

정몽구의 강철 리더십 ⑫

완전한 혁신이란 회사의 모든 사람, 모든 것,
모든 곳에 멈추지 않고 적용되는 생각의 틀을 의미한다.
– 첼 A. 노오스토롬 –

현대제철의
탄생

2010년 4월 7일, 양재동 현대기아차 본사 상공에 헬리콥터가 날아올랐다. 현대제철소 준공식을 하루 앞두고 정몽구가 당진을 향하는 길이었다. 지난 4년 동안 일주일이 멀다하고 그는 그렇게 헬기를 타고 본사와 당진을 오고갔다. 악천후로 헬기가 뜨지 못하면 자동차로 달려갔다. 토요일 임원회의를 하다가 갑자기 '제철소 현장을 둘러보고 싶다'며 떠난 것도 여러 번이다. 비가 쏟아지는 날에도 공사장 곳곳을 누비며 점검하고 또 점검했다. 2009년 64번, 2010년 4월 7일은 그가 20번째로 당진행을 하고 있는 것이다. 매주 두 번 꼴로 현장 경영이 이루어지고 있는 셈이었다.

제철 사업은 '정몽구 리더십 사전'이나 다름없다. 그의 모든 것이 녹아있다. 수차례 좌절에도 포기하지 않는 뚝심, 기회가 왔을 때 놓치지 않는 과감한 결단력, 사무실보다 현장을 중시하는 관리 능력, 친환경 등 사회적 관계도 소홀히 하지 않는 책임감 등이 모두 스며있다.

그는 현장에 도착하면 현대제철의 당진 일관제철소 친환경 핵심설비인 밀폐형 원료처리시설 건설현장을 꼼꼼하게 둘러본다. 그는 현대제철의 경영진들에게 전 세계 일관제철소 최초로 도입되는 밀폐형 원료처리시설의 완벽한 시공을 강조하며, 녹색경영 실천을 당부했다.

정몽구는 인수 후 울산 보다 당진을 더 자주 방문할 정도로 공을 들였다. 품질개선에도 심혈을 기울였다. 마침내 2006년 1월 충청남도로부터 당진 일관제철소 건설을 승인받았다. 정 회장의 '제철 사업 의지'가 꼭 10년 만에 결실을 맺는 순간이었다.

한창 공사가 진행 중이던 2008년 하반기 복병이 나타났다. 전 세계적 금융위기가 불어 닥친 것이다. 현대기아차그룹에 우려의 눈길이 쏠린 것은 당연했다. 일관제철소 건설에 6조 원이 넘는 투자금을 쏟아 붓고 있었기 때문이다. 1998년 외환위기로 제철소 건설이 무산된 기억이 떠오르기도 했다. 그러나 정몽구는 한 치의 흔들림도 없이 공사를 진행시켰다. 그는 주위 참모들이 제철 사업과 관련된 우려에 대해서는 단 한마디도 꺼내지 못하게 했다.

제철소 건설은 그에게 끊임없는 결단을 요구했다. 평소 공장 청결을 강조하던 정 회장은 제철소에서 발생하는 비산 먼지를 방지할 친환경 제철소를 건설키로 결정했다. 철광석 유연탄 등 원료를 맨땅에 쌓아두지 않고 밀폐형 실내 저장고에 보관하고 재료의 운반도 밀폐형으로 설계하면 먼지가 날리지 않는 제철소를 구현할 수 있었다. 이를 위해 전체 투자비 6조 2,300억 원의 8~9%를 투입했다.

정몽구는 "자동차 경쟁력은 강판에 달려 있다"고 늘 강조해 왔다.

자동차 강판을 만들 수 있는 열연 강판을 당진에서 직접 생산할 수 있게 되면서 자동차 사업의 '수직 계열화'를 완성하게 됐다. GM의 부진과 토요타의 몰락이란 기회를 맞고 있는 현대·기아차에게 또 다른 터보 엔진이 추가된 셈이다.

드디어 2010년 4월 8일, 역사적인 날이 밝았다. 이날 현대제철 일관제철소 준공식 공식행사는 오후 2시 30분부터 시작됐다. 정몽구가 양복 대신 작업복 점퍼를 입고 나타났다. 작업복에는 현대제철 로고가 박혀 있었다. 푸른색 넥타이도 맸다. 현대제철의 상징색과 같은 계열의 색깔이다. 이명박 대통령과 함께 모습을 드러낸 정몽구의 표정은 상기된 듯 밝은 표정이었다. 국내외 귀빈들의 양복 사이에 홀로 두드러진 작업복 점퍼가 유난히 눈에 띄었다. 행사가 시작된 후 환영사를 하기 위해 계단을 또박또박 오르며 그는 점퍼 품안에서 환영사 원고를 꺼냈다. 이명박 대통령을 비롯한 국내외 귀빈의 참석에 감사하는 인사인 동시에 현대제철이 일관제철소 건설을 계기로 새롭게 태어났음을 알리는 선언이었다.

연단에 서서 원고를 읽어 내려가는 정 회장은 비록 느린 어조이기는 했으나 한자 한자 힘주어 현대제철의 일관제철소 건설을 알렸다.

"당진 일관제철소는 400만 톤 규모로 신규 건설한 고로 중에서 국내 최대 용량이며 제2고로(高爐)가 완공되는 시점에서 현대제철은 연간 2,000만 톤의 조강 능력을 보유한 세계적인 철강 기업으로 발돋움하게 될 것입니다. 이 공사에는 총 6조 2,300억 원이 투자됐으며 이중 51%를 자체 자금으로 조달했고 나머지는 외자 유치로 충당했습니다. 이러한 투자를 통해 당진 일관제철소는 17만 명의 새로운 일자리를 만들고 연간 24조원의 생산 유발 효과와 더불어 80억 불 상당의 수입대체 효과를 통해 국가 경제 발전에 기여할 것입니다."

이날 준공식 행사에는 이명박 대통령 외에도 정세균 민주당 대표, 최경환 지식경제부 장관, 이인화 충청남도 행정부지사, 조석래 전경련 회장, 손경식 대한상의 회장, 호제 아그넬리(Roger Agnelli) 발레(Vale) 사 회장, 알베르토 칼데론(Alberto Calderon) BHP빌리튼 부회장 등 총 2,500여 명의 내외빈이 참석했다. 오랜만에 범(凡) 현대그룹 일가도 한자리에 모였다.

그 자리에서 이 대통령은 "우리는 지금 대한민국 철강 산업 제2의 도약을 선포하는 현장에 와 있다"면서 "2006년 10월 황량한 갯벌을 막아 첫 삽을 뜬지 3년 반 만에 한국 철강사에 또 하나의 금자탑이 세워졌다"며 현대제철과 정몽구 회장에게 박수를 보냈다.

현대제철은 2006년 10월 일관제철소 기공식을 가진 이래 3년 여 동안 총 5조 원의 자금을 투입했다. 2010년에도 1조 1,500억 원을 투자해 연산 800만 톤 규모의 일관제철소를 건설했다. 고로(高爐)는 철광석을 원료로 고품질 철강재를 생산하는 설비인데 그동안 국내에서는 포스코만 갖추고 있었다. 제1고로 가동으로 일관제철소의 완성을 이룬 현대제철은 고로(高爐)와 전기로가 조화된 종합 철강회사로의 재도약을 꿈꿀 수 있게 됐다. 제1고로(高爐) 가동에 따라 판재류 판매량이 현대제철 사상 최고치인 1,213만 톤을 기록할 것으로 예상되며 이에 따라 2010년 매출액도 2009년 대비 15.3% 늘어난 9조

1,853억 원으로 높여 잡았다. 현대제철이 지금 가동 중인 1호 고로(高爐)는 연간 생산량 400만 톤 규모다. 2010년 11월에 같은 규모의 2호 고로(高爐)가 완공되면 현대제철의 고급 철강재 생산규모는 연간 800만 톤에 이를 전망이다.

현대제철이 고로 부문에 진출한 것은 현대·기아자동차그룹의 계열사로서 자동차 강판에 사용되는 고품질의 철강재를 공급하기 위한 것이었다. 그동안 전기로에서 생산하던 철강재는 자동차 생산에 적합한 재료가 아니기 때문이다. 1호 고로가 가동됨에 따라 현대·기아차그룹은 '세계 최초의 자원순환형 사업구조'를 이룬 그룹으로 자리매김하는 토대를 마련하는 계기가 됐디. 지원순환형 사업구조란 우선 현대제철의 고로에서 생산된 강판이 현대·기아자동차의 재료로 사용되고, 폐차된 자동차는 다시 현대제철의 전기로에서 고철로 녹여져 건설 자재로 순환하게 되는 구조를 말한다.

이처럼 고로(高爐) 가동과 함께 현대제철은 더욱 강화된 제품 포트폴리오를 선보일 예정이다. 고품질의 자동차용 강판을 선보이는 것은 물론 후판까지 사업영역을 확대했다. 현대제철은 후판에 대한 선급인증을 받고 본격적으로 조선사들을 대상으로 조선용 후판 공급에 나설 예정이다. 현대제철은 2010년 380만 톤의 열연강판과 101만 톤의 후판을 판매할 예정이며, 열연강판 380만 톤 중 33% 수준을 자동차용으로 공급할 계획이며 조선용 후판도 60% 이상 판매한다는 목표를 세웠다.

현대제철의
도전이 시작됐다
정몽구는 충남 당진 일관제철소 가동으로 또 다른 성장의 토대를 마련했다.

'쇳물에서 자동차'에 이르는 자원순환형 사업구조를 만들어 냄으로써 현대·기아차그룹의 수직 계열화가 완성되어 미래 성장의 밑그림이 제대로 그려진 것이다.

2010년 4월 12일, 현대제철소 일관제철소 부두에 20만 톤급 원료 수송선 '스타매티스'호가 입항했다. 호주에서 실어 온 20만 톤의 철광석을 하역하는 작업이 시작되었다. 연속식 하역기로 하루 6만여 톤씩의 철광석을 육지로 실어 나르는 작업이 사흘간 계속 되었다. 보통 제철소들은 이 과정에서 바람에 날리는 원료먼지 때문에 애를 먹는다. 하지만 당진제철소는 원료를 실어 나르는 작업을 알아채지 못할 정도로 조용하다. 원료 하역에서 고로에 투입되는 전 과정이 '밀폐' 된 상태에서 진행되기 때문이다. 연속식 하역기에 실어 올려진 원료는 밀폐형 컨테이너 벨트를 타고 원료 저장고로 옮겨져 보관된다. 이 원료 저장고는 대형 돔이 덮인 저장고인데 세계 철강 업계에서 처음 시도되어 지어진 현대제철 녹색 경영의 상징이다.

"세계 어디서도 시도하지 않은 친환경 제철소로 짓겠다."

2006년 일관제철소 건설 첫 삽을 뜨면서 정몽구가 터트린 일성이다. 가장 먼저 착공 지시를 내린 곳도 '밀폐형 원료 저장고'였다. 전 세계 어떤 일관제철소도 시도하지 않았던 획기적인 도전이었다.

정몽구는 현장을 찾을 때마다 친환경 설비공정을 일일이 챙겼다.

"건설비용이 더 들더라도 환경에서 세계 최고 수준으로 만들어야 한다."

회장의 그런 의지 탓에 '원료 저장에서부터 제품생산 후 폐기물 처리까지 세계 유일의 친환경 제철소'가 웅장한 모습을 드러냈다. 당진제철소 건설에 투입된 환경 투자비는 5,300억 원으로 전체 투자비(6조 2,300억 원)의 8.5%에 달한다.

현대제철은 선진국에서 검증된 최적의 환경기술을 적용했다. 사전 설계에서 오염물질 배출을 최소화하고 발생된 오염물질을 최적의 관리시스템으로 제거한다. 철광석과 유연탄 등 제철 원료를 실내에 보관하는 '밀폐형 원료 처리 시설'이 대표적이다.

오명석 현대제철 사업관리본부장의 말을 들어보자.

"바람과 비를 막아주는 '밀폐형 원료 보관시설' 덕에 원가절감뿐 아니라 환경보호까지 가능해졌다. 일관제철소는 물론 석탄을 원료로 사용하는 발전소, 시멘트 업계 등의 벤치마킹 대상이 되고 있다."

환경보호시설을 만드는데 자금이 많이 소요되기는 했지만 오히려 원가절감 효과까지 있다는 것이다. 현대제철은 철강생산 과정에서 발생하는 배기가스와 오·폐수도 까다롭게 관리한다. 배기가스는 굴뚝자동측정장치(TMS·Tele-Monitoring System)가 오염도를 실시간 감시, 관리한다. 미세먼지는 전기 집진기로 1차 제거한 후 2단 활성탄 흡착 설비를 이용해 황산화물, 질산화물(NOx), 다이옥신 등을 처리한다. 오·폐수 처리는 화학 반응조와 생물학 반응조 등을 통해 사전

처리한 다음 활성탄 흡착설비 등 고도처리 시설을 통과시킨다.

현대제철의 친환경 경영은 철강 생산 과정에서 발생하는 에너지와 부산물도 그냥 버리지 않는다. 부생가스 발전을 통해 에너지 절감과 온실가스 감축이라는 두 마리 토끼를 잡고 있는 때문에 에너지 재활용률은 80%다.

철강부산물도 재활용도 100%에 가깝다. 제조공정에서 발생하는 부산물을 하나도 버리지 않는다. 연간 800만 톤 조강생산량을 기준으로 보면 연간 18만 톤에 이르는 화성 부산물이 나오는 데 고로·제강공정에서 발생하는 슬래그 부산물은 슬래그 시멘트나 도로 노반재, 골재 등으로 재활용한다.

현대제철 관계자는 "골재 자원이 산림 파괴를 통해 생산되는 점을 고려할 때 슬래그의 골재 대체재 활용은 자연 생태계를 보전하는 녹색 경영을 실천하는 것"이라고 했다.

정몽구는 외친다.

"가자! 친환경 제철소로!"

속도는 모든 것을 지배한다 ⑬

축구의 기본은 기술이지만
체력이 뒷받침되지 않으면 어떤 기술도 먹히지 않는다.
운동장에서는 체력과 스피드에서 앞서는 선수가
이길 수밖에 없다.
– 거스 히딩크 –

{ 스피드
  경영 　　　　　　　　　　21세기는 창의와 스피드 시대다.
21세기에 살아남으려면 기업이든 개인이든 자신의 분야에서 최고가
아니면 최소한 2~3위 권 안에는 머물러 있어야 한다고 한다. 이는
이제 무엇을 하든지 세계 최고가 되어야 한다는 이야기나 다름없다.
잭 웰치는 1~2등이 아닌 사업은 모조리 접어버리고 거대기업 GE를
중소기업처럼 가볍게 운신할 수 있도록 만들었다. 자기 분야에서
1~2등을 하려면 전문가가 되어야 하고, 전문가가 되려면 한 우물을
그것도 좋은 우물을 '보다 좁게, 보다 깊이' 파고드는 자세를 가져야
한다고 한다. 왜냐하면 급변하는 세상에 이곳저곳 파다 보면 힘만
딸리기 때문이다.

　그런 점에서 정몽구는 자동차 하나만을 보고 달려온 기업가다. 그
런데 한우물만 팠다고 1~2등을 할 수 있는 것은 아니다. 어떤 일이

든지 빨리 절도 있게 할 수 있는 능력이 필요하다.

심리학자들은 25% 빨리 걷고 당당하게 걸으라고 권하고 있다. 사람은 자기 동작의 스피드를 바꿈으로써 실제로 자기의 태도도 바꿀 수 있다고 심리학자들은 설명하고 있다. 보통 사람보다 빨리 걷는다는 것은 그만큼 태도가 자신에 넘치게 하는 것이다. 그래서 1등 기업에는 속도가 있다는 말이 있다. 즉, 실행 능력이 있다는 말이다. 아무리 아이디어가 뛰어나도 속도가 없으면 소용없다. 월마트가 1등일 수 있는 건 경영진과 기획팀에서 만든 아이디어를 곧바로 현장에서 실행하는 스피드가 있었기 때문이다.

정몽구만큼 '실행 능력'과 '시간 개념'이 철저한 총수도 드물다. 정몽구는 양재동 사옥으로 매일 오전 6시 30분 전후 출근한다. 정몽구의 새벽 출근은 선대회장 때부터 몸에 익은 것이었다. 정주영은 새벽 4시면 기상하고 5시에 청운동 자택에서 아들들과 함께 아침 식사를 한 뒤 함께 출근하곤 했다. 정주영은 "아침에 기상해 오늘 할 일을 생각하면 가슴이 설렌다"고 했다. 전형적인 아침형 인간이었던 것. 이른 출근이 몸에 밴 정몽구도 아버지와 마찬가지로 새벽에 집을 나선다. 그 역시 아버지를 발아 아침형 인간이다.

그다지 많지 않은 시간을 알차게 보내기 위해서는 아침을 활용해야 한다는 것이 정몽구의 지론이다. 그래서 현대·기아차 사장단은 7시 전에 대개 출근을 한다. 계열사 임원들도 마찬가지다. 새벽에 회장이 갑자기 계열사를 방문할 지도 모르는 일이기 때문이다. 아닌 게 아니라 실제 정몽구는 새벽에 현장을 찾는 일이 종종 있었다.

2000년 초 어느 날 정몽구는 새벽에 울산 공장을 찾아 직원들을 격려한 바 있다. 정몽구는 전날 오후 울산 공장에서 각 공장사업부장과 품질담당자들을 모아 회의를 주재한 뒤 이튿날 새벽 2시 15분부터 4시 50분까지 3시간 가까이 공장 구석구석을 돌며 직원들의 등을 두드렸다. 이어 새벽 5시 근무 중인 공장장들과 함께 새벽 회의를 갖고 현장 상황 점검을 지시했다. 그러고는 아침 7시 비행기로 김포공항에 내린 뒤 곧바로 차를 타고 여느 때와 다름없이 양재동 사옥에 출근했다.

정몽구의 철저한 시간 개념은 품질 경영에서도 그대로 드러난다. 과거 현대자동차서비스 사장 시절, 제품 하자를 빨리 파악하여 문제 해결 시간을 단축시키지 않으면 나중에 엄청나게 큰 비용을 들일 수 있다는 점을 뼈저리게 인식했다. 그 때문인지 정몽구는 해외에서 발생하는 품질 관련 신고들을 접수, 전파하는 해외품질상황실에 들러서도 "접수되는 문제들을 다른 곳에 전파해주는 데 시간이 걸리면 안 돼. 접수된 걸 번역하는 데 30분이나 1시간 정도 걸리는 건 몰라도 그 이상을 넘겨서는 곤란해"라는 말을 자주했다. 품질 개선을 위해서는 분초를 다퉈야 한다는 얘기다.

2003년 3월 설치된 '테크니컬 핫라인센터'는 정몽구의 시(時)테크 개념이 반영된 품질 경영 시스템이다. 해외품질상황실 오른쪽 입구에 자리잡은 이 센터는 해외에서 접수되는 하자에 대한 즉각적인 대응이 주요 임무다. 간단한 정비 관련 문제들도 하루는커녕 몇 시간도 지체하지 말고 대응해야 한다는 게 정몽구의 철학이다. "해외에서 차가 갑자기 선 상황에서 우리가 신속하게 답을 해주지 못하면 어떻게 하나. 고객들에게 바로바로 해결책을 던져줄 수 있는 역할을 하는 곳을 만들라"는 정몽구의 지시로 지난 2002년 초부터 1년 간의 준비 기간을 거쳐 테크니컬 핫라인센터가 설립됐다. 신도철 기아차 소하리 공장장은 이렇게 증언한다.

"회장은 시장에서 제기되는 문제들에 대한 개선율도 중시하지만 개선하는 데 얼마나 시간이 걸렸는지도 꼭 확인합니다. 며칠 만에 개선됐느냐를 반드시 따지죠. 초기에 한 달 이상 걸리던 문제 해결 기간이 최근에는 평균 18일로 크게 줄어든 것도 업무 스피드를 높이라는 회장의 지속적인 지시와 관심 덕입니다."

해외품질상황실 관련 직제 개편에서도 정몽구의 시테크 개념이 녹아 있다. 원래 상황실은 해외영업본부 내의 해외서비스실 소속이었으나 해외서비스실의 상황실 관련 업무를 떼어 품질총괄본부로 기능을 이전시켰다. 접수된 문제들을 조금이라도 더 빨리 전파해 품질 개선에 활용하기 위해서는 품질본부 소속으로 두는 것이 더 낫다는 정몽구의 의지가 반영됐다.

스피드 경영과 특유의 조직 장악력

언젠가 철강왕 카네기는 사원을 채용할 때 시험의 하나로 짐짝을 묶은 끈을 풀도록 시켰다.

응모자들은 갖은 방법을 동원해 끈을 푸는데, 차근차근 푸는 사람이 있는가 하면 아무렇게나 되는 대로 빨리만 푸는 사람, 아예 끈을 모조리 가위로 잘라버린 뒤 푸는 사람 등 가지각색이었다. 끈풀기가 전부 끝난 다음 그것을 지켜보던 직원들은 당연히 차근차근 끈을 잘 푼 사람이 채용될 것으로 여겨 그 사람을 채용하자고 건의했다. 그러나 카네기는 끈을 가위로 아무렇게나 자르고 끈을 푼 사람을 채용하라고 했다. 직원들이 의아해하며 그 까닭을 묻자 그는 다음과 같이 말했다.

"세상은 바야흐로 스피드시대야."

정몽구는 인터넷 화상회의 · 전자결재 등을 정착시킨 '스피드 경영'으로도 유명하다. 정몽구는 스피드 경영과 특유의 조직 장악력도 현대차 안팎에 깊은 인상을 남겼다. 그의 리더십 스타일은 투박하면서 선이 굵은 것이 특징이다. 그는 "자동차 품질과 직접적인 관계가 없는 일은 하지 않으며 큰 맥을 잘 잡는다"는 평가를 받고 있는데 다음과 같은 일화가 그것을 증언하고 있다.

2000년대 초반 당시 현대차 임원이 정몽구에게 타이어 회사를 설립하자는 의견을 냈다. 현대·기아차 자체 수요만으로도 사업성은 충분하다는 판단에서였다. 하지만 정몽구는 "우리가 할 일이 아니다"라며 받아들이지 않았다 한다.

현대차를 맡으면서 그는 임직원들에게 두 가지를 강조했다. 좋은 차를 만들라는 것과 글로벌로 가야 한다는 것이었다. 결과적으로 이 지적들은 적중했고 오늘날의 글로벌 현대·기아차 그룹을 일으켜 세울 수 있었다. 현대·기아차를 맡은 후 그가 보여준 능력은 현대가(家)의 '적통'을 둘러싼 시비를 잠재웠다. 경영은 비정한 것이다. 역사가 그렇듯 경영은 승자의 붓으로 기록되게 마련이다.

정몽구 리더십의 핵심은 비전과 추진력이라고 할 수 있다. 이런 모습은 그의 아버지 정주영 을 빼닮았다. 여기서 정몽구의 한남동 집에 걸려 있는 액자 속의 휘호를 떠올려 볼 일이다.

'일근천하무난사(一勤天下無難事).'

제2부

3세 경영 시대

대기업 그룹은 창업주가 기반을 닦고 2세들의 활약으로 전문화를 이룬다. 범현대가의 기업들도 마찬가지다. 2세들은 정몽구의 자동차그룹을 비롯해서 정몽준의 현대중공업그룹, 정몽근의 현대백화점그룹, 정몽윤의 현대해상화재보험그룹 등의 전문화를 이루었다.

이제 한국은 산업화의 역사가 60년을 넘어서면서 3세대 경영에 몰입하고 있다. 범 현대가에는 글로벌 감각을 갖춘 3세들의 시대가 등장하고 있다. 이미 현대백화점그룹은 정몽근 회장의 자제들인 정지선, 정교선 형제가 경영하고 있고, 맏형격인 정몽구의 장남인 정의선도 3세 경영 시대를 눈앞에 두고 있다. 해외 유학을 통해 국제 감각과 경영을 제대로 배운 창업주의 3세들이 경영 전면에 나서는 시기가 범 현대가의 또 다른 비상의 시기가 될 것이다.

제4장

현대가의
3세들

신중하게 계획하고, 철저하게 설계하고, 그리고 사려 깊게 실천했는
네도 실패했다면, 그 실패는 때로는 근본적인 변화를 나타내는 것이
다. 그것은 기회가 될 수도 있다.

– 피터 드러커 –

아무 생각 없이 60년을 사는 사람이 있고, 생각하며 사는 사람은
보통사람의 10배, 100배의 일을 해낼 수 있다. 노는 자리에 가서
노는지 마는지, 일하는 시간에 일하는지 마는지, 자는 시간에 자는
지 마는지 하는 사람을 질타하는 이유도 바로 이 때문이다.

– 정주영, 1980년 12월호 사보 인터뷰에서 –

현대가의 자녀 교육

14

동료들보다 더 크게 성공한 사람은
젊었을 때 목표를 설정하고
그 목표를 이루기 위해 끊임없이 노력한 사람이다.

– 에드워드 리튼 –

{ 밥상머리 교육

정주영은 공사가 다망한 탓에 자식 교육에는 그다지 신경 쓸 여유가 없었다. 그래서 그가 자식 교육을 위해서 선택한 것이 '밥상머리 교육'이라는 아주 독특한 방식의 교육법이었다. 그것은 그가 의식적으로 선택한 교육 방식이 아니라 본인도 모르게 생태적으로 이루어진 선천적 교육 방식인듯 싶다.

알고 보면 '밥상머리 교육'은 본래 우리나라 교육의 뿌리였다. 예로부터 우리 조상들은 밥상머리에서 더불어 사는 삶의 지혜, 인내, 배려 등 기초적인 사회성을 가르쳤다. 정주영은 조상의 그런 전통적 교육방식이 가장 마음에 들어서 아침 식사 만큼은 가족이 모여서 함께 하는 것을 원칙으로 삼았다. 사업 때문에 눈코 뜰 새 없이 바빴던 정주영은 자녀들의 얼굴도 제대로 볼 수가 없었기 때문에 선택의 여지없이 밥상머리 교육은 철저하게 지켰던 것 같다.

전형적인 아침형 인간이었던 정주영은 새벽 5시에 자식들을 집합시켜 식사를 같이 하며 자식 교육을 시켰다. 새벽 5시에 아침을 먹으려면 자녀들 역시 일찍 일어나는 습관이 몸에 배는 건 당연했다. 정주영은 아침을 일찍 시작하면 시간 활용의 폭이 그만큼 넓어진다는 것을 강조하며 "시간은 누구에게나 주어지는 평등한 자본금"이라는 근면과 성실의 철학을 새벽의 아침 식사로 전수한 것이다. 그는 식탁은 사회의 축소판이라 여겼기에 아이들에게 가장 먼저 가르쳐야 할 것이 밥상머리 교육이라고 생각했다.

최근 컬럼비아대학의 연구소인 '카사(CASA)'에서 청소년 1,200명을 조사한 결과 가족 식사를 일주일에 5회 이상 한 아이들은 그렇지 않은 아이들에 비해 A학점을 2배 이상 더 많이 받는 것으로 드러났다. 또 연구 결과에 의하면 가족 식사 횟수에 따라 흡연, 음주 및 마약 경험률이 반비례한다고 한다. 이 연구는 식구끼리 같이 음식을 먹는 모습을 바라본 것만으로도 스트레스를 낮추고 행복감을 느끼게 하는 옥시토신의 분비를 촉진시킨다는 과학적 근거를 밝혔다. 그만큼 밥상머리 대화의 힘이 큰 것이고 자녀들의 지적 발달에 중요한 역할을 한다.

이른 아침, 가족들이 서로 밥상을 마주하고 둘러앉아 도란도란 이야기를 나누며 따뜻한 밥과 된장국, 갖가지 반찬을 나누어 먹는 정겨운 모습, 이 얼마나 아름답고 흐뭇한 풍경인가! 일본 지식 경영의 대가인 노나카 이쿠지로의 표현처럼 이른바 '암묵지(暗默知)'들이 자식들에게 고스란히 승계된 통로가 바로 밥상머리였다.

식구란 의미는 먹을 '食', 입 '口', 즉, 밥을 함께 먹는다는 의미를 지니고 있다. 하지만 가족 식사는 단지 온 가족이 모여 밥 먹는 것만을 의미하지는 않는다. 밥상은 단순히 허기를 해결하는 것 이상의 의미와 격식을 갖춘 자리였고 자녀들을 위한 교육과 소통의 장이었다. 또한 제 시간에 일어나 식구들이 다 함께 밥상 앞에 앉기 때문에 규칙적인 생활이 몸에 배도록 해 자기관리 능력을 키워준다.

거기에는 서책에서 배울 수 없는 생생한 지식과 체험, 미래를 내다보는 통찰이 있었다. 정주영은 자식들이 장성해서 각자의 길을 걸을 때에도 매일 같이 자식들을 불러 모아 같이 식사를 하며 가족 간의 정을 나누고, 대화를 했다. 밥상머리 교육은 가족의 문제점을 해결할 수 있는 열쇠였다.

그 아침 식사에 자식들은 물론, 며느리들도 전원 참석한다. 외국에 출장을 가는 등의 특별한 사정이 있지 않고는 자식들 모두 아침 식사에 참석해야 했다. 피곤하다는 이유 등으로 참석을 하지 않는 경우는 상상할 수조차 없었다. 자식들 중에 아침 식사 시간을 지키지 않는 경우 불호령이 떨어졌다. 그는 생전에 청운동 자택에서 자식들과 아침을 같이 먹고 자식들과 걸어서 계동 현대그룹 본사 사옥으로 출근했다.

그는 식사를 하면서 자식들에게 사업, 인생관 등 많은 것을 이야기했는데 밥상머리 교육의 키워드는 무엇보다도 '근면'과 '성실'이었다. 현대가의 본산이었던 청운동 자택의 1층에는 다음과 같은 글귀의 액자가 걸려 있었다.

'일근천하무난사(一勤天下無難事)'

즉, '한결같이 부지런하면 천하에 어려움이 없는 법이다'라는 뜻이다. 이 글귀는 박정희 전 대통령이 정주영에게 내려준 선물로 알려져 있는데, 현재는 한남동 정몽구의 자택에 걸려 있다. 정몽구도 아버지의 정신을 이어 받아 일주일에 적어도 한 번 이상 온 가족을 모아놓고 아침 식사를 함께 한다고 한다.

근본이 있어야 사람 구실을 한다

정주영은 가출해서 막노동을 하던 시절의 끔찍했던 굶주림 때문에 청년 시절부터 무섭게 근검절약하는 생활을 했다. 그는 추운 겨울에도 저녁 한때만 불을 지폈고, 전차 삯 5전을 아끼기 위해 새벽 일찍 일어나 걸어서 출근을 했고 구두가 닳는 것을 늦추려고 굽에 징을 박아신고 다녔다. 신문은 일터에 나가 그곳에 배달된 것을 보았으며 연기로 날려버리는 돈이 아까워 담배는 아예 피우지 않았다.

젊었을 때의 근검절약 습관이 몸에 배어서 그는 계속 굽을 갈아가며 세 켤레 모두 같은 디자인의 구두로 30년을 넘게 신었다고 한다. 그것도 유명 상표 제품이 아닌 서울 명동의 한 수제화점에서 만든 제품이었다.

청운동 그의 집을 방문한 사람들은 그 집의 살림살이를 보고 놀라곤 했다. 집안에는 화려하고 고급스러운 가구는 없고, 거실 소파의 가죽은 헤져서 허옇고, 의자와 테이블은 칠이 벗겨져 있는 낡은 것들이었다. TV는 대형 브라운관이 아닌 소형이었다. 과연 이곳이 대한민국 최고 재벌의 집인가 의아해질 정도였다. 정주영가의 생활은 서울 중산층과 비슷한 수준의 생활을 영위하고 있었던 것이다.

정주영은 집안 살림살이뿐만 아니라 자녀 교육에서도 근본을 중시했다. 밥상머리 교육에서 보아서 알 수 있듯이 그는 자식들에게 사람살이의 근본을 철저하게 가리켰다. 자식 교육에 엄격했던 정주영은 손자들의 자가용 등교를 알고 난 후 역정을 내고 이를 금지시켰다.

자녀 교육에 있어서 정주영은 특별한 원칙을 내세우기보다는 큰 줄기만 잡아놓은 채 알아서 크도록 하는 자유방임적인 스타일을 고수했다. 가난한 농군의 아들로 태어나 일약 대기업의 총수로 성공하면서 그는 '현장 경험을 통한 학습'을 그 무엇보다 중요하게 생각했다. 그는 자녀들에게도 말을 앞세우지 않고 행동으로 모범을 보이려고 노력했으며 자립심과 신념을 강조하고 창조와 개척 정신의 본보기를 보여줬다.

그는 〈정주영 회장과 100인의 대학생〉이라는 KBS TV 대담 프로그램에서 이런 말을 한 적이 있었다.

"그 기업이 건전한 기업인지 아닌지는 기업주나 기업주 가족의 사생활을 보면 알 수 있어요. 그들의 생활이 건전하면 그 기업도 건전할 것이고 또 반대로 그들의 생활이 건전하지 못하면 기업 또한 건전하지 못할 거예요."

그는 재벌가 자식들의 탈선과 방탕 행위를 많이 본 탓에 자신의 자식들만은 그런 비난의 대상이 되지 않게 하겠다고 결심하고 엄격한 아버지로 군림했다.

그는 자신의 가족뿐만 아니라 현장 근로자들을 만날 때마다 근검과 절약, 저축을 열심히 권고했다.

"집도 없으면서 텔레비전은 왜 사서 셋방으로 끌고 다니는가, 라디오 하나만 있으면 세상 돌아가는 것은 다 아니까 집 장만할 때까지는 참아라, 회사에서 작업복에서부터 수건, 심지어 속옷까지 다 사주니까 옷 사는데 돈 쓰지 말고 저축해라, 양복은 한 벌만 사서 처가에 갈 때만 입어라."

어떻게 보면 고루한 노인의 잔소리같이 들릴지도 모르지만 그 말에는 진정성과 사랑이 담겨 있었기에 그의 말을 듣는 노동자들도 그를 따르고 우러렀다.

현대가의 혼맥

15

혼인의 일에 재물을 논함은 오랑캐의 도이다.

– 명심보감 –

평범한 혼맥

한국 TV드라마에는 유독 재벌가의 이야기가 많이 등장한다. 등장인물들은 대개 철저히 이해타산적이고 결혼도 사업이라고 생각한다. 결혼의 조건은 사랑이 아닌 부의 축적과 보존인 경우가 많다. 그렇게 결혼한 남녀는 부부라기보다는 사업 파트너 혹은 동업자의 모습에 가깝다.

오늘날 한국 사회는 전통적으로 내려오던 명문 가문의 맥이 끊어졌다. 일제치하와 6·25 한국 전쟁을 겪고 산업화 과정을 거치면서 경주 최 부잣집과 같은 전통 명문가들은 모조리 사라졌다. 대신 산업화를 통해서 자본을 축적한 재벌 가문들이 명문가의 행세를 하고 있다.

산업화를 이룩한 창업주들은 좋은 집안 출신도 아니고 대부분 고등교육을 받지도 못했지만 그들의 자손들은 좋은 교육을 받고 외국에 나가서 많은 공부를 해서 명실상부한 상류층의 자격을 갖추게 되었다. 실제로 '상류층 클럽'의 최정점에 있는 재벌 2, 3세들은 부모들이 돈으로 만들어 준 좋은 환경에서 자란 탓에 뛰어난 교양과 예의범절을 지니고 있는 경우가 많다. 금력의 위력이 커질수록 재계 명문가의 위상도 커지고 있다.

정주영의 자식들 편에서 살펴보았지만 정주영은 아내 변중석과의 사이에 8남 1녀의 자식을 두었다. 정주영은 이들을 모두 성혼시켜 8명의 며느리와 1명의 사위를 봤다. 그래서 직계 친손자만 25명에 달하는 엄청난 대가족이다. 거기에 정주영에게는 7명의 동생(남동생 6명, 여동생 1명)이 있는데 그가 아버지의 역할을 해서 대부분 혼인을 시켰다. 오늘날 정주영의 자식들과 동생들 그리고 그들의 자식들이 범현대가를 이루고 있다.

'범현대가'의 혼맥은 다른 그룹에 비해 평범하고 소박한 편이다. 정주영은 정략결혼을 싫어하고 자식들의 연애에 너그러웠기 때문에 다른 재벌들보다 연애결혼이 많은 편이다. 정주영은 결혼 상대자를 집으로 데려오게 해 간단한 인사만 받고 허락했을 정도로 정략결혼과는 거리가 멀었다. 이렇게 자식들의 혼사에 대해서 '자유결혼'을 장려했으나 그는 '이혼은 절대 불가'라는 방침을 고수했다. 정주영은 결혼 승낙 시 평생 이혼이야기는 꺼내지도 말라고 다짐을 받았다. 그래서 현대가는 다른 재벌가에서 '이혼' 얘기가 밥 먹듯이 나오는 것과 사뭇 다른 가풍을 지니게 되었다.

또 사윗감의 경우, 어느 집안의 아들이라는 배경은 철저히 무시하고 얼마나 유능한 청년이냐는 장래성을 승낙의 잣대로 삼는다. 며느릿감의 경우도 그에게는 화려한 배경보다는 며느리가 될 사람의 성품이 우선이었다.

대한민국 최고의 재벌가지만, 현대가의 혼맥이 평범하고 담백한 것은 정주영의 성격과 무관치 않다. 가난한 농군의 아들로 태어나 자수성가를 통해서 대기업 총수까지 오른 그는 권력과 돈을 담보로 하는 혼인은 그다지 추구하지 않았다. 맨손으로 최고의 재벌을 일구어낸 그로서는 더 이상 혼맥을 통해 뭔가를 기대할 필요가 없다고 생각했던 것 같다. 그래서 현대가에서는 정·관·재계의 명망 있는 집안과의 혼인 사례는 찾아보기 어렵다.

정주영의 직계 자식 중에 눈에 띄는 혼사는 굳이 꼽자면 5남인 정몽헌과 6남인 정몽준 정도다. 정몽헌은 신한해운 현영원 회장의 딸인 현정은과 정몽준은 김동조 전 외무장관의 막내딸인 김영명과 결혼했다. 가지 많은 나무에 바람 잘 날 없다고 가족이 많은 정주영가는 아픔도 많았다. 정주영은 생전에 장남과 4남을 먼저 떠나보냈고, 가장 아끼던 동생 정신영도 먼저 보내야했다.

49세의 나이에 사고로 유명을 달리한 정몽필은 현대양행 과장, 현대건설 상무, 현대상사 부사장 등을 거치며 착실한 경영수업을 받았다. 정몽필은 수도여대 출신으로 한때 아나운서로 활동했던 이양자와 결혼했다. 정몽필은 부인 이양자와의 사이에 정은희, 정유희 등 2녀를 뒀다.

정주영은 맏아들이 세상을 떠난 한 달 뒤, 동서산업 공장장이던 이영복을 사장으로 파격 승진시켰다. 그것은 이영복이 며느리 이양자의 친동생이기 때문에 졸지에 가장을 잃은 장남 가족에 대한 배려였다. 하지만 이양자는 남편을 잃은 슬픔을 이기지 못하고 위암으로 투병하다 1991년에 눈을 감았다.

2남인 정몽구도 평범한 '실향민' 집안의 셋째 딸 이정화와 결혼했다. 이정화는 당시 명문으로 꼽히던 숙명여고를 나왔고 슬하에 장년 정성이, 차녀 정명이, 삼녀 정윤이를 두었고 막내로 외아들 정의선 등 3녀 1남을 두었다. 정몽구가 형의 죽음으로 장남 역할을 도맡아 했듯이 부인 이정화는 손윗동서인 이양자가 암으로 세상을 뜨자 이 때부터 집안의 실질적인 맏며느리 역할을 도맡아 했다. 정몽필의 둘째 딸 정유희의 결혼식 때 부모 역할을 한 이도 정몽구 내외였다.

3남 정몽근은 징몽 구와 마찬가지로 경복고를 나와 한양대를 졸업했다. 정몽근은 일찌감치 유통을 넘겨받아 현대백화점그룹을 소리 없이 유통명가로 키워냈다. 그는 현대그룹에서 고문을 지낸 우호식의 딸 우경숙과 결혼했다. 당시 우경숙은 정주영의 비서실에서 일하고 있었는데 그녀가 정몽근의 눈길을 사로잡은 것이었다. 정몽근과 우경숙의 슬하에는 정지선, 정교선 등 2남이 있다.

4남 정몽우는 숙명여대 최고 미인으로 알려졌던 이행자와 연애결혼을 했다. 40대에 현대알루미늄을 회장직과 서산간척지 농장건설의 책임을 맡기도 했지만, 지병인 우울증에 시달리다 1990년 4월 24일 45세의 나이에 자살로 생을 마감했다. 정몽우는 이행자와의 사이에 장남 정일선과 차남 정문선, 삼남 정대선 등 세 아들을 두었다. 이행자의 오빠 이진호는 미 연방수사국(FBI) 출신으로 1992년 대선 당시 정주영의 경호 책임을 맡기도 했고, 고려산업개발 회장을 지내기도 했다. 정몽우의 남겨진 유족들은 장남 정몽구가 거뒀는데 조카 셋을 모두 현대차그룹의 BNG스틸(구 삼미특수강)에 입사시킨 것이다. 이 중 큰 조카인 정일선은 경영 능력을 인정받아 현재 현대비앤지스틸의 대표이사 사장을 맡고 있다.

5남 정몽헌은 정주영의 아들 중 아버지가 점지해 준 아내를 맞았다. 현대그룹 현정은 편에서 살펴보았지만 정몽헌의 아내 현정은은 정주영이 유일하게 낙점을 한 며느리이다. 그녀는 일제 강점기 당시 '호남 거부'로 알려진 현준호의 손녀딸이다. 현정은의 아버지 현영원은 현대상선 회장으로 결혼 당시 신한해운 회장으로 정주영과 막역한 사이였다.

현정은의 외가 쪽도 가세가 풍족한 기업가 집안이다. 어머니 김문희 용문학원 이사장은 김용주 전남방직 창업자의 외동딸로 김무성 새누리당 당대표가 남동생이다. 정몽헌과 현정은 슬하에는 장녀 정지이, 장남 정영선, 차녀 정영이 등 2녀 1남이 있다.

6남인 정몽준의 처가는 유독 눈에 띈다. 정몽준은 진작 정치를 꿈꾸었던 탓인지 정주영의 자식 중에 유일하게 관계(官界)의 여식과 결혼을 했다. 정몽준의 부인 김영명은 김동조 전 외무부장관의 막내딸이다. 두 사람은 미국 유학시절 만나 결혼했다. 정몽준과 김영명의 슬하에는 장남 정기선과 장녀 정남이, 차녀 정선이, 그리고 늦둥이 차남 정예선 등 2남 2녀가 있다.

7남 정몽윤은 1981년 김진형 부국물산 회장의 딸 김혜영을 만나 결혼했다. 두 사람 슬하에는 딸 정정이와 아들 정경선 등 1녀 1남이 있다.

8남인 정몽일은 권영찬 현대파이낸스 회장의 딸 권준희와 결혼해서 아들 정현선과 딸 정문이 등 1남 1녀를 두고 있다. 2000년 현대기업금융을 차려 독립했지만 경영난을 겪으면서 현대중공업그룹에 흡수됐다.

현대가는 자손이 많은 데도 딸은 귀한 편이다. 정주영의 유일한 딸인 정경희는 일본 유학을 다녀온 재원이지만, 바깥 활동은 잘 하지 않는다. 대신 남편인 정희영의 활동이 활발하다. 정희영은 서울대 상대 출신으로 1965년 이명박과 입사 동기로 현대건설 공채로 입사했다. 조선 수주에서 뛰어난 수완을 보여 정주영의 눈에 들어서 유일한 사위가 됐다. 정주영은 딸이 일본으로 유학을 떠나자 정희영을 도쿄법인 이사로 발령내 자연스러운 교제를 유도했다고 한다. 정희영은 이후 현대중공업과 현대종합상사 사장까지 역임했으나, 선진해운을 차려서 독립했으며, 천마산스키장(현 스타힐리조트)을 개발해서 운영하고 있다. 외아들인 정재윤과 큰딸 정윤미, 작은 딸인 정윤선 등 1남 2녀를 두고 있다.

화려해진 3세들의 혼맥

평범하고 담백했던 2세들의 혼인과 달리 3세로 내려오면서 현대가의 가풍이 변화하기 시작한다. 3세에 이르러 정략 결혼으로 현대가 사람들의 혼인관이 바뀐 것이 아니라 3세들 역시 대부분 연애 결혼을 통해 사돈을 맺었지만 상황이 매우 달랐다. 평범했던 1, 2세들과 달리 3세들은 최고의 교육 환경과 부촌에서 자라다 보니 자연스레 다른 재벌가 자제들과 친분을 맺게 되어 화려한 혼맥이 저절로 이루어진 것이다. 정주영은 8명의 며느리와 1명의 사위를 봤는데 그래서 직계 친손자만 25명에 달하는 엄청난 대가족이 되었다. 현대가의 3세는 아들들은 모두 '선(宣)자' 돌림이다.

현대가의 3세 중에서는 작고한 장남 정몽필의 둘째딸 정유희가 재벌가와 혼인을 했다. 김석원 전 쌍용그룹 회장의 아들인 김지용과 결혼한 것이다. 현대와 쌍용의 자녀인 두 사람은 모두 유치원, 초등학교 동창이다. 김지용은 용평리조트 상무를 지냈고 고속도로 휴게소 3곳을 운영하는 태아산업의 부사장이자 최대주주다. 두 사람 사이에는 두 아들 김진석과 김진하가 있다.

정몽필의 맏딸인 정은희는 친구 소개로 만난 현대전자 평사원 주현과 연애 끝에 1995년 8월 결혼했다. 주현은 고려대 응용통계학과와 경영대학원을 졸업했고 현재 현대아이에이치엘(IHL) 대표이사로 일하고 있다. 정몽구 현대차그룹 회장의 외아들 정의선(1970년생)은 1995년 골재·레미콘·콘크리트 제품을 제조하는 삼표그룹(구 강원산업) 정도원 부회장의 맏딸 정지선과 혼인했다. 정몽구와 정도원은 경복고 선후배 사이로 진작부터 친분이 있었는데 정의선이 미국 샌프란시스코대학교 MBA에 수학 중일 때 평생의 반려자인 정지선을 만난다. 정의선은 진작 정지선에게 관심에 갖고 있었는데 마침 그녀가 미국에 공부하러 온 것을 알고 먼저 연락해서 데이트를 하다가 결혼까지 이어졌다. 두 사람은 슬하에 딸 정진희와 아들 정창철을 두고 있다.

정몽구의 세 딸은 비교적 평범한 집안과 결혼한 것으로 알려졌다. 큰딸 정성이(1962년생)는 정형외과 의사이자, 영훈의료재단을 설립한 선호영 박사의 아들 선두훈과 결혼했다. 맏사위 선두훈은 가톨릭대학교 교수를 지내던 시절에는 정몽구의 개인 주치의 역할을 한 것으로 알려져 있다. 대전 선병원 이사장을 지내고 있는 그는 최근 인공관절 개발업체인 코렌텍을 세워 화제가 되었는데 장인인 정몽구는 코렌텍에 지분 참여는 하지 않고 투자자를 소개해 주는 방식으로 맏사위의 사업을 도왔다 한다. 코렌텍은 순수 국내기술로 개발된 인공관절의 수출을 개시해서 세계 주요 시장 가운데 하나인 중국에 성공적으로 진입했다. 정성이는 현대차그룹 계열의 이노션 고문을 맡고있다.

둘째 딸 정녕이(1964년생)는 종로학원 설립자인 정경진의 장남인 정태영과 혼인을 했다. 정태영은 서울대학교 불문과와 MIT대학교 경영대학원을 졸업하고 1987년 현대종합상사기획실 이사로 현대가 경영에 합류했다. 그 후 현대모비스와 기아차, 현대차 등을 거쳐서 2003년 10월부터 현대차그룹의 금융계열사인 현대카드-현대캐피탈 대표를 맡고 있는데 정몽구가 가장 신뢰하는 사람 가운데 한 명으로 꼽힌다. 정태영은 현대카드-캐피탈을 맡은 뒤 개성 넘치는 CF를 잇달아 선보이며 금융업계에 신선한 화제를 불러 모았다. 그는 적자투성이 회사를 취임 2년 만에 4,500억 원의 흑자 기업으로 탈바꿈시켜서 경영 능력을 인정받았고 '사위 경영'의 선두주자라는 평가를 받기도 했다. 일부에서는 현대차금융 계열사들이 둘째 딸의 몫이라는 얘기도 나온다.

셋째 딸 정윤이(1968년생)는 1997년 미국 MBA 출신인 신성재와 결혼했다. 신성재는 미국 페퍼다인대학교에서 경영학 석사 학위를 받은 후, 1995년에 현대정공(현 현대모비스)에 입사한 뒤 1998년 현대하이스코로 자리를 옮겨 수출담당 이사, 관리본부장, 기획담당 부사장을 거쳐 2005년 대표이사 사장으로 발탁되었다. 신성재는 현대차그룹 계열사로 편입된 부품회사 삼우그룹 회장의 아들인데 그는 1조 4,000억 대에 불과했던 현대하이스코의 매출액을 2013년에는 4조 원 이상으로 끌어올리며 능력을 발휘해서 입지전적인 인물로 꼽혔다. 그러나 정윤이, 신성재 부부는 2014년 3월에 합의 이혼을 했다. 현대가에서 좀처럼 보기 드문 이혼이었는데 두 사람의 이혼 배경에 대해서는 정확히 알려진 것이 없다. 빼어난 경영실적에도 불구하고 신성재는 2014년 9월 현대하이스코 사장에서 물러났고, 정윤이는 현재 제주 해비치 호텔&리조트 전무로 있다.

정주영의 3남 정몽근의 큰 아들 정지선은 경복고와 연세대 사회학과, 미국 하버드대학교 스페셜스튜던트 과정을 수료했고 황산덕 전 법무장관의 손녀인 황서림과 결혼했다. 황서림은 서울예고와 서울대 미대를 나와 서울대 대학원에서 시각디자인을 전공했다. 현대가는 한때 딸만 남기고 떠난 정몽필의 대를 잇기 위해 정지선을 양자로 입양시켰다. 유교식 법도대로라면 바로 아래 동생인 정몽구의 아들 정의선을 양자로 삼아야했으나 정의선이 외아들인 탓에 정지선이 양자가 되었다. 하지만 이것은 형식적 입양일 뿐 실제로 입적은 하지 않았다. 두 사람은 슬하에 1남 1녀를 뒀다.

둘째인 정교선은 경복고를 졸업하고 한국외국어대에서 무역학을 전공했는데, 자동차 부품 전문 기업인 대원강업 허재철 회장의 큰딸인 허승원과 2004년 결혼했다. 허승원은 이화여대를 졸업한 후 미국 컬럼비아대학 치과대를 나왔는데 두 사람 사이에는 3남이 있다.

정주영의 4남 정몽우는 자살로 생을 마감했으나 그의 자녀들은 화려한 혼맥을 이루고 있다. BNG스틸 사장인 큰아들 정일선은 현대가에서는 처음으로 내로라하는 재벌가와 사돈 관계를 맺는다. 그는 구인회 LG그룹 창업주의 조카인 구자엽 LS전선 회장의 딸 구은희와 결혼했다.

둘째 아들 정문선은 BNG스틸 부사장으로 있으며 김영무 김&장 법무법인 대표변호사의 딸 김선희 씨와 결혼했다. 셋째 아들 정대선은 현대BS&C 사장으로 있으며 KBS 전 아나운서 노현정과 결혼해서 화제를 모았다.

정주영의 5남 정몽헌도 이미 살펴본대로 자살로 생을 마감했으나 아내인 현정은이 나서서 현대그룹을 정상궤도에 올려놓았다. 자녀들은 어머니를 도와 그룹을 굳건하게 지키고 있다. 큰딸인 정지이는 서울대 고고미술사학과를 졸업하고 연세대 대학원에서 신문방송학 석사 학위를 딴 뒤 외국계 광고회사에 근무하다가 2004년 현대상선에 경력직 사원으로 입사했다. 그리고 입사 2년 만인 2006년 현대유엔아이(U&I)로 자리를 옮겨 전무가 됐다. 정지이는 2011년 외국계 금융사에서 일하던 신두식과 결혼했다. 신두식은 신현우 전 국제종합기계 대표와 신혜경 서강대 명예교수 부부의 차남이다.

둘째 딸인 정영이는 펜실베이아 와튼스쿨에서 경영학을 전공했고 현대U&I에 재직 중이다. 아버지를 잃었을 때 고3 수험생이었던 막내이자 외아들 정영선은 군 복무를 마치고 현재 미국 유학중인 것으로 알려졌다.

정주영의 6남 정몽준은 슬하에 2남 2녀가 있다. 2014년 8월 14일 서울 중구 정동제일교회에서 정몽준의 차녀 정선이의 결혼식이 비공개로 치러졌다. 장남 정기선과 장녀 정남이가 모두 미혼인데 서열을 제치고 먼저 결혼을 한 것이다. 신랑은 하버드대학교 건축학과를 졸업하고 미국의 한 벤처기업에서 근무하고 있는 백종현이다. 백종현은 제주도 출신이고 아버지는 해군 준장 출신이라고 하는데 두 사람은 미국에서 만나 사랑을 키워왔고, 미국에서 살림을 차렸다.

큰아들 정기선은 현대중공업 기획실 상무로 있고 첫째 딸 정남이는 아산나눔재단 기획팀장으로 근무하고 있다. 2014년 서울시장 선거에서 댓글 파문을 일으킨 막내아들 정예선은 재수 끝에 연세대학교 철학과에 합격했다. 이로써 정몽준의 세 자녀가 모두 연세대 동문이 됐다. 장남인 정기선은 경제학과를 나왔고, 장녀 정남이가 철학과를 나와서 두 오누이는 과 선후배 사이가 됐다.

정주영의 8남 정몽일 현대해상화재보험 회장은 1남 1녀를 두었다. 아들 정현선(1991년생)은 영국 유학중이고 딸 정문이(1993년생)는 대마초 흡입 사건으로 사회적 물의를 일으켰다. 경찰이 국립과학수사연구원에 약물성분 감정을 의뢰한 결과 머리카락과 소변에서 대마초 양성 반응이 나왔다.

정주영의 딸 정경희는 1남 2녀를 두고 있는데 외아들인 정재윤은 아버지가 세운 기업인 선진종합 부회장으로 경영수업을 받고 있다. 큰딸인 정윤미는 이건산업 사장 박승준과 결혼했고, 작은딸 정윤선은 남영비비안 회장인 남석우와 결혼했다.

현대가 방계 그룹의 혼맥

앞에서 살펴보았지만 현대가의 기업 그룹은 정주영의 직계 자손들뿐만 아니라 그의 동생들과 처남이 일군 KCC·한라·HDC(현대산업개발)·서한·성우그룹 등 5개 중견그룹이 포진한 '범 현대가'라는 막강한 방계그룹군을 이루고 있다. 그룹명에서 '현대'라는 이름을 찾을 수는 없지만, 재계의 어떤 기업군보다 파워와 단결력을 과시하며 현대가의 저력을 발휘하고 있다.

사실 정주영의 동생들과 처남은 우리나라의 산업화를 이룩하던 사업 초기였던 1950~70년대까지 창업주인 정주영과 함께 공생공사의 정신으로 오늘날의 범현대가를 일궈냈다. 그들은 가족이면서 동업자였고 끈끈한 애정을 지닌 동지였다. 그래서인지 현대가 방계 그룹들의 혼맥 역시 소박하고 자유롭다. 연애결혼에 자유로웠던 정주영의 정신이 형제들에게까지 이어져서 범현대가의 가풍으로 이어진 모양이다.

한때 재계 12위까지 올랐던 한라그룹은 정주영의 바로 밑 동생인 정인영의 작품이다. 한라그룹의 혼맥은 정말 소박하다. 정인영은 독실한 기독교 신자인 부인 김월계와의 사이에 2남 1녀를 뒀는데, 장녀인 정형숙은 아버지보다 먼저 세상을 떴다. 정인영의 두 아들은 어머니의 영향으로 모두 교회에서 배우자를 만나 결혼했다. 장남인 정몽국 엠티인더스트리 회장은 배우자 이광희를 교회에서 만나 결혼했다. 두 사람 사이에는 아들 정태선과 딸 정지혜, 정사라가 있다.

아버지의 뒤를 이어 한라그룹 회장에 오른 차남 정몽원도 교회 지인의 소개로 TBC 아나운서였던 홍인화를 만났다. 홍인화의 부모는 평범한 약사 집안으로 알려졌는데, 외삼촌인 서상목이 3선 국회의원을 지냈다. 서상목은 김영삼 정부 시절 보건복지부 장관을 지냈고 현재 인제대학교 석좌교수로 활동하고 있다. 정몽원과 홍인화의 슬하에는 정지연, 정지수 두 딸이 있는데 큰딸 정지연도 2012년 교회에서 남편 이윤행을 만나 결혼했다. 이윤행은 이재성 전 현대중공업 회장의 아들인데 이 전 회장은 정주영 명예회장의 6남인 정몽준 전 의원의 최측근 인사로 정몽준과 중앙고, 서울대 경제학과 동문이다. 둘째 딸 정지수는 미국에서 유학 중이다.

정주영의 둘째 동생인 정순영 성우그룹 명예회장도 평범한 집안 출신 박병임과 결혼했다. 두 사람은 슬하에 4남 2녀를 두고 있다. 장녀인 정문숙은 일찍 세상을 떠났고, 장남 정몽선, 차남 정몽석, 삼남 정몽훈, 사남 정몽용과 막내딸 정정숙을 두었는데, 정몽용 현대성우 오토모티브코리아 회장을 제외하면 모두 평범한 혼사를 했다.

장남인 정몽선은 교육자 출신으로 성우리조트 고문을 역임했던 김태휴의 딸 김미희와 결혼했는데 그녀는 1993년 태릉 아이스링크 화재사고로 먼저 세상을 뜨는 불운을 당했다. 이후 정몽선은 진영심과 재혼했는데 역시 평범한 교육자 집안의 딸이었다. 차남인 정몽석의 처가는 대구에서 중소기업을 경영하는 평범한 집안이고 삼남 정몽훈의 장인은 직업군인이었다.

사남 정몽용은 형들과 달리 유력 가문의 딸과 결혼함으로써 세간에 떠들썩한 화제를 뿌렸다. 그가 1988년 배필로 맞이한 신부는 동아일보와 고려대를 설립한 인촌 김성수 집안의 손녀인 김수혜였다.

그녀의 아버지는 김상겸은 김성수의 막내아들로서 평생을 한국 체육을 위해 헌신해서 체육계에 큰 발자취를 남긴 인물이다. 그는 대한체육회 부회장과 대한스키협회장, 대한야구협회 부회장, 대한학교체육위원회 위원장, 대한수중협회장, 대한스키협회장 일본 나가노동계올림픽 한국선수단장, 고려대 사범대학장 등을 지냈다. 정몽용과 김수혜 슬하에는 정인선, 정호선 두 아들이 있다. 정순영의 차녀 정정숙도 평범한 혼사를 했는데 개인사업을 하는 이주환과 혼인했다.

정주영의 셋째 남동생인 정세영의 결혼도 현대가의 일원답게 소박했다. 유학까지 마치고 공부를 하다 보니 서른이 넘도록 결혼을 하지 못했다. 그는 유학 시절 사귄 친구의 소개로 당시 이화여대 3학년이었던 박영자를 만나 첫눈에 반해서 세 번째 만나는 날 프러포즈를 하고 결혼했다. 결혼까지 채 100일이 안 걸린 초고속 결혼이었다. 두 사람은 슬하에 1남 2녀를 두었는데 이 자녀들이 현대가에서는 보기 드문 화려한 혼맥을 맺고 있다.

장녀인 정숙영은 노신영 전 국무총리의 아들인 서울대 행정대학원 교수 노경수와 결혼했다. 이 혼인으로 정세영 일가는 삼성그룹과 중앙일보, 그리고 동아일보 가문까지 단숨에 연결된다. 노경수의 동생인 아미쿠스 대표 노철수의 부인이 바로 홍라영 삼성리움미술관 부관장이기 때문이다. 홍라영의 언니가 삼성그룹 회장 이건희의 아내 홍라희이고 오빠는 홍석현 중앙일보 회장이다. 또 홍라영은 이건희의 둘째 딸 이서현 제일모직 사장의 이모가 되는 지라 이서현의 남편인 김재열을 통해서 동아일보 가문과 연결이 된다. 김재열은 동아일보 창업자인 인촌 김성수의 증손자이며 동아일보 명예회장을 지낸 김병관의 차남이다.

장남인 정몽규는 지인의 소개로 연세대 수학과를 나온 김나영을 만나 결혼했다. 그녀는 전 대한화재보험 김성두 사장의 딸이다. 이화여대 사학과를 졸업하고 미국 뉴욕에서 컴퓨터 그래픽을 공부한 막내딸 정유경은 김석성 전 전방 회장의 막내아들인 김종엽과 결혼했다. 두 사람의 혼인이 눈에 띄는 점은 정유경의 남편인 김종엽이 정몽헌의 부인인 현정은 현대그룹 회장과도 인척간이란 점이다. 김종엽의 아버지 김석성은 김창성 전 경총 회장과 사촌간인데, 김창성의 누나인 김문희가 바로 현정은의 어머니인 까닭에 정주영과 정세영이 한 다리 건너 사돈이 된 셈이다.

정주영의 넷째 남동생인 정신영은 독일 유학을 떠났다 그곳에서 병을 얻어 1962년 일찍 세상을 떠났으나 유학 시절 만난 서울대 음대 첼리스트 출신인 부인 장정자와의 사이에 1남 1녀를 두고 있다. 장남인 정몽혁은 평생 모은 문화재를 기증해서 국민훈장 모란장을 받은 송상(松商: 개성상인) 동원 이홍근의 손녀인 이문희를 아내로 맞았다. 두 사람의 슬하에 1녀 2남인 정현이, 정두선, 정우선이 있다. 정신영의 딸인 정일경은 미국 펜실베니아 주 블룸버그대학 교수인 임광수와 결혼해 미국에서 살고 있다.

정주영의 막내 동생 정상영 KCC그룹 명예회장은 현재 범 현대가 창업 1세대 형제 중 생존해 있는 유일한 큰 어른이다. 정상영은 현대건설 경리팀에서 일하던 조은주를 만나 연애결혼을 했다. 두 사람 사이에는 아들만 셋이 있다. 장남 정몽진은 용산고, 고려대를 거쳐 미국 조지워싱턴대 MBA를 마치고 비즈니스 영어의 전문가로 영어, 일어, 중국어, 러시아어 등 5개 국어에 능통할 정도의 수재로서 그룹 주력회사인 KCC 경영을 맡고 있다. 정몽진은 서울대 음대 출신 플루티스트 홍은진과 연애결혼을 했는데 두 사람을 소개한 이는 사촌형인 정몽윤 현대해상 회장이다. 홍은진은 떠먹는 아이스크림 '퍼모스트'로 유명한 빙그레의 전신인 옛 대일유업 사장의 딸이고 퍼시픽컨트롤스 홍준 사장이 오빠다. 두 사람 사이에는 딸 정재림과 아들 정명선이 있다.

차남인 정몽익은 미국 시러큐스대학에서 경영정보시스템을 전공했으며, 형과 같은 조지워싱턴대 국제재정학 석사 학위를 받았다. 정몽익은 최현열 NK그룹 회장의 차녀인 최은정과 결혼했는데 그녀의 언니가 최은영 한진해운 회장이다. 정몽익의 장모는 신격호 롯데그룹 회장의 넷째 여동생인 신정숙이다. 정몽익과 최은정 부부 슬하에는 2녀 1남인 정선우, 정수윤 그리고 정제선이 있다.

셋째인 정몽열은 중소기업체 사장의 딸인 서울대 미대 출신의 이수잔과 결혼했다. 두 사람 사이에는 1남 1년인 정도선, 정다인이 있다.

정주영의 유일한 여동생 정희영의 남편은 정주영과 사업 초창기부터 생사고락을 같이했던 김영주다. 두 사람 슬하에는 김윤수·김근수 형제를 뒀다.

현대가의 여인들

16

세상에는 결점을 그럴듯하게 몸에 지니고 있는 사람도 있거니와
또 장점을 어떻게 간수해야 할지 몰라서 쩔쩔매는 사람도 있다.
– 라 로슈푸코 –

남자는 사업, 여자는 내조

현대가는 정주영이 아들이 많은 까닭에 여자들은 거의 며느리들이다. 범현대가를 이루는 정주영의 동생들의 집안도 아들이 많은 편이어서 며느리들의 입김이 드셀 것 같지만 그렇지 않다. 현대가의 딸이나 며느리들은 해외 유학파도 있고 국내 유수의 명문대학을 나온 재원들이 많지만 경영에 참여하거나 대외 활동에 나서는 사람이 거의 없다. 하다못해 공식행사에 모습을 드러내는 일도 드물다. 창업주 정주영의 엄한 가부장적 가르침 때문이다.

정주영이 경영 일선에서 의욕적인 활동을 할 당시 '밥상머리 교육'은 며느리들이라고 예외는 아니었다. 오히려 딸과 며느리들은 더 일찍 나와 아침 식사를 준비해야 했다. 유교적 가풍에 따라 처음에는 여자들 밥상은 따로였으나 어느 정도 지난 후에야 겸상을 할 수

있게 되었다. 정주영은 "여자들은 살림에만 신경쓰라"는 명을 내렸고, 며느리들은 골프장 근처 조차도 가지 못하게 했다. 말하자면 며느리는 '벙어리 3년, 귀머거리 3년, 장님 3년' 생활을 해야 했다.

현대가의 여인들 중에는 유독 여대 출신이 많고 미인이 많다. 유난히 여대 출신이 많은 데는 보수적인 정주영이 "여자는 여대를 가야 한다"고 못을 박았기 때문이었다. 정몽필의 딸 정유희는 연세대 원서를 써놓고 준비하던 중 할아버지의 불호령이 떨어져 이화여대로 가게 되었는데 수석 입학을 해서 화제가 되기도 했다. 정주영의 딸 정경희와 며느리 이양자, 현정은, 김혜영 그리고 손녀 정유희, 정성이가, 손자며느리 허승원이 이화여대를 나왔고, 넷째 며느리 이행자는 숙명여대를 졸업했다. 현대가의 여인들 중에 유독 미인이 많은 것은 정략적 혼인이 아닌 유난히 많은 연애결혼 덕분이다.

정주영이 세상을 떠난 지 오래 되었지만 현대가의 여인들은 '내조'와 '현모양처'라는 유교적 가풍을 이어가고 있다. 2014년 6월 기업 경영성과 평가사이트인 'CEO스코어'의 조사에 따르면 37개 그룹의 총수와 배우자 주식자산을 조사한 결과, 범현대가 9개 그룹 중에서는 3곳만 안방마님이 지분을 보유한 것으로 조사됐다. 그런데 이들 3명의 주식자산을 모두 합해도 10억 원이 채 되지 않아, 그룹 총수인 남편들의 주식자산에 비하면 불과 0.01%에 불과한 것으로 나타났다.

현대중공업 대주주이자 실질적 오너인 정몽준의 아내인 김영명, 현대백화점 회장 정지선의 아내인 황서림은 주식지분을 전혀 보유하지 않고 있어서 경영에 어떠한 참여도 하지 않고 있다는 것을 알 수 있었다. 이 같은 결과는 현대가의 불문율처럼 여겨지는 남자는 사업, 여자는 내조라는 역할 분담의 전통이 면면히 흐르고 있기 때문인 것 같다. 현재 현대그룹을 이끌고 있는 유일한 경영자인 현정은도 남편이 갑자기 세상을 떠나기 전까지는 '전업주부'였다.

현대가에서는 지금도 명절 때나 제사 등 모임이 있을 때면 정주영이 생전에 오랫동안 살던 청운동 집에 몇 대에 걸친 며느리들이 모두 모인다. 현대가 여자들은 모두 수수한 옷차림으로 모여 도란도란 얘기를 나누며 음식을 직접 장만하는 탓에 언뜻 봐서는 재벌가 며느리란 느낌이 전혀 들지 않는다.

현대가 여인들의 사회 진출

그러나 세월이 흐르면 전통도 바뀌어가는 것이 인간지사가 아닌가.

뜻하지 않게 경영 일선에 뛰어든 현정은 현대그룹 회장 이후 현대가에도 여성 경영인이 하나 둘 늘어나는 변화의 바람이 불고 있다. 엄한 왕회장 정주영이 세상을 떠난 지 꽤 많은 세월이 흐른 탓이기도 하고 여성의 사회 참여율이 눈에 띄게 높아진 사회 풍토 때문이리라.

현정은의 경우 여성이 경영 전면에 나서는 것을 금기하다시피 하는 현대가의 전통을 깨고 성공한 첫 케이스다. 그전까지 현정은은 걸스카우트연맹 중앙본부 이사, 대한적십자사 여성봉사 특별자문위원 등을 맡긴 했지만 골프장 구경조차 해보지 못한 경영과는 거리가 먼 평범한 1남 2녀의 어머니였을 뿐이었다. 그런 그녀가 그룹 회장 직에 오른 후 시아버지인 정주영과 남편 정몽헌으로 이어진 현대그룹의 대북 사업 적통을 이어받고 특유의 돌파력으로 위기를 극복했다.

2007년, 현정은은 미국 《월스트리트저널》이 뽑은 '주목할 만한 세계 50대 여성 기업인'으로 선정되어 진가를 발휘한 바 있고, 2014년에는 미국 경제전문지 《포춘(Fotune)》이 발표한 '가장 영향력 있는 아시아-태평양 여성기업인 25인' 중 14위에 올랐는데 이는 국내 여성 기업인 중에서 가장 높은 순위다.

현대가 여인 중 경영 활동을 일찌감치 시작했던 이는 현대백화점 그룹 회장 정몽근의 부인 우경숙 현대백화점 고문이다. 현대그룹 자재부에 근무하다 정몽근 회장과 결혼한 그녀는 자식들을 키우는 동안은 전형적인 전업주부의 길을 걷다가 1990년 현대백화점 경영에 참여해서 왕성한 활동을 하면서 그룹 내 최고 의사결정권자 역할을 했다. 하지만 아들들에게 경영권을 넘긴 이후 경영 일선에서 물러났다.

정몽구의 아내 이정화는 남편에 대한 '조용한 내조'로 유명했으나 말년에는 경영에 참여해서 2003년, 현대차그룹의 레저 분야 계열사인 해비치 리조트의 지분 16%를 확보하며 이사직에 올랐다. 그녀의 의욕적인 활동은 가정과 가문을 돌보는 일에 30~40년 세월을 바친 여인답지 않다는 평가를 받았으나 갑작스런 건강 악화로 세상을 뜨고 말았다. 지금은 셋째 딸 정윤이가 해비치호텔 전무로 재직 중이고, 맏딸 정성이와 둘째 딸 정명이가 고문으로 있다.

최근 들어, 현대가 3세 여성들의 행보가 거침이 없어지고 있다. 정몽구의 큰딸 정성이 이노션 고문과 현정은의 큰딸인 정지이 현대 U&I 전무 등이 그들이다. 정성이 고문은 결혼 후 평범한 주부의 길을 걸었다. 그녀가 재계에 이름을 알리기 시작한 것은 2005년 현대차그룹의 광고대행사 이노션을 설립하면서부터다. 이노션이 등장하기 전 국내 광고 시장은 제일기획의 독주체제였다. 정성이는 제일기획 연구소장 출신의 박재항 마케팅본부장을 직접 영입하는 등 이노션의 준비 단계부터 밑그림을 그려나가면서 경영 능력을 인정받기 시작했다. 그녀는 현대차그룹의 신차 발표회와 해외모터쇼 등에 빠짐없이 참석하고 주요 광고 프레젠테이션을 직접 챙기면서 제일기획과 양강 체제를 구축하는 데 성공한다. 그녀는 경영면에선 전문경영인을 뒤에서 지원하고 있지만 이노션의 인테리어나 사내 복지 등을 직접 챙기는 세심함과 사람 중심의 인재경영론을 바탕으로 신입사원 면접 때 면접관이 되기도 한다. 특히 능력 있는 여성 인력에 대해 관심이 높다는 후문이다.

정지이 현대U&I 전무는 재벌가 3세 여성 기업가 중 가문의 후광보다 본인의 탁월한 능력으로 인정받은 한 사람이다. 그녀는 아버지가 타계한 후, 2004년 현대상선 재정부에 평사원으로 입사해서 2005년 대리, 회계부 과장, 2006년 현대유엔아이 기획실장(상무)을 거쳐서 2007년 전무의 자리에 오른다. 그 과정을 통해 정지이 전무는 2005년 설립 당시 매출 103억 원 회사를 5년 만에 매출 1,000억 원짜리 회사로 키웠다.

그녀는 대학 시절부터 지각과 결석을 한 번도 하지 않을 정도로 성실함을 인정받는 성격인데 회사생활을 하면서도 직원들과 똑같이 신입사원 수련회에 참가하고 사내 식당을 즐겨 찾는 소탈함을 보여줌으로써 '직장인 정지이' 모습을 자연스럽게 표출하고 있다. 뿐만 아니라 정 전무는 어머니 현정은과 북한을 방문해 김정일 국방위원장을 만나면서 국민들에게 차분하면서도 강렬한 좋은 이미지를 각인시켰다. 그녀는 할아버지를 많이 닮은 탓인지 재계와 정치계에서 거물들과 만나도 주눅들지 않는 담대함, 그리고 넓은 시야로 사업을 펼치면서 좋은 성과를 얻고 있다.

이와 같은 현대가 여성들의 발 빠른 경영행보는 정몽구를 비롯한 현대가 남자들의 전폭적인 후원이 있었기에 가능한 일이었다. 현대가의 전통은 이어져 나오고 있으나 그만큼 세월이 변화하고 있다는 증좌이리라.

정씨 성을 가진 사위와 며느리들

밖에서 현대가 사람들을 바라보자면 2세, 3세에 이르러서는 이름 때문에 헷갈리는 경우가 많다. 특이한 것이 현대가에서는 사위와 며느리가 정씨인 경우가 많다. 심지어는 이름이 같은 이들(한자는 다르겠지만)이 있어서 정말 헷갈린다. 유독 정씨끼리의 혼인이 많아서 그 옛날의 왕조 보존을 위한 혼맥처럼 보일 지경이다. 이름이 비슷하거나 같아서 혼동되는 사람들을 살펴보자.

우선 정주영의 외동딸인 정경희의 남편 정희영부터 특이하다. 그는 정주영의 유일한 사위이면서도 정씨인데다 이름 끝 자도 정주영의 형제 돌림자와 똑같다. 거기다 정희영 이름 석 자는 정주영의 여동생 이름과 한자까지 똑같아서 이만저만 착각을 불러일으키는 것이 아니었다.

정몽구의 장남 정의선은 정도원 삼표그룹 회장 장녀 정지선과 결혼했는데 그녀는 현대백화점그룹 회장 정지선과 이름이 같다. 정몽구의 차녀 정명이도 역시 정씨인 종로학원 원장 정경진 장남 정태영과 결혼한 케이스다.

제5장

도약하는
범 현대가 3세들

소년은 앞으로 꺼내 쓸 수 있는 시간이 무한정 많다고 생각하지만 그
것은 착각에 불과하다. 청소년기에는 살아갈 날이 좀더 많아 시간이
더디 오지만 정신없이 청년기를 보내고 장년기에 이르면 시간은 무섭
게 빨라진다. 시간은 젊은이와 늙은이를 구별하지 않고 재빨리 다가
와 아주 잠깐 얼굴을 내비치고는 또다시 재빨리 왔던 곳으로 돌아간
다. 섬광이 하늘을 가르는 듯한 그 짧은 순간 앞에서 우물쭈물 망설
이기만 하다가는 시간이 할퀴고 간 상처에 고통을 받게 된다. 나는
그 짧은 순간 겨우 한 가지 일 밖에는 하지 못한다.   - 뉴 캐슬 -

"우리는 한 사람의 기업인으로서도 그렇고 한 사람의 국민으로서도
나라의 무한한 발전을 위한다면 먼 장래를 내다보면서 진취적인 기상
을 가지고 살아가야 한다. 특히 산업사회에 첫발을 내딛는 젊은이들
은 가슴 속에서 정열이 샘솟듯 하고, 두뇌가 유연하게 돌아가고, 어떤
기후나 어떤 악조건도 다 소화하고 극복할 수 있는 굳건한 체력을 가
지고 있는 그 젊은 시절에 세계 방방곡곡을 돌아다니며 지역마다의
기후나 풍토, 인간을 빨리 파악해두어야 한다."
                        - 정주영, 1983년 10월, 현대그룹 사내특강에서 -

3세 경영의 선두주자, 정의선

"친환경 세상으로 나아가기 위해
현대차와 기아차는 앞으로도 상당한 친환경 차량들을 개발할 것이며,
IT와 인포테인먼트 등의 기술에 있어 앞서 나갈 것이다."

– 정의선 –

정의선의 성공적인 경영 성과

알다시피 현대그룹과 삼성그룹은 여러 가지 면에서 자주 비교의 대상이 되는 라이벌 그룹이다. 2세대 경영인 정몽구와 이건희는 흔히 비교의 대상이 되기도 하는데 두 사람이 똑같이 1남 3녀를 뒀다는 점도 특이하다. 이건희에게 외아들 이재용이 있듯이 정몽구에게는 외아들 정의선이 있다. 이 재벌 3세들은 경쟁자가 없는 후계자이면서 나이도 비슷해서 후계구도 문제를 놓고 언론에서 자주 비교의 대상이 되곤 한다. 이재용은 1968년 생이고 정의선은 1970년생으로 두 사람은 두 살 터울이지는 동년배다. 이재용이 아래로 여동생 셋이 있다면 정의선은 위로 누나 셋이 있다. 후계구도 문제에 있어서도 각기 주력 계열사인 삼성전자와 현대자동차의 부회장직을 맡고 있다. 커다란 이변이 없는 한 두 사람은 이 땅의 '3세대 기업가'를 대표하는 선두주자가 될 것이다.

먼저 경영능력을 발휘하기 시작한 것은 정의선이다. 그는 경영권을 물려받고 있는 비슷한 또래의 재벌 3세들 보다 우수한 경영성과를 남겼다는 평가를 받고 있다. 그는 기아자동차 사장으로 재직하던 2005년에 경쟁력을 잃어가던 기아차를 흑자로 전환시키는 데 성공했다. 그는 기아차 사장으로 승진하기에 앞서 2004년 기아차 슬로바키아 공장의 착공이 토지매입 문제로 차일피일 미루어졌던 문제를 직접 현장을 찾아 현지 정부 관계자들과 협상을 벌여 이 문제를 해결하기도 했다.

기아자동차 사장에 승진한 정의선은 기아차의 라인업을 강화하고 경영 정상화를 위해 자동차 개발에 본격적으로 뛰어들었다. 정의선에게 있어 빼놓을 수 없는 단어는 '디자인'이다. 2006년 정의선은 세계 3대 자동차 디자이너 중 한명으로 평가받던 독일 아우디·폴크스바겐 출신의 피터 슈라이어(Peter Schreyer)를 유럽까지 찾아가 끈질기게 설득해 기아차의 디자인총괄 부사장(CDO)으로 영입했다. 이어 기아차의 키워드는 '디자인과 브랜드 가치 강화'라는 경영 철학을 전면에 내세웠다.

피터 슈라이어를 영입해 'K시리즈'를 만들어 낸 것은 정의선의 최고의 성공으로 손꼽힌다. 그동안 기아차는 디자인 측면에서 좋은 평가를 받지 못했다. 하지만 정의선은 디자인 경영을 통해 기아차의 성장을 이끌었다. 2009년에 열린 레드닷 디자인 어워드에서 기아차 '쏘울'이 국내 최초로 수상하며 '디자인 기아차'를 각인시키는 데 성공한 것이다. 그는 다음과 같이 말하며 자신이 생각하는 '디자인 기아'를 그려 나갔다.

"기아차 브랜드를 표현할 수 있는 독자적인 디자인 경쟁력을 갖춰야 한다. 차량 라인업의 디자인을 업그레이드시키고 감각적인 디자인 요소를 가미해 세계 무대에서 기아차의 경쟁력을 향상시켜 나갈 것이다."

정의선은 거기에 머물지 않았다. 그는 기아차 디자인 부문의 독립성을 강화해 나갔다. 그는 '생산라인이 디자인을 쫓아가지 못 한다'는 문제를 해결했고, 그렇게 만들어낸 '디자인 기아차'를 판매로 연결시켰다. 판매 부분에서 성공을 거두자 '그런 디자인은 돈이 많이 든다'는 재정 부문의 간섭에서 벗어날 수 있었다. 이러한 정의선의 성공에는 전권을 그에게 맡긴 아버지의 지원이 큰 힘을 발휘했음은 말할 필요도 없을 것이다.

정의선은 해외에서도 디자인 거점을 구축하며 해외 고객들의 취향에 맞는 기아차의 디자인 완성에 힘썼다. 2007년 독일 프랑크푸르트에 유럽 디자인센터를 준공했고, 2008년에는 미국 캘리포니아 어바인에 위치한 현대기아차 통합 디자인센터에서 기아차를 분리해 미국 디자인센터를 설립했다.

정의선이 기아차 사장으로 재직하는 동안 기아차의 국내 시장 점유율은 2007년에 21.4%에서 2009년 29.4%로 상승했다. 이 기간 동안 세계 시장 점유율도 1.8%에서 2.6%로 올랐다. 어쨌거나 정의선은 '현대차를 쫓아가는 기아차'의 이미지를 탈피하고 현대차와 차별화된 기아차만의 독창적인 디자인 개발에 성공함으로써 3세 경영인으로서의 입지를 단단히 굳혀 나간다.

2011년 1월에 열린 '북미 국제 오토쇼(NAIAS-디트로이트 모터쇼)'는 정의선의 무대였다. 이 모터쇼에는 GM, 포드, 크라이슬러 등 미국 빅3 자동차 업체와 폭스바겐, BMW, 벤츠 등 유럽 자동차 메이커들이 참여하고 있었지만 유독 현대차 컨퍼런스만이 주목을 받았다. 벨로스터와 커브 등 기존의 사고를 뛰어넘는 새로운 콘셉트의 차량을 공개하면서 새로운 슬로건을 내걸자 취재하는 기자들의 탄성이 울려 퍼졌다. 그런데 컨퍼런스의 중심에는 정의선이 서 있었다. 그는 유창한 영어로 신제품을 소개하고 현대차의 비전을 제시하면서 무대를 휘어잡았다. 사람들은 그의 자신감 넘치는 모습에서 현대차의 미래를 본 듯했다.

정의선은 누구인가

정의선은 1970년 10월 18일 정몽구의 외아들으로 태어나, 휘문고와 고려대를 거쳐 미국 샌프란시스코대학교 대학원에서 경영학 석사 학위를 받았다.

그는 재벌 3세, 거기다가 국내 제일의 재벌인 현대가의 장손인 탓에 어릴 때부터 남들의 주목을 받으면서 자랐다. 많은 부담을 안고 자랐을 터이지만 앞에서 살펴본 대로 할아버지 정주영의 '밥상머리 교육' 덕분에 올곧은 품성을 지닌 인물로 자라났다.

정의선은 학창 시절 '운동을 좋아하는 모범생'이었다. 그는 친구들과 어울려 스스럼없이 농구를 즐겼는데 슈팅 실력이 선수 못지않게 정교해서 친구들을 놀라게 했다. 그는 농구뿐 아니라 수영, 테니스, 골프 등도 잘 하는 만능 스포츠맨이었다.

1994년 대학 졸업 후, 정의선은 아버지 정몽구가 개인적으로 가장 애착을 갖고 있는 '현대정공 자재부'에 과장으로 입사했다. 자재부는 자동차 제조에 필요한 부품 조달과 자재관리 및 협력 업체 관리 등을 담당하는 자동차 회사의 가장 기초적인 부서이다. 부품과 원자재 분야에서 '밑바닥 경영 수업'은 현대가의 전통이기도 하다. 자동차 회사를 제대로 알려면 수만 개에 달하는 자동차 부품을 알아야 한다는 것이 정주영의 유지를 받든 경영수업 방식이었다. 그래서 정의선은 자그마한 볼트, 너트까지 다루는 자재부문에서 먼저 일을 시작했다. 그것은 현대차에서 부품 과장, 자재부장을 거쳐 임원으로 승진했던 아버지 정몽구가 걸었던 과정이기도 했다. 정의선은 나사 하나, 케이블 하나까지 자동차 부품을 죄다 외울 정도로 열성을 보였고, 자동차 산업의 큰 그림을 그리기 시작했다.

그러나 그러한 과정은 그다지 길지 않았다. 정의선은 국제적 커리어를 쌓기 위해 1년 만에 미국 유학길을 떠났고, MBA 학위 취득 후 곧장 귀국하지 않고 일본 이토추상사 뉴욕지사에서 2년간 근무했다. 현대뿐만 아니라 다른 나라 회사에서 근무하며 보다 넓은 세계를 공부하기 위해서였다. 정의선의 유창한 어학 실력과 외국 기업에 대한 높은 이해도는 이때 다져진 것이다.

정의선은 1999년 한국으로 돌아와 다시 현대자동차에서 근무를 시작했고 2002년까지 국내영업본부 영업담당 겸 기획총괄본부 기획담당 상무를 맡으며 본격적인 경영 수업을 받았다. 같은 해 현대캐피탈 전무까지 겸임하며 금융 분야에도 발을 넓혔다.

2003년 현대기아차 기획총괄본부 부본부장 겸 기아차 기획실장

부사장으로 승진했다. 이후 기아차 슬로바키아 공장 건설 등 굵직한 해외 프로젝트를 성사시키면서 차세대 리더로서의 잠재 능력을 드러내기 시작했다.

2005년부터 기아자동차 대표이사를 역임하면서 2006년에 아우디, 폭스바겐의 책임 디자이너 피터 슈라이어를 영입해 'DESIGN? KIA!'라는 광고 캠페인을 통한 브랜드 마케팅을 전개함으로써 기아차 브랜드 경영에 성공했고 현재 현대자동차 기획 및 영업담당 부회장이다. 그룹의 지주회사격인 자동차부품 전문회사 현대모비스의 부사장도 맡고 있다. 그는 본텍·글로비스·엠코 등 비상장 계열사의 최대 주주이기도 하다.

정의선은 생전에 정주영이 사실상의 장손이라 가장 예뻐했던 손주이기도 하다. 그렇다고 그가 '오너 3세'의 후광만으로 지금의 자리에 오른 것으로 보는 것은 바른 시각이 아니다. 그는 정주영의 피를 이어받은 손자답게 경영에 탁월한 재능을 발휘해서 3세 기업가군 중에서 군계일학의 뛰어난 면모를 발휘하고 있다. 디자인 경영을 통해 기아차의 고속성장을 이끈 이후 정의선은 경영 능력을 인정받아 현대차 경영 전면에 나서면서 후계구도에 흔들림이 없는 위상을 갖추어 가고 있다. 정의선은 기아자동차 디자인 경영을 성공적으로 이끌며 아버지인 정몽구의 그늘에서 벗어나면서 경영 승계의 당위성을 확보했다는 평가를 받고 있다.

정의선은 정주영만큼 기업적 이벤트를 잘 만들어내고 있는 것으로 알려져 있다. 얼마 전 기아차 수출 500만 대 돌파 기념식 때 그는 임원들의 넥타이를 기아차 상징색인 빨간색으로 통일시키는 이벤트를 연출해서 일사분란하게 단결된 모습을 보여주었다. 또한 그는 아버지 정몽구를 닮아서 직원들과 소주잔을 기울이며 우스갯소리도 곧잘 하는 소탈한 오너, 창의적이고 겸손한 인물로서 평판이 좋다. 당시 같은 부서에 근무했던 한 직원은 "직원들과 스스럼없이 어울려 폭탄주도 마시고 노래방에서 노래 시합을 벌인 적도 있다"며 "친근한 상사의 전형적인 모습을 보여줬다"고 기억을 더듬었다. 부하 직원들에게 항상 존댓말을 사용하면서 본인을 낮추려는 모습도 보였다.

정의선도 할아버지와 아버지를 이어서 같은 좌우명을 지켜나가고 있다.

바로 '일근천하무난사(一勤天下無難事)'라는 말이다. 한결같이 근면하면 천하에 어려움이 없다는 뜻이다. 정의선은 아침 6시 30분에 출근하는 아침형 CEO으로 알려져 있다. 그는 현대차 경영 전반을 총괄하는 동시에 부지런히 해외 현장 곳곳을 누비며 글로벌 경영을 펼치고 있다. 2005년부터 지금까지 대한양궁협회 및 아시아양궁연맹 회장을 맡고 있다.

'포스트 정몽구' 체제를 위한 포석

현대자동차그룹은 2014년 사상 처음으로 연간 판매량 800만 대 시대를 열었다. 글로벌 차 메이커 중 토요타, 폭스바겐, GM, 르노-닛산을 이은 5번째의 대기록이다.

정몽구는 2015년 신년사에서 '글로벌 톱3' 브랜드에 오르기 위해 첫째 브랜드 이미지 제고, 둘째 900만 대 시대, 셋째 연비 혁신 등 세 가지 목표를 제시했다. 그는 15분간 대본도 없이 진행한 신년사에서 전 세계 9개국 32개 공장과 6개의 R&D 연구소, 그리고 딜러를 포함한 모든 판매 네트워크 간의 유기적인 협조 체계를 강화해서 2015년에 '글로벌 820만 대 생산·판매'를 달성할 것을 당부했다.

그리고 현대차그룹은 글로벌 톱3 브랜드로 진입의 기치를 올리기 위한 야심찬 계획을 발표했다. 2018년까지 4년 동안 총 80조 7,000억 원을 투자해서 2020년까지 친환경차 라인업 확대로 글로벌 자동차 메이커 리더로 우뚝 선다는 비전을 제시한 것이다. 이는 '글로벌 톱5'에 머물지 않고 지속적인 설비 투자로 성장세를 이어가고, 미래 성장 동력이 될 친환경 차량 개발을 위해 연구·개발(R&D)에도 적극적으로 나서겠다는 의지를 나타낸 것이다.

현대차그룹은 공장 신증설 등 시설 부문에 49조 1,000억 원, 친환경 차량 및 스마트자동차 등 연구·개발에 31조 6,000억 원을 투자할 계획인데 이는 친환경 자동차와 스마트 자동차 등 미래차 관련 핵심기술을 집중 확보함으로써 해당 분야 업계 리더로 도약하려는 야심을 드러낸 것이라 할 수 있겠다.

69조 원이라는 막대한 금액이 자동차 부문에 투입됨으로써 현대·기아차는 플러그인 하이브리드, 하이브리드 및 전기차 전용모델, 수소연료전지차 추가 모델 등 다양한 친환경차를 개발하고, 모터·배터리 등 핵심 부품 관련 원천기술 확보에도 박차를 가해 친환경 브랜드 입지를 굳게 다져나갈 수 있게 되었다. 이에 따라 현대차그룹은 2018년까지 생산능력, 품질 경쟁력, 핵심부문 기술력, 브랜드 가치 등 모든 면에서 글로벌 업계를 선도할 수 있는 기반을 구축하기 위해 R&D를 주도할 우수 인재 채용에도 적극 나서 향후 4년간 친환경 기술 및 스마트 자동차 개발을 담당할 인력 3,251명을 포함, 총 7,345명의 R&D 인력을 채용할 계획이다.

또 현대차그룹은 삼성동 한전부지에 글로벌비즈니스센터(GBC)를 건립하기 위해 국내 최고층인 115층 규모의 본사 사옥 등 업무시설과 62층 규모의 호텔 및 전시 컨벤션에 관한 개발 사업제안서를 서울시에 제출했다. GBC에는 본사 사옥을 포함한 업무시설·전시 컨벤션·호텔 등이 들어선다.

정몽구는 한국전력 부지를 낙찰 받은 뒤 "새로 건립할 사옥을 방문하는 귀빈들이 편안하고 안전하게 쉴 수 있는 최고의 호텔을 지으라"고 지시한 것으로 알려졌는데 이는 단순한 호텔만 짓는 것이 아니다. 그것은 폴크스바겐이 개발한 독일의 자동차 도시 '아우토슈타트'를 벤치마킹 하려는 복안이다.

2000년, 폴크스바겐은 '자동차 도시'라는 뜻의 자동차 테마파크 '아우토슈타트'를 열었는데 이곳은 아우디, 포르셰, 람보르기니 등 폴크스바겐 산하 브랜드 전시관과 자동차 박물관, 특급 호텔, 콘서트장 등으로 구성된 일종의 테마파크로서 연간 200만 명 이상이 방문하는 명소가 되었다. 메르세데스벤츠도 이에 뒤질세라 2006년 모기업인 다임러AG 본사가 있는 독일 슈투트가르트 시에 '메르세데스벤츠 박물관'을 세웠는데 이곳도 명소가 되었다. 2013년, 70만 명 이상이 이곳을 방문했는데 중국, 미국 등 170개 국에서 온 외국인이 40퍼센트를 차지했다.

서울시도 때맞춰 삼성동 한전 부지를 포함해 '코엑스~서울의료원~잠실종합운동장'을 연계하는 국제업무, 전시, 문화공연시설을 만들어 서울의 경쟁력을 키우겠다는 동남권 개발계획을 발표해서 현대차그룹의 사업 추진은 급물살을 타게 되었다. 서울시는 삼성역에 KTX(고속철도)와 GTX(수도권광역급행철도), 남부광역급행철도 및 9호선 연장구간, 위례신사선(경전철) 등을 집중시킬 계획인데 삼성동 일대가 강남의 강남이 되는 교통 인프라가 집결되는 것이다.

현대차그룹의 이 같은 포석은 본격적인 '포스트 정몽구' 체제를 위한 것으로 보인다. 최근 정몽구·정의선 부자가 연이어 현대글로비스 지분 매각을 시도하면서 업계에서는 현대차그룹의 경영권 승계가 본격화된 것이라는 관측이 나오고 있다. 사실 2009년 8월 정의선의 부회장 승진 이후 '포스트 정몽구' 체제는 가동되고 있었다. 다만 그 속도가 늦고, 점진적인 것이어서 겉으로 잘 드러나지 않았을 뿐이다.

정의선은 정몽구의 외아들이고 착실하게 경영 수업을 쌓아왔기 때문에 다른 후계 구도를 가정할 여지가 없는 것이 현실이다.

이미 현대차그룹은 정의선의 부회장 발탁 직후인 2009년 12월 사상 최대 규모의 임원인사를 단행했다. 원로급 임원인 김동진 현대모비스 부회장, 김치웅 현대위아 부회장, 팽정국 현대차 사장 등이 퇴진했고 226명에 달하는 젊은 임원들이 대거 등용됨으로써 포스트 정몽구 시대를 예고한 바 있다. 이들은 정의선의 사람들이라기보다는 아버지가 용인해준 사람들이 포진하기 시작했다고 보아야 할 것이다. 이때부터 '정의선 체제'의 기반은 마련되어 오고 있었다.

한국전력 본사 부지 매입이후 현대차그룹은 본격적인 '포스트 정몽구' 체제로의 전환을 시도하고 있다. 아직 아버지 정몽구가 여전히 건재하고 경영 전반에 걸쳐 활발한 활동을 보이고 있지만 향후 정의선이 이끌어 갈 '삼성동 시대'를 준비하기 위해서는 당연한 수순이다.

정몽구는 세계 5위 자동차 회사의 위상에 맞는 본사를 만드는 게 숙원이었다. 양재동 본사와 계동 사옥을 통틀어도 비좁아서 현대차그룹은 셋방살이를 면하지 못하는 신세였다. 그래서 정몽구는 한전 부지 인수에 대해 그렇게 집요하게 매달렸던 것이다. 새로운 현대차그룹 건물은 2023년 경 완공된다. 그때 정몽구의 나이는 85세가 된다. 그때가 되면 정의선의 시대가 될 것이므로 새로운 본사는 사실상 아버지가 아들을 위해 마련한 최고의 선물이라 할 수 있겠다. 그런 의미에서 정몽구에게 한전부지 인수는 돈의 문제가 아닐 수 있다. 이는 정몽구가 한전부지 인수에 대해 '100년을 내다보고 결정한 일'이라고 밝힌 데서도 알 수 있다.

CES에서 현대 스마트카의 길 찾았나?

2015년 1월 6일, 정의선은 미국 라스베이거스에서 열리고 있는 세계최대 가전박람회 'CES 2015' 전시장을 찾았다. 그가 가장 먼저 찾은 곳은 삼성전자 부스였다. 그는 이곳에서 삼성전자와 BMW가 함께 개발한 자동 주차 시스템을 살폈다. 이것은 삼성전자의 스마트워치 '갤럭시기어S'로 BMW 전기차를 자동으로 주차할 수 있는 시스템이다. 정의선은 또 삼성전자의 가상현실(VR) 헤드셋 '기어VR'에 큰 관심을 보였다.

정의선이 삼성전자 부스를 가장 먼저 방문한 이유가 무엇일까? '자동차와 IT'의 융합이 업계 최대의 화두로 떠오르고 있기 때문이다. 'CES 2015'에서 모두 5명의 기조 연설자 가운데 2명이 자동차 업체 CEO일 정도로 '자동차와 IT의 융합'의 물결은 거세다.

21세기는 사업의 경계가 사라진 시대다. 이제 같은 업종끼리만 싸우던 시대는 지났다. 업종간 경쟁의 벽이 무너지고 그전까지는 전혀 다른 업종이라고 생각했던 회사 간에 경쟁이 급격하게 늘어나고 있다.

가령 삼성전자와 경쟁업체가 아닌 것 같은 기업이었던 애플과 구글이 전방위적으로 전자 산업 영역을 해체하고 새로운 경쟁 구도를 만들면서 삼성의 강력한 라이벌로 떠올랐다. 삼성전자는 스마트TV 시장에서 소니나 필립스가 아닌 구글TV, 애플TV와 일전을 벌이고 있다. 얼마 전 같으면 그 누구도 상상조차 할 수 있는 일이 벌어지고 있는 것이다.

애플이 더 이상 컴퓨터 회사가 아니듯이 구글 또한 단지 검색엔진 서비스만을 제공하는 업체가 아니다. 구글은 IT산업에서 전방위적인 사업 확장을 통해 새로운 사업을 창출하고, 산업의 지형을 변화시키는 장본인이다.

정몽구나 정의선의 머릿속에 있는 라이벌은 도요타가 아닌 구글이다. 이미 구글의 무인 자동차는 상용화 단계에 들어서 있고 많은 자동차 회사들이 잔뜩 긴장해 있다. 그래서 현대자동차의 경쟁 상대는 삼성전자가 될지도 모른다는 말이 나돌고 있다. 또 애플이 아이폰이나 아이TV에 이어서 아이카(i-Car), 아이하우스(i-House)를 만들어 낸다면 어떻게 될까?

그래서 'CES 2015'에는 역대 최대 규모인 10여 개의 자동차 업체들이 참가한 것이고 물론 현대차도 참여했다. 삼성 부스를 나온 정의선은 CES에 참가한 주요 자동차 업체들의 부스를 돌아보며 경쟁 업체들의 스마트카 준비 현황을 돌아봤다. 그는 전시장에 도착한 지 30여 분 만에야 현대자동차 부스를 찾았다.

현대차는 새 인포테인먼트 시스템이 적용된 신형 쏘나타와 증강현실 헤드업 디스플레이가 적용된 제네시스를 전시하는 등 신기술을 탑재한 차들을 전시하고 있었다. 현대차는 전자동 주차 시스템과 함께 주행 중 다양한 운행 정보를 제공해 자동 주행을 돕는 주행보조 시스템을 선보였다. 현대차는 스마트워치를 통해 자동차를 제어할 수 있는 기술도 선보였다. 스마트워치로 시동을 걸거나 자동차 문을 여닫을 수 있고 전조등을 켜거나 경적을 울릴 수도 있다. 또 운전자의 건강 상태 등을 기록하고 주행 중 위험 상황을 알려주는 기능도 있다.

정의선은 전시된 신형 제네시스에 탑승해 설명을 듣는 등 전시 상황을 꼼꼼히 살폈다.

현대차그룹을 이끌어갈 차세대 리더인 정의선의 과제는 아버지 정몽구가 일궈낸 '글로벌 톱5'의 위상을 한 단계 더 끌어올리는 것이다. 그에게는 글로벌 1,000만 대 생산·판매 체제를 갖춰야 하고 하이브리드·플러그인 하이브리드·수소연료전지차·전기차 등 친환경차 개발에서도 선도적인 입지를 다져야하는 과제도 주어져 있다. 향후 자동차·철강·건설의 삼각 체제로 재편되는 그룹에서 계열사 간의 시너지를 높이는 것도 정의선의 몫이다. 또한 아버지 세대의 사람들을 자기 세대의 사람으로 바꿔 나가야 하는 과제도 안고 있다.

현대가 2·3세들의 경쟁과 협력 ⑱

자신의 힘으로 얻어낸 것이 아니면 그 무엇도 가치가 없다.
피와 땀으로 얻은 것만이 완벽하게 자신의 일부가 되는 것이다.

– 제임스 가필드 –

현대가의 '新포스트 정주영 시대'

학생　　：제가 꿈이 있는데요.

선생님 : 그래 네 꿈이 뭐냐?

학생　　：제 꿈은 재벌 2세거든요.

선생님 : 그런데?

학생　　：아빠가 노력을 안 해요.

한동안 인터넷을 달궜던 블랙유머(black humour)이다. '재벌 2세의 꿈'이란 이 유머에는 금수저를 물고 태어난 사람들에 대한 부러움이 묻어 있다. 요즘 안방을 지배하는 TV드라마의 절반 이상의 주인공이 재벌 2세 아니면 3세들의 이야기다. 그만큼 재벌은 선망의 대상이다. 그런데 재벌가에 태어난 후세들은 그렇게 선망의 대상이 될 만큼 행복할까?

이제 우리나라는 산업화 시대가 60년을 넘어선 까닭에 2세 경영을 지나서 3·4세 경영의 시대에 도래해 있다. 국내 10대 그룹 중 9곳에서 3세의 역할이 커지고 있다. 재계 2·3세의 경우 창업주 세대와 달리 젊은 나이에 외국으로 유학을 떠나 경영학을 전공한 경우가 많다. 국내 기업의 활동 무대가 세계 시장으로 확대되면서 일찌감치 글로벌 감각을 키우는 것이 중요해졌기 때문이다. 그런데 과연 그들이 자신들의 몫을 제대로 해내고 있는 것일까?

'땅콩 회항'으로 사회적 물의를 일으킨 조현아 파문을 보면서 '재벌 3세'란 타이틀과 최고의 스펙을 자랑하는 그녀지만 '거만함', '원정출산', '고소', '금수저'와 같은 부정적인 이미지만을 남긴 이유가 무엇일까 생각해 보게 된다.

범현대가에는 '선(宣)'자 돌림의 3세 경영인이 수십 명 포진해 있다. 돌림자를 쓰지 않는 여자들을 포함하면 그 숫자는 더욱 늘어난다. 현대가는 이제 4대에 이르는 사람들로 구성되어 있는 탓에 범현대가의 사람들은 직계(直系)와 방계(傍系)를 망라하면 약 300명에 달한다.

앞에서도 살펴보았지만 최근 현대가 3세들이 재계의 이슈로 떠오르고 있다. 그도 그럴 것이 근래에 이들 3세들이 각자의 그룹 내에서 경영 전면에 적극적으로 나서면서 여느 재벌가 3세들보다 두드러진 행보를 보이고 있기 때문이다.

현대가에서 '3세의 시대'가 열린 때는 2006년 12월이다. 정주영이

1947년 서울 중구 초동의 허름한 자동차 수리 공장 한 귀퉁이에 '현대토건사(현대건설 전신)'라는 간판을 내건지 60년 만이다. 정주영의 3남 정몽근이 현대백화점그룹 회장직에서 명예회장으로 물러나며 그 자리에 장남 정지선을 앉힌 것이다. 말하자면 '선'자 돌림 3세들 중 첫 대권 승계였다. 정지선은 1997년 과장으로 입사해서 2001년 이사, 2002년 부사장, 2003년 부회장을 거쳐 입사 10년 만에 회장직에 오른 것이다.

그 후 범현대가는 현대자동차그룹, 현대중공업그룹, 현대백화점그룹, 현대차그룹, 성우그룹, 한라그룹, KCC그룹, 현대산업개발그룹, 현대해상화재보험그룹, 한국프랜지공업 등이 범현대가로 분류되는 그룹들의 3세대 경영인들이 최근 '포스트 정주영'을 향한 잰걸음을 펼치고 있어 재계의 관심이 집중되고 있다. 정주영의 손자·손녀인 이들이 그룹 내에서 최고 경영인 및 고위 임원을 맡으면서, 그룹을 이끌어 나갈 차세대 오너로서의 경영 수업과 그 수순을 착실히 밟아 나가고 있기 때문이다.

알다시피 현대그룹은 2000년 이른바 '왕자의 난'으로 그룹이 쪼개지는 아픔을 겪었다. 그러나 정몽구의 현대자동차그룹이 재계 2위로 도약하면서 옛 '현대'의 명성을 되찾은 이후, 현대 패밀리의 결속이 본격화되고 있다. 2008년 현대백화점그룹이 15년 전 한라그룹에서 분리된 김치냉장고 브랜드 '딤채'로 잘 알려진 위니아만도를 인수하면서 범현대가의 기업 되찾기가 시작되었다. 현대중공업은 현대종합상사와 현대오일뱅크를 잇따라 인수했고, 2011년에는 현대그룹의 모태 기업인 현대건설도 현대자동차그룹이 인수함으로써 현대가의 품에 돌아왔다. 이로써 정주영이 일궈놓은 주요 계열사들은 대부분 정씨 가문이 서로 협력해서 인수하여 현대가의 옛 영광을 다시 구가하고 있는 셈이 되었다.

창업 현장을 누비는 3세들

그런 가운데 현대가 3세들의 할아버지 시대의 영광을 되찾기 위한 노력도 대단하다.

정주영의 피를 이어받은 현대가 3세들이 최근 창업 현장을 누비고 있다. 그들은 할아버지의 기업가 정신을 전파하며 이윤 추구보다 스타트업 성공을 돕는 일에 나서고 있기도 하다. 경영 세습과 수업에만 집중하는 다른 재벌 2·3세와도 다르다.

가장 대표적인 사람이 정경선 '루트임팩트' 대표다. 1986년생인 그는 현대해상화재보험 회장 정몽윤의 장남으로 고려대 경영학과를 졸업한 후, 비영리법인 루트임팩트를 설립하여 다양한 사회공헌 사업을 하고 있다. 루트임팩트는 사회적 기업을 만들려는 젊은이들을 발굴하고 자금 등을 지원해주는 일을 하는 비영리법인이다. 사회공헌활동을 하고 싶어 하는 기업에게 자문을 제공하기도 한다.

현대가의 3세가 경영 수업을 받지 않고 사회적 기업을 만들려는 젊은이들을 지원하는 활동을 하고 있어서 세간이 주목을 받고 있는데 그는 단순한 창업 지원이 아닌 사회 문제를 창업으로 해결하는 소셜 벤처 지원에 집중하고 있다. 그는 10대 시절 '왜 나는 폐지 줍는 분들을 보면 죄책감을 느낄까'하고 재벌 3세로 태어난 자로서의 고민을 했다. 그는 그 고민이 루트임팩트를 설립하게 했다고 한다. 정경선은 대학 졸업 뒤 할아버지 정주영이 설립한 '아산나눔재단'에서 1년여간 인턴으로 일하다가 2012년 루트임팩트를 만들었다. 그는 "네가 번 돈도 아닌데 돈 끌어다 쓸 생각부터 하느냐"며 완강히 반대하는 아버지 정몽윤을 설득했다.

현재 루트임팩트는 직원은 11명으로 고액 기부자들의 기부로 운영되고 있다. 특히 아버지가 루트임팩트의 가장 든든한 기부자다. 아버지의 후광 덕분에 그런 사업을 벌일 수 있다는 말 때문에 그는 부모님 도움은 딱 3년만 받기로 했다.

최근 새로 시작하는 사업들이 어느 정도 자리를 잡으면 컨설팅 등 외부 용역사업이 늘어나서 본 궤도에 오르고 있다. 그는 청년 사회혁신가들과 기업 사이를 잇는 다리가 되고 싶다면서 이렇게 말하고 있다.

"제가 남보다 특별한 재능은 없습니다. 다만 조금은 다른 배경으로 저에 대한 주목도가 있다면 소셜 벤처 인식 제고에 쓰였으면 합니다. 소셜 벤처 활성화에 지렛대 역할을 하고 싶습니다. 모든 사람들이 각자의 방식으로 사회문제 해결에 기여할 수 있는 세상을 꿈꿉니다. 선한 의지를 실현하고자 하는 사람들이 성공할 수 있도록 돕는 것이 회사의 목표입니다."

정경선은 루트임팩트를 '록펠러 재단'이나 '아쇼카'처럼 만들고 싶다는 포부를 간직하고 있다. 록펠러 재단은 100년에 걸쳐 록펠러 가문의 자선사업을 관리하고 있고, 아쇼카는 세계적 사회적 기업가 지원 단체다.

정남이 아산나눔재단 기획팀장은 정몽준의 장녀다. 그녀는 연세대 철학과를 다니다 유학길에 올라 미국 남가주대학 음대를 졸업하고, MIT 경영전문대학원을 마쳤다. 다국적 컨설팅전문회사인 베인앤컴퍼니에 근무했으나 2013년 아산나눔재단으로 자리를 옮겨 기획팀을 신설, 팀장으로 일하고 있다. 아산나눔재단은 정몽준이 4,000억 원 이상의 사재를 출연해서 만든 재단이다. 기획팀은 재단의 기존 사업인 창업 지원과 글로벌 인턴십 파견 등을 총괄하고 있는데 평소 창업에 관심이 많은 그녀가 맡은 일은 창업 캠퍼스 사업이다.

정남이는 기획팀장으로서 2014년 4월 신개념 창업지원센터 '마루180(MARU180)'을 개관했다. 역삼동 180번지에 자리한 '마루180'은 일종의 '창업보육센터'로서 청년들을 위한 창업을 지원하는 각종 기능을 한곳에 모아 놓은 곳이다. 이곳은 정남이가 가장 공을 들인 사업의 결실로 그녀는 "유럽 벤처의 요람으로 자리 잡은 구글(Google)의 런던 캠퍼스처럼 가꿔 나갈 것"이라고 포부를 밝혔다.

'마루180'은 5층 건물로 지하 1층에는 이벤트홀이 자리하고 있다. 창업과 관련된 콘텐츠를 가지고 있는 누구나 활용할 수 있는 열린 공간이다. 지상 1층에는 아산나눔재단 사무실과 강연문화 벤처기업인 마이크임팩트가 운영하는 코워킹 카페가 들어섰다. 1인 개발자나 디자이너가 사용하기에 최적의 공간으로 만들어졌다는 게 재단 측의 설명이다. 2층부터 5층은 초기 기업에 중점 투자하는 벤처캐피탈, 해외 진출과 기술지원을 돕는 액셀러레이터, 재단에서 선발한 스타트업의 사무실이 자리해 있는 커뮤니티 공간이다. 마루180의 모든 공간은 24시간 운영된다.

많은 기업의 후예들이 이윤 추구와 안락한 삶만을 추구하는 가운데 정경선과 정남이의 새로운 도전은 업계에 신선한 바람을 일으키고 있는 듯하다. '루트임팩트'나 '마루180'을 통해 꿈을 지닌 많은 청년들이 '제2의 정주영'으로 성장할 수 있도록 많은 지원이 뒤따르고 성공한 벤처가 다시 후배기업을 지원하는 선순환 고리를 형성할 수 있었으면 좋겠다.

다시 정주영 정신으로 ⑲

내가 평생 동안 새벽 일찍 일어나는 것은
그날 할 일이 즐거워서 기대와 흥분으로 마음이 설레기 때문이다.
아침에 일어날 때 기분은 소학교 때 소풍가는 날 아침,
가슴이 설레는 것과 똑같다. 또 밤에는 항상
숙면할 준비를 갖추고 잠자리에 든다.
날이 밝을 때 일을 즐겁고 힘차게 해치워야겠다는 생각 때문이다.
내가 행복감을 느끼면서 살 수 있는 것은 이 세상을 아름답고 밝게,
희망적으로, 긍정적으로 보기 때문에 가능한 것이다.
– 정주영, 1983.7.29 신입사원 하계수련대회 특강에서 –

21세기에도 통하는 '정주영 리더십'

2013년 3월 9일 중앙일보는 비즈니스 면에 ' '21세기 정주영' 10만명 키우자'는 제호의 기사를 실었다. 이 기사는 사라진 '기업가 정신'에 대해서 이렇게 쓰고 있다.

꼭 50년 전인 1965년 한국의 수출품은 오징어·김·합판이었다. 이젠 스마트폰·자동차·조선 등이 세상을 주름잡는다. 정 회장같이 바닥에서 시작한 '1세대 기업가'들이 변화를 주도했다. 정 회장이 76년 사우디아라비아 주베일항(港) 공사를 따냈을 때였다. 300m 산 하나를 통째로 바다에 메우는 공사를 놓고 모두 '불가능'을 외쳤다. 하지만 정 회장은 공사모를 쓰고 현장을 누볐고, 당시 한국 정부 예산의 4분의 1(25%)인 9억 3,000만 달러를 벌어 왔다.

하지만 '기업가 정신'은 예전 같지 않다. 그 때문에 고속성장 호시

절도 갔다. 2008년 '글로벌 금융위기' 이후 경제성장률은 평균 3.1%로 내려앉았다. 현재 1인당 국민총소득은 2만 8,000달러로 추정되지만 '증가 속도'는 갈수록 떨어진다. 그 후유증은 일자리 부족이다. '청년 실업'의 강도는 미국·프랑스·일본보다 심각해 '세대 갈등'의 뇌관이 되고 있다.

이 기사는 최근에 일고 있는 한국이 선진국으로 도약하기 위해선 정주영과 같은 기업가 정신을 갖춘 경영자가 배출돼야 한다는 주장을 대변하고 있다. 대학 창업교육센터 협의회장인 중앙대 경영학부 김진수 교수는 "고(故) 정주영 현대그룹 회장 같은 창업가 10만 명을 양성하는 프로젝트를 본격 시행해야할 때"라고 강조했다. 가히 이율곡의 '10만 양병설'을 연상시키는 발언이다.

정주영은 평소 "이봐, 해봤어?"라고 입버릇처럼 말하곤 했다. 이 말은 정주영이 강조했던 '하면 된다'는 도전 정신 '현대 정신'을 가리키는 말이다. 1970년대 중반 열사의 중동에서 건설사업을 시작하려하자 대다수의 사람들이 "뜨거운 사막에서 무슨 건물을 짓느냐"며 불가능하다고 할 때 정주영은 이렇게 말했다.

"더우면 낮에 쉬고 밤에 작업하면 돼. 사막은 밤에 무척 시원해. 각종 건설 자재가 도처에 널려있고 물만 끌어오면 되는데 사막만큼 건설공사에 적합한 곳이 어디 있겠어?"

정주영의 성공을 두고 '개발독재시대 모델'이라고 말하는 이들도 더러 있지만 정주영식 역발상, 정주영식 기업가 정신이 없었더라면 과연 현대의 신화가 가능했을까?

1977년 10월 경영학의 구루 피터 드러커가 한국을 방문했을 때 정주영을 만나자마자 '정주영식 경영'에 대해 이런 진단을 내렸다.

"정주영 회장을 통해서 깨닫게 된 것은 경영은 머리로 하는 것이 아니라는 것입니다. 이론과 머리는 극히 일부분에 불과해요. 참 기업가 정신은 머리가 아니라 거트(gut, 용기)로 하는 겁니다. 정 회장님은 그런 점에서 거트를 타고난 분입니다."

피터 드러커는 위험과 불확실성에도 불구하고 이윤을 추구하려는 모험과 창의적 정신이 기업가 정신의 핵심이라 했다. 기업가 정신을 한마디로 압축하면 '도전 정신'이다. 사실 정주영, 이병철, 구인회 등으로 대표되는 '1세대 기업가'들의 도전과 모험정신이 없었다면 한국 경제는 지금과 같은 발전을 이룩하지 못했을 것이다. 그들은 일단 새로운 사업이 선정되면 위험을 감수하고 회사 전체의 역량을 집중해 현재의 한국 기업군을 만들어냈던 것이다. 대한민국 기업가를 논할 때 정주영은 단연 으뜸으로 꼽히는 경영인이다.

다시, 정주영式 기업가 정신이 필요하다

2014년 3월 20일, 현대경제연구원은 정주영의 13주기를 하루 앞두고 '지금 기업가 정주영이 필요하다'라는 제목의 보고서를 내놓았다. 이 보고서를 한 마디로 요약하면 "정주영은 진정한 기업가 정신으로 한국의 근대화를 선도해 한강의 기적을 실현했다"는 것이었다.

정주영이 창업한 현대그룹은 1970년에서 1995년 사이 매출 규모가 251억 원에서 59.2조 원으로 증대되고, 한국 전체 기업 매출액 대비 비중 역시 2.5%에서 9.3%로 증가하였다. 또한 1975년 한국 전체 수출의 2.3%를 담당했던 현대그룹은 1995년에는 전체 수출의 11.3%를 차지하는 수출 선도 기업으로 성장했다.

보고서에 따르면 대한민국이 1인당 국민소득 4만 달러의 선진국에 진입하기 위해서는 정주영 같은 투철한 기업가 정신을 갖춘 경영자들이 지속적으로 배출돼야 하는 것이다. 이 보고서는 우리가 선진국으로 도약하려면 '정주영식 기업가 정신'으로 재무장해야 한다면서 다음과 같은 5가지를 꼽았다.

① 창조적 사고
② 캔두(Can Do·할 수 있다)이즘
③ 글로벌 마인드
④ 사회적 책임
⑤ 통일 대비

먼저 발상의 전환으로 대표되는 정주영의 창조적 사고는 1,001마리의 소떼를 몰고 민간인 최초로 판문점을 넘어 방북한 사례에서 잘 나타난다. 또, 1,000마리가 아닌 1,000＋1은 또 다른 교류의 시작을 내포하고 있다. 오늘날의 기업가들에게도 이 같은 창의적 사고를 바탕으로 한 기업 발전의 도모와 창조 경제의 새로운 성장 동력 마련이 요구된다.

둘째, 도전과 긍정의 캔두이즘은 '무에서 유를 창조하는' 정신이다. 캔두이즘은 시설 건설, 선박 수주, 건조를 동시에 진행해 조선소 건설 비용 절감과 선박 가격 인하를 이룬 사례에서 잘 나타난다. 이는 긍정과 도전을 통한 실제적 추진력의 성공이라 할 수 있는데 차세대 기업가들도 캔두이즘을 바탕으로 역동적인 기업 혁신 기반 조성에 힘써야 한다.

셋째, 세계 지향의 글로벌 마인드가 중요하다. 정주영은 사업 초기부터 작은 규모의 국내 시장을 감안하여 세계 시장을 겨냥한 공격적 마케팅을 통해 시장을 개척하는 방식을 활용했다. 세계 시장을 대상으로 한 이런 전략은 한국과 같이 작은 규모의 국가에서 대규모 사업을 벌이는 기업가에게는 반드시 필요한 역량이다.

넷째, 신뢰와 상생을 위한 사회적 책임이 필요하다. 정주영은 한·러 수교의 계기 마련 등 국제 수교의 가교 역할을 했고, 88서울올림픽 개최지 선정을 위해서도 발 벗고 뛰면서 대한민국이 선진국으로 약진하는 토대를 제공하는 등 국가 브랜드 가치 향상에 노력했다. 정주영은 단순히 기업의 이윤만 추구한 사람이 아니었다. 미래의 기업가들은 정주영이 펼친 사회적 책임을 수행하기 위한 노력들을 교훈으로 삼아야 한다.

다섯째, 통일을 대비한 창조적 예지다. 정주영은 남북 협력 없이 경제 성장은 불가능하다고 믿고, 남북경협을 통한 민족의 균형 발전과 통일의 토대 마련을 도모했다. 관광 등 협력이 용이한 분야의 협력을 바탕으로 사회문화적 공동체 형성과 점진적 확대를 도모하려는 노력은 당국 간 대화 통로가 없던 당시, 비공식적 외교 채널의 역할도 담당했다. 정주영은 남북 협력 없이 경제 성장은 불가능하다고 믿고, 남북경협을 통한 민족의 균형 발전과 통일의 토대 마련을 도모했던 것이다. 우리에게는 이와 같은 정주영의 노력에 기반을 둔 남북 상생의 경제통합 모델 개발이 절실하게 요구된다.

이런 '정주영 정신' 때문에 현대그룹의 매출 규모는 1970년 251억 원에서 1995년 59조 2,000억 원으로 증가하고, 한국 전체 기업 매출액 대비 비중은 같은 기간 2.5%에서 9.3%로 커졌다. 또한 1975년 한국 전체 수출의 2.3%를 담당했던 현대그룹은 1995년에는 전체 수출의 11.3%를 차지하는 수출 선도 기업으로 성장했다.

현대경제연구원은 "아산 정주영은 진정한 기업가 정신을 바탕으로 한국의 근대화를 선도했을 뿐만 아니라 한강의 기적을 실현한 한국 기업가의 대명사로 평가할 수 있다"고 밝혔다.

현대의 기업정신: 가진 것을 나누어 갖는다

기업가라면 어떤 사업을 해서 이익을 남기는 사람이다. 그러나 사업을 해서 남긴 이익을 다시 사회에 환원할 수 있는 사람이 진정한 기업가로 존경받는 법이다.

정주영은 기업이 값싸고 품질 좋은 상품을 생산해서 소비자를 보호하고 기업의 부를 사회에 환원해서 사회복지를 증진하는 데 기여하는 것은 기업이 가지는 본래의 책임이라고 생각했다.

그는 끼니를 잇기 어려울 만큼 가난한 사람, 병이 들어도 병원에 갈 수 없는 사람, 학자금이 없어 학업을 중단해야 하는 수많은 청소년을 돕는 일에 사업을 해서 벌어들인 이익을 투입하는 것이 진정한 사회 환원이라고 생각했다.

1977년 7월 1일, 정주영은 '아산사회복지사업재단(峨山社會福祉事業財團)'을 설립했다. 그는 아산재단 설립을 발표하면서 '현대건설'의 개인 주식 50%를 내놓았다. 매년 약 50억 원의 배당이익금으로 아산 재단이 사회복지사업을 하도록 한 것이다.

정주영의 아호이기도 한 아산으로 재단의 이름을 정한 것은 자신의 고향이자 뿌리인 아산(峨山)을 잊지 않고 영원히 기리기 위한 그의 고향 사랑의 발로라고 할 수 있겠다.

정주영은 평소 국민 모두가 더불어 잘사는 사회를 만들고 싶은 꿈을 간직하고 있었고 현대건설 창립 30주년을 맞아 오랜 기간 모든 정성을 다해 키워온 현대건설 주식의 절반을 과감히 내놓으며, 지속적인 복지사업의 실현을 위해 특유의 결단력을 보여주었다. 정주영의 이러한 결단은 당시의 우리사회에 큰 충격을 주었고 신선한 바람을 불러 일으켰다. 70년대 후반, 물론 우리나라에 장학이나 사회복지를 위한 재단이 없었던 것은 아니지만, 아산재단과 같이 사회복지사업을 표방한, 대규모 재단의 설립은 초유의 일이었다.

그는 아산재단의 설립이야말로 영리 추구에만 급급한 한국기업 일반에 대한 국민의 불신을 해소하고 기업이윤의 사회환원이라는 이른바 기업의 사회적 책임과 일치되는 쾌거라고 확신했다. 그것은 현대건설이 국내 제일기업으로 성장했다는 자부심의 표출이기도 했고 나아가서 현대건설이 기업 본래의 책임을 적극적으로 이행해야 할 시기에 도달했음을 알리는 신호이기도 했다.

처음에 세상은 아산재단을 그렇게 선의로 받아들이려고 하지 않았다. 그것은 지난날 우리 국민들이 일부 재벌들에게 많이 속아온 탓이었다. 일부 재벌은 소위 복지재단이라는 것을 설립한 뒤에 그저 간판이나 걸어 놓기가 일쑤였고 아니면 복지재단을 또 다른 영리추구의 수단으로 이용하곤 했었다. 그런 사례가 있었기 때문에 정주영은 재단설립을 발표하면서 향후 5년 동안 벌일 사업까지 못박아 밝혔다.

"나는 '현대건설'의 성장 과정에 기여한 근로자들의 노고를 잊지 않는다. 엄동설한에도, 열사의 중동에서도 그 힘든 공사를 최선을 다해 해냈던 우리 근로자들의 땀과 정성이 없었다면 '현대건설'의 눈부신 성장도 없었을 것이다. '현대건설'의 사회 환원은 그런 외롭고 가난하고 소외된 이들에게 돌리고 싶었다."

정주영은 처음부터 '아산재단'을 미국의 록펠러 재단이나 포드 재단에 버금가는 재단으로 성장 발전시켜 나갈 작정이었다. 그래서 그는 아산재단이 단일목적을 위한 재단이 아닌 사회복지사업 전 분야에 참여하는 종합적 복지재단으로 발족시켰던 것이다.

아산재단은 '아산생명과학연구소'도 열었고, 울산의과대학도 만들었으며 최고의 의료 시설을 갖춘 서울중앙병원은 국내 최초로 심장 이식 수술을 성공시키기도 했고, 1995년에는 대한민국 기업문화상을 받기도 했다.

아산재단은 의료 지원사업 외에도 각종 사회복지단체를 지원하고 있다.

매년 소년소녀가장과 집안이 넉넉하지 못한 학생들에게 장학금을 지급하고, 대학의 학술연구 지원을 통해 산(産)·학(學)·연(研) 협동 체제를 구축하는 등 아산재단을 통한 사회복지활동을 활발히 전개했다. 또 1989년부터는 우리 사회의 윤리 의식 고취의 뜻으로 헌신적인 사회 복지 단체 종사자를 선정, 시상하고 있고 아산효행대상도 만들어 시상하고 있다.

이처럼 정주영이 설립한 아산재단으로 인하여 잃어버린 꿈과 희망을 되찾는 이들이 점차 많아졌다. 정주영은 말년에 강한 실천력으로 사회에 환원 활동을 벌여나갔다. 그는 아산재단이 우리나라 최대, 최고의 사회 복지재단으로 '아산재단'이 우뚝 서서 100년, 200년 발전하기를 바라기를 소망했다.

아산재단은 공익재단 가운데 '자립'에 성공한 대표적인 사례로 꼽힌다. 재단 직원만 7,300여 명에 달하고 연간 사업비 대부분도 외부 기부금 없이 재단 수익 사업을 통해 충당하고 있을 정도로 자생력을 키웠다. 정주영의 소망은 현재 아산재단에 고스란히 남아 있다.

제3부

아버지의 시대

한국 경제는 해방 이후부터 본격적인 자본주의 체제를 맞이한다. 이 땅에 근대적 의미의 기업가들이 등장한 것은 일제 강점기 아래서이다. 엄격한 유교적 신분 질서 속에서 미천한 직업으로 분류되던 상업과 공업의 종사자들이 상업 자본을 형성하여 기업가 집단으로, 사회를 주도하는 세력으로 등장하기 시작한 것이다.

그들은 쌀장사, 포목점, 고물상, 방직업 등으로 시작하여 기반을 닦았고 해방 이후의 혼란기와 6·25 한국 전쟁을 겪으면서 상업과 공업, 그리고 무역으로 부를 축척하여 자본가 그룹을 형성해 나갔다.

제6장

현대가
태어나기까지

"사람은 누구나 나쁜 운과 좋은 운을 동시에 가지고 있다. 운이란 시
간을 말하는 것인데 하루 24시간, 1년 사계절 중에서 즐겁게 일할 수
있는 시간이 좋은 운이다. 이것을 놓지지 않고 열심히 일하는 사람에
게는 나쁜 운이 들어올 틈이 없다."

– 정주영, 1991년 광주 MBC 시민교양강좌에서 –

세대(世代)는 태양이다. 어둠 속에서 솟아오르는 맑고 싱싱한 햇살처
럼 그것은 탄생한다. 그래서 거기 또 하나 새로운 시간이 마련되는
것이다. 그것을 사람들은 오늘(現在)이라고 부른다. 태양이 떠올라야
오늘이 있듯이 새로운 세대가 탄생되는 곳에 오늘의 역사, 오늘의 생
활이 있다.

– 이어령, 『거부하는 몸짓으로 이 젊음을』 –

정주영의 가계 ⑳

어려움을 겪고 있다는 사실도 미처 모르고 있을 때,
기회는 문을 두드린다.
환한 미소로 기꺼이 맞이하라.
- 짐 블래싱갬 -

정주영의 가문

정주영은 1915년 11월 25일, 전국에서 눈이 가장 많이 내린다는 강원도 통천군(通川邑) 송전면 아산리(峨山里)에서 태어났다. 아버지는 정봉식(鄭捧植)이며 어머니는 한성실(韓成實)인데, 정주영은 이들 부부 사이에서 6남 2녀 중 장남으로 태어났다.

동해안에 인접한 면(面) 소재지였던 송전(松田)은 이름 그대로 노송(老松)이 숲을 이루고 있는 바닷가 마을이었다. 이곳 송전 해수욕장은 관동팔경(關東八景) 중에서도 최고로 경치가 좋다고 알려진 해금강(海金剛) 총석정(叢石亭) 그 다음의 절경으로 꼽히는 곳이다. 송전 해수욕장은 하얗고 부드러운 모래 위에 아름드리 소나무가 꽉 들어찬 그야말로 경치가 빼어난 곳이다.

정주영의 고향 아산리는 이 송전 해수욕장에서 10리쯤 서쪽으로 산자락을 끼고 들어가야 하는 궁벽한 시골 마을이었다. 아버지는 '농자천하지대본(農者天下之大本)'을 신봉하는 농사밖에 모르는 농사꾼이었으나 가난과 굶주림을 면하기는 어려웠다. 정주영이 태어나서 자란 시기는 일제의 압제가 가장 혹독한 시기였다.

할아버지 정수학(鄭守學)은 동네 서당의 훈장을 하고 있었다. 할아버지의 원래 고향은 함경북도 길주(吉州)였다. 정주영의 집안은 원래 함경북도 명천(明川)에서 11대, 길주로 옮겨 4대가 살았다. 그런데 구한말(舊韓末) 청일전쟁을 겪으면서 난리를 피해 고향을 등지고 내려와 새로 정착한 곳이 바로 아산리였다. 마을 사람들은 정주영의 집을 두고 길주에서 온 사람들이라고 해서 '길주'의 사투리 발음을 따서 '질죽집'이라고 불렀다.

할아버지는 훈장 노릇을 하며 6남 1녀를 길렀는데 정주영의 아버지 정봉식은 장남이었다. 훈장이라고는 하지만 가난한 농촌 마을에서 열 명 남짓한 아이들에게서 받는 수업료라야 추수가 끝난 가을에 쌀이나 밀 서너 말이 고작이었으니 살림이 궁색한 것은 말할 것도 없었다. 외지인이다 보니 농사지을 땅도 별로 없었고 자식은 줄줄이 일곱이나 두었으니 훈장댁 '질죽집'의 고단함이야 마을에서 둘째가라면 서러울 지경이었다.

자연히 집안 살림살이는 장남 정봉식의 몫이었다. 정봉식은 아버지가 훈장이라는 사실을 누구보다 자랑스럽게 여기면서 묵묵히 농사일과 집안일을 꾸려가는 과묵한 사내였다. 먹여 살릴 식구는 많고, 가진 것 없는 집안의 장남이라 그는 당시로는 한참 늦은 스물여섯이 되어서야 장가를 들 수 있었다. 색시는 열여섯 살 꽃다운 나이의 소녀였는데 이름 '성실' 그대로 항상 부지런하고 성실한 모습을 잃지 않았다.

이때부터 집안의 살림살이는 모두 아버지 정봉식과 어머니 한성실의 몫이었다. 지독한 가난 속에서도 두 내외는 잠시도 쉬지 않고 일을 하면서 6남 2녀를 키웠다. 장남인 정주영은 아버지가 그랬듯이 어려서부터 집안일과 농사일을 거들어야 했다.

그나마 다행인 것은 훈장을 하시던 할아버지 덕분에 어려서부터 3년 동안 한학(漢學)을 배울 수 있었다는 것이었다. 정주영은 어린 나이에 천자문(千字文)으로 시작해서 소학(小學), 논어(論語), 맹자(孟子), 대학(大學), 자치통감(資治通鑑)을 배우고 무제시(無題詩), 연주시(聯珠詩), 당시(唐詩) 등을 배웠다.

어린 정주영은 꽤 열심히 공부해서 학습한 문장을 달달달 외웠다. 그것은 공부가 재미있어서도 뜻을 이해해서도 아니었다. 단지 학우들 앞에서 훈장 선생님이신 할아버지의 체면을 살려드려야 한다는 의무감과 또 외우지 못했을 경우 사정없이 종아리를 내리치는 회초리가 무서웠기 때문이었다.

훗날 정주영이 한문으로 된 휘호를 써서 남기고, 그의 어록 중에 한문에서 인용된 구절이 많은 것도 어린 시절 배운 한학이 몸에서 우러났기 때문이다. 그는 비록 소학교 밖에 나오지 않았지만 결코 배움이 짧은 사람은 아니었다. 그는 대학이나 자치통감 같은 책을 꿰고 있었기에 세상 돌아가는 이치를 누구보다 빨리 깨달았고, 기업 경영에서 사람 부리는 법을 누구보다 잘 알았다.

옛날 어머니들이 그러했듯이 정주영의 어머니는 장남에 대한 정성이

지극하기 이를 데 없는 여인이었다. 그녀는 장남이 장성하자 하루도 거르지 않고 매일같이 산신령께 치성을 드렸다. 매일 밤 장독대 앞에 정화수(井華水)를 떠놓고 연신 두 손을 비비며 소원을 비는 것이었다. "신령님께 비나이다. 우리 잘난 주영(周永)이 잘되게 해 주세요, 그저 우리 주영이 앞날을 보살펴 주사이다…."

기도의 내용은 남편을 위한 것도 아니고, 다른 자식을 위한 것도 아니고, 오직 장남만을 위한 것이었다. 장남을 중시하는 가풍(家風)은 아버지도 예외가 아니었다. 아버지는 틈날 때마다 정주영을 앉혀놓고 "너는 우리 집안의 장손이자 기둥이다. 집안의 기둥인 장손이 잘돼야 만사가 형통하느니라"고 강조했다.

아버지는 농사일이 없는 겨울에도 손 놓고 앉아 그냥 쉬는 법이 없었다. 다른 사람들이 모여 앉아 술이나 노름을 할 때도 거기에 어울리는 법이 없었다. 그는 묵묵히, 오로지 묵묵히 일만 했다. 원래 가진 땅이 없었고 지닌 자본도 없는 집안이었기에 그는 버려진 돌밭을 개간하거나 높은 곳을 깎아 메워 밭을 만들고, 봇둑을 쌓아 물을 끌어대어 논을 만들면서 4,000여 평에 달하는 농지를 만들어냈다. 그러다보니 아버지는 잠자는 몇 시간만 빼고는 그야말로 일이 전부인 삶을 살았다.

정봉식은 그렇게 피땀으로 만든 농토를 동생들이 혼인을 해서 살림을 내보낼 때 아낌없이 한 자락씩 떼어주었다. 그의 장남으로서 무거운 책임감은 가히 경외(敬畏)스러울 정도였다. 그가 자식들에게 늘 강조했던 무언(無言)의 가르침은 가족 간의 화목과 부지런함이었다. 아버지 정봉식은 자식들이 서로 다투거나 게으름을 피우면 담뱃

대를 내던지며 호통을 쳤다.

아버지는 무척 엄하고 성품이 대쪽같이 곧고 말수가 적었으나 솔선수범함으로써 장남을 중심으로 서로 협동하고 부지런히 애쓰는 가풍을 만들어냈다. 그 덕분에 그의 자식들은 '큰형님이 잘돼야 우리 집안이 잘 된다'라는 의식이 머릿속에 깊숙이 자리 잡혀서 훗날 현대그룹을 이룩하는데 일사불란한 모습을 보이게 된다.

개화에 눈을 뜬 소년

정주영은 10살이 되었을 때 소학교(지금의 초등학교)에 입학했다. 남보다 뒤늦게 근대교육을 받게 된 것이지만 학교 공부에서는 별로 배울 것이 없었다. 이미 한학을 익힌 탓에 소학교의 공부는 공부랄 것도 없이 쉬워서 1학년에 들어가자마자 3학년으로 월반(越班)을 했고, 학교에 있는 시간이 오히려 노는 시간처럼 여겨졌다. 성적은 붓글씨 쓰기와 창가(唱歌)를 못해서 졸업할 때까지 줄곧 2등이었다. 1930년, 16세 때 정주영은 졸업생 27명 가운데 2등으로 송전소학교를 졸업하는데 이것이 그가 가진 학력의 전부다.

정주영은 소학교에 들어가면서부터 아버지에게 대를 이을 '일등 농사꾼' 수업도 받기 시작했다. 농사밖에 모르고 농사가 최고인 아버지는 장남인 정주영에게 농사를 물려주고 싶어 했다. 새벽부터 밤 늦도록 아버지 옆에서 농사일을 배우며 도와야 했고, 학교 공부가 끝나 돌아와도 일을 해야 했으므로 거의 자유 시간이 없었다.

소학교를 졸업하자 아버지의 본격적인 농사 수업이 시작되었다. 농토가 집에서 멀리 떨어져 있었기에 그는 새벽에 부친을 따라 밭에 나가 종일 일하고 저녁 늦게 귀가했다. 거기에 어머니의 누에치기 일을 돕기 위해 뽕잎을 따러 심산유곡을 누비고 다니기도 했다. 정주영은 그의 어린 시절에 대해 "열 살 때부터 농사일을 거드는 것이 너무 힘들었고, 항상 배가 고팠던 시절이었다"고 회고했다. 소년 정주영은 매일 새벽 4시께면 어김없이 아버지를 따라 시오리나 떨어져 있는 농토로 일하러 나가야 했다.

> "하여튼 하루도 농시일 안 한 날이 없어요. 학교에서 5시간을 하고 돌아와도 시간이 많이 남잖아요. 그러면 아버지는 깨밭을 매라고 하시는 겁니다. 조를 심어 놓고 길가에는 깨를 심어요. 깻잎에서 냄새가 나니까 소가 안 뜯어먹거든. 그럼 그 깨밭을 몇 이랑씩 딱 정해주고 매라고 해요. 그냥 싫어죽겠지. 다른 애들은 다 노는데 나도 놀고 싶어서…. 우리 아버지가 유독 첫 번째(장남)부터 '일류 농사꾼으로 훈련을 시킨다'며 맘을 먹고 길을 달린 거죠."
>
> — '슈퍼스타 정주영', 《월간조선》, 오효진, 1985년 9월

정주영은 생각했다. 이렇게 열심히 힘들게 일을 해도 먹고 살기 힘들다면 다른 방법을 찾아야 하지 않을까? 하지만 아버지의 '일등 농사꾼' 만들기 수업은 집요하게 진행되었다. 일제가 한반도를 점령하고 나서 그나마 농사를 지을 땅이 없거나 하루 두 끼의 죽도 먹을 수 없었던 사람들은 봄이 되면 풀뿌리와 소나무뿌리를 캐다가 죽을

쑤어 먹던 시절이었다. 그 시대 우리 농민들의 가난은 그야말로 필설로 형언할 수 없을 지경이었다.

아버지는 그나마 농토를 가지고 온 식구가 허기를 면하며 살 수 있다는 것이 얼마나 다행한 일이냐는 것이었다. 하지만 소년 정주영의 생각은 달랐다. 그가 보기에 농사일은 미래가 내다보이지 않는 일이었다. 가진 농토는 손바닥만 하고 농사짓는 방법은 원시적이어서 일 년 내내 뼈 빠지게 일을 해서 다행히 풍년이 들어도 간신히 일 년 양식이 될까 말까였다. 비가 조금만 많이 왔다 하면 홍수가 망치고, 조금 가물었다 하면 가뭄이 망치는 그저 하늘만 올려다보며 하는 농사일이 싫었다.

소년 정주영은 집을 떠나 도회지로 나갈 결심을 굳혔다.

반항하는 청춘 ㉑

꿈을 품고 무언가 할 수 있다면 그것을 시작하라.
새로운 일을 시작하는 용기 속에
당신의 천재성과 능력과 기적이 모두 숨어 있다.
– 괴테 –

네 번의 가출

소년 정주영은 집을 떠나 도회지로 나갈 결심을 굳혔다. 어느 날, 이장집에 들러서 동아일보 신문을 보던 그는 청진 쪽에서 항만공사와 철도공사가 벌어지고 있다는 사실을 알았다. 그는 청진의 그 공사가 마치 자신을 위해 벌려 놓은 공사판처럼 생각되어 마구 흥분되었다.

그날 저녁, 저녁을 먹고 난 주영은 어머니가 빨아 다려놓은 흰 무명바지 저고리를 꺼내 입고 슬그머니 집을 빠져나와 청진을 향해 무작정 걷기 시작했다. 그것이 그의 첫 가출이다.

하지만 처음 가출에서부터 두 번째, 세 번째 가출에서도 그는 성공하지 못했다. 그때마다 아버지에게 덜미가 잡혀 고향으로 되돌아와야 했다. 기어이 고향에서 탈출하고야 말겠다던 소년 정주영의 집념도 대단했지만, 기어이 아들을 고향에 붙잡아두려 하셨던 아버지의 집념도 여간 대단한 것이 아니었다. 정주영의 아버지는 귀신같이 아들이 달아난 곳을 알아내고 찾아와서 그를 다시 고향으로 데려와서는 호통을 치셨다.

"너는 초등학교밖에 못 나온 놈이야. 잘난 사람들 많은 서울 땅에서 네가 뭘 해서 먹고살겠니?"

그때마다 정주영은 배움이 많고 적음이 아니라 노력의 많고 적음에 따라 삶이 결정된다고 생각했다.

아버지는 정주영이 처음 가출했던 청진의 철도 공사판으로 찾아와서는 이렇게 말씀하셨다.

"너는 우리 집안의 장손이다. 형제가 아무리 많아도 장손이 기둥인데 기둥이 빠져 나가면 집안은 쓰러지는 법이다. 어떤 일이 있어도 너는 고향을 지키면서 네 아우들을 책임져야 한다. 네가 아닌 네 아우 중에 누가 집을 나왔다면 내가 이렇게 찾아 나서지 않는다."

하지만 정주영은 아버지의 생각에 동의하지 않았다. 정주영이 처음으로 자신의 삶에 대한 구체적인 비전을 갖기 시작한 것은 인천 부두에서 부두 노동을 할 때였다. 그는 커다란 배를 보고 이런 포부를 가슴에 아로 새겼다.

'나중에 돈을 벌어서 내 손으로 저 것보다 더 큰 커다란 배를 만들어야겠다!'

정주영이 비로소 자신의 구체적인 목표를 세운 것이다. 그 후 그 꿈은 더 강렬하게 의식을 지배하며 점점 구체화되어 그를 성공으로 이끌었다.

그는 부두 노동과 건설현장의 막노동꾼, 쌀가게 점원으로 시작해서

'하면 된다'는 불굴의 도전 정신과 창의적 노력, 진취적 기상으로 현대(現代)그룹을 창업하기에 이른다.

창조적 예지란 미래지향적인 사고로 고객 및 사회가 원하는 바를 만족시키기 위해 항상 새롭고 진실함을 추구하는 지혜이고, 적극 의지란 투철한 주인 의식과 매사에 능동적으로 대응하고자 하는 자세를 말한다. 그리고 강인한 추진력이란 '하면 된다'라는 정신으로 목표 달성을 위해 온힘을 기울이는 자세이다.

네 번의 가출 끝에 사업가의 길을 걷다

18살인 1931년의 마지막 가출로 인천 부두, 보성전문학교 신축 공사장 등지에서의 막노동꾼 생활을 거쳐 풍전 엿공장에서 일하던 정주영이 마침내 정착한 첫 직장은 서울 신설동의 쌀가게인 복흥상회였다. 하루 세 끼 먹여 주고 쌀 한 가마니가 월급이었다. 그는 열심히 자전거 타는 법을 익히고 부지런히 근무했다.

정주영은 새벽에 일찍 일어나 가게 앞을 깨끗이 쓸고 정돈했으며, 열심히 배달하고 부지런히 '되질'과 '말질'을 익혔다. 그를 눈여겨본 가게 주인은 정주영에게 장부 정리를 맡겼다. 세 번째 가출했을 때 부기학원을 다닌 실력을 발휘하여 그는 재고 관리와 고객별 원장·분개장을 갖추어 놓았고, 성실과 신용으로 주인은 물론 거래처 고객들을 감동시켰다. 쌀 한 가마로 시작한 월급은 두 가마가 되고 나중에는 세 가마까지 되었다. 정주영은 검소한 생활을 하면서 받은 급료를 저축했다. 정주영이 복흥상회에서 3년 동안 일하는 사이에 정주영을 눈여겨 본 주인은 여자에 빠져 가산을 탕진한 아들대신 정주영에게 가게를 물려주겠다고 했다. 정주영은 그동안 쌓은 신용만으로 복흥상회를 인수하여 쌀가게 주인이 되었다. 단골손님을 그대로 물려받았고 정미소로부터 전과 다름없이 월말 계산으로 쌀을 공급해 주겠다는 약속도 받았다. 1938년에는 서울 신당동에 가게를 새로 얻어 '경일상회'라는 간판을 내걸었다. 경성에서 제일가는 상점을 만들겠다는 뜻이었다. 그때 그의 나이 23세, 고향을 떠나온 지 4년 만의 일이었다.

그는 일반 가정, 음식점뿐만 아니라 서울여상 기숙사와 배화고녀 기숙사에도 계속해서 쌀을 대주며 장사 규모를 키워나갔다. 그의 오랜 막노동과 고용살이에 종지부를 찍고 하나의 독자적인 사업가로 전환할 수 있는 절호의 계기를 마련해 준 셈이 되었던 것이다. 19살 때 소 판 돈 70원을 훔쳐 서울로 달아났던 가출 소년은 아버지께 논 2,000평을 사드리며 속죄했다.

하지만 시대는 급변하고 있었다. 일본이 1930년 대의 경제공황을 타개할 심산으로 중일전쟁을 일으킨 것이었다. 1939년 2월, 일제는 한국 쌀의 만주. 중국 등지로의 반출을 제한하고 8월에는 미곡 최고 판매가격제를 실시하더니 그해 12월 말에 가서는 급기야 쌀의 자유 판매를 전면금지하고 배급제를 실시했다. 따라서 정주영은 경일상회 간판을 내건 지 3년이 못 돼서 쌀가게의 문을 닫아야 했다.

하지만 그는 짧은 기간에 꽤 많은 돈을 벌어서 고향에 논 30마지기를 장만했고, 고향인 송전면 면장댁 규수인 변중석(邊仲錫)과 혼인도 치렀다. 경일상회는 그동안의 전시 상황에서 곡가가 앙등하는 바람에 호경기를 짭짤하게 누릴 수 있었다. 인플레로 쌀값이 자꾸 오르기 시작하자 정주영은 거래하던 삼창정미소 쌀만 받아다 파는 데 만족하지 않고 황해도 연백 등의 각 산지로부터 쌀을 직접 반입하여 그 유통 마진의 폭을 넓혔던 것이다.

쌀가게를 정리한 정주영 수중에는 1,000원이라는 돈이 남아 있었다. 당시 전문학교를 졸업하고 은행에 취직한 사람의 월급이 70원 하던 때이고 보면 1,000원이 결코 적은 돈이 아니었다. 그는 그 돈으로 새로운 사업을 시작할 궁리를 하기 시작했다.

청년 사업가 정주영

22

'요만큼'이나 '요정도', '이 정도'는 내게 있을 수 없었다.
'더 할래야 더 할게 없는, 마지막의 마지막까지 다하는 최선.'
이것이 내 인생을 엮어온 나의 기본이다.

– 정주영 –

자동차와 맺은 인연

새로운 사업을 궁리하던 정주영은 1940년 2월 어느 날, 그는 인생에 전기를 마련해 준 사람을 만나게 된다. 이을학(李乙學) 씨였다. 그는 정주영이 일하던 쌀가게의 단골손님이었는데, 서울에서 가장 큰 경성서비스 공장의 직공으로 일을 하고 있었다.

그는 새로운 사업을 궁리하고 있는 정주영에게 이런 제안을 건넸다.

"아현동에 아도서비스라는 자동차 수리 공장이 있는데, 그걸 한번 해보지 그래요?"

'아도서비스'란 '애프터서비스'의 일본식 발음이다. 그 공장이 최근 매물로 나왔다는 것이다.

"나는 자전거라면 쌀 배달하느라 도사같이 타지만 자동차는 전혀

제6장 현대가 태어나기까지 259

몰라요."

정주영의 대꾸에 그는 다시 말을 이었다.

"자동차 수리 공장이 뭐 그리 어려운 건 아니라오. 만일 당신이 그 공장을 한다면 내가 직공들도 모아드리리다."

그의 말에 귀가 솔깃했으나, 그 공장을 인수하는 데는 3,500원이라는 거금이 들었다. 1,000원의 돈밖에 없었던 정주영은 며칠 밤을 뜬눈으로 새우며 생각에 잠겼다. 3,500원이라는 거금을 어떻게 마련한다는 말인가.

그때 정주영의 머리에 떠오르는 사람이 있었다. 삼창정미소의 오윤근이었다. 정주영은 곧바로 오윤근을 찾아갔다. 그는 정주영이 쌀가게를 할 때 쌀을 대주던 사람인데, 사채업도 하는 사람이었다. 정주영의 설명을 들은 오윤근은 선뜻 3,000원이라는 거금을 신용만으로 빌려주었다. 쌀가게를 하면서 쌓았던 정주영의 신용이 빛을 발하는 순간이었다.

정주영은 그 3,000원에 동업자가 된 두 사람인 이을학의 300원, 김명현의 200원, 그리고 고향 친구 오인보(吳仁輔)에게서 빌린 500원, 합해서 총 5,000원을 가지고 '아도서비스'를 시작했다.

10대 후반에 독학으로 고시 공부를 한 경험이 있을 정도로 새로운 것을 향한 도전 정신이 뛰어났던 정주영은 쌀가게 점원으로 일을 했던 시절, 주인으로부터 쌀가게 경영을 물려받았을 정도로 성실함과 신의가 뛰어났다. 이제 그는 가난한 농부의 아들로 서울에서 어엿한 자동차 수리 공장의 사장이 되었다. 그는 낮에는 영업을 하고, 밤에는 기술자들 보조를 하면서 자동차에 대한 지식을 익혀나갔다.

그러나 부푼 꿈을 안고 시작한 공장은 문을 연지 한 달도 되지 않아서 불이나 잿더미가 돼버렸다.

그는 얼른 기술을 익히고 싶어서 밤을 꼬박 새며 일을 하고 공장에서 잠을 자다가 여느 때와 같이 새벽에 눈을 떴다. 비몽사몽간에 눈을 뜬 정주영은 세숫물을 데우려고 난로에 신나를 부었다. 그 순간 불길이 화악, 신나통에 옮겨 붙었다. 그는 다급해서 본능적으로 들고 있던 신나통을 바닥에 팽개칠 수밖에 없었다, 신나가 쏟아지면서 불길은 순식간에 건물 전체로 번졌다. 낡은 목조건물인데다 자동차를 칠하고 닦느라 기름으로 온통 범벅이 된 공장이라 불길은 걷잡을 수 없이 번졌다.

정주영은 전화통을 집어던져 유리창을 깨고 밖으로 뛰쳐나와 겨우 목숨을 건졌지만 공장은 전소되었고, 수리를 끝낸 고객의 자동차들까지 몽땅 타버리고 말았다. 공장인수 자금도 빚이었는데, 외상으로 들여놓은 부속품 값, 고객의 자동차 값이 합쳐져 모두 빚더미로 불어났다.

그대로 주저앉을 수 없었던 그는 궁리 끝에 또 다시 오윤근을 찾아갔다.

"뜻하지 않은 화재를 만나 몽땅 다 날리고 빚더미에 올라앉았는데, 이대로 무너져 버린다면 먼저 빌려간 영감님 돈 3,000원도 갚을 길이 없습니다. 한 번만 더 도와주셔서 영감님 빚을 갚게 해주십시오. 반드시 재기해서 은혜에 보답하겠습니다."

낭떠러지에 매달린 절박한 심정으로 사정하고 사정했다. 정주영은 그렇게 해서 빌린 3,500원으로 신설동 빈터를 얻어서 자동차 수리 공장을 재개했다. 무허가로 시작한 사업이었지만 남들보다 빨리 고치고 수리비를 비싸게 받는 식으로 사업을 확장해나갔다.

당시 서울에 있던 승용차라고는 귀족들이나 조선총독부 국장들 소유의 10여 대, 도지사 1대, 경무부장과 일본군 사단장급, 그리고 조선은행 등 큰 은행과 큰 일본 회사 몇 군데서 가지고 있는 정도였다. 그밖에 택시가 좀 있었지만 그것은 불과 몇 대 되지 않았다.

차가 귀한 시절이고 보니 고장 났다 하면 모두들 어쩔 줄 모르고 당황하기 일쑤였다. 가급적 빨리, 제대로 고쳐주는 것이 최고의 서비스였다. 당시 여타 자동차 공업사들은 대부분 긴 시간을 잡고 수리했는데, 정주영의 '아도서비스'는 다른 데서 열흘 걸리는 수리를 단 사흘 만에 해주며 고객들에게 신용을 쌓았다.

{ 아도서비스의 성공, 그러나

1940년대 당시 자동차 수리 공장이라야 지금의 을지로 6가의 경성서비스, 혜화동 로터리에 있던 경성공업사, 종로 5가의 일진공작소(日進工作所) 세 곳뿐이었지만 경쟁은 치열했다. 먼저 설립된 자동차수리 공장들은 간단한 고장도 수리 기간을 늘리는 방법으로 바가지를 씌우고 있었다.

정주영의 전략은 남달랐다. 그는 고객이 만족해야 기업도 만족을 얻을 수 있다는 생각을 했다. 다른 자동차 공업사들이 열흘 걸리는 수리를 아도서비스는 단 사흘 만에 해주고, 이틀 걸리는 수리는 단 하루 만에 해주며 고객들에게 신용을 쌓았다. 차 수리는 신설동 공장이 가장 빨리 성실하게 해준다는 입소문이 퍼지면서 사업은 서서히 번창 길로 접어들었다.

아도서비스는 무허가 공장이었지만 규모가 큰 정비소들과 어깨를 나란히 할 만큼 성장하고 있었다. 이때부터 정주영의 경영 철학과 사업적인 능력이 십분 발휘되기 시작했다. 아도서비스는 날로 번창해 갔다. 정주영은 신설동 공장 가까운 곳에 집을 사서 이사하는 한편 시골에 있는 둘째 동생 정순영(鄭順泳)과 그 아래 누이동생을 서울로 불러 올렸다. 그의 바로 아래 동생인 정인영(鄭仁永)은 일본으로 유학을 보내서 청산학원 영문과에 재학 중이었다. 훗날 정인영은 뛰어난 영어 실력으로 현대그룹을 만들어내는 일등 공신의 역할을 하게 된다.

공장은 밤을 새워 일해야 할 때가 많았다. 정주영은 밖에 나가서 주문을 받고 돈을 받고 하는 시간 외에는 언제나 공장 안에서 모든 종업원들과 똑같이 일해 왔다. 분해하고 조립하고 하는 사이에 그는 온갖 기계원리가 포함되어 있는 자동차 엔진의 구조를 완벽하게 터득했다. 얼마 안 되는 대부분의 산업 시설이 일본 사람들에 의해 독점되다시피 해서 한국 사람으로서는 좀처럼 현대 기계문명에 접할 기회가 드문 그때에 정주영이 자동차의 메커니즘을 체득했다는 것은 훗날의 현대 창업사에 중대한 의의를 갖는다.

때는 바야흐로 태평양전쟁을 일으킨 일제가 스스로 파국으로 치닫던 시절이었다. 시국은 또 한 차례 정주영을 폐업의 수렁으로 쓸어 넣었다. 일제는 1943년 초, '기업정리령(企業整理令)'을 공포했다. 그리고 '아도서비스'를 '일진공작소'와 강제 합병시켜 버렸다. 말만 합병이지 합병이 아닌 흡수였다. 일제는 힘겨운 전쟁을 수행하느라고 민가에서 놋그릇, 놋수저까지도 거두어들이는 판국이었으므로 정주영은 어쩔 도리가 없었다. 그것은 일본 제국주의의 수탈과 억압으로 파행적인 근대화를 겪었던 조선 경제의 한 단면을 보여주는 사례가 된다. 정주영의 나이 스물아홉 살 때였다.

광석 운반업

회사를 문 닫은 것도 문제였지만 더 큰 문제는 정주영 본인과 같이 일하던 두 동생이 모두 징용으로 끌려갈지도 모른다는 것이었다. 궁리 끝에 정주영은 자동차수리 공장 할 때 알았던 한 광산의 사장에게 부탁해서 황해도 수안(遂安)에 있는 홀동(笏洞)광산에서 광석 운반업을 시작했다. '홀(笏)'은 조선왕조 때 벼슬아치가 임금을 만날 때 조복(朝服)을 갖추어 입고 손에 쥐던 패를 말하는데, 옛날에 임금을 따라 왔던 어떤 관리가 그만 홀을 여기에 두고 간 일이 있어서 이곳을 홀동이라고 부르게 되었다고 한다. 당시에는 광산이 일종의 방위산업체였으므로 광산 관련 업무 종사자는 징용을 면제받을 수 있었다.

홀동금광에서 평양 선교리까지 운송 거리는 장장 130킬로미터가 넘는 먼 거리였다. 먼 길에다 길이 험해서 하루에 두 탕을 뛰는데도 빡빡했다. 하지만 트럭이 30여 대나 돼서 벌이는 쏠쏠한 편이었다. 그런데 문제는 회사 측과의 마찰이었다.

정주영은 광복 직전에 새로 부임해 온 소장이 유별나게 아니꼽게

굴자 징용의 위험도 무릅쓰고 미련 없이 광산을 떠났는데, 그것이 전화위복(轉禍爲福)의 계기가 되었다. 정주영은 '인생은 반드시 인과응보(因果應報)고 새옹지마(塞翁之馬)라는 말이 맞다'는 말을 이때 했다.

그가 광산을 떠난 지 불과 3개월 뒤, 일제는 무조건 항복을 했다. 만일 그때까지 광산에 그대로 머물러 있었으면 그들은 창씨개명을 했던 탓에 다른 일본인들과 함께 소련군에게 잡혀 시베리아로 끌려갔을 뻔한 것을 하늘이 도운 셈이었다.

이러한 결과는 나중에 생각해보니 만사를 긍정적으로 생각하고 풀어나가려던 정주영의 긍정의 힘인 셈이다.

스무 명의 가족이 함께 살던 돈암동 집

　정주영의 형제자매는 6남 2녀였으나 누이 1명은 고향에서 결혼한 후 일찍 사망했다. 정주영의 부모는 많은 형제와 자녀들을 뒷바라지하느라 엄청나게 고달픈 삶을 살았다. 정주영은 아도서비스가 날로 번창해 가던 1941년 돈암동에 집을 사서 부모님을 모셔왔다. 물론 혼인 안 한 동생들도 모두 데려왔다. 둘째 정인영과 셋째 정순영의 혼인을 6개월 간격으로 치렀다. 그리고 돈암동의 20평쯤 되는 자그마한 기와집에서 스무 명의 식구가 같이 살았다.

　"부모님과 우리 형제들, 그리고 혼인한 부부 사이에서 태어난 아이들까지 스무 명의 대가족이 스무 평 남짓했던 그 좁은 집에서 어떻게 살았는지⋯. 지금 생각하면 신기하기까지 하다. 스무 식솔이 먹어대는 식량만도 만만치는 않았지만 그래도 벌어놓은 돈이 있어 아이들 배를 곯릴 정도로 어렵지는 않았다. …… 아마도 나의 생애에서 유일하게 가정적인 가장 노릇을 했던 시기가 아니었나 생각한다."

　아도서비스를 그만 두고, 홀동광산의 일마저 그만 두었을 때, 일제의 가장 혹독한 시기가 다가왔다. 전쟁이 막바지에 이르자 모든 물자가 귀해졌다. 정주영의 아버지는 담배를 몹시 즐겼다. 당시는 라이터는 커녕 성냥도 귀했다. 담배보다도 담뱃불 구하기가 더 어려웠던 시절이었다. 정주영은 아버지의 담뱃불 고생을 덜어드릴 방법을 궁리하다가, 구리 전깃줄에 흑연을 부딪쳐 점화시키는 자동차 점화 원리를 응용해 보았다. 흑연을 부싯돌 대용으로 쓰는 원리였다. 몇 번 시도한 끝에 곰방대에 불을 붙이는 데 성공했다. 그때 아버지는 어린아이처럼 천진한 얼굴로 활짝 웃으며 기뻐했다.

밥 짓는 땔감도 문제였다. 고향집 같으면 지게 지고 산에 올라갔다 내려오면 해결되는 땔감이 서울에서는 문제 중에도 문제였다. 정주영은 홀동광산 일을 하며 알았던 사람을 찾아가서 숯을 한 트럭 싣고 왔다. 어머니를 비롯해 다섯 아낙들이 두 눈이 휘둥그레져서 놀라더니 이내 뛸듯이 기뻐하며 어쩔 줄을 몰라 했다.

정주영은 아버지의 환갑잔치를 고향 통천에서 뻐근하게 치렀다. 1944년이 아버지 환갑이 되는 해였으나 아버지의 건강이 좋지 않아서 잔치를 미루다가 1945년에 환갑 겸 진갑 잔치를 치르게 되었다. 마침 8·15해방이 되자 부모님은 먼저 고향으로 올라갔다. 아버지의 진갑잔치는 사흘에 걸쳐 밤낮으로 푸짐하게 치러졌다.

그런데 이 무슨 변고인가. 잔치를 끝내고 서울로 돌아오려는데 멀쩡했던 길이 사흘 사이에 느닷없이 교통도 끊기고 통제가 심해져 있었다. 소련군이 38선 이북으로 진주해 들어오면서 벌어진 일이었다.

위기를 느낀 정주영은 산길로 더듬어 걷기로 했다. 소련군한테 잡혀 까딱 잘못하여 식구들이 뿔뿔이 흩어지기라도 하면 큰일이었다. 숨고 숨어, 걷고 또 걸어서 적성(積城)에 닿았는데 한탄강이 앞을 가로막았다. 물이 만만치가 않았다. 얕은 곳도 어른 키의 절반을 넘었다. 정주영이 먼저 옷을 다 벗고 팬티 바람으로 강물로 들어섰다. 어쨌든 강을 건너지 않을 수 없는 상황이었다. 식구들이 있는 대로 다 옷을 벗고 강물을 건넜다. 시부모, 아들, 며느리 할 것 없이 모두 겉옷을 다 벗고 속옷 차림으로 강을 건넌 진풍경이었다.

창업기

제7장

"나는 젊었을 적부터 새벽 일찍 일어난다. 왜 일찍 일어나느냐 하면 그날 할 일이 즐거워서 기대와 흥분으로 마음이 설레기 때문이다. 아침에 일어날 때의 기분은 소학교 때 소풍가는 날 아침, 가슴이 실레는 것과 꼭 같다. 또 밤에는 항상 숙면할 준비를 갖추고 잠자리에 든다. 날이 밝을 때 일을 즐겁고 힘차게 해치워야겠다는 생각 때문이다. 내가 이렇게 행복감을 느끼면서 살 수 있는 것은 이 세상을 아름답고 밝게, 희망적으로, 긍정적으로 보기 때문에 가능한 것이다."

– 정주영, 1983. 7. 29, 신입사원 하계수련대회 특강에서 –

"가난, 허약함, 못 배움은 성공의 원천이었다. 가난은 부지런함을 낳았고, 허약함은 건강의 중요성을 깨닫게 해주었고, 못 배웠다는 사실 때문에 누구로부터라도 배우려고 했다."

– 마쓰시다 고노스케 –

현대의 출발

23

젊은이들은 밤중에 태어나서
이튿날 아침 해돋이를 처음 보는 갓난애들 같기 때문에,
어제란 으레 없었던 것처럼 생각하기 쉽다.

– 서머셋 모옴 –

현대자동차공업사 설립

해방 후의 혼란과 갈등은 오랫동안 지속되었다. 너무 오랜 시간 동안 식민지 체제 밑에 있었던 탓에 자립경제 구축에 대한 국민 인식이 현저히 낮은 상태였던 것이다. 그 시대를 살던 사람이라면 누구나 그러했겠지만 정주영에게 8·15 해방은 남다른 의미로 다가왔다.

그는 새로운 조국에서 새로운 사업을 펼칠 꿈에 부풀어 있었다. 이때 설립된 것이 바로 현대그룹의 모태라고 할 수 있는 '현대자동차공업사'다. 1946년 4월, 정주영은 미 군정청으로부터 중구 초동의 적산 부지 500평을 불하받고 자동차수리 공장 간판을 다시 한 번 내걸었다. 이때 '현대(現代)'라는 사명(社名)이 처음 쓰였다.

> "우리가 때 벗게 한 번 지어본다고 한 게 '현대'였습니다. 자동차 수리공을 했기 때문에 그 이름을 생각한 것 같은데, 자동차라는 건 '현대' 문명의 이기잖아요. 그리고 그 당시의 자동차는 아주 대단한 것이었으니까. 그러나 이때는 이름만 '현대'였지, 거기서 하는 일은 미군 병기창의 하청을 맡아서 엔진 교체를 해주고, 낡은 일본차를 고치거나 휘발유가 귀하니까 목탄차나 카바이드차로 개조하는 게 고작이었어. 그러니까 하는 일은 아도서비스 시절과 별다를 바가 없었던 거죠."
>
> — '슈퍼스타 정주영', 《월간조선》, 오효진, 1985년 9월

정주영은 현대란 말 속에 "이 시대(현대)에 최고로 열심히 일하는 회사를 만들면 회사의 구성원 모두에게, 나아가 우리 민족에게 밝은 미래가 보장될 수 있을 것이다"라는 뜻을 담았다. 이 시기는 '가난을 벗고 한번 심기일전해 보자'라는 정주영의 철학과 현대의 기업정신이 서서히 기틀을 마련하기 시작했던 시기였다. 창업 동지로는 매제인 김영주(金永柱)와 고향친구 오인보, 최기호가 참여했다.

초창기 현대자동차공업사의 주 업무는 정주영의 말처럼 미군 병참기지에 있는 군용 차량의 엔진을 바꿔다는 일이었다. 1년쯤 지난부터 현대자동차공업사는 고물 일본 트럭도 개조하기 시작했다. 1톤 반짜리 트럭의 차체 중간을 이어내 2톤 반짜리로 만들기도 했다.

해방 후 경제는 제자리걸음을 하고 있는 듯이 보였지만 1945년 말 4,500대에 불과했던 자동차수는 1947년 3월, 두 배인 9,000대로 늘어났다. 이로써 자동차 관련 사업의 수요도 증가했다. 현대자동차공업사는 공장 규모 자체가 과거 '아도서비스' 시절과는 비교할 수

없을 정도로 넓고 시설도 방대해져서 손님들이 연일 끊이지 않았다. 사업이 번창해가면서 초창기 30명이던 현대자동차공업사의 식구가 1년 반 만에 80여 명으로 늘어났다.

정주영은 자동차 수리업을 하는 한편, 또 다른 사업을 구상하기 시작했다. 당시의 자동차는 트럭이든 승용차든 거의가 정부 소유의 관용차(官用車)였는데, 이따금 관청으로 수리대금을 받으러 갈 때마다 토건업자들을 만난 것이 바로 새로운 사업을 구상하게 한 직접적인 계기가 됐다.

힘들여 일하기는 마찬가진데 자신이 결재 받는 돈은 30, 40만 원에 불과한 데 비해, 건설업자의 경우 정주영이 받는 돈의 수십 배나 되는 1,000만 원 단위였다. 다시 말해서 단위부터 다른 거액이었다. 이후 정주영은 하루 종일 자동차 몇 대 수리해봐야 큰돈 벌기 어렵다는 생각을 하게 되었다. 결국 그는 뭔가 '큰일'을 벌여야겠다는 궁리 끝에 건설업에 진출할 결심을 한다.

현대건설의 시작

25세 나이에 '아도서비스'를 차려서 특유의 사업수완을 발휘한 정주영에게는 분명 남다른 사업가 기질이 있었다. 자신은 물론 동생들을 '징용'이라는 절대 절명의 위기로부터 구해낸 기지, 비록 위험이나 손해가 따르는 일이라 할지라도 자신이 옳다고 여기면 미련 없이 실행에 옮기는 결단력, 그리고 더 큰 이익이 보장되는 사업을 선택하는 선견지명이 그랬다.

그런 자신감 때문인지 정주영은 마침내 건설업에도 손을 뻗었다. 새 사업 분야로 진출하는 데는 장애가 없지 않았다. 정주영이 막상 토건업 간판을 내걸려고 했을 때 우선 측근들의 만류가 대단했다. 제일 먼저 매제 김영주가 반대하고 나섰다.

"형님, 토건업은 첫째 자기 자본도 넉넉해야 하지만 경험이 있어야 하는 겁니다. 자동차나 만지던 우리가 어떻게 토건업을 합니까?"

경리를 맡고 있는 고향 친구 오인보도 반대했다.

"토목이나 건축공사라는 게 한두 달에 끝나는 게 아니잖은가. 어떤 공사는 일 년도 걸리고 이 년도 걸리는데…. 물가는 자고 새면 오르니 잘못 공사를 맡았다간 망하네 망해."

하지만 정주영은 토건업이 전혀 생소한 분야라고 생각하지 않았다. 그는 가출했던 시절 공사판에서 일해 본 경험이 있었다. 그는 토건업이라는 것이 대개가 수리 영선에 지나지 않았으므로 견적서 넣고 계약하고 일해 주고 돈 받기는 자동차 수리업이나 진배없다고 생각했다.

결국 정주영은 '현대자동차공업사' 설립 1년 만인 1947년 5월 25일, 회사 내에 '현대토건사(現代土建社)'라는 또 다른 간판을 내걸었다. 그래서 현대는 1947년 5월 25일을 창립 기념일로 잡고 있다. 건설에 대한 노하우나 기술 없이 사업을 확장, 측근들의 만류에도 불구하고 시작한 사업이었다.

"수리 공장을 해보니까 그때는 대부분 관청이나 미군 관계 일인데 건설업자들은 이를테면 우리가 30만 원, 40만 원 받고 있는데

1,000만 원 받아간다, 이거예요. 그래서 똑같이 견적을 내서 계약을 하고 돈을 받는 것은 마찬가지인데 견적을 이렇게 받아내서 일을 맡는데 이왕이면 금액이 좋은 것을 해야겠다. 그래서 초동 현대자동차 건물에다 현대토건사 간판을 걸었지요."

설립 초기의 기능공은 10여 명에 불과했고 기술자라야 기껏 공업학교 교사 출신 한 명뿐이었다. 후일 '현대건설(現代建設)'의 모체가 된 이 회사는 처음에는 현대자동차공업사 한 귀퉁이를 빌려 쓰는 더부살이로 시작했다. 그런데 시간이 지날수록 자동차공업사보다 수입이 월등히 나은 효자 노릇을 하기 시작했다. 정주영의 예상대로, 잔돈푼이나 들어오는 자동차공업사와는 비교도 안 될 만큼 수익이 컸던 것이다. 정주영은 일 년 동안의 경험을 통해서 토건업은 해볼만한 사업이라는 결론을 내렸다. 공사를 따 내기가 좀 어려워서 그렇지 일단 시작하면 수지는 맞았다.

현대토건사는 설립 1년 후, 광화문 평화신문사 빌딩으로 사무실을 확대 이전한다. 1948년 대한민국 정부가 수립 된 후 정주영은 본격적인 수주경쟁에 뛰어들어 사업의 기반을 더욱 굳혀 나간다. '현대토건사'를 통해 사업에 더욱 자신감을 얻은 정주영은 1950년 1월, '현대토건사'와 '현대자동차공업사'를 합병해서 '현대건설주식회사(現代建設柱式會社)'를 설립했다. 정부에서 국가 재건을 위해 건설 행정을 정비한다고 했는데 이에 부응하기 위해서는 회사 규모도 확대하고 체제를 정비할 필요를 느꼈기 때문이었다. 훗날 이 현대건설은 현대그룹을 일으키는 모체가 된다. 물론 현대자동차는 새로운 법인으로 1967년 12월 다시 설립된다.

공식 자본금을 3,000만 원으로 하는 현대건설은 1950년 1월 10일, 서울 중구 필동 1가 41번지에서 법인 등기를 마치고 의욕적인 출발을 했다. 하지만 공사다운 공사는 한번 제대로 해보지도 못한 채, 6·25 한국 전쟁의 와중에 휘말리게 된다.

전쟁의 회오리 속에서 ②4

기업가 정신이란 꿈이며 예술이며 과학이다.
그러나 한편으로는 매우 인간적인 과정이다.

－ 그로비스 호리 －

6·25 한국 전쟁의 발발

현대 경영에서 위기는 더 이상 특별한 상황이 아니다. 위기는 언제 어디서 복병처럼 닥쳐올지 모른다. 위기가 닥치면, 조직 구성원들은 초조와 불안, 혼란에 휩싸인다. 이럴 때 진정한 리더의 리더십이 드러나는 법이다. 위기 상황에서 리더가 같이 흔들리면, 조직은 침몰하는 수밖에 없다. 성공한 리더는 주어진 위기 상황을 최대한 유리하게 이용하면서 위기를 기회로 역전시킨다. '시련과 역경이야말로 하늘이 주신 기회'라고 믿는 그야말로 쉽지 않은 리더의 최대 능력이다.

정주영의 사업이 정상궤도를 향해 성장해 갈 무렵 6·25 한국 전쟁이 터졌다. 6·25 한국 전쟁은 정주영에게 커다란 시련을 안겨주기도 했지만 위기를 기회로 만드는 그만의 능력을 최대한 발휘할 수 있었던 장을 열어주기도 했다.

1950년 6월 25일 새벽, 아침 일찍 눈을 뜬 정주영은 충격적인 뉴스를 라디오에서 들었다. "북한 공산군이 38선 전역에 걸쳐 남침을 개시했으며 우리 국군은 이를 격퇴 중"이라는 날벼락 같은 뉴스였다. 정주영은 그 당시 38선에서는 충돌 사건이 자주 발생했기 때문에 처음에는 정부 발표를 믿고 대수롭지 않게 생각했다. 길가로 나가보니 병사들을 가득 실은 트럭 행렬이 끊임없이 북쪽을 향하여 진군하고 있었고, 시민들은 길가에 서서 승리와 무운을 빌면서 박수를 보내고 있었다.

　다음날인 6월 26일은 월요일이었다. 그 무렵, 현대건설은 돈암동 전차 종점에 승무원 대기소를 짓고 있었다. 정주영은 27일까지도 그곳에서 현장공사를 지휘하고 있었다. 미아리 고개에서 피난민들이 물밀 듯이 밀려 넘어 오고 포성이 쿵쿵 울려오고 있는 데도 말이다. 그는 철석같이 정부와 군대를 믿었고 설마 그렇게 맥없이 밀릴 거라고는 꿈에도 생각을 못했었다. 매제 김영주가 식량을 좀 사놓자고 할 때도 "우리 군대는 다 낮잠 자? 그리 허술하게 수도 서울을 내줄 것 같아? 쓸데없는 소리 마."하면서 핀잔을 주었었다.

　그날 정오, 큰 동생 정인영이 현장으로 지프를 타고 헐레벌떡 찾아와서 '지금 뭐하고 있냐고 어서 피난을 가야 한다'고 다그쳤다. 정인영은 동아일보 외신부 기자로 일하고 있었던 터라 상황이 절박함을 누구보다 잘 알고 있었다. 그제야 정주영은 사태의 심각함을 깨닫고 현장 소장으로 있던 최기호와 함께 정인영이 타고 온 지프에 올라탔다. 서울을 사수하겠다던 정부를 어린애처럼 순진하게 믿었던 그는 때늦은 후회를 하며 집으로 달려갔다. 중풍으로 쓰러져 누워 계시던 어머니를 모시고 피난을 가야겠다는 생각을 했는데, 막상 어머니는 피난을 안 가겠다고 버티시는 거였다.

정주영은 만약의 경우를 대비해서 동생 정인영이 일본 아오야마(靑山) 학원에서의 유학을 끝내고 들어오면서 갖고 온 원서(原書)들을 마당에 쌓아놓고 태웠다. 북한군이 외서를 읽는 지식인이 있다는 것을 알면 바로 학살할 것이라고 생각했기 때문이었다. 그런데 책이 얼마나 더디 타는지 조바심이 나서 미칠 지경이 되었다. 저녁에는 비까지 추적추적 내렸다.

그날 밤 잠을 못 이루며 정주영은 피난을 결심했다. 그러나 앓아누운 어머니를 비롯해서 20명이나 되는 식구를 모두 이끌고 떠날 엄두가 나지 않았다. 곰곰 생각해보니 자신이 사업을 하고 있다고는 하지만 작은 기업이었고 또 지주(地主) 계급도 아니니 가족들은 걱정을 안 해도 될 것 같았다. 그는 외국 유학까지 한데다 신문사 기자로 있으면서 세상에 이름이 알려진 동생 인영이만은 꼭 피난을 시켜야 한다고 생각했다. 그는 양식 좀 사놓자는 매제의 말을 듣지 않았던 것이 무척 후회스러웠지만 때늦은 후회였다. 보리쌀 반 가마에 쌀 두 말이 집에 남아 있는 양식 전부였다. 1, 2주면 서울을 수복할 것이란 믿음 때문에 그다지 큰 걱정을 하지 않았다.

다음 날 정주영은 가족들에게 "절대 흩어지면 안 된다. 금방 국군이 반격을 해올 테니, 그때 우리가 제일 먼저 돌아오마." 하는 말을 남기고 아우 인영과 함께 집을 떠났다. 지프를 타고 나갔는데 북한 인민군의 탱크는 벌써 을지로까지 들어와 있었다. 거기에 한강다리까지 끊어졌다는 난감한 소식까지 들려왔다. 인민군의 서울 입성이 시작되자 정부는 6월 28일 새벽 3시 예고도 없이 한강 인도교를 폭파했던 것이다.

정주영은 동생 정인영, 최기호와 함께 서빙고 나루터에서 가까스로 나룻배를 타고 한강을 건널 수 있었다. 세 사람은 걸어서 수원에 도착했는데 마침 수원역에서 남쪽으로 떠나는 기차가 있었다. 기차에는 피난민들이 벌떼처럼 모여들어서 구겨앉을 틈조차 없었다. 기차화통 위에 올라탈 수밖에 없었다. 세 사람은 우여곡절 끝에 그렇게 해서 피난지 대구까지 내려가게 된다.

대구에서 며칠을 보내고 있는데 추풍령 저지선도 무너져 인민군이 낙동강까지 밀고 내려온다는 소문이 들려왔다. 정주영은 일단 부산까지 가야한다는 판단을 했다. 정주영 일행은 소를 몰고 낙동강을 헤엄쳐 건너는 농부들 속에 섞여서 낙동강을 헤엄쳐서 건넜다. 정주영은 그때 소가 헤엄을 그렇게 잘 친다는 걸 처음 알았다. 낙동강을 건넌 일행은 곧장 걸어서 부산으로 갔다.

한편 서울에 남은 정주영의 가족들은 생지옥을 경험하고 있었다. 서울에 들이닥친 인민군은 정주영이 피난을 떠난 다음날인 29일, 벌써 인민위원회를 구성하고 조사를 나왔다. 초동에 있던 현대자동차 공장은 인민군들이 접수했고, 내무서(內務署)니 뭐니 하는 온갖 기관의 완장을 두른 자들이 번갈아 드나들며 사장이 어디 갔느냐고 매일 닦달을 해댔다. 당시는 정주영의 이름이 유명세를 탄 것도 아니고 대단한 기업체라고 여기지도 않았는데 무슨 정보를 갖고 있는지 뻔질나게 집을 드나들었고, 정주영 일가는 그로부터 공산 치하에서 3개월 동안 모진 어려움을 겪는다. 서울을 점령한 인민군은 집집마다 인공기를 내걸게 했고 수시로 조사를 나왔다. 얼마 되지 않던 식량은 금방 바닥이 났다. 정주영의 가족들은 내일을 기약할 수 없는 데다 정주영의 소식이 감감하자 절망 상태에 빠져 버렸다. 정주영의 넷째 동생 정세영은 자서전 『미래는 만드는 것이다』에서 당시 어려웠던 상황을 이렇게 회고하고 있다.

"갑자기 닥친 난에 먹을 식량을 준비나 했나? 그나마 있던 쌀이 한 달을 넘기지 못해 바닥이 보이는 거야. 그때 내가 대학생이었는데 엄살이 아니라 먹을 게 없고 조카들은 눈망울만 껌뻑거리고, 내가 숨어서 울었다고. 정말 다 죽는구나 싶더라고. 큰형님은 금방 돌아올 거라고 했는데 감감무소식이고. 결국 흩어지면 안 된다는 큰형님 당부가 있었지만 흩어지기로 한 거예요. 그냥 죽을 순 없잖아요. 그래가지고 나는 장가를 안 갔으니까 나하고 동생들만 큰형수하고 같이 있고, 누나(정희영)와 매형(김영주)은 돈암동으로 가고, 셋째 형(정순영 전 성우그룹 회장) 식구들은 종로5가에 있는 형수 집으로 갔지. 그때부터 정말 비참한 연명을 했어요. 동생 신영(전 동아일보 기자)이가 홍성에 있는 친구 윤주원(전 덕양산업 회장)씨 집까지 걸어가서 쌀도 조금 얻어오고 말이지. 그렇지만 얻는 것도 한두 번이지, 보리고 쌀이고 밀이고 할 것 없이 바닥을 긁어서 된장 풀고 양배추 썰어 넣어서 죽을 해 먹고 버텼다고."

이렇게 정주영의 가족들이 고생고생을 하고 있던 중에 워커라인을 구축하고 낙동강 전선을 중심으로 완강히 버티던 유엔군은 9월 15일 인천상륙작전을 통해 전세를 뒤집었다. 9월 28일, 서울을 수복함으로써 맥아더 장군의 인천 상륙 작전은 성공적으로 끝이 났다. 유엔군의 인천 상륙작전으로 인민군이 퇴각하기 시작했다.

그러나 인민군의 퇴각은 또 다른 위험을 몰고 왔다. 인민군들은 후퇴하면서 집집마다 수색해서 남자만 눈에 띄면 북으로 끌고 갔다. 정주영의 가족들 중 남자들은 밤중에 문 두드리는 소리만 들리면 재빨리 지붕 위로 올라가 납작 엎드려 있으면서 위기를 모면했다.

위기를 기회로!

그러면 부산에 도착한 정주영 일행은 어찌 되었을까? 그들은 피난을 떠날 때 입고 있던 단벌 노동복에 무일푼의 처지라서 거지 중에서도 상거지가 되어 있었다. 그야말로 깡통 들고 나서야 할 판이었다. 정주영은 허기를 때우려고 차고 있던 손목시계를 잡히러 전당포에 갔다. 그런데 전당포 주인은 정주영의 몰골을 보더니 말도 안 되는 가격을 제시하는 것이었다. 배에서는 꼬르륵 소리가 났지만 정주영은 부아가 나서 그냥 전당포를 나왔다. 정주영 일행은 다시 거리를 헤맸다.

그때 문득 미군 사령부에서 통역관을 모집한다는 길거리 포스터가 눈에 띄었다. 그 무렵 부산에는 한꺼번에 10만이 넘는 미군이 태평양을 건너와 밀어 닥치고 있었던 거였다. 정주영은 미국이 반드시 한국을 구해낼 것이라 믿었기에 속으로 쾌재를 불렀다. 그는 영어를 유창하게 구사하는 동생 인영에게 많은 기대를 걸었다.

"인영아. 이제 우리는 살았다. 어서 가 보거라."

과연 정인영은 능통한 영어 능력과 《동아일보》 기자라는 신분증 덕분에 통역관으로 합격할 수 있었다. 신문 기자라는 직업에 대한 배려 때문인지 미군 담당관은 정인영에게 가고 싶은 부서를 고르라고 선택권을 주었다. 머리가 영민한 정인영은 형이 건설업을 하는 사람이니 어떻게 밥벌이할 일거리라도 얻을 수 있지 않을까 해서 공병대를 선택했다. 정인영은 즉시 미8군 공병감실에 배치되었고 맥칼리스터(McAllister) 중위의 통역관이 되었다.

동생 덕분에 정주영은 특유의 친화력과 사업수완을 발휘해서 부산 수영 지역의 미군 병사 간이 숙소 공사를 맡았다. 이 공사를 통해 정주영·인영 형제는 미8군 군납 건설업자로 도약하는 날개를 달게 된다.

이때부터 정주영이 전반적인 운영을 이끌어갔고, 정인영이 미군 공사 수주를 받는 데 필요한 제반 업무를 담당했다.

두 형제는 손발이 척척 맞아서 많은 관급 공사도 수주하기 시작했다. 현대건설은 교통부 외자청과 외자 보관창고 건설 및 창고 보관 대행과 관련한 공사 계약을 맺게 되었다. 외자 보관 창고는 정부 지원자금으로 신축된 공사였는 데다 이 창고의 보관업무를 대행할 수 있게 되어 월 200만 환의 보관료를 받을 수 있었다. 이 보관료로 현대건설은 1950년 7월 부산시 중앙동 4가 15-3번지 제 5부두에 연건평 2,167평에 외자 보관창고 3동을 신축했다.

그리고 정주영은 전쟁의 와중에 새로이 '현대상운주식회사'를 설립하고 외자창고·보관 대행업을 하면서 세 척의 선박을 구입하여 해운업에도 진출했다. 전쟁기간 중에 미군부대가 발주하는 공사, 비행장 활주로의 건설, 최전선의 미군 공병대 공사에 이르기까지 다양하게 수주함으로써, 현대건설은 꾸준히 자본을 축적할 수 있었다.

마침내 유엔군이 서울을 탈환하자 정주영은 선발대로 미군 스리쿼터를 타고 제일 먼저 서울에 입성해서 가족들에게로 달려왔다. 적군 치하에서 겨우 목숨을 연명하던 가족들은 모두 눈물을 흘리며 기뻐했다. 더욱 놀라운 것은 개선장군처럼 미군 스리쿼터에서 내린 정주영이 한국은행에서 갓 찍어낸 듯 한 빳빳한 돈을 몇 궤짝이나 싣고 온 것이었다. 그들 형제는 그동안 부산에서 미군 발주 공사를 하면서 자그마치 2,000만 환이라는 어마어마한 금액을 거머쥐었던 것이다. 정주영이 꺼내놓은 돈을 본 가족들은 저절로 기운이 솟았다. 가족들은 정주영 형제의 부산에서의 무용담을 들으면서 밤을 지샜다. 모두들 여러 달 동안 겪었던 어려운 시절을 잊은 채 웃고 떠들며 밤을 지냈다.

전후 복구 사업

1950년은 대한민국 정부가 체제를 정비하고 경제 부흥 5개년 개발을 수립하는 등 국민경제 건설을 이루기 위한 조치들이 막 시도될 시점이었다. 그러나 뜻하지 않은 전쟁의 발발로 생산 시설은 물론이고 주택까지 파괴되어 국민의 생활 기반마저 파괴되었다. 36년이라는 긴 시간 동안 식민 지배에 겹쳐서 터진 전쟁으로 한국 경제는 그야말로 폐허가 되고 말았다.

전쟁은 모든 것을 폐허로 만들었다. 얼마 있지도 않던 산업 시설마저 잿더미로 변했다. 남한에서는 산업 시설의 40퍼센트가 파괴됐다. 당시 남한의 3대 공업 지역인 경인(서울과 인천 서구), 삼척(중부 및 동해안 지역), 영남(대구 및 부산 지구)이 있었다. 그중 영남 지구만이 간신히 명맥을 유지하고 있는 형편이었고 나머지 두 지역은 생산 시설 대부분이 파괴됐다.

6·25가 한국 경제에 남긴 물질적 피해는 대략 30억 달러에 달했다. 전쟁 직후인 1953년의 국민총생산고(GNP)가 21억 6,000만 달러, 해방 후 1960년까지 지속된 미국의 원조가 17억 3,900만 달러였다는 사실을 감안해 본다면 그 피해가 얼마나 컸는지를 짐작할 수 있을 것이다. 한국 경제는 파괴된 생존 기반과 생산 시설을 복구하는 일에 혼신의 힘을 다해 매달려야 했으며, 복구라기보다는 처음부터 다시 창조해야 하는 시기였다.

한국 경제는 미국의 원조에 의존해서 성장할 수밖에 없었다. 미국이 1954년부터 1960년까지 한국에 제공한 원조액수는 총 17억 3,900만 달러에 달한다. 이 금액 중 40%가 공업생산 시설에 소진되어 한국 경제를 움직이는 힘이 되었다. 한국 정부 역시 미국 원조물자의 판매대금으로 재정지출을 메우고 있었다. 이는 1953년부터 1960년까지의 국내 총투자율을 연평균 12.8% 올리는데 큰 역할을 했고 1950년대 후반에 들어서는 국민총생산(GNP)이 연평균 7.4%씩이나 성장하는 데 중요한 구실을 했다. 그러나 미국의 원조는 국내의 저축률을 상대적으로 떨어뜨리는 결과를 초래했다. 미국 원조의 구성 중 자본재가 18.4%였던 반면 소비재가 81.6%였기 때문에 소비재원에 보다 많은 기여를 했던 것이다.

전후 복구 과정에서 정부는 각종 시설물을 발주했고, 국내 건설업은 활기를 띠었다. 당시 우리나라 건설업계의 실태는 기술이나 경험이 없어 미군 공사에 참여하는 과정에서 전혀 새로운 건설문화와 접하게 된다. 해외건설협회가 발간한 『해외건설 민간백서(1984년 3월)』에는 우리 건설업계가 미군 공사에 참여하면서 얻은 이득을 다음과 같이 밝히고 있다.

"미군 공사는 건설 기술과 경험의 축적을 가져왔으며 국제 계약에 익숙해질 수 있는 기회가 되었다. 미군 공사는 국제 표준규격의 시방서와 설계도를 요구했으며 단순한 공사라도 계약과 감리는 영문을 사용하고 미군 기관에 의해 시행됐기 때문에 국내 건설업자들이 국제 표준 시방서의 해득 능력을 갖추게 되었고, 국제 표준 시방서에 따른 시공 및 품질관리 등을 경험함으로써 해외 건설 진출의 길을 여는 데 크게 도움이 됐다. 또 시공 기술면에서 미군 공사는 어느 정도의 기계화 시공을 의무화했던 까닭에 장비 획득과 운용이 강행됨으로써 종전의 인력 의존 공사 수행에서 탈피, 건설업의 선진화를 앞당기게 되었다."

미군 공사 수행을 통해 현대건설은 공사수주, 계약, 기술 등에 있어 해외 건설에 필요한 경험과 훈련을 쌓는 기회가 되었으며, 여기서 실력을 갈고 닦아서 1960~1970년 대에 해외 진출을 선도하며 대표적인 건설업체로 성장한 것이다.

다시 서울에 입성한 정주영은 흩어져 있던 직원들을 불러 모았고 초동에 위치한 자동차 수리 공장을 개조하여 현대건설주식회사 간판을 다시 내걸었다. 현대건설이 제일 처음 맡은 일은 서울대학교 법대 및 문리대 건물을 개조해 미8군 전방기지 사령부 본부 막사를 설치하는 공사였다. 그 다음 이어진 공사는 미8군 휘하 부대인 제8029 부대가 발주한 부평 보충부대 막사를 300채나 짓는 매우 큰 공사였다.

그러나 현대건설은 그 다음 이어진 수원 공군기지 복구공사로 큰 손해를 보게 된다. 각종 자재를 마련하여 공사를 시작했는데 중공군의 개입으로 또 다시 후퇴를 해야 했기 때문에 건축 자재가 몽땅 사라진 탓이었다. 현대건설은 서울 재수복 후인 1951년에 가서야 공사를 마무리할 수 있었는데 공사 기간이 길어진 만큼 손실이 컸다.

1951년 1·4 후퇴 때 정주영은 모든 가족을 데리고 부산으로 내려갔다. 부산에서는 몸이 열 개라도 모자랄 정도로 일거리가 넘쳤다. 정주영 일가는 온 가족이 똘똘 뭉쳐 그 일을 해냈다. 미군들은 '현다이 정'을 찾을 정도로 현대건설과 정주영 형제에 대한 신임이 컸다. 현대건설과 미8군과는 현대 종업원들이 미8군 마크가 있는 군복을 입고 마음대로 부대를 출입할 수 있을 정도로 긴밀한 유대관계를 형성하고 있었다.

1950년대 초반, 건설관계 공사의 대부분이 미군 시설 공사임을 통해 알 수 있듯이 당시 한국 경제 발전에 주한미군 공사가 끼친 영향은 매우 컸다. 현대건설이 미군 공사에서 괄목할만한 성공을 거둘 수 있었던 이유는 이런 상호신뢰 관계를 긴밀히 유지한 것뿐 아니라 끊임없이 기술 개발에 심혈을 기울여 맡겨진 공사를 성공적으로 수행했기 때문에 가능한 일이었다. 이 때문에 1950년대 전후 복구공사에 본격적으로 진출하기 시작한 현대건설은 다른 국내업체보다 우수한 실적을 올렸을 뿐만 아니라 국내 경제 발전에 큰 족적을 남기기 시작한다.

1953년 7월 27일 휴전협정이 체결되어 현대건설은 3년여의 부산 생활을 청산하고 그 해 9월 서울로 돌아온다. 돌아오자마자 서울 중구 초동 106번지 구 현대자동차공업사 공장 건물에 현대건설과 현대상운 사무실을 오픈하게 된다. 그리고 부산시 중앙동 4가 113-3번지에 부산사무소를 설치해 현대상운 소속 사원 30여 명이 남아 창고 보관업과 연안 운수업을 계속하게 하면서 차츰 현대는 그 모양새를 다시 갖추기 시작했다.

신용과 뚝심으로 ㉕

| 고령교
| 복구공사

정주영은 시련이 닥치면 움츠러드는 것이 아니라 그것을 자신에게 유리한 쪽으로 해석했다. 즉 "건설이란 평화 시절에는 평화를 건설하는 것이고 전쟁이 나면 전쟁에 빠른 공사를 할 수 있으니 사업에는 더없이 유리한 환경"이라면서 공사 수주에 전력을 투구했다.

고령교(高靈橋) 복구공사는 정주영이 사업을 시작한 초창기에 겪었던 가장 큰 시련이었다. 하지만 이 공사에서 정주영은 불굴의 도전 정신과 사업가로서의 신념을 극명하게 보여준다.

현대건설은 1953년 고령교 복구공사라는 대규모 공사를 맡았다. 그때까지 정부가 발주한 공사 중 최대 규모였다. 당시 계약 금액이 5,478만 환이었는데, 이는 한 해 동안 현대건설이 수주한 공사 계약액을 모두 합친 금액보다 많은 액수였다. 정주영이 그 고령교 복구공사에 큰 기대를 걸었음은 물론이다.

고령교는 대구와 거창을 연결하는 교량으로서 물자 수송을 위해서만이 아니라 지리산 공비 토벌을 위해서도 복구가 시급했다. 1953년

2월, 내무부 토목국에서는 고령교 복구공사를 현대건설에 발주했다.

그런데 이 공사가 크나큰 횡액을 안겨주고 말았다. 공사는 1경간 60미터짜리 교체 두 개와 수심 10미터 계곡에 열세 개의 교각을 설치하는 난공사였다. 교량의 상부구조는 모두 파괴된 상태이고 하부구조인 교각도 기초만 남아 있는 형편이어서 말이 복구공사지 실제로는 새로 다리를 놓는 것이나 마찬가지였다. 오히려 파괴된 상부 콘크리트 구조물이 물속에 잠겨 있어서 작업상의 장애요인이 많았다. 낙동강은 계절에 따라 수심의 변동이 심했다. 겨울에는 모래가 쌓여서 수심이 얕아졌다가 여름이 돼서 물이 불어나면 수심이 겨울철의 몇 배로 깊어지는 바람에 기초공사를 하기가 더더욱 어려웠다.

당시 국내에는 이렇다 할 건설 장비가 거의 없었다. 현장에 투입된 장비라고는 20톤짜리 크레인 한 대, 믹서기 한 대, 고정식 컴프레서 한 대가 고작이었다. 20톤짜리 크레인이라는 것도 동란 전 내무부가 시공 중이던 남강댐 공사에 투입했다가 그대로 공사장에 방치해 버린 바람에 녹이 슬고 다 고장 난 것을 수리한 낡은 것이었다. 따라서 대부분의 작업을 인력에 의존하는 원시적 방법으로 시공하지 않을 수 없었다.

일 년이 지났다. 일 년이 지났지만 아직 열세 개의 교각도 다 세우지 못했다. 그동안에 물가는 곱절로 뛰었다. 기대를 걸었던 고령교 복구공사는 암운의 그림자가 드리우기 시작했다. 1954년에 들어서면서 물가는 천정부지로 뛰어 올랐다. 고령교 착공 당시 700환으로 책정했던 기름단가가 2,300환이 되었고 앞으로 공사가 끝날 때까지는 얼마나 더 비싸질지 알 수 없는 일이었다.

정주영이 물가가 오르는 데서 오는 손해를 계산하지 못한 것은 아니었다. 계약 당시만 해도 그는 넉넉잡고 일 년 반이면 공사를 끝낼 수 있을 것이라고 생각했고, 일 년 반 동안에 물가가 아무리 오른다고 해도 2배 이상은 뛰지 않을 것이라고 생각했었다. 물가는 뛰고 장비는 빈약하고 공사는 진전이 없었다. 정주영은 지금 자신은 엄청나게 비싼 수업료를 지불하고 있는 것이라고 생각하면서 현지 자금 조달을 위해 동분서주하고 다녔다.

정주영은 회사 경상비를 줄이기 위해서 현대건설 사무실을 초동 자동차 수리 공장 자리에서 소공동에 있는 삼화빌딩으로 방 두 개를 세 내어 옮겼다. 그리고 신규 사업을 모두 접고 오직 고령교 복구공사에 총력을 기울였다.

훗날 정주영은 만약 장비만 좋았었다면 지형상의 악조건은 문제될 것도 없었고 자신이 생각한 대로 공기를 단축해서 그 동안에 오른 물가를 커버하고도 이익을 낼 수 있었던 공사라고 회상했지만 고령교 복구공사는 그의 덜미를 단단히 붙들고 놓아주지 않았다.

고령교 공사로 인한 부채로 현대건설은 점차 마비되어가기 시작했다. 부채를 갚기 위해 정주영은 자신의 자동차 수리 공장을 팔 수밖에 없었고 동생인 정인영, 정순영 그리고 매제인 김영주와 창립 멤버인 최기호 네 사람이 자발적으로 집을 내놓았다. 1955년 1월, 네 사람의 집 판 돈 9,970만 환을 자본금으로 불입함으로써 현대건설은 총자본금을 1억 환(기존 자본금 30만 환, 설립당시 기준 3,000만 원)으로 증자했다.

자금난이 풀어지자 침체의 늪에서 허덕이던 고령교 복구공사 현장도 활기를 되찾았다. 고령교 복구공사는 1953년 4월에 착공하여 26개월 만인 1955년 5월에 준공을 했는데, 정주영은 계약금 5,478만 환에 적자 6,500여만 환이라는 거대한 적자를 보았다. 이 돈은 후에 정주영이 "20년 동안 갚았다"고 말할 정도의 큰 손실이었다.

그런데 문제는 거기서 끝나지 않았다. 고령교 복구공사를 끝낸 현대건설 사무실에는 아침저녁으로 빚쟁이들만 몰려왔다. 끝내 초량의 자동차 수리 공장과 현대상운 소속의 선박 세 척을 처분해서 빚잔치를 벌였다. 회사가 그 지경에 이르자 기술자도 떠나고 직원들도 떠나고 남은 사람은 임원진과 죽으나 사나 현대건설에 붙어있을 수밖에 없는 몇몇 사원들뿐이었다.

시련은 있어도 실패는 없다

그러나 모든 어려움을 극복하고 고령교를 완공한 보람이 있어 현대건설은 이후 국내 건설사에 주목될 굵직굵직한 공사를 맡으며 상당한 성과를 기록하기 시작했다. 많은 위험부담을 스스로 감수하면서 끝까지 고령교 복구공사를 완공한 성실함을 바탕으로 정부로부터 한층 신뢰를 두텁게 한 현대건설은 정부공사를 발주받는데 유리한 고지를 점령하게 된 것이다. 내무부는 현대건설이 막대한 적자를 감수하면서 고령교 복구공사를 성실하게 마무리 지어 준 것을 높이 평가하고 정부가 발주하는 공사에서 특전을 부여했다.

때마침 정부는 1954년도부터 본격적으로 개시한 미국의 전후 복구 사업 계획에 따라 활발한 공사 발주를 전개하고 있는 때였다.

정주영은 1955년 5월에 고령교 복구공사를 끝내고 나서 그 해 후반에 가창댐 확장공사를 필두로 낙동강 우곡제 개수 공사 1, 2차분, 강구교 공사, 호포교 공사, 내무부 중기공장 신축공사, 부산항 제4부두 신축공사 등 약 3억 4,000여만 환의 수주 실적을 거두었으며, 이듬해인 1956년에는 옥산교 공사를 비롯해서 가창 댐 확장 2, 3차 공사, 강구교 2, 3, 4차 공사, 안성교 1, 2차 공사, 낙동강 우곡제 3차 공사, 남산 육교 가설공사, 전매청 의주로공장 복구공사 등 약 5억 4,000여만 환의 수주 실적을 올렸다.

이로써 정주영은 부채를 모두 갚아 신용을 지켰고, 그 고통 속에서 '시련은 있어도 실패는 없다'는 자신만의 독특한 경영철학을 일궈냈다. 정직과 성실로 주인의 신뢰를 얻어 쌀가게를 물려받았고, 믿을 만한 청년이라는 신용 하나로 자금을 얻어 사업을 시작했으며, 상품에 있어서의 신뢰, 모든 금융 거래에 있어서의 신뢰, 공급 계약에 있어서의 신뢰, 공기 약속 이행에 있어서의 신뢰, 공사의 질에 있어서의 신뢰, 그 밖의 모든 부문에 걸친 신뢰의 총합으로 오늘날의 '현대'를 이룬 것이다. 이 고령교 복구공사는 정주영의 경영방식을 잘 보여주는 대표적 선례라 하겠다.

온갖 어려움을 극복하고 고령교 공사를 성실하게 완공한 정주영에게 하늘의 축복이 내리기 시작했다. 1957년 무더운 한여름, 국내 건설업체는 충격적인 뉴스로 경악을 금치 못했다. 전후 단일 공사로는 최대 규모의 공사인 한강 인도교 복구공사가 한때 망했다고 떠들썩하던 정주영 앞으로 떨어졌다는 것이었다.

공기 8개월, 공사금액 2억 3,000여만 환.

정주영이 당시의 국내 건설업계를 주름잡던 대동공업, 극동건설, 대림산업, 삼부토건, 중앙산업 등을 제치고 내무부 입찰에서 당당히 일번 낙찰자가 됐던 것이다.

그것은 정주영이 잘나서가 아니었다. 그가 고령교에서 쌓아올린 성실과 신용 때문이었다. 내무부는 현대건설이 막대한 적자를 감수하면서 고령교 복구공사를 성실하게 마무리지어 준 것을 높이 평가하고 정부가 발주하는 공사에서 특전을 부여했다.

정주영은 1991년 3월 서강대 최고경영자과정 특강에서 '신용과 진실의 중요성'에 대해서 이런 말을 했다.

"흔히 사람들은 자본이 없어서 사업을 시작하지 못한다고 말하는데, 저의 체험에 의하면 자본보다는 신용이 훨씬 중요합니다. 나의 사업계획이, 나의 과거가 주위로부터 신뢰받을 수만 있다면 그 규모의 대소는 크게 문제되지 않습니다."

현대가 가족 이야기 ❺

가족이 똘똘 뭉쳐서 '고령교 귀신'을 물리치다

핏줄의 끈끈한 농도는 어떤 기업도 현대가(現代家)를 따를 수 없다는 것
이 재계의 정설이다. 그것은 고령교 공사 실패로 벌떼 같이 달려드는 빚
쟁이에 시달릴 때, 현대가 사람들이 똘똘 뭉쳐서 위기를 이겨낸 저력에서
비롯된다. 그때 현대가 사람들의 헌신이 없었다면 오늘날의 현대는 '고령
교 귀신'에게 발목이 잡혀 간판을 내리고 흔적도 없이 사라졌을 것이다.

현장에서는 노임을 주지 못해 공사장 인부들이 매일 파업을 하고, 집에
는 도끼를 들고 찾아와 마루를 찍는 빚쟁이가 있는가 하면, 사주인 정주영
이 나타나기만 하면 가만두지 않겠다면서 낫을 들고 대문을 지키는 자재상
종업원들까지 있었다. 정주영은 갖은 노력을 다했으나 별무소용이었다. 정
말 하늘이 노랗게 보일 정도여서 정주영은 부모님이 일찍 타계하셔서 오히
려 가슴 아픈 일을 보지 않아도 된 걸 진심으로 다행스럽게 생각했을 정도
였다. 정주영의 아버지는 환갑잔치를 치른 이듬해인 1946년 6월 28일 지
병으로 세상을 떠났고, 오랜 동안 중풍으로 고생하시던 어머니도 1953년
1월 27일, 부산에서 세상을 떠났던 것이었다.

엄청난 시련에 내몰린 현대가 사람들은 자기 몫의 재산을 내놓음으로써
위기를 극복하게 된다. 앞의 본문에서도 밝혔지만 동생인 정인영, 정순영
그리고 매제인 김영주와 창립 멤버인 최기호 네 사람이 자발적으로 집을
내놓았다. 정인영은 돈암동 종점 쪽에 조그마한 20평짜리 기와집을, 정순
영 역시 삼선동의 20평짜리 기와집을, 매제 김영주도 돈암동 종점 근처의
20평짜리 집을 팔았다. 여기서 특이한 것은 최기호다. 그는 정씨 가문과
일점 혈육도 아니지만 선선히 집을 내놓았다. 최기호는 홀동광산에서부터
정주영과 같이 일했던 충직하고 의리가 깊었던 사나이였다. 그때 정주영
의 집은 동생들이 조상들 제사 모실 집은 있어야 한다는 반대로 팔지 못

하고 집 대신 초동 자동차수리 공장 자리를 팔았다. 이렇게 만들어진 9,970만 환을 들고 현대는 고령교 공사를 성공적으로 마무리 질 수 있었다.

훗날 이 시절을 정주영 일가와 가족같이 지냈던 이춘림(전 현대중공업·현대종합상사 회장)은 이렇게 회고하고 있다.

"명예회장님이 하시는 일이고, 집안에서는 아버지 같은 존재기 때문에 어떡하든 살려야 한다고 마음을 모았겠지만 그 당시 집이 아니라 몸의 장기라도 팔아야 한다고 했으면 형제들이건 김 회장(김영주)이건 아마 다 나서서 도왔을 겁니다. 그렇다고 명예회장님이 집 팔아서 보태라는 말은 절대 안 하는 양반이지요. 그런데도 가진 것 다 내놔요. (현대가 사람들은) 그런 정도로 보면 돼요. 고령교 공사 때가 현대건설로서는 경험도 없었던 시절이고 해서 가장 심한 타격을 받았지만 그 공사뿐 아니라 그 후에도 현대건설에 몇 번 위기가 있었는데 그럴 때마다 소위 정씨들이나 김 회장이 나서는 걸 보면 대단하거든? 그건 꼬집어서 설명하기 어려워요. 하여간 빚잔치를 어느 정도 했을 때쯤에 내가 내려가 보니까 모두들 피골이 상접했다고, 그래야 되나? 모두들 전쟁 복구공사를 하는 게 아니라 현대건설 복구를 하느라고 눈이 쑥 들어갔어요. 그렇게 말할 수 없는 고생을 하면서 현대건설을 지켰어."

－ '현대건설 60년 영욕' 《LA중앙일보》, 2009년

그런데 문제는 회사는 가까스로 위기를 모면했으나 집을 내놓은 사람들이 갈 곳이 없다는 점이었다. 집을 팔았으니 이사를 가야 되는데, 전세 들 돈이 없는 것이었다. 그래서 정씨 형제들은 그 전에 현대자동차 수리 공장을 했던 자리 개천 옆에 '판잣집'을 지었다. 루핑 지붕을 만들고. 정인영, 정순영의 가족이 살았다. 엄청난 돈을 만지다가 하루아침에 개천가에

서 루핑 지붕 덮고 사는 비참한 처지가 된 것이었다. 그 비참한 꼴을 정주영이 찾아와서 보고 형제는 부둥켜안고 울었다. 정주영은 다시 부자가 되면 집을 사주겠는 말을 하면서 목이 메었다. 고령교의 여파는 국내에만 미쳤던 것이 아니었다. 훗날 현대자동차의 '포니 신화'를 이끌어냈던 정세영은 미국 유학 중이었다. 그는 갑자기 학비가 끊어지는 바람에 이국땅에서 말 못할 고초와 마음고생을 겪어야 했다. 그는 당시를 이렇게 회고하고 있다.

"내가 컬럼비아대학에 유학하고 있을 때예요. 그러니까 나는 컬럼비아대학하고는 인연이 없게 된 셈인데, 1년쯤 다녔을 때야. 그동안 한 번도 거르지 않던 학비가 어느 달부터 서울에서 오지 않는 거야. 매달 100달러씩 큰형님(정주영)이 꼬박꼬박 보내주는데 갑자기 끊어지고, 그러다가 어떤 달에는 한꺼번에 몰려오기도 하고 말이야. 그러니까 얼마나 불안해. 한꺼번에 몰려온다고 해서 몇 천 달러씩 오는 것도 아니지만 유학생한테는 100달러든 10달러든 고정적으로 와야 규모 있게 쓰지, 그렇지 않으면 친척 하나 없는 미국 땅에서 온몸으로 한기를 느껴야 된다고. 그게 굉장히 무서운 거예요. 물론 유학생 비자니까 아르바이트를 못하지만 다들 숨어서 했고 나도 중국집에서 접시 닦는 일을 했지만 공부가 되나. 정말 불안해서 장학금을 주겠다는 학교를 찾았더니 오하이오주에 있는 주립대학 마이애미 유니버시티에서 장학금 줄 테니 오라고 해요. 결국 마이애미대학에서 졸업을 하게 됐는데, 나중에 알게 됐지만 그때 큰형님이 고령교 공사 때문에 진짜 심한 고통을 받고 있었던 거예요. 100달러를 못 보낼 정도였으니까 말이야."

– '현대건설 60년 영욕' 《LA중앙일보》, 2009년

성장기

제8장

정치와 경제에 기적이란 없다. 기적이란 인간의 정신력으로 실현한 깃에 대한 변명일 뿐이다. 확실히 우리는 이론적으로나 학문적으로 불가능한 일을 해냈다. 이것은 바로 정신의 힘이다. 신념은 불굴의 노력을 창조할 수 있다. 진취적인 정신, 이것이 기적의 열쇠다.

– 정주영 –

이 세상 어떤 일도 인내심을 요하지 않는 것은 없다. 재주만 믿으면 안 된다. 재주는 많지만 실패한 사람은 많다. 천재만 최고가 되는 것은 아니다. 천재가 아무 것도 이루어내지 못하면 비웃음을 산다. 학식이 높다고 해서 항상 인격자는 아니다. 학식은 높지만 인생의 낙오자가 수두룩하다. 인내심과 결단력은 절대적이다.

– 캘빈 쿨리지 –

해외로 눈을 돌리다 ㉖

젊은이들은 타산적일 만큼 많이 알지 못한다.
바로 그러니까 젊은 세대는 노상 불가능한 일에 도전하며 그것을 이룩한다.
– 펄 벅

공채로 인재를 뽑다

우리나라에서는 삼성의 이병철이 인재제일주의를 평생의 경영이념으로 삼은 것으로 유명하지만 정주영도 그에 못지않은 인재제일주의로 일관했다. 그래서인지 두 사람은 앞서거니 뒤서거니 하면서 이 땅에 공채(公債) 문화를 일으킨다.

삼성은 1957년, 한국에서는 최초로 공개채용 방식으로 사원을 뽑았다. 다음 해인 1958년, 현대는 우리나라에서 두 번째로, 그리고 건설업계에서 최초로 공채제도를 실시해서 인재를 뽑았다. 당시만 해도 대부분의 회사들이 경영주의 친인척이나 주변인물의 청탁을 받아 사람을 채용하는 풍토였기 때문에, 이러한 공개채용 방식은 새로운 기업 풍토를 만들어냈다. 정규 대학 졸업자를 대상으로 기술 및 관리직 사원의 채용은 우리나라에서 공채제도가 정착하는 모범 케이스가 되었다.

'현대' 역사상 처음으로 실시된 공채시험에는 기술 및 관리직 부문별로 지원자가 대거 몰려, 응시자가 무려 모집 채용 예정 인원의 10배가 넘었다. 당시 어려운 경제 형편상, 대학 졸업자나 졸업 예정자가 번듯한 직장에 자리를 잡는다는 것 자체가 하늘의 별 따기처럼 어렵던 시절이라 취직을 하면 집안에서 경사 났다고 잔치를 벌일 정도였다. 당시 현대건설은 중소기업에 지나지 않았지만 현대건설의 경우도 마찬가지였다.

"현대가 여러 면에서 착실하지만 그 중에서도 현대에 우수하고, 성실한 인재들이 모여 있다는 것이 현대의 강한 점입니다. 오늘날 경제 사회에서 여러 가지 자본의 힘, 시설의 힘, 여러 가지 힘이 있지만 우리 현대는 성실한 사람들의 모임의 집단입니다. 현대의 강점은 바로 이것입니다. 결국 경제는 돈이 아니고 사람으로, 모든 진취적인 생명력과 민족의 정기를 불어넣으면서 우리가 나아가기 때문에 여하한 국내의 어려움이 있더라도 그것을 다 극복할 수 있는 정신력을 우리는 가지고 있는 것입니다."

위의 말은 1982년 1월 정주영이 현대그룹 신년 하례사에서 한 말이다. 또 정주영은 늘 이렇게 말하며 인적 자원은 최고의 자본이라고 강조했다. 정주영은 공채에 대해서 이렇게 회고한다.

"나는 1958년도부터 우리나라 어느 건설업체보다도 빠르게 공채로 사원을 뽑기 시작했는데, 초기에는 그다지 많이는 안 뽑았지만 실력 있는 인재들이 꽤 많이 들어와서 '현대'의 막강한 힘, 그 자체가 되어 주었다."

정주영은 첫 번째 공채시험 때부터 면접에 직접 참여했다. 그렇게 해서 선발한 현대의 공채사원 중에 대표적인 이들이 1960년 임형택, 1961년 권기태, 1962년 김광명, 최동식, 1963년 심현영, 1965년 이명박, 박재면, 전갑원, 1966년 음용기, 1967년 박세웅, 김윤규(金潤圭), 이병규, 김재수 같은 이들이 있었는데 이들이 오늘의 현대를 만든 주역들이었다. 정주영은 일단 사람의 능력을 인정하면 장점을 찾아내 중견사원 또는 이사급으로 키워주었다. 그래서 현대그룹에서는 불과 5, 6년 새에 부장, 이사로 승진한 사람이 많았는데 그 중 가장 대표적인 인물이 이명박이다.

현대그룹의 공채출신 사원들은 정주영을 30년 이상 보필하는 경우가 많았다. 그들은 스스럼없이 같이 식사도 하고 술도 마시고 씨름도 마다않는 정주영을 그룹회장이 아니라 '아버지'처럼 생각하고 따르는 이들도 많았다.

"현대그룹은 성실하고 추진력 있는 사람들의 집합체입니다. 그리고 두뇌집단이라는 평가를 받도록 노력하고 있습니다. 저는 특히 사원 각자가 일체감을 갖고 맡은 일을 밀고 나가도록 유도하고 있습니다. 만약 일체감이 없었다면 허허벌판인 모래밭(울산 조선소)에서 공장을 건설하면서 26만 톤급 대형유조선을 동시에 건조, 수출할 수는 없었을 겁니다."

{ **헌대건설의 첫**
해외 건설 사업 정주영의 개척자 정신이 본격적으로 빛을 발하기 시작한 것은 해외 시장 개척에서부터라고 할 수 있을 것이다. 50년대를 통해서 국내 굴지의 건설회사로 기틀을 다진 정주영은 협소한 국내 시장에서의 한계를 느끼고 밖으로 눈을 돌린 것이다.

정주영은 해외 진출을 모색하지 않으면 조만간 건설업은 벽에 부딪힐 것이라는 예상을 하고 있었다. 정부 주도의 국내건설 투자에는 한계가 있고, 게다가 수급 불균형은 점점 심각해져 가는 추세였으며 군납공사 시장 또한 위축되어가고 있었기 때문이다. 1960대에 들어서면서 미국이 국내업체 참여를 제약하기 시작했다. 이렇게 곤욕을 치르자 그는 해외로 나가서 활로를 찾자고 마음을 굳히며, 해외 건설시장 진출에 대해 보다 적극적으로 생각하기 시작했다.

정주영은 진작부터 꿈을 가지고 앞을 내다보고 있었다.

현대는 1959년도에 벌써 자가 발전소를 설치했었고, 그것으로 본격적인 플랜트 공사라고는 할 수 없었지만 이미 플랜트 공사에 눈을 돌리고 있었던 것이다. 그러다 보니 경제개발계획이 시작되고 전원개발이 본격화되면서 감천발전소, 삼척발전소, 영월발전소, 군산발전소, 인천발전소, 그리고 원자력발전소까지 엄청난 공사를 하게 된 것이다. 더구나 다목적댐 건설을 하면서 수력발전소까지 거의 모든 발전소에 현대가 참여하게 되었고, 따라서 다른 어떤 회사보다도 기계, 전기, 플랜트 사업부가 크게 강화되었다. 결국 현대는 이처럼 앞서서 플랜트 공사를 해왔기 때문에 외국에서의 공사들이 가능했던 것이다.

훗날 현대가 중동시장에서 세계적인 경쟁사들을 따돌리고 적지 않은 규모의 플랜트 공사를 손에 쥐게 된 것은 토목기술이 뛰어나서라기보다는, 중동 진출 이전에 국내에서 플랜트 분야에도 어느 정도 경험을 축적하고 있었기 때문이다. 흔히 하는 말로 막노동판에서 출발한 현대가 종합기술을 필요로 하는 플랜트 공사까지 넘겨다 볼 수 있었다는 점에서, 우리는 현대가 여느 건설회사 하고는 분명히 달랐음을 알 수 있다.

현대건설의 첫 해외 건설 사업은 1965년 태국 건설성이 발주한 파타니-나라티왓 고속도로 공사를 국제입찰하면서부터였다. 태국의 고속도로 건설을 현대가 시공하게 됐다는 사실은 마치 국가적인 경사나 되는 것처럼 여겨져서 KBS가 공항의 출국 실황을 중계할 정도였다. 수출입국을 지향하는 우리나라 건설용역의 해외 진출을 알리는 첫 신호였기 때문이다.

현대건설의 파타니-나라티왓 고속도로 건설공사는 태국 남단, 말레이시아 국경 부근에 위치한 두 도시 파타니와 나라티왓을 연결하는 총연장 98km의 2차선 도로를 닦는 것이었다. 이 공사는 부산과 대구 간의 거리쯤 되며, 한강다리 3개쯤 되는 큰 다리와 작은 다리 30여 개를 놓는 고속도로 공사였다.

현대는 공사 수행에 전사적인 지원과 관심을 기울였다. 공사 초기에는 정주영 사장이 현장을 직접 진두지휘했다. 회사 간부의 부인들이 동원되어 현장 식당에서 손수 직원들의 밥을 챙겨주기도 했다.

그런데 현대는 고속도로를 만들어 본 경험이 없었기 때문에 이 공사에서 많은 손해를 보았다. 현대건설은 불도저, 로더(loader) 등 최신 장비를 구입해서 투입했지만 기능공들은 사용법을 잘 몰라서 두 달도 못가 고장을 내기 일쑤였다.

가장 큰 장애물은 현지의 날씨였다. 태국은 매일 같이 비가 내리는 나라여서 모래와 자갈이 항상 젖어 있어 아스콘(아스팔트 콘크리트)이 제대로 생산되지 않았다. 건조기에 자갈을 넣고 말리려고 했으나 건조기 자체의 온도가 올라가지 않아 어려움을 겪을 정도였다. 이를 지켜보던 정주영이 "건조기를 돌리지 말고 골재를 철판 위에 올려 구워보라"고 지시했다. 그러자 건조기를 이용할 때보다 생산능률이 2~3배까지 높아졌다. 그래서 파타니-나라티왓 고속도로는 '골재를 철판에 구워 닦은 고속도로'라는 별칭도 갖고 있다.

정주영은 그 무렵을 회고하며 "비싼 수업료 지불했죠"라고 자조적으로 말하곤 했다. 하지만 이 공사에서 현대는 많은 것을 얻기도 했다. 재정적으로는 손해가 났으나 기술적으로는 엄청난 소득이 있었다. 현대건설의 고속도로 건설 체험은 박정희 대통령으로 하여금 경부고속도로 공사를 결심하게끔 부추긴 셈이 되었고, 태국 고속도로의 경험과 기술 축적은 곧 이어 중동건설로 비약하는 한국 건설의 힘의 원천이 되었기 때문이다.

또 다른 수확은 기술적인 문제뿐만 아니라 현지인들을 채용하여 활용하는 인력 개발, 달리 말하자면 세계 진출을 위한 글로벌 기업의 기법도 배우게 된 점이다. 언어와 풍토가 우리와 전혀 다른 현지인들을 어떻게 적응시켜 경쟁적으로 관리할 것인가 등을 시행착오 과정에서 배웠던 것이다. 이후 현대에는 실패한다는 것 자체가 그다지 큰 문제가 되지 않을 정도로 성숙한 기업 문화가 생겨났다.

뭐든지 봐두면 다 공부가 되는 거야

한국건설사상 최초의 해외 공사인 태국 파타니 나라티왓 고속도로 공사에서 적자를 보자, 정주영은 새로운 돌파구를 찾기 위해 고심하고 있었다. 그래서 결정한 것이 베트남 진출이었다. 현대는 1966년, 포탄이 머리 위로 날아다니는 베트남 전쟁터에서 메콩강 준설 공사를 따냈다. 그 공사에 필요한 준설선을 사러 일본에 갔을 때의 일이다. 정주영은 준설선 계약을 마치고 나서 당시 동행했던 현대건설 상무 이춘림에게 말했다.

"바쁜 약속 없으면 내일 나하고 조선소에 한 번 가보자."

"조선소에는 왜요?"

이춘림은 전혀 의외라는 듯 눈을 크게 뜰 수밖에 없었다.

"뭐든지 봐두면 다 공부가 되는 거야."

다음날 아침 정주영은 이춘림과 함께 일본 종합상사 부사장의 안내를 받아 이시가와지마 하리아(石川島播磨)중공업의 요코하마조선소를 방문했다. 생전 처음 보는 조선소는 무척 광대했고, 큰 도크에서 선박이 건조되고 있는 장면은 그야말로 장관이 아닐 수 없었다.

"갑자기 조선소는 왜 둘러보시는 겁니까?"

이춘림은 어제 물었던 말을 다시 묻지 않을 수 없었다. 당시 현대건설의 입장에서 볼 때, 아니 한국 경제 규모로 볼 때 조선소 건설은 꿈도 못 꿀 때였다. 더구나 일본 조선소의 엄청난 규모에는 기가 질릴 지경이었다. 정주영은 아무 말 없이 직경 1.5미터가 넘는 기어와 길이 6미터가 넘는 대형 샤프트를 깎고 있는 기계 공장을 바라보고 있다가 문득 이춘림에게 물었다.

"이상무! 이거 말이야, 우리도 설계만 있으면 이거 만들 수 있지 않을까?"

"도면만 있으면 되겠지요."

이춘림은 자신도 모르게 그렇게 대답하고 말았다. 정주영의 적극성에 압도되어 그냥 나온 대답이었다. 어쩌면 당시 현대건설은 발전소 건설 경험을 갖고 있었기 때문에 조선소 건설도 할 수 있지 않을까 하는 생각이 없지는 않았으리라.

다음날 정주영은 가와사키(川崎)중공업의 고베조선소도 방문했다. 그곳에는 대·중·소의 여러 도크가 있었고, 각 도크마다 인부들이 일사불란하게 용접 불똥을 튀기며 열심히 작업을 하고 있었다. 조선소를 둘러보고 오는 길에 정주영이 이춘림에게 말했다.

"이제 준설선을 마련했고 하니, 항만 건설의 노하우도 쌓아야 할 거야. 해외에서 건설을 하다 보니 기후·풍토·언어·습관 등이 다르기 때문에 공사에 어려움이 많아. 해외 건설에서 좀 더 노하우를 쌓은 다음 우리도 국내에다 조선소를 건설해야겠어. 해외에 나가 외화를 벌어들이는 것도 국가를 부강하게 만드는 일이지만, 국내에다 조선소를 짓고 큰 배를 만들어 외국에 내다파는 것도 큰돈을 벌 수 있는 일 아니겠어?"

이미 정주영은 1966년부터 조선소 건설을 꿈꾸고 있었던 것이다.

그는 자신이 마음속에 숨겨두고 있던 것들을 약간 들뜬 목소리로 계속 이야기했다.

"당장 설계하는 것은 어렵겠지만 철판을 만들고, 그 내부에다 보일러와 엔진과 발전기를 설치하고, 또 프로펠러를 달면 되지 않겠어?"

상기된 얼굴로 흥분을 감추지 못하며 이야기하는 정주영의 얼굴은 한창 꿈 많은 소년의 그것과 같았다. 그리고 정주영의 조선소에 대한 꿈은 몇 년 후인 1972년 3월 울산조선소의 기공식을 올리면서 현실화되었다. 망상이라고 비웃을 수도 있지만 천하는 결국 꿈꾸는 자에게 정복당하게 마련이다.

이처럼 정주영은 일제 강점기에 가난한 농군의 아들로 태어나 맨주먹으로 사업을 시작했고, 전쟁의 상처를 딛고 무(無)에서 유(有)를 창조해온, 한국 경제의 역사이자 증인임을 온몸으로 보여주고 있다.

그는 열아홉 살에 부두와 건설현장의 막노동꾼, 쌀가게 점원으로 시작해서 '하면 된다'는 불굴의 도전 정신과 창의적 노력, 진취적 기상으로 현대그룹을 창업하여 한국을 대표하는 대그룹으로 일으켜 세운 개척자적인 자수성가형 사업가이다.

그는 무슨 아이디어든지 사업으로 전환해서 이익 창출의 기회를 마련하는 데 천재적인 소질을 발휘하며 경부고속도로의 건설, 해외 건설 시장 진출, 세계 최대의 조선소 건립, 세계를 누비는 자동차 등을 통해서 한국 경제발전의 기틀을 다지는 데 큰 역할을 했다. 세계인이 찬탄해 마지 않는 1970년대 '한강의 기적'은 기업인 정주영 같은 걸출한 제1세대 기업가들이 있었기에 가능했다.

한국 경제의 고속도로를 깔다

우리가 해야 할 중요한 일은
먼 곳에 있는 희미한 것을 보는 일이 아니라
자기 가까이에 있는 명확한 것을 스스로 실천하는 일이다.
– 카알라일 –

현장의 호랑이

1962년 현대건설의 총 매출액은 3억 6,160만 원이었으나, 1966년에 이르러 태국 및 베트남 등 해외 진출에 따른 공사량의 폭증과 경제개발 5개년 계획의 적극적인 참여로 인해 무려 40억 5,000만 원을 넘어섰다. 이는 1962년 당시보다 무려 11.2배 증가한 것으로 5년간의 연평균 성장률은 72.38%이라는 경이적인 기록이다.

그 덕분에 현대건설은 각종 다리와 도로, 부두시설 등 전후복구사업을 도맡아 수행하면서 국내건설 업계 1위로 올라섰다. 박정희 군사정부는 사회 간접자본 확충에 정책적인 역점을 두고 있었기 때문에 그로 인한 건설 붐으로 시멘트의 수요가 급격히 늘어났었다.

정주영은 1962년 7월에 착공한 단양 시멘트 공장 건설을 개시했다.

당시 단양 시멘트 공장 건설은 사원들이 '현대건설의 3·1운동'으로 불렸을 만큼 획기적인 사업이었다. 착공에서 준공까지 24개월 동안 그는 매주 주말이면 어김없이 청량리역에서 중앙선 야간열차를 타고 현장으로 달려갔다. 으레 토요일 밤차를 타고 현장에 내려갔다가 일요일 밤차로 다시 올라오곤 했었다.

알다시피 정주영은 현장 경영의 달인이다. 정주영은 단양 시멘트 공장, 고속도로 건설현장, 울산 지역의 여러 공장들, 해외 건설 현장 등 어려움이 있거나 현안이 닥쳐 있는 현장에는 반드시 나타났다.

그가 나타나면 사원들은 '호랑이'가 나타났다고 벌벌 떨었다. 단양 시멘트 공장을 건설할 때의 일이다. 당시 정주영은 매주 일요일이면 청량리역으로 달려가 중앙선 야간열차를 타고 공사 현장으로 갔다. 어느 날 그는 동생 정세영과 함께 야간열차를 탔다. 그런데 두 사람은 깜빡 잠이 들고 말았다. 정주영이 문득 눈을 떠보니 기차는 그들이 내려야할 역을 막 출발하고 있었다.

"야, 어서 뛰어내리자."

정주영은 동생의 어깨를 툭 치고 출입문 쪽으로 달려가는 것이었다. 정세영은 형의 뒤를 따르며 소리쳤다.

"형님! 위험해요!"

이미 기차가 속도를 내기 시작해서 뛰어내리면 위험할 정도였던 것이다. 그러나 이미 정주영의 모습은 보이지 않았다. 그는 열차에서 뛰어내린 것이다. 정세영은 방금 형이 뛰어내린 승강대에 매달려 뒤쪽을 바라보았다. 희끔하게 밝아오는 새벽빛 멀리 형 정주영이 우뚝 서서 손을 흔들고 있었다. 정세영은 머리를 내저으며 안도의 한

숨을 내쉬었다.

기차에서 뛰어내린 정주영은 삼십리나 되는 길을 걸어서 공사 현장에 도착했다. 그가 도착했을 때는 아침 식사시간이었다. 직원들은 느긋한 마음으로 아침 식사를 하고 있었다. 새벽같이 나타나 호통을 치던 사장이 그때까지도 현장에 나타나지 않자 직원들은 오늘은 호랑이가 오지 않는가보다고 생각하고 한껏 느긋해 있는 표정들이었다.

그런데 정주영이 느닷없이 들이닥치자, "호랑이가 나타났다!"는 소리가 들리더니 직원들은 허겁지겁 식사를 마치고 공사 현장으로 달려갔다.

정주영은 이렇게 현장 경영을 하면서 단양 시멘트 공장을 예정 공기보다 6개월 앞당긴 24개월 만에 완공시켰다. 그의 현장 경영 덕분에 그만큼 공기를 앞당길 수 있었던 것이다. 그래서인지 이 공장에서 생산되는 시멘트는 '호랑이표'가 붙어서 팔려나게 되었다.

경부고속도로 공사현장에서

1968년 2월 1일 대망의 경부고속도로 건설이 시작되었다.

고속도로를 건설한다는 정부 계획은 1964년, 박정희가 서독을 방문했을 때 그곳의 고속도로 아우토반에 감명을 받은 데서 비롯되었다. 박정희는 믿는 구석이 있었는데 그것은 정주영의 현대건설이 태국에서 고속도로를 성공적으로 건설한 경험이 있다는 점이었다.

박정희는 정주영을 믿고 고속도로 건설을 강력하게 밀어붙였다고 보아야 할 것이다.

당시 현대는 울산에 현대자동차 공장을 대대적으로 짓고 있었다. 하지만 고속도로 건설에 대한 임무를 넘겨받은 정주영은 자동차공장에 전념할 입장이 못 되었다. 자동차공장 건설은 일단 관리 담당 전무인 넷째 동생 정세영에게 맡기고 그는 박정희의 독려를 받으며 전적으로 경부고속도로 건설에 매달리게 되었다.

정주영은 매일 새벽 6시면 고속도로 공사현장에 나와서 살았다. 언제부터인가 그에게는 '현장 사나이'라는 별명이 붙어있었다. 그의 지프차만 보여도 현장 인부들은, "야, 현장 사나이 나타나셨다!"하곤 긴장했다. 그는 첫 단계부터 낮과 밤을 가리지 않고 공사현장에서 진두지휘하여 최단 시간, 최소의 비용으로 공사를 완성하는 데 크게 공헌했다.

그러나 공사는 쉽사리 진척을 보이지 않았다. 어렵사리 공사는 진행되어 하행선이 1970년 6월 초에야 겨우 완성되었다. 그러나 상행선은 그때까지도 완공될 기미를 보이지 않았다.

대전~대구 구간에는 4km의 소백산맥이 가로 누워 있어서 특히 당재터널 공사가 문제였다. 당재 터널은 무려 13회나 걸친 낙반 사고와 많은 인명 피해를 내면서 공사는 힘겹게 진행되었다. 건설부에서는 당재터널을 체크한 후 도저히 연내에는 완공 가망이 없다는 진단을 내렸다. 그러자 현장소장 양봉웅이 공기 내에 끝내기 위해서는 조강(早强) 시멘트(굳는 시간이 빨라 12시간이면 굳는 시멘트)를 쓰는 방법밖에는 없다는 건의를 했다. 일반 시멘트는 콘크리트를 쳐놓고 일주일이 지나야 다음 발파(發破) 작업을 할 수 있는데 조강 시멘트는 굳는 시간이 빨라 12시간이면 다음 발파를 할 수 있는 질이 다른 시멘트였다. 대신 조강 시멘트는 값이 엄청나게 비쌌다.

"조강 시멘트로 바꾸면 틀림없이 공기를 맞출 수는 거야?"

정주영은 양봉웅에게 물었다.

"예. 맞출 수 있습니다."

"그럼 그렇게 하자."

정주영은 또 다시 돈보다는 신용과 명예를 선택했다. 정주영은 당장 단양 시멘트 공장에 조강 시멘트 생산을 지시했다. 단양 시멘트 공상은 곧바로 조강 시멘트 생신에 들어갔다. 단양 시멘트 공장에서는 조강 시멘트가 쏟아져 나오기 시작했다.

그런데 또 다시 새로운 문제가 발생했다. 190km 거리인 단양 공장에서 당재터널 현장까지 운송해야 했는데, 이 시멘트를 운반할 철도수송 능력이 부족했다. 정주영은 현대건설이 보유하고 있는 모든 트럭에 비상동원령을 내렸다. 일일이 차로 운반했기 때문에 시멘트 값의 70%가 운임으로 들어갔다. 하지만 정주영으로서도 아무리 큰 손해가 나더라도 이 공사를 공기 안에 마무리 지어야 한다는 일념으로 밀어붙였다. 그는 매일 새벽 현장으로 달려가 하루 종일 십장 노릇을 하다가 밤이 되어서야 서울로 올라오곤 했다. 당재터널 공사는 3개월이 소요되는 공사가 25일 만에 끝났다. 1970년 6월 27일 밤 11시. 당재 터널 남쪽에서 "만세"가 터졌다. 당재터널이 드디어 뚫린 것이다.

당초 예상대로라면 3년이 소요되었을 공사 기간을 2년 5개월로 단축하면서 경부고속도로가 준공되었다. 이로써 경부고속도로 428km가 전부 개통된 것이다. 드디어 1970년 7월 7일, 만 2년 5개월 만에 경부고속도로 개통식이 성대하게 이루어졌다.

추풍령에 있는 고속도로 기념비에 이런 글귀가 적혀 있다.

'우리나라 재원과 우리나라 기술과 우리나라 사람의 힘으로 세계 고속도로 건설사상 가장 짧은 시간에 이루어진 길.'

정주영은 어느 해 신입사원 연수교육 때에 현장 경영이 얼마나 어려운 것인가 하는 것을 다음과 같이 설명한 적이 있었다.

"어떤 현장 일을 성공적으로 마친다는 것은 결코 쉬운 일이 아니에요. 특히 모든 생리가 다르고 습관이 다르고 언어가 다른 해외 발주처나 기술회사 같은 서로 이해관계를 달리하는 사람들과 접촉하면서, 숙소를 짓기 시작해서 공사에 따르는 모든 자재와 기술문제를 해결하는 한편, 자연이라는 갖은 악조건 아래서 더구나 장래의 희망을 회사에 건 사람들이 아니고 일이 끝나면 뿔뿔이 흩어지는 그런 기능공들을 지휘해서 의욕을 불어넣어 가며 노동쟁의도 없이 공사를 성공리에 끝낸다는 것은 굉장한 능력이다 이겁니다. 거기에 비해서 공장은 얼마나 안정적입니까. 비가 오나 눈이 오나 일할 수 있잖아요. 그래서 나는 현장 일을 성공적으로 치른 사람은 어떠한 일을 맡겨도 다 성공할 수 있다고 확신합니다. 우리 회사의 사장들이 대부분 다 건설현장을 거쳐 온 사람들이에요…."

생각을 바꾸면 길이 보인다

인생의 커다란 기쁨 중 하나는
대부분의 사람들이 불가능하다고 말하는 것을 하는 것이다.
- 월터 배젓 -

{ 소양강 댐
건설   기업가 정주영의 성공 리더십을 진
면목을 보여주는 사례로 소양강 댐 일화는 특히 유명하다. 그가 만
들어낸 많은 역발상 사례 중에 소양강 댐의 일화는 개인적인 판단이
나 능력을 넘어서서 국가적 차원, 나아가서 한일 간의 자존심 대결
에서 승리한 예로써 정주영의 탁월한 판단력과 리더십을 보여주는
압권이라고 볼 수 있다.

1967년 현대는 소양강 댐 공사를 맡게 되었다. 소양강 댐 공사는
대일 청구권 자금이 일부 투입되는 공사라서 세계적인 권위를 가진
일본공영이 설계에서 기술, 용역까지 맡았다. 일본공영은 소양강 댐
을 콘크리트 중력 댐(concrete gravity Dam)으로 설계했다. 댐 건설에
대한 기술 축적이 별로 없던 현대로서는 그들이 지시하는 대로 따라
시공해야 될 입장이었다. 하지만 그들의 설계대로 공사를 진행한다
면 댐 건설에 들어가는 돈은 고스란히 일본으로 넘어가게 되어 있었
다. 말하자면 일본으로부터 받아내는 대일 청구권 자금을 고스란히

그들에게 돌려주게 되는 셈이다.

어느 날 경부고속도로 건설 현장을 시찰하던 정주영의 머릿속에 불현듯 한 가지 아이디어가 떠올랐다. 지난해에 태국에서 국제입찰에 참가했다가 실패한 파손 댐 생각이 났던 것이다. 그 파손 댐을 설계한 프랑스 기술진은 콘크리트 댐이 아닌 사력 댐(Zone Fill Type Dam)으로 설계를 했다는 것이 문득 생각났던 것이다. 그때 정주영은 2차 대전 이후로는 100미터 넘는 댐은 대개 흙과 바위를 채워 넣는 사력 댐으로 공사를 한다고 들었다.

"이봐, 차 돌려!"

"예?"

"소양강 댐 공사장에 좀 가 보자구."

소양강 댐 현장을 둘러본 정주영은 주변의 널린 자갈과 모래, 흙을 이용해서 사력 댐으로 만드는 것이 콘크리트 중력 댐보다 훨씬 경제적이라는 결론을 내렸다. 당시 우리나라는 제철소가 없었기 때문에 철근도 수입에 의존하고 있었고, 시멘트도 부족한 실정이었다.

현장에서 돌아온 정주영은 토목 담당 권기태 상무에게 지시했다.

"소양강 댐 공사 방법을 바꾸어야겠어."

"예? 어떻게?"

"당장 사력 댐으로 바꿔야겠어. 권상무도 태국 파손 댐 입찰할 때 같이 갔잖아. 프랑스 애들이 사력 댐으로 설계한 것 보았지?"

"예. 그렇지만…. 소양강 댐은 이미 수자원개발공사에서 심사를 끝내고 건설부가 승인까지 했습니다."

"하지만 콘크리트 댐은 무리야."

"이번 공사는 대일 청구권 자금으로 충당하게 되어 있기 때문에 어차피 기술이나 자재나 다 일본사람들이 하자는 대로 할 수밖에 없는 공삽니다."

"이건 일본에 쌓는 댐이 아니라 우리나라에 쌓는 댐이야. 여러 소리 말구 권 상무는 콘크리트 댐을 사력 댐으로 바꾸는 설계를 만들어."

콘크리트 댐을 사력 댐으로

설계 변경을 하느라고 담당자들은 온 세계의 댐 자료는 다 모았다. 자료를 모아보니 2차 세계대전 이후 100m가 넘는 댐은 대개 사력 댐으로 만드는 것이 세계적인 추세이기도 했다. 하지만 현대가 콘크리트 댐을 사력 댐인 어스(earth) 방식으로 설계를 바꿔 제시하자 건설부, 수자원개발공사, 일본공영의 심한 반대에 부딪혔다. 그들은 현대가 제시한 대안을 검토해볼 생각도 하지 않고 화부터 내는 것이었다. 당시는 한국 건설업체들은 기술 축적도가 낮아 건설부가 파견한 감독의 지시대로 작업하는 것이 통상적인 일이었다. 게다가 이번 공사는 대일 청구권 자금으로 공사비가 일부 충당되고 세계적인 권위를 가진 일본공영이 기술용역을 맡은 공사가 아닌가.

하지만 상식이나 통상적인 일을 깨는 데 주저함이 없는 정주영이 아닌가.

정주영은 어느 안이 더 현실적이고 경제적인가 하는 것을 검토하기 위해 4자(현대, 일본공영, 건설부, 수자원개발공사) 회의를 갖자고 제의했다. 건설부나 수자원개발공사도 그 제의마저 거절할 수는 없었다. 수자원개발공사 회의실에서 4자 회의가 열렸다.

현대건설 측에서는 정주영 자신과 권기태 상무와 전갑원 기사가 참석하고 일본공영에서는 하시모도 부사장이 몇몇 기술진과 참석하고 건설부 및 수자원개발공사에서는 관계자들이 참석했다.

회의는 시작부터 현대건설 측에 불리하게 진행되었다. 현대건설 기술진은 새파란 30대 청년인데 반해서 기술진은 모두 머리가 희끗희끗한 베테랑들이었다. 하시모토 부사장이 정주영에게 삿대질을 하면서 정주영에게 물었다.

"도대체 정 사장 전공이 뭐요?"

동경대학 출신인 그는 정주영이 보통학교밖에 못 나온 것을 알고 있었기에 그렇게 물었던 것이다. 동경대학을 나와 최고 기술 회사에서 몇십 년을 일한 댐의 권위자였기에 아무리 정주영이라도 할 말이 없었다. 그러자 건설부의 한 관계자가 권기태와 전갑원에게 핏대를 올렸다.

"그나저나 당신네들이 토목계에 언제 들어와서 뭘 안다고 아무것도 모르는 정 사장을 부추겨서 이렇게 쓸데없는 불란을 일으키는 거요, 응?"

그래도 정주영은 끈기 있게 그들을 설득했으나 역부족이었다. 건설부와 수자원개발공사의 관계자들은 현대건설의 대안을 믿고 공사할 수 없다는 결론을 내렸다.

그 날 속이 너무 상해서 정주영은 과음을 했다. 위경련이 나는 바람에 검사를 하려고 세브란스 병원에 입원을 했다. 그런데 다음날 일본공영 구보다 회장과 하시모토 부사장이 병문안을 오겠다는 연락이 왔다.

"문병은 왜? 누가 죽게 됐어?"

전날 당한 수모 때문에 아직도 화가 가시지 않은 정주영이 그렇게 반응했으나 굳이 문병을 오겠다는 것이었다. 정주영은 검사 결과 이상이 없는 것으로 나타났고 병원에 누운 꼴을 보이고 싶지 않아서 곧바로 퇴원을 해서 그들을 사무실에서 만났다.

팔십이 넘은 구보다 회장은 사무실에 들어서기가 무섭게 이마가 땅에 붙게 절을 했다. 정주영이 놀라서 말했다.

"왜 이러십니까, 회장님. 저 아직 죽지 않고 살아 있으니 절하지 마십시오."

그러나 구보다 회장은 하시모토 부사장에게 말했다.

"하시모도군, 정 사장한테 사과하시오!"

그러자 어제는 그렇게 도도하던 하시모토 부사장이 깍듯이 허리를 굽혀 인사를 했다.

"어제는 매우 실례했습니다."

정주영은 무슨 사연인지 속내를 몰라서 어리둥절해 있는데 구보다 회장이 사연을 설명했다.

"우리 하시모토 군이 큰 결례를 했습니다. 이 사람은 콘크리트 댐의 권위잡니다. 그래서 어스(earth) 댐에 대해서는 사실 잘 모르고 사장님께 무례한 행동을 했는데 부디 용서해주십시오. 실은 어제 정 사장이 사력 댐 대안을 제시하셨다는 얘기를 듣고 오늘 아침에 제가 현장을 다녀왔습니다."

"아, 그렇습니까?"

정주영은 그제야 그들의 행동이 납득이 되기 시작했다.

"정 사장님 말씀처럼 사력 댐으로 바꾸면 콘크리트 설계보다 30% 까지는 안 돼도 20%까지는 싸질 수가 있을 것 같습니다. 현장 재조사 결과 암반이 약해서 콘크리트 댐보다 사력 댐이 낫겠습니다. '현대'가 제시한 공법은 암반에 부담이 적어 위험도 적고, 또 자갈, 모래, 흙, 재료도 좋고 양도 풍부합니다. 정 사장님 판단이 옳았습니다. 우리 기술진에게 기본 설계를 사력 댐으로 바꾸는 것을 연구하라고 지시했습니다."

"그래요? 고맙습니다."

그러나 정주영으로서는 그들의 태도가 어떻게 해서 하루아침에 그렇게 바뀌었는지 알 수 없어서 궁금했었다. 저녁 무렵이 되어서 정주영은 그 내막을 알게 되었다.

전날, 사력 댐으로 바꾸자는 정주영의 제안을 전해들은 건설부 장관은 정주영의 고집을 잘 아는 탓에 그 제안을 완전히 봉쇄해버리기 위해서 청와대에 들어가서 박정희에게 이렇게 보고를 했던 것이다.

"정 사장이 소양강 댐을 사력 댐으로 설계 변경해야 한다고 주장하는데, 그 사람 말대로 했다가는 큰일납니다. 강바닥에다 흙, 모래, 자갈로 댐을 건설하다가 몇 년이나 걸리는 공사 중간에 큰 홍수라도 나 터지면 어떻게 되겠습니까? 춘천시가 잠기고 서울이 잠기고, 그렇게 되면 정부가 흔들리고 난리 납니다."

그러나 박정희는 간단한 사람이 아니었다. 장관의 말을 들은 박정희는 이렇게 말했다.

"장관 말대로라면, 콘크리트 댐을 완성해서 몇 십억 톤의 물을 가둬 놨을 때 만약 북한에서 폭격으로 댐을 깨뜨린다면 어떻게 되는 거요? 내 생각으로는 건설 중에 홍수에만 잘 대처하면 사력 댐이 더 유리하오. 흙, 모래, 돌로 댐을 쌓아놓으면 포에 맞아도 펄썩했다가 도로 주저앉으면서 흙만 좀 튀어 오르지. 산을 폭격하는 거나 같거든. 그럼 댐이 무너지지는 않을 거요. 폭격 끝나고 재빨리 손만 좀 보면 되고, 홍수 때만 잘 대비해서 완성만 시켜놓으면 콘크리트 댐보다 사력 댐이 오히려 발 뻗고 잘 수가 있단 말이오. 거기다 콘크리트는 수백 년이 지나면 풍화 하지만 흙이야 자연 그대로일 것이니 더 안전하다고 봐야지. 돈이 더 들더라도 소양강 댐은 정 사장의 제안대로 사력 댐으로 만드시오."

박정희는 포병 출신이라서 포(砲)의 위력을 누구보다 잘 아는 사람이었다. 박정희는 군사적인 측면에서 콘크리트 댐보다는 사력 댐이 유리하다는 결론을 내렸다. 결국 소양강 다목적 댐은 정주영이 제시한 대안으로 바뀌어 30% 가까운 예산을 절감했다.

정주영의 형제들

현대가(家)는 현대그룹의 창업주 정주영으로부터 시작된다. 그러나 정주영에게는 6남 1녀의 형제자매가 있었다. 막내로 태어나 혼자서 삼성가(家)를 일으킨 이병철과는 달리 장남으로 태어난 정주영은 5명이나 되는 동생들과 같이 협동해서 현대가를 일으켰다. 정주영의 형제들은 모두 출중한 능력을 지니고 있어서 그들이 이룬 범(凡) 현대가는 재계 골든 패밀리를 이루고 있다.

현대의 기틀을 다진 첫째 동생 정인영

첫째 동생 정인영(1920~2006)은 초창기 20년간 현대의 기틀을 다지는 데 기여한 일등공신이다. 정주영보다 5살 아래인 그는 14세 때 상경해 고학으로 YMCA 야간영어과를 2년 다니고, 일본 청산학원 유학으로 단련된 탄탄한 영어실력을 바탕으로 동아일보 외신부 기자가 됐다. 6·25때 형 정주영과 함께 부산으로 피난 가서 미군 통역으로 근무했다. 이때부터 그는 현대건설을 일으키는 데 큰 공헌을 한다.

그러나 1970년대 후반 불어 닥친 중동 진출 과정에서 창업주 정주영과 의결이 갈리어 독립했다. 사실 정인영은 1962년에 이미 현대양행이란 회사를 독자적으로 설립한 상태였다. 정인영은 독립하자마자 창원에 130만 평 규모의 종합기계공장을 건설해서 재계를 놀라게 했다. 그러나 1980년 신군부가 등장하고 산업합리화 조치를 하면서 창원중공업을 빼앗기는 쓰라린 고배를 마신다. 1989년 7월, 뇌졸중으로 쓰러져 하반신 마비를 겪었지만 오뚝이처럼 일어나 휠체어를 타고 다니며 경영을 지휘, 세인의 주목을 받았다.

그는 휠체어에 지친 몸을 의지하면서도 "일하다가 쓰러졌으니 일로써 병을 낫게 해야 한다", "일 만한 치료는 없다"며 세계를 누비며 한라중공업·한라자원·만도기계·한라공조 등을 주축으로 한 한라그룹을 이끌면서 1996년에는 자산 6조 2,000억 원, 매출 5조 3,000억 원대의 재계 12위권의 대기업으로 키워냈다. 1996년 12월 24일, 정인영은 건강상의 문제로 명예회장으로 물러나면서 차남인 정몽원을 회장으로 추대, 후계구도를 공식화했는데 이것이 한라그룹의 경영권을 둘러싼 분쟁을 예고하는 발단이 되었다. 거기에 한라그룹은 1997년 외환위기의 파고를 넘지 못했다. 1998년 자금난으로 그룹의 중핵인 만도기계가 JP모건 계열의 펀드 선세이지에 넘어갔고 그룹이 표류하는 가운데 정인영은 2006년 7월 20일 별세했다. 한라그룹은 어렵게 명맥을 유지해오다가 2008년 1월 만도를 되찾으면서 한라그룹은 재계 37위 기업으로 복귀했다. 여기에는 범 현대가의 기업인 KCC, 현대차그룹 등의 직간접적인 지원이 큰 힘이 됐다.

정인영은 부인 김월계와의 사이에 딸 정형숙과 장남 정몽국(엠티인더스트리 회장), 차남 정몽원(한라건설 회장, 만도 회장) 등 1녀 2남을 두었는데 장녀인 정형숙은 1974년 일찍 사망했다.

성우그룹을 출범시킨 둘째 동생 정순영

둘째 동생 정순영(1922~2005)은 한영중학교를 졸업한 뒤 1945년 현대자동차공업에 입사했으며, 1950년 현대건설로 자리를 옮겨 부사장으로 일하다 1970년 현대시멘트 사장을 맡으면서 분가해서 성우그룹을 출범시켰다. 성우그룹은 시멘트를 근간으로 자동차부품, 종합운수사업 등 업종의 다각화를 이루었다.

정순영은 국가 기간산업인 시멘트 업계의 산 증인이었다. 1969년 현대건설에서 분리 독립한 현대시멘트를 맡을 당시 연산 20만 톤에 불과하던 생산 규모를 700만 톤까지 끌어올렸다. 국내 처음으로 포틀랜드 시멘트 KS허가를 받고, 내황산염 시멘트 개발에 성공하는 등 시멘트 산업 발전에도 큰 족적을 남겼다. 이런 공로로 지난 1987년엔 동탑산업훈장을 받았다. 1975년에는 현대종합금속을, 1987년에는 자동차 부품업체인 성우오토모티브를, 1990년에는 성우리조트를 잇따라 설립했다.

'성우그룹'이란 사명을 쓰기 시작은 것은 1990년부터다. 1995년 강원도 횡성군 둔내면에 200만 평 규모의 초대형 종합리조트인 성우리조트를 건설, 당시 불모지나 마찬가지였던 국내 레저 서비스 산업을 한 단계 끌어올리는 데 중요한 역할을 했다.

1997년 외환 위기를 겪으며 2세들에게 경영권을 넘겨줬다. 2000년 '왕자의 난' 당시 집안 분쟁을 막후에서 조용하게 잘 조정해 "역시 큰 어른"이란 평가를 받았다. 정순영은 부인 박병임과의 사이에 정몽선(현대시멘트 회장)·정몽석(현대종합금속 회장)·정몽훈(성우전자 회장)·정몽용(성우오토모티브 회장)과 딸 정정숙 4남 1녀를 두고 2005년 10월 13일 숙환으로 세상을 떠났다.

'포니 정'으로 유명한 셋째 동생 정세영

셋째 동생 정세영(1928년~2005년)은 정인영에 못지않게 현대의 기틀을 다지는 데 기여한 일등 공신이다. 특히 그는 한국 자동차 산업의 태동기에 현대자동차의 첫 삽을 뜨고 국내 최초의 고유모델 자동차인 '포니'를 탄생시킨 주역으로서 가장 오랫동안 정주영 창업주와 현대그룹의 경영을 맡았다. 정세영은 고려대 정외과를 거쳐 마이애미 대학에서 국제정치학을 공부했다. 그의 꿈은 전공을 살려서 교수가 되거나 정치를 하는 것이었으나 맏형 정주영의 권유를 따라 1957년 현대건설에 합류하며 기업인의 길을 걸었다.

정세영의 인생은 1967년 12월 현대자동차가 설립되면서 자동차와 함께하는 자동차 인생이 시작됐다. 현대자동차 설립과 동시에 사장에 취임했던 그는 숱한 화제를 뿌리며 회사를 이끌어 본궤도에 올려놓았다. 1968년 11월 제1호 코티나를 출시했고, 포드의 중형차 20M와 자체 설계한 첫 버스도 내놓았으며, 1974년 국산 1호차인 '포니'를 탄생시켰다. 포니는 같은 해 이탈리아 토리노 국제모터쇼에 출품돼 주목을 받았고, 1976년에는 본격 생산에 나서 중남미를 중심으로 수출되기 시작했다. 현대차는 이때부터 글로벌기업으로 변신을 시작했다. 정세영은 포니를 미국에 수출하기 시작하면서 '포니 정'이란 애칭도 함께 얻었다.

정세영은 1987년부터 1996년까지 현대그룹 회장 겸 현대자동차 회장을 지내기도 했으나 1999년 창업주 정주영의 물러나라는 한마디에 32년간 청춘을 바쳤던 현대차를 장조카인 정몽구에게 넘겨준다. 그리고 아들인 정몽규 씨와 함께 현대산업개발에 둥지를 틀었다. 2000년 11월에 자신의 32년 자동차 인생을 정리한 회고록 『미래는 만드는 것이다』를 출간했고 2005년 5월 폐렴으로 사망했다. 그의 뜻을 기리기 위해 아들 정몽규가 같은 해 11월 '포니정 재단'을 세웠다. 재단에서는 장학 사업 및 연구자 후원 등의 활동을 하고 있다. 부인 박영자와의 사이에 장녀 정숙영과 차녀 정유경 그리고 아들 정몽규(현대산업개발 회장) 등 2녀 1남을 두었다.

수재에 언론인 출신 자랑스러운 넷째 동생 정신영

넷째 동생 정신영(1931~1962)은 정주영이 생전에 가장 자랑스러워하던 동생이었다고 한다. 정주영보다 16년이나 연하인데다 어려서부터 영민한 자질이 돋보이는 수재였다. 서울대 법대와 동대학원을 졸업하고 동아일보 정치부 기자로 있다가 독일로 유학을 떠났다. 함부르크 대학에서 경제학을 전공했으며 현지에서 한국일보와 동아일보 특파원을 겸임하기도 했다. 유학 시절 만난 부인 장정자는 한국 최초의 첼리스트이기도 하다.

그러나 정신영은 박사 학위 논문 준비 도중인 1962년 4월 14일, 32세의 젊은 나이에 장 폐색으로 사망했다. 정신영은 슬하에 1남 1녀를 두었는데 결혼 3년 만에 남편을 잃은 아내 장정자는 정주영의 배려로 현대학원(현대고)을 맡아 경영하고 있다. 현대학원은 현대중공업그룹의 비영리법인이다. 아들 정몽혁은 현재 현대종합상사 회장으로 있고 딸 정일경은 미국 블룸버그대학 교수인 임광수와 결혼해 미국에서 살고 있다.

KCC그룹 창업한 다섯째 동생 정상영

다섯째 동생 정상영(1936~)은 남동생으로 막내이지만 정주영의 형제 중 가장 먼저 독립했다. 70년대 초에 건축자계 회사인 금강슬레이트를 설립했고, 도료회사인 고려화학도 함께 경영하고 있다. 정상영은 '리틀 정주영'으로 불릴 정도로 정주영의 성격을 빼닮았다고 하는데 현재 범 현대가 창업 1세대 형제 중 생존해 있는 유일한 큰 어른이다.

정상영은 동국대학교를 졸업 후 유학을 권했던 정주영의 권유를 거절하고 1958년 직접 금강스레트공업을 창업할 정도로 당차고 사업 수완도 뛰어나다. 1970년 새마을운동 시작과 함께 슬레이트(지붕 천장 등에 사용되는 돌판) 수요가 급증하면서 금강스레트공업의 사세는 날로 확장되었다. 정상영은 1974년 울산에 유기화학 업체인 주식회사 고려화학을 세웠고, 1976년 금강스레트공업은 회사 이름을 주식회사 금강으로 바꿨다. 1989년 6월 건설 부문 업체를 따로 분리하여 금강종합건설(KCC건설의 전신)을 세웠다. 1989년 8월 금강레저를 세우고, 1990년 고려시리카 주식회사를, 1996년 금강화학을 각각 신설하면서 끝까지 현대자동차그룹, 현대중공업그룹 등 현대그룹에서 계열 분리된 다른 그룹이나 기업과는 달리 독자 노선을 걸었다.

정상영은 2001년 프로농구단 KCC이지스를 창립했고 2005년 금강고려화학의 회사 이름을 (주)KCC로 바꾸면서 KCC그룹으로 변신했다. KCC그룹은 현재 금강고려화학, 금강레저, 고려시리카, e-KCC, 금강종합건설, 코리아오토글라스, 울산방송 등 모두 7개 계열사를 지니고 있다. 정상영은 2000년 이후 경영에서 물러나 명예회장으로 있고 부인 조주주와의 사이에 장남 정몽진(KCC그룹 회장), 차남 정몽익(KCC그룹 사장), 삼남 정몽열(KCC건설 사장) 등 세 아들을 두고 있다.

평범한 가정주부이자 유일한 여동생 정희영

여동생 정희영(1925~2015)은 정주영의 주선으로 김영주와 결혼했다. 김영주는 흘동금광의 광석 운반을 할 때 트럭 운전과 정비를 하던 기술자였다. 정희영은 남편이 오빠들과 형제처럼 어울려서 현대를 일으켜 세우는 것을 보면서 무척 기쁜 마음을 가졌다 한다. 평범한 가정주부로 일생을 살아온 정희영이 언론에 모습을 나타낸 것은 1998년 10월 정주영의 두 번째 방북 때였다. 소떼를 몰고 찾아간 고향 방문 때 그녀는 큰오빠 정주영과 남편 김영주와 함께 감격스런 고향 방문을 했다.

유일한 매제이자 한국프랜지공업 창업자 김영주

김영주(1920~2010)는 정주영이 "기계박사"라고 불렀을 정도로 손재주가 뛰어났다. 두 사람의 인연은 정주영이 홀동광산에서 운수업을 하며 시작됐다. 정주영의 유일한 여동생인 정희영의 남편으로 정주영을 도와 현대그룹을 키운 1세대 경영인으로 꼽힌다.

정씨 형제가 '영(永)자' 항렬인데 김영주의 이름에도 영(永)자가 들어가서 같은 항렬이라고 우스갯소리를 할 정도로 정주영 형제와 끈끈한 우애를 나누며 온갖 고초를 이겨내며 현대의 토대를 만들어낸 일등공신이다. 현대건설 부사상, 금강개발 사장, 현대중공업 사장, ·현대엔진공업 회장 등을 역임했다. 1974년 자동차 부품을 생산하는 울산철공을 창업해서 독립한 후 1976년 회사 이름을 한국프랜지공업으로 바꿨다. 2001년 정주영이 세상을 떠난 이후 현대가 모임을 주도하는 등 집안의 '큰 어른' 역할을 해왔다.

김영주는 2010년 8월 90세의 천수를 누리고 별세했다. 김영주, 정희영 부부는 슬하에 김윤수·김근수 형제를 뒀는데, 장남인 김윤수가 한국프랜지공업의 경영을 맡고 있다. 차남인 김근수는 일찌감치 독립해서 울산화학, 퍼스텍 등을 계열사로 거느린 후성그룹을 이끌고 있다.

제9장 도약기

기회는 주저하고 망설이는 자에게서 멀어지고 모습을 감춘다. 멀어지
고 모습을 감춘 기회는 아무런 효력을 발하지 못한다. 직관과 창조란
이런 것이다. 끝없이 이어지는 생각이나 멋진 계획을 방해하는 것은
과감하게 무시하라. 자신에 대한 확신을 갖는 순간, 전에는 생각지도
못했던 일이 눈앞에서 전개될 것이다. 전개되는 모든 일들은 자신의
결정에서 비롯되었으며, 여러 가지 일이나 모임, 그리고 물질적인 도
움 등 모든 일이 자신에게 유리하게 전개되므로, 꿈도 꾸지 못했던
일들이 생긴다. 꿈을 꾸거나 다른 무엇을 하든, 여러분은 시작할 수
있다. 용기는 정신의 수호신이며, 권능이요, 마술 같은 힘을 발휘한
다. 자! 이제부터 시작하라.

– 괴테 –

"무슨 일이든 할 수 있다고 생각하는 사람이 해내는 법이다. 의심하
면 의심하는 만큼 밖에는 못하고, 할 수 없다고 생각하면 할 수 없는
것이다."

– 정주영, 1976년 주베일 산업항 공사현장에서 –

현대의 거침없는 질주

29

배를 만드는 것도 어려울 것이 없다.
우리가 하는 건축공사를
육지에서 수상으로 장소를 옮겨서 건축하는 차이일 뿐이다.
- 정주영, 1971년 현대조선소 건설공사를 검토하면서 -

현대조선소의 창업 당시의 일화는 정주영의 스타일을 보여주는 것으로 아주 유명하다. 그는 바위덩어리가 아무렇게나 뒹구는 허허벌판 모래사장에서 세계 최대 조선소를 건설하겠다는 계획을 세우고, 일단 한 번 세워진 사업목표를 힘차게 몰아붙이는 실천력을 지닌 소유자였다. 정주영이 조선업에 진출하고자 할 때 가장 큰 문제는 돈이었다. 정주영은 강인한 추진력으로 몇몇 국가와 끈질긴 협상 끝에 마침내 영국과 스위스에서 1억 달러의 차관을 받게 되었다.

정주영은 1971년 9월 영국 버클레이 은행으로부터 차관을 얻기 위해 런던으로 날아가 A&P 애플도어의 롱바톰 회장을 만났다.

조선소 설립 경험도 없고, 선주도 나타나지 않은 상황에서 영국은행의 대답은 당연히 "NO"였다. 정주영은 그때 바지 주머니에서 500원짜리 지폐를 꺼내 펴 보였다.

"이 돈을 보시오. 이것이 거북선이오. 우리는 영국보다 300년 전인 1500년대에 이미 철갑선을 만들었소. 단지 쇄국 정책으로 산업화가 늦었을 뿐, 그 잠재력은 그대로 갖고 있소."

정주영의 재치 있는 임기응변은 마침내 롱바톰 회장을 감동시켰고 차관 도입에 대한 합의를 얻어내는데 성공했다. 그러나 그것만으로 차관 도입을 할 수 있었던 것은 아니었다. 정주영은 차관 도입에 필요한 서류도 치밀하게 준비해 갔다. 그래서 영국 측은 배를 수주해 올 경우 차관을 주겠다는 조건부 약속을 했던 것이다.

문제는 배를 사겠다고 나서는 선주를 찾는 일이었다. 그러나 미치 않고서야 조선소도 없는 회사에게 배를 발주할 사람이 어디 있겠는가!

그때 정주영의 손에는 영국에서 빌린 26만 톤급 선박의 설계도와 황량한 바닷가에 바위덩어리가 아무렇게나 뒹구는 백사장을 찍은 사진이 전부였다. 정주영은 봉이 정선달이 되어 미친 듯이 배를 팔러 다녔다. 정주영은 그리스로 날아가 마침내 '딱 정주영 만큼 미친' 그리스 거물 해운업자 리바노스로부터 유조선 2척을 수주하고 영국 은행에서 조선소 설립 자금을 받아내는 데 성공했다.

세계 조선 1위의 자리에 오르다

1970년대의 중화학공업화는 단기간에 우리 경제를 비약적으로 발전시키는 데 성공했으나 그 압축성으로 인해 과잉투자라는 부작용이 나타났다. 따라서 정부는 발전설비를 포함한 산업용 기계. 자동차, 중전기, 전자교환시스템, 디젤엔진 등의 중점육성사업을 대상으로 하여 중화학 투자 조정을 3회에 걸쳐 시행했다.

1978년 10월, 정주영은 현대건설 사장에서 현대중공업 사장으로 자리를 옮긴다. 그는 1987년 11월까지 9년간 현대중공업 사장으로 일하면서 세계 1위의 조선소를 만들어보겠다는 포부와 신념을 위해 최고의 도전 정신을 발휘했다.

당시 세계경제는 2차 석유 파동으로 더욱 어려워지고 있었으며, 우리나라도 불황과 인플레이션으로 끊임없이 악화일로를 겪고 있는 최악의 상태였다. 정주영은 이 시기에 인사 개편, 철저한 예산 제도, 과학적 관리로 해외사업부서를 확대 통합 개편해서 영업을 강화했다. 그 결과 새로운 거래선을 늘릴 수 있었다. 또한 그는 여러 가지 다양한 제도와 공법을 개선하고 작업 표준 품셈을 제정하여 강력히 시행시켜 생산성을 급격히 향상시켰다.

드디어 1983년 현대중공업은 조선 수주와 생산실적에서 세계 1위로 올라섰다.

조선소 설립 10년 만에 세계 정상의 자리를 차지한 신화 같은 일이었다. 그러나 정주영은 이러한 결과에 만족하지 않고 현대중공업이 세계에서 가장 경쟁력 있는 조선소가 되는 것을 목표로 삼고, 기술 개발과 선박기자재의 국산화 개발을 촉진할 것을 강조했다. 그는 대형 디젤엔진 공장을 건설해서 1978년 11월부터 국내 모든 조선소에 공급하기 시작했고 뿐만 아니라 해외로의 수출도 시작했다.

정주영의 집념은 거기서 멈추지 않았다. 1980년부터 선박의 배전반, 제어반, 발전기, 변압기를 국산화했고 그의 오랜 숙원이던 대형

터빈과 발전기 공장도 완성했다. 또 1983년에는 기술 개발의 첫 과제였던 대형 수조가 설치된 선박 해양연구소를 설립했다. 이로써 현대중공업은 조선을 비롯한 산업플랜트, 해양개발, 선박엔진, 중전기, 건설 중장비 등을 갖춘 종합 중공업회사로 우뚝 서게 되었다.

정주영의 불굴의 투지와 강인한 정신력, 최고의 도전 정신이 만들어낸 쾌거가 아닐 수 없다.

20세기 최대의 공사를 따내다

정주영의 처음 하는 일에 두려움을 갖지 않는 도전 정신과 개척 정신은 그 뒤에도 끊임없이 이어져 20세기 최대의 공사로 불리는 사우디 주베일 항만 공사를 비롯해서 소양강 댐 공사, 세계 최대의 조선소인 현대조선소 건설, 국내 최초 브랜드의 자동차 '포니' 생산, 서산간척지 공사 등에서도 유감없이 발휘되었다.

주베일 항만 공사(Jubail Harber Port)를 수주할 때의 일이다. 1978년 사우디아라비아는 20세기 세계 최대의 건설계획을 발표했다.

해안벽, 방파제, 도로, 접안시설, 정박시설, 부두시설과 외항 유조선 정박시설인 '주베일산업항 건설'은 산업항의 꽃으로 불리는 해양 탱커 터미널로, 해안에서 10km 떨어진 바다 위에서 30만 톤급 유조선 4척을 한꺼번에 정박하게 하여 원유를 실을 수 있는 바다 위의 시설이다. 이 탱커 터미널의 밑 부분을 이루는 철 구조물은 가로 18m, 세로 20m, 높이 63m로 10층 빌딩 크기로 무게도 300~400 톤이나 되며, 하나의 값도 당시 5억 원에 이르렀다.

세계의 유명 건설업체들이 저마다의 장점을 내세우면서 어마어마한 수익이 보장된 공사를 따내기 위해 달려든 상황에서 현대는 뒤늦게 이 사업에 뛰어들었다.

미국, 네덜란드, 영국, 독일의 10개 기업들이 단가를 적어냈다. 일본에서도 주저했던 신청을 정주영은 두려움 없이 견적을 뽑아 신청을 했다.

결국 유명한 건설업체가 아닌 현대가 뽑혔다. 세계적인 9개 대형 건설회사와 경쟁하여 총 공사비 15억 달러 이상 드는 공사를 정주영은 9억 4,460억 달러를 직어내서 시우디 주베일 산업항 공사를 수주했다. 당시 이 금액은 그 해 우리나라 총예산의 절반에 해당되는 큰 금액이었다. 정주영은 가장 싼 가격에 공사를 수주했지만 기상천외한 아이디어로 세상 사람들을 놀라게 하면서 그 공사를 흑자로 만들어냈다.

어떤 기회가 있을 때 안 될 거라는 부정적 사고로는 승리를 거머쥘 수 없다. 정주영처럼 '할 수 있다', '하고 보자'는 두려움을 모르는 사고 방식이 결국 승리를 거머쥐는 것이다. 정주영은 모든 사업에서 기회가 있으면 도전을 하고 결국은 불가능한 것처럼 보인 사업에서 기회를 잡고 성공으로 이끌 수 있었다.

한국 최고의 재벌이 되다 ㉚

> "재산은 궁핍을 면하게 해 주고 먹고 살기 위해서
> 어쩔 수 없이 해야 하는 힘든 노동으로부터 해방시켜 준다.
> 사람이 살면서 최소한 그 정도의 은총을 받아야
> 진정한 의미의 자유인이라고 할 수 있다는 게 내 생각이다"
> – 쇼펜하우어 –

'현대'의 막강한 힘

현대그룹의 초고속 성장은 1960년대와 1970년대를 통해서 이루어졌다. 건설업과 자동차 산업, 조선업에 투신한 정주영은 중동 주베일 항만공사를 따내고, 현대조선소 신화, 포니 신화를 만들어내면서 세계 굴지의 기업을 이끌게 된다. 그는 한국 최고의 재벌의 자리를 석권하고 있던 이병철과 맞수가 되어 한국 경제발전의 양대 주역으로 떠오른다.

이병철은 '한비사건', '사카린 밀수사건' 등으로 당시 최고 통치자인 박정희와 불화를 겪은 바 있었으나, 정주영은 박 정권과 원만한 관계 속에서 초고속 성장을 길을 달렸다. 그들이 추진한 사업만 보아도 사업의 성격 차이가 확연히 드러난다. 이병철은 제당·합섬·전자·반도체 등 '경박단소(輕薄短小)'한 산업 쪽에서 승부를 걸었지만, 정주영은 건설·조선·중공업·자동차 등과 같이 '중후장대(重厚長大)'한

산업에서 승부를 걸었다.

한마디로 말해서 이병철은 차분하고 이지적인 스타일로서 사람을 중시하는 경영철학을 평생 간직하면서 경영에 임했고, 정주영은 뛰어난 직관과 상황 대처 능력으로 저돌적이고 공격적인 경영을 했다. 이처럼 자신만의 독특한 경영방식을 통해서 두 사람은 각자의 기업을 키워 나갔고, 이 땅의 산업화를 주도한 1세대 기업가를 대표하는 기업인으로서 '한강의 기적'을 이룩한 주역이 되었다. 그들은 개발도상국이던 우리나라를 신흥공업국의 대열에 올려놓으며 거대한 족적을 남겼다.

1975년 미국의 경제전문잡지 《포춘(Fortune)》이 선정한 세계 500대 기업에 선정되면서 현대는 한국을 대표하는 기업으로 자리매김했다. 1976년, '현대건설' 10억 달러 건설 수출탑, '현대조선' 9억 달러 수출탑을 받았고 '현대건설' 총매출액이 1,000억을 넘어 1,350억 원을 기록했다. 포춘은 1978년도 매출액 36억 달러의 현대를 세계 78위 기업으로 꼽았다. 그때부터 현대는 삼성을 추월하면서 재계 1위로 올라서게 된다. 1978년 《워싱턴 포스트》는 현대건설이 올린 대외 계약고 19억 달러는 당해 연도 세계 4위의 실적이라고 발표했고, 프랑스의 《렉스프레스》가 공업 한국을 소개하는 기사에서 울산시를 '현대시'로 표기하는 실수를 저지르기도 했다.

현대가 재계 1위에 올라선 데는 이른바 '빅3'인 건설, 조선, 자동차가 비약적인 발전에 기인한 것이었다. 현대건설의 해외 수주가 전년도에 비해 거의 두 배나 늘어났고, 현대중공업의 선박 수주량과 건조 능력은 세계 1위 일본을 앞질렀으며, 현대자동차가 개발한 한국형 자동차 포니가 해외 시장에서 큰 성과를 거둔 덕분이었다.

정주영이 기술도, 자본도, 경험도 없는 불모의 땅에 세계 제일의 조선소를 단시일 내에 만들 수 있었던 것은, 각자가 다할 수 있게 한 그의 지도자적 힘과 역할 때문이다. 그의 불굴의 투지와 강인한 정신력이 결국 오늘날 현대중공업을 세계적 수준의 기업으로 만든 것이다.

주베일 산업항 공사에서 시공 능력을 과시한 현대는 라스알가르 주택항 공사, 알코바, 첫다 지역의 대단위 주택 공사, 쿠웨이트 슈아이바항 확장 공사, 두바이 발전소, 바스라 하수처리 공사 등의 대형 공사를 수주했다. 현대가 이런 대규모 공사를 연속적으로 수주하게 된 것은 울산조선소의 제작 능력이 받침이 되어 싼 응찰 가격을 제시할 수 있는 경쟁력 때문이었다.

1975년 중동 진출 후 1979년까지 '현대'는 대략 51억 6,400만 달러의 외화를 벌어들였으며, 같은 기간 '현대'의 총매출 이익 누계 가운데 60%가 해외 건설 공사의 이익이었다.

자동차는 양철통에 엔진과 바퀴 단 것

정주영은 사업의 모태가 되었던 자동차 사업에 건설 부문 못지않은 정열을 쏟아 부었다. 그는 어느 날 이동하던 차 안에서 창밖을 내다보다가 비서에게 뜬금없이 물었다.

"자네는 자동차가 뭐라고 생각하나?"

비서가 무어라고 대답하자 그는 아주 단순무식하게 말했다.

"자동차란 게 결국은 양철통 아닌가. 엔진에 양철통 올려놓고 바퀴 달고 핸들 달면 되는 거 아니냔 말이야. 그러니까 결국은 껍데기가 관건이란 말이야. 껍데기를 보기 좋게 만들어야 돼. 그래야 소비자들이 좋아하게 되어 있어. 요즘 나쁜 엔진이 어디 있어? 너무 복잡하게 생각하는 게 오히려 탈이야, 탈."

자동차 기업의 총수가 마치 어린애와 같이 '자동차를 양철통'에 비교하다니!

어찌 보면 아주 무식한 사람의 말 같기도 하지만 그 말 속에는 촌철살인(寸鐵殺人)한 지혜가 녹아 있다고 보아야 한다. 정주영은 젊은 시절부터 자동차 수리 사업으로 잔뼈가 굵은, 웬만한 기술자 뺨치는 자동차 전문가다. 그는 자동차는 수만 개의 부품이 함께 조화를 이루어져야만 원활하게 작동하는 대단히 복잡하고 민감한 하나의 종합 기계란 것을 누구보다 잘 알고 있었다. 그런 그였기에 자동차에 있어서 디자인이 얼마나 중요한가를 단순한 직관으로 표현해낸 것이다.

실제로 오늘날 자동차를 선택하는 소비자는 성능보다는 디자인에 더 많은 관심을 갖고 있다. 그의 말처럼 요즘 나쁜 엔진이 어디 있는가? 자동차 시장의 흐름을 주도하고 있는 것은 성능이 아니라 바로 디자인이다.

정주영은 청년 시절 처음 세운 사업체가 자동차 수리 공장 '아도 서비스'였기에 꼭 자신의 손으로 자동차를 만들겠다는 야심을 가지고 있었다. 그래서 1967년 세운 것이 '현대자동차'였다. 현대자동차는 1966년 미국 포드사와 자동차조립생산 계획을 맺고 합작회사 형태로 승용차를 생산하기 시작했다. 포드자동차의 기술지원으로 '코티나'라는 자동차를 조립해서 생산했지만 포드 측은 기술 이전에 인색했다. 코티나는 성능도 뒤떨어지고 판매도 부진해서 실패한 것과 마찬가지였다.

정주영은 자동차 사업에 진출할 때 자동차 조립이나 해서 팔려고 시작한 것은 결코 아니라고 생각했다. 그는 자동차 산업이 미래 산업을 주도할 것으로 판단하고 기술품질 수준을 처음부터 세계 수준으로 높여 도전하는 것밖에 없다는 결론을 내렸다. 정주영은 100% 순수 우리 기술로 국산 자동차를 만들겠다는, 기술 독립을 하겠다는 야망을 가지고 자동차 사업을 진행시켰다.

{ 간척 사업 구상

정주영은 오래 전부터 간척 사업을 구상하고 있었다. 그는 어릴 적에도 나중에 돈을 많이 벌면 농사를 한번 크게 지어 보리라는 꿈을 가지고 있었다. 그는 외국 출장길에서 끝없이 넓은 들판에서 트랙터를 모는 농부의 모습을 보면 그것이 그지없이 부러웠다. 가능하면 그는 자신도 말년에는 그렇게 고요하고 평화로운 전원에서 정직한 자연을 벗 삼아 인생을 사색하며 조용한 여생을 누리고 싶어 했다.

정주영이 간척 사업을 구상할 무렵은 세계시장 환경이 변화함에 따라 그룹을 견인하는 주력 기업으로서 현대건설에 비해 현대중공업과 현대자동차의 비중이 점차 증대되었으며, 각 계열사의 주력시장 및 업종도 변화하고 있을 때였다. 건설업 분야에서는 1982년에 중동건설이 퇴조하자 새로운 시장으로서 동남아시장이 활기를 띠었다. 또 중동장비를 활용한 대규모 서산간척 사업이 진행됨으로써 국내 건설시장의 중요성이 부각되었다.

정주영은 어렸을 적에 아버지가 어렵게 농사짓는 일을 보고 늘 안쓰러웠다. 그는 우리나라의 농업도 미국처럼 근대화해서 경쟁력을 가질 수 있다는 것을 직접 실험을 통해서 보이고 싶었다. 그래서 반드시 성공하여 아버지께 보여 드리려고 마음먹었다. 뿐만 아니라 그의 우리나라 농업 근대화에 대한 열정도 대단했다. 농촌을 잘 살게 하는 방법은 무엇보다도 기계화할 수 있고 경쟁력 있는 농경지를 농민들에게 증대시켜 주는 것이었다. 즉, 우리나라 모든 농가에 호당 경작면적을 2배 내지 3배를 늘려주는 동시에 농업 인구는 반으로 줄여 고임금 시대의 경쟁력 있는 간척농사개발과 기계화 영농을 그는 생각했다. 그가 농수산부로부터 천수만에 대해 '공유수면매립면허'를 얻어 낸 것이 1979년 8월이었다.

유조선 공법

정주영은 1982년 4월부터 바다를 메워 농토를 만드는 대규모 간척 사업을 착수했다. 그것은 우리나라 서쪽 해안의 지도를 바꾸는 대역사였는데 이 사업에서도 정주영 식 역발상은 크게 빛을 발한다. 서산 앞바다는 조수간만의 차가 워낙 커 20만 톤 돌을 매립해야만 물막이가 가능한 곳으로 방조제 공사는 거의 불가능한 지역으로 알려진 자리였다.

사업 승인 신청을 접수한 농수산부는 물론 회사 중역들도 회의적이었다.

"회장님, 공사비 예산을 산출해 보니 그 돈이면 다른 데 가서 그만한 땅을 살 수도 있을 것 같습니다만."

한 중역이 이렇게 말하자 정주영은 대뜸 그를 노려보며 말했다.

"내가 돈 때문에 간척 사업을 하자는 것 같아? 이건 나라의 국토를 늘리는 사업이라고."

그러면서 정주영은 간척공사 사상 유례가 없는 기상천외한 '정주영 공법'을 내놓았다. 방조제 공사의 가장 큰 난점은 밀물과 썰물 때의 유실을 어떻게 최소한으로 줄이느냐 하는 데 있었다. 그것이 곧 공사비를 절감하고 공기를 단축시키는 요체였다.

이때 정주영은 또 다시 기상천외한 아이디어를 내놓았다. 정주영은 현대의 간부진들에게 이렇게 제안했다.

"간척지 최종 물막이 공사는 인력으로는 감당하기 어려운 공사이며, 설사 인력으로 해결이 된다고 해도 그 엄청난 비용이 문제다. 밀물과 썰물의 빠른 물살을 막기 위해서는 폐유조선을 침하시켜 물줄기를 차단 내지 감속시킨 다음 일시에 토사를 대량 투하하면 제방과 제방 사이를 막을 수 있을 것이다."

현대의 기술진은 유조선 공법에 대한 실행 가능성을 면밀히 분석한 후 성공 가능성이 높다고 판단을 내렸다. 정주영은 1984년 2월

24일 직접 유조선에 올라 최종 물막이 공사를 진두지휘했다. 그리하여 그는 노후화된 대형 유조선을 이용해 엄청난 압력의 물의 흐름을 막아 둑을 완성하는 '유조선 공법(일명 정주영 공법)'이라는 기상천외한 발상으로 여의도의 48배에 해당되는 서해안을 간척하는 데 성공했다.

현대건설은 이 공법 덕분에 공사기간 45개월을 35개월이나 단축해서 9개월 만에 완공하는 기적 같은 일을 만들어냈다. 그리고 총 공사비를 280억 원이나 줄이는 놀라운 효과를 보았다.

이 '유조선 공법'은 《뉴스위크》, 《뉴욕타임즈》 등 세계 언론에 소개되었고, 런던 템즈강 하류 방조제 공사를 수행한 세계적 철 구조물 회사인 '랜달팔머 & 트리튼'이 유조선 공법에 대한 문의를 해오는 등 세계적인 반향을 일으켰다.

{ 서산 농장

바다를 메워서 농지로 만든 서산 농장은 넓이가 4,200만 평에 달했다. 우리나라 서해안 지도를 바꿀 정도였다. 정주영은 모든 사람들이 끊임없이 연구하고 지혜와 노력을 동원하면 반드시 성과를 거둘 수 있고 불가능한 일은 없다고 생각했다.

서산간척지가 농장으로 만들어지기까지 정주영은 아버지 생각을 많이 했다.

어린 시절, 농사일, 농지 개발, 간척일 등을 통해서 아버지가 보여주셨던 그 강인한 정신과 토지에 대한 애정은 참으로 숙연할 정도로 존경스러운 것이었다. 그런 아버지에게 바치는 자신의 존경의 헌납품이 바로 서산 농장이라고 그는 생각했다. 그는 거대한 아산만 간척 사업을 하게 된 추진동기와 추진력은 순전히 '아버지의 힘'이었다고 술회하고 있다.

"새벽 4시면 어김없이 날 깨웠다. 눈을 비비고 일어나 어둠 속에서 아버지를 따라나서면 찬바람 몰아치는 산기슭 비탈진 산자락, 별기구도 없이 호미 하나로 먼동이 터오기까지 개간을 했다. 풀뿌리를 뽑아 던지고 돌을 뽑아 던지면서 한 뼘씩 한 뼘씩 씨앗 뿌릴 땅을 정성껏 넓혀 나갔다. 해가 오르면 다른 농사일을 해야 했다. 돌밭을 일궈 곡식 심는 땅으로 만드는 개간을 통해 아버지는 생산의 뜻을 내게 가르치셨다. 몇 뼘 땅 얻는 데 겨울이고, 추위고 가릴 것 없이 척박한 땅과 싸워…. 흙의 소중함을 깨닫는 데 다른 것이 필요 없고 오직 땀이 필요했다. 실천은 가치를 깨닫는 데 무엇보다 앞서는 방법이다. 바로 이것이 바다를 막아 아버지의 뜻을 수천만 배로 확대한 순수한 동기다."

정주영은 이렇게 아버지에 대한 깊은 존경심과 조국을 위하는 애국심으로 서산간척 사업을 이룩해 냈다. 그 후 서산 농장이라고 이름 붙여진 이 땅은 고향인 강원도 통천을 무일푼으로 떠나온 농군 정주영의 통일 꿈이 담긴 곳이자 제2의 고향이 되었다.

방조제 공사가 끝나면서 곧장 제염(製鹽) 작업에 들어가서 7년 만에 완전히 끝을 냈다. 간척공사가 끝난 후, 정주영은 1주일에 한 번이나 두 번씩 서산 농장에 들렀다. 그때마다 그는 그 뒤를 따라다니는 현장 직원들을 녹초가 되게 만들 정도로 그 넓은 땅을 노인답지 않게 펄펄 뛰며 다녔다. 그는 많은 사람들이 안 된다고 하지만, 우리의 농업도 미국처럼 기계화해서 미국과 경쟁할 수 있다는 것을 한번 보여주고 싶은 욕심을 가지고 있었다. 그는 첫해 4만 평에 시험 재배한 벼를 보며 말한다.

"계화도에 농사를 짓는 데 13년이나 걸렸어요. 우리는 이 넓은 땅에 5년 안에 벼를 그득하게 심을 거요. 내가 이 땅에 벼를 심어서 1년에 400억을 거둘 거야. 그럼 이익이 한 100억 되겠지. 그 가운데 10억씩을 투자해서 이 땅에 이상향을 만들겠어. 농사지어 이 정도면 다들 놀랄 거야. 농살 지어도 공장 짓는 것보다 낫다는 걸 보여주어야지. 내 꿈은 이런 거야. 그러니 여기서 시간 보낼 가치 있지."
— '수퍼스타 정주영', 《월간 조선》, 1985년 9월호

전경련 회장 10년, 올림픽 유치 ③1

> "부자가 되는 한 가지 방법이 있다.
> 내일 할 일을 오늘 하고,
> 오늘 먹을 것을 내일 먹어라."
>
> – 유대 속담 –

{ **한국 재계의
수장으로** 　　　　　　정주영은 현대라는 기업을 넘어 우
리나라 경제의 역사를 이야기 할 때, 빼놓을 수 없는 비중을 차지한
다. 그는 재계를 대표하는 전경련(전국경제인연합회)이라는 대기업 집
단이 한국 사회에서 제자리를 잡는 데 크게 기여했다. 그는 우리 경
제가 부흥하는 최전성기인 70~80년대에 걸쳐서 10년 이상을 경제
리더로서 활동하며 리더십을 발휘했다.

정주영이 전경련을 통해 재계 활동과 인연을 맺은 것은 1963년부
터의 일이다. 정주영은 1961년 전경련의 전신인 한국경제인협회가
설립된 이후 2년만인 1963년 이사로 선임된다. 그후 1968년 한국
경제인협회는 전경련으로 명칭이 바뀌는데 그때부터 정주영은 부회
장직을 맡아 수행하다가 1977년 회장직을 맡게 된다. 당시의 상황을
그는 이렇게 회고하고 있다.

"고사에 고사를 거듭했지만 1977년 2월, 내가 6대 전경련 회장으로 피선되었다. 만장 일치였다. 전경련 회장을 맡자 나는 우선 부지만 잡아놓고 오랜 동안 건물을 앉히지 못하고 있던 전경련 숙원 사업이었던 회관 건축을 취임한 해에 착공, 1979년 11월에 완공했다. 고사에 고사를 거듭할 때는 내 사업만으로도 하루가 72시간쯤 되었으면 좋을 만큼 바쁘기도 했었지만, 정말 진심으로 전경련 회장 자리보다는 그냥 '현대'의 회장으로서만 일하고 싶었다. 그러나 어떤 연유로든 일단 '자리'를 받아들였으면 그 자리를 맡은 사람의 소임에 최선을 다해야 하는 것이 원칙이다. 다행스럽게도 내가 전경련 회장을 맡고 있던 동안이 우리나라 경제가 대단히 빠른 속도로 성장, 발전하던 시대였다.

나는 대내적(對內的)인 경제 발전뿐만 아니라, 국제 사회에서의 위상도 높여야 할 단계라는 생각에 동남아 여러 국가와 경제적 유대를 공고히 하는 목적으로 한·아세안협력사무소를 만들고 구주(歐洲, 유럽)를 위시한 각국과의 경제협력위원회 설립에도 나름대로 정성을 쏟았다.

전경련 내에 기업에 대한 규제 완화를 연구, 건의하기 위한 기구도 설치해서 지나친 규제의 철폐와 완화를 끊임없이 주장하기도 했고, 국가 경쟁력을 높이기 위해서는 은행 금리를 주변 경쟁국들 수준으로 인하해야 한다는 금리 인하의 필요성도 관계 기관이 성가실 정도로 역설했다.

또 민간 주도 경제도 일관되게 주장했다. 그때가 지금으로부터 20년 전이었는데, 아직도 불필요하고 불합리한 규제는 숱하게 많고, 금리 인하도 여전한 과제로 남아 있고, 민간 주도의 경제도 제대로 이루어지지 않고 있는 걸 보노라면 가슴이 답답해진다."

— 『이 땅에 태어나서』, 정주영, 솔, 1998

정주영이 전경련의 회장을 맡으면서 재계는 나름대로 제대로 된 목소리를 내기 시작했다. 그동안 재계는 정부의 정책에 대해서 아무런 대안도 내놓지 못하고 거의 아무 말도 못해왔다. 하지만 정주영은 정부를 상대로 자신의 소신과 논리를 펴나갔다. 그는 수동적 자세를 탈피하고 정책에 대한 대안을 제시하는 등 자신들의 입장을 피력하고 목소리를 내기 시작한 것이다.

그 무렵은 한국 경제가 빠른 속도로 성장하면서 큰 발전을 향해 줄달음치던 시대였다. 창의성이 뛰어난 아이디어맨 정주영은 그 힘을 최대한 활용해서 재계의 위상을 살려나갈 결심을 했다. 언제까지 정권의 시녀 노릇만 할 것인가!

정주영은 전경련 회장으로서 군사정권의 강점과 약점을 잘 알고 있었기에 강약을 조절하며 권력에 대응했다. 때로는 보는 사람들이 그의 고공비행을 아슬아슬하게 바라보며 손에 땀을 쥘 때가 있을 정도였다. 정주영은 정책 담당자들에게 기업에 대한 규제 완화 및 지나친 규제의 철폐, 저금리 정책 촉구 등 민간 주도 경제를 위한 정책 개선을 역설했고 그것을 개선하는 효과를 만들어 냄으로써 재계의 위상을 높였다.

선임 전경련 회장이나 대부분의 다른 대기업 총수들이 정부에 대해 큰 목소리를 내기보다는 저자세를 유지하면서 실리를 얻고 내실을 다졌다면 정주영은 생각이 달랐다. 아니 생각보다는 기질이 달랐다고 해야 할 것이다. 그는 강력한 리더십을 통해 재계를 결집시키고 여기에서 모아진 힘을 새로운 도전의 기회로 만들고 싶었다.

한국 경제는 80년대 들어서면서 노동집약적인 산업만으로는 세계의 유수업체들과 경쟁할 수 없게 되었다. 정주영은 한국 산업경제가 중요한 변화의 시기를 맞고 있다고 보았고, 한국 재계를 이끄는 수장으로서 시장 경제 원리를 바탕으로 '관(官)주도경제'에서 '민간(民間)주도경제'로 빨리 전환해야 한다고 주장하며 한국의 기업이 나갈 방향과 역할을 제시했다.

그러나 그의 그런 강직한 성격은 군부 쿠데타로 새로 권력을 잡은 5공 정권과 마찰을 일으키지 않을 수 없었다. 5공 정권은 정주영에게 전경련 회장직을 내놓으라고 했다.

"전경련 회장은 전경련 회원들이 뽑는 것이지 권력이 임명하는 것이 아니다."

정주영은 이렇게 퇴임 압력을 거부했고, 그는 회원들의 절대적인 지지로 정주영을 다시 전경련 회장으로 추대했다.

당시 상황은 경제적 논리가 통하지 않는 시대였는데 재계는 정주영에게 힘을 몰아주었다. 정주영은 감복했다. 그는 기회가 있을 때마다 경제 관료, 경제학자, 정치인 등에게 우리가 나아가야 할 길은 자유기업주의가 아니면 안 된다는 소신을 피력했다. 정주영은 경제 관료들을 상대로 '정부와 기업의 역할'에 대한 강연을 했을 때 이렇게 말했다.

"정부는 기업에 대한 규제와 간섭을 줄이고 기업의 창의와 자유를 존중해야 한다. 어느 업종은 누가 해라, 누구는 안 된다는 식이어서는 비효율만 낳을 뿐이며, 부설 기업은 정치 금융과 관치 금융이 낳는 것이다. 정부의 간섭이 경쟁을 제한하기 때문에 국제 경쟁력을 약화시켜서 우리 경제의 활력을 감소시킨다."

그러나 이 강연회의 부작용으로 '현대'에 갖가지 압력이 가해졌다. 당시 군사 정권으로서는 정주영의 발언이 권력에 대한 도전으로 비추어져서 기분이 몹시 상했던 모양이다. 정주영은 전경련 회장 자리를 내놓으라는 압박을 받았을 뿐만 아니라 그가 경영하던 사업체마저 내놓으라는 압박을 받았다. 하지만 정주영은 비판과 건의의 강도를 늦추지 않았다. 그는 훗날 회고록에서 이렇게 회고하고 있다.

"아무리 무서운 세상이고 내 기업을 곤란에 빠뜨리는 부작용이 있다 하더라도 나는 내 생각이 옳다는 확신이 있었고, 나라의 경제 발전을 위해서 소신 있는 비판과 건의를 하는 사람이 반드시 있어야 한다고 생각했다. 또 그것이 전체 기업인들을 대표하는 전경련 회장으로서의 책무이기도 했다. 기업이 이윤만 추구한다는 드센 비판과도 맞서 싸웠다.

'기업의 첫째 가는 목표는 이율을 낳고 고용을 창출하는 것'이라고 정정당당하게 맞받아치고, 기업이 낸 이윤이 세금으로 정부에 들어가고, 이것으로 사회 복지도 확장하고 분배 정책도 펴고 하는 것이 정부의 역할이라고 역설했다. 기업 이윤을 모두 사회에 환원하라는 주장은 기업의 본질을 모르는 소리다. 작은 기업을 일으켜서 중소기업이 되고 중소기업이 커서 대기업이 되는 것이고 대기업이 더 발전해서 세계적인 기업이 되어야만 그것이 국민 경제의 발전이다. 기업이 국민경제의 발전으로까지 커야만 정부는 이 발전을 토대로 사회 복지와 분배를 제대로 할 수 있는 것이다. 최선을 다해서 자기 기업을 키워 국민 경제의 발전을 도모해서 사회 복지와 분배의 기반이 마련되도록 하는 것이 기업의 역할이지, 기업이 발생한 이윤을 모두 사회에 환원 하라는 것은 반기업주의(反企業主義) 풍조에서 나온 어거지다. 전국경 제인연합회는 선의의 경쟁자들의 집단이지만 다 똑같을 수는 없는 각 양각색의 집합체이기도 하다. 그러나 내가 회장직을 맡았던 10년 동 안은 만장일치가 아닌 표결로 처리된 안건은 단 하나도 없었다. 정부 의 갖가지 압력도 일체 받아들이지 않았고 갖가지 알력에는 초연한 자세를 견지했다. 1987년 2월까지 5선 연임의 10년 동안 나는 우리 나라 민간 경제를 주도하는 전경련 회장으로서 나름대로 민간 경제인 들의 발언권을 보다 강화시켜 한국 경제의 기틀을 다지는 데 얼마만 큼은 기여했다고 생각한다."

– 『이 땅에 태어나서』, 정주영, 솔, 1998

결국 정주영은 이겼다. 그 이후 한국정부의 경제개발정책도 산업 구조의 고도화로 방향을 잡았다. 이와 함께 정주영은 전경련 활동 뿐 아니라 현대가 앞장 선 남북 경협을 통해 남북이 화해를 만들어 내는 기여도 했다. 만약 정주영이 몇 년만 더 살아서 남북 사업과 러 시아와의 시베리아 사업을 진행했더라면 우리 경제는 물론 남북 관 계, 통일 문제도 쉽게 풀리지 않았을까?

올림픽 유치의
전말

"동북아와 한반도의 평화 정착에 기여, 우리나라의 경제 발전과 국력의 과시, 공산권 및 비동맹 국가와의 외교 관계 수립으로 분단 상황 극복 여건 조성, 국제적 행사를 통한 국민 결집력 유도 등이 올림픽 유치의 필요성이었다. 올림픽 유치 필요성에 대한 인식과 논의는 박대통령 시대 말기쯤부터 있었고, 제24회 올림픽을 서울로 유치하겠다는 정부방침 발표도 1979년 박정희 대통령이 했다. 잘만 하면 개발도상국에서 선진국으로 발돋움할 수 있는 디딤판이 되는 것이 올림픽이다. 그러나 같은 해 10월 박대통령이 불행한 죽음을 당하고, 군부의 권력 다툼과 세력 확장의 공포스러운 분위기 속에서 국민들은 위축될 대로 위축되어 긴장과 불안 속에 1980년도를 맞았고, 1980년도를 살았다. 그런 가운데 정부가 올림픽 유치 의사를 정식으로 IOC(국제올림픽위원회) 본부에 신청, 통보한 것이 1980년도 12월이었다. 다음 해인 1981년 3월에는 IOC(국제올림픽위원회), GAISF(국제경기연맹연합) 조사단이 와서 개최 여건조사도 하고 갔다."

– 『이 땅에 태어나서』, 정주영, 솔, 1998

위의 글은 정주영의 자서전에 기록된 한국의 올림픽 유치에 대한 전말이다. 어쨌거나 1980년에는 선진국으로 발돋움하는 기틀을 다지기 위해 올림픽을 유치해야 한다는 국내 여론이 일기 시작했다. 당시 올림픽의 개최는 한반도의 평화 정착, 국력의 과시, 비수교국과의 외교관계 조성, 국민적 단절 등 여러 가지 이점이 많아 시기적으로 서울 개최가 매우 절실한 상황이었다.

하지만 일본의 나고야가 올림픽 유치 경쟁에 뛰어 들자 국내 여론은 서울에서 올림픽을 유치할 가능성이 없다고 거의 포기한 상태였다. 1981년 5월 당시 상황으로는 한국이 일본의 나고야를 이기고 올림픽을 유치해온다는 것은 전혀 불가능하다는 분위기였다.

"우리가 나가서 세계 IOC 위원 82표에서 몇 표나 얻을 수 있겠는가? 대만 표 하나에 미국 표도 둘 중에 하나는 캐나다 동계올림픽 유치에 쓰여질 것이니 기껏해야 우리 표까지 합쳐 서너 표일 것이다."

이것이 당시 한국의 김택수 IOC 위원의 비관적인 전망이기도 했다. 그러자 정부도 미온적인 태도로 바뀌었다. 당시 총리 남덕우는 우리가 아무리 거국적인 유치 활동을 벌여도 일본을 제치는 것이 절대 불가능하고 만에 하나 유치에 성공한다 해도 올림픽 때문에 경제 파탄에 빠질지 모른다 지론을 폈다. 총리의 인식이 그러니 국무위원들도 비슷한 자세들이었다.

하지만 올림픽 유치 신청서를 접수해서 조사단이 개최 여건 조사까지 마쳤고, 더구나 올림픽 개최 추진의지 재확인까지 받은 상황에서 돌연 올림픽 유치 신청 철회라는 것은 생각할 수 없는 일이었다. 그렇다고 그대로 밀고 나갈 수도 없었다.

모두들 나고야와의 표 대결에서 서너 표밖에 얻지 못하는 망신만을 생각했다. 올림픽 유치 업무 수임에 따른 책임이 두려워 모두 의도적으로 올림픽 유치와 관련되는 것을 기피했다. 심지어는 올림픽 개최 신청 당사자인 서울시장까지도 나서기를 꺼려했고, 주무 부처인 문교부도 손을 놓고 있었다.

올림픽 유치위원장
정주영

그러던 중 문교부는 강인한 추진력과 대담성을 가진 정주영이 가장 적임자라고 결정하고 올림픽 유치 추진위원장으로 임명했다.

5월 어느 날, 문교부 체육국장이 프린트한 올림픽 유치 민간추진위원장 사령장을 들고 정주영을 찾아왔다. 체육국장은 올림픽 유치 관계 장관 회의에서 이규호 문교부장관의 제안으로 결정된 일이라고 했다.

"무에서 유를 창조하고, 강인한 추진력과 번뜩이는 기지로 '현대'를 세계적인 기업으로 키운 저력과 갖가지 신화를 남기면서 해외에 한국 기업의 위상을 제고시킨 능력을 높이 평가해서 회장님께서 이 일의 적임자란 결정을 했습니다."

듣기 과히 싫지 않은 말을 포장지로 싸서 내놓은 사령장이었다. 올림픽 유치에 대한 대체적인 분위기를 알고 있던 정주영은 어찌됐든 한 번 모여 애기나 해보자고, 정부와 체육 단체 등의 관련 인사들을 롯데호텔로 모아 첫 회의를 가졌다. 88올림픽 유치 민간추진위원장 밑에 각부 장관들이 전부 위원으로 들어 있었는데, 그 첫모임에 나온 장관은 주무장관인 이규호 문교부장관 한 사람뿐이었고, IOC 위원조차도 불참했다. 개최지가 될 서울시에서는 국장 한 사람을 내보냈을 뿐이었다.

그렇게 한심스러운 첫 회의가 열렸지만 정주영은 다른 생각을 하기 시작했다.

그는 정부의 유치 의사가 어느 정도 강한 것인가, 추진위원이면서도 회의에 불참했던 국무위원들이 과연 어느 정도 협조할 것인가를 이규호 문교부장관에게 물었다.

"올림픽 유치는 대통령의 지시 사항입니다. 안기부장도 적극 지원 약속을 했구요."

조상호 체육회장, 최만립 총무 등 체육회 사람들은 올림픽 유치가 체육회로서는 밑져봤자 본전이라는 입장이었다.

당시 우리나라 형편에 8,000억 원이라는 경비가 소요되는 올림픽 개최는 사실 부담스러운 액수였던 게 사실이다. 게다가 캐나다 몬트리올이 그전 올림픽을 10억 달러라는 막대한 적자로 끝냈던 전례도 있었다. 그러나 정주영의 생각은 달랐다.

"나는 모든 일은 인간이 계획하는 데 달려 있다고 생각하는 사람이다. 적자가 나게 계획하면 적자가 나고, 망하게 계획하면 망하는 법이다. 유치 못하는 것이 바보지, 유치만 한다면 우리 형편에 맞춰 적자안 나게 계획해서 얼마든지 치러낼 수 있다는 생각이었다. 지하철이나 도로공사 등은 올림픽이 아니더라도 어차피 해야 할 일이니 올림픽 경비로 계산할 필요가 없었고, 경기장도 숙소도 올림픽을 위해서만 다시 지을 필요가 없었다. 이미 만들어져 있는 모든 민간 시설을 동원해서 써도 충분했다. 경기장은 각 도시나 대학의 것들을 규격에 맞게 개보수해서 활용하면 될 일이고, 선수촌은 좋은 부지에 민간 자본을 끌어들여 아파트를 지어 미리 팔아놓고 먼저 올림픽에 쓰면 정부의 돈을 한 푼도 안 들이고도 숙소 문제를 해결할 수 있지 않은가.

그는 이런 식의 굵은 구상들을 우선 먼저 내놓았다. 그리고 우리
기업인들이 거래하는 각국 기업인들의 도움을 얻어 그 나라들의
IOC 위원과의 접촉을 모색하는 방법을 생각하고, 안기부장한테 우
리나라 기업인들 동원을 약속시켰다. 정주영은 우리 기업인들이 한
마음 한뜻으로 현지에 와서 협조하고 활동하면서 정성을 기울이기
만 하면 82표 중에서 유치에 절대 필요한 과반수 득표는 반드시 확
보할 수 있을 것으로 확신했다.

그렇지만 그는 그 확신을 그냥 가슴에만 묻어두었다. 그리고 모두
에게는 정말 서너 표만 나오는 결과가 되면 나라와 우리 경제인들이
합동으로 웃음거리가 되니까, 어떻게 해서든지 체면 유지는 될 만큼
의 표는 얻도록 노력하자고 했다.

당시 정주영은 전경련 회장직을 맡고 있었기 때문에, 민간 경제인
들 단체장 중에서 책임감 있고 국가를 위해 헌신할 수 있는 사람들
을 뽑아 독일 바덴바덴으로 향했다.

{ 바덴바덴에서의 전력투구

바덴바덴으로 떠날 무렵, 정주영은
정부에서 지명한 추진위원 가운데 그냥 여행이나 즐기고 올 것 같은

몇몇 사람을 제외하고 대신 유창순 씨와 이원경 씨 등 유능한 인사 몇 명을 새로 영입했다. 올림픽 유치에 미온적이었던 일부 기업인들 동원에는 약속대로 안기부가 나서주었다.

정주영은 출발에 앞서 일찌감치 8월 중순에 벌써 프랑크푸르트 '현대' 지점에 올림픽 유치 활동 팀에 대한 만반의 준비 명령을 내려두었다.

9월 15일, 정주영은 IOC 총회 참석차 런던에 가서 올림픽위원장을 만나고, 16, 17일은 벨기에의 한·EC 심포지엄에 참석했다가 룩셈부르크로 가서 장 드 황태자와 만찬을 하는 등 올림픽 유치를 위한 순방 로비 활동을 마치고 9월 20일 육로로 바덴바덴에 도착했다. 정주영은 독일에 주재하고 있는 현대그룹 임직원을 총동원, IOC 위원들의 마음을 사로잡기 위해 뛰었다.

그곳에서는 프랑크푸르트 '현대' 지점의 전 직원과 그 부인들, 그리고 밥하는 아주머니들까지 바덴바덴으로 아예 지점을 옮겨놓고는 현지 사무소 준비와 임대 저택 확보까지 완벽하게 끝내놓고 있었다. 임대 저택을 근거지로 지점 전 직원을 상주시키면서 유치 활동을 적극 지원하도록 하고, 별도로 얻어놓은 시내 사무실은 대표단이 본격적인 활동을 하는 거점으로 삼았다.

9월 24, 25일까지는 조중훈 회장, 김우중 회장, 최원석 회장 등의 기업인들이 대부분 다 모였고, 미국인 실업가 더글러스 리, 경기도지사 김태경은 그보다 며칠 먼저 와 있었다. 유창순, 이원경, 이원홍 씨도 9월 24일에는 도착했고, 세계태권도연맹 김운용 회장이 왔고 통역을 맡았던 KBS 아나운서 차명희는 20일쯤에 도착해 있었다.

제24회 올림픽 개최지로 유력시되는 곳은 일본의 나고야였다. 뒤늦게 뛰어든 한국의 입장에서 볼 때 가능성은 너무 희박하였다. 더구나 일본의 나고야는 개막 이틀 전인 18일에 벌써 나고야 시장까지 도착해서 왕성한 활동을 하고 있는데, 우리 측은 한국을 대표하는 IOC 위원이나 개최지 유치 활동에 적극 나서야 할 서울시장조차도 나타나지를 않고 있었다.

세계 각국의 IOC 위원들이 투숙한 브래노스 파크 호텔 출입은 IOC 위원에게만 출입이 허용되었기 때문에 우리의 IOC 위원이 빨리 와 투숙해주어야만 그를 만난다는 구실로 드나들며 다른 나라 IOC 위원과 접촉할 수 있는데, 참으로 답답하고 한심한 노릇이었다.

정주영은 민간인들이 총대를 메고 올림픽 유치에 성공해보자고 기를 쓰고 움직이는데, 가장 중요한 사람들이 그 지경인 데는 화가 나지 않을 수가 없었다.

"도대체 일을 하자는 거요, 안 하자는 거요? 서울에 유치하겠다는 서울올림픽인데 서울시장이 나타나나, IOC 위원이 나타나나, 모두 왜들 이러는 겁니까?"

정주영은 더 기다릴 수가 없어서 서울로 연락해서 부인과 파리에 있는 IOC 위원을 수배하기에 이르렀다. 김택수가 나타난 것이 23일이었고, 서울시장은 24일에야 도착했다.

어쨌거나 정주영은 한다면 하는 사람이었다. 그는 매일 아침 7시부터 새벽 전략 회의를 소집했다. 각자의 하루 일과를 정하고 득표 상황도 점검하고, 새로운 전략도 짜서는 쫙 흩어져 하루 종일 뛰고, 저녁에 다시 모여 점검하고, 재 전략을 짜고 하는 식이었는데, '현대'식의 이러한 강행군에 대사관 직원이나 관리들은 처음에는 모두 불만이 가득한 얼굴들이었다.

그러거나 말거나 정주영은 매일 새벽 5시면 일어나서 서울, 중동, 동남아 할 것 없이 챙겨야 할 회사 일을 전화로 한 바퀴 전부 챙기고 7시면 어김없이 올림픽 유치 전략 회의를 했다. 투덜대기도 했고 건성으로 참여하는 사람도 있었지만 그는 아무것도 모르는 척, 신신당부를 하고 재삼재사 주지시키는 일을 포기하지 않았다. 그래도 그렇게 며칠 지나니까 차츰 정주영의 지시를 따랐다. 정주영은 아침 회의를 끝내고 나서면 하루 종일 IOC 위원들이 있는 곳이라면 숙소든 별장이든 식당이든 가리지 않고 찾아다니면서 뛰어다니다가 밤 11시나 돼야 숙소로 돌아오고는 했다. 정주영 일행은 IOC 위원들을 만나기 위해서 고무줄로 묶은 명함 뭉치를 들고 거지들처럼 회의장 밖을 종일 지키고 섰던 일도 한두 번이 아니었다. 그렇게 뛰고 숙소로 들어가면 그 피곤은 이루 말할 수가 없어서 "아이고 죽겠다"는 소리가 저절로 나왔고, 정주영은 목욕물에 들어가 앉아 그대로 잠들어버리기도 했다.

하지만 정주영은 '반드시 유치한다'는 확신을 가지기 시작했다. 대한민국에서 일깨나 한다는 사람들이 대표단으로 나와서 겨우 창피만 안 당하고 만다면, 그거야말로 창피하고 부끄러운 일이 아닌가.

IOC 총회가 열리는 호텔 로비에 홍보관이 있었고 그 옆에 일본의 나고야관이 있었다. 유치에 자신이 있었던 나고야관은 사진 몇 장 걸어놓은 것밖에 보잘 것이 없었다. 우리는 안 될 때 안 되더라도 후회 없이 해보자고 준비를 철저하게 했다. 미스코리아들과 대한항공의 스튜어디스들에게 한복을 입혀 친절한 안내를 하게 했고, 한국 고유 문양을 넣은 부채와 인형, 지게, 버선, 짚신 등을 선물로 안겨 주면서 최선을 다한 결과, 며칠 지나자 파리만 날리고 있던 나고야 관 옆에서 한국관만 북적대기 시작했다.

그러나 현지 언론은 아주 비정하고 혹독했다. 우리 대표단이 마치 절대로 들여놓으면 안 되는 땅에 발을 들여놓은 것처럼 IOC 관계자, 언론 할 것 없이 "웃긴다"는 반응이었다. 현장에서 보도하는 신문이나 방송 기자들은 전부가 일본의 나고야가 결정적인 것으로 얘기했고, 그 말대로라면 한국은 가망이 전혀 없는 비참한 지경이었다. 심지어는 "한국이 기생을 동원했다"는 외국 신문 기사가 나와 홍보관에서 안내를 맡고 있는 미스코리아, 스튜어디스들을 갑자기 기생으로 둔갑시키기도 했다.

정주영은 아들 정몽준에게 홍보관을 맡겨 손기정, 조상호, 정주영의 제수씨인 현대고등학교 장정자 이사장 등이 전시실에서 손님을 맞도록 해서 '기생설'을 잠재웠다. 파리 날리고 있는 나고야관 옆에서 문전성시를 이룬 한국 홍보관은 처음으로 기선을 잡아나가기 시작했다.

이렇게 한국의 유치 활동이 분위기를 조금씩 바꿔가기 시작하자 방심하고 있던 일본도 가만있지 않았다. 일본은 "북한과 남한이 극단적으로 대립하고 있는 상황에서 어떻게 서울에서 올림픽을 치를 것인가. 서울에서 올림픽을 치른다는 것은 88올림픽 자체를 없애는 것과 같다."는 등의 말을 하며 바람을 잡기 시작했다. 게다가 북한은 올림픽 유치 신청국이 아니면서도 한국의 올림픽 유치 방해를 목적으로 20여 명이나 파견해서 한국 대표단을 긴장시켰다.

정주영은 회의 때는 몇 차례나 유치단 모두에게 신신당부를 했다.

"북한 사람을 만나면 반갑게 먼저 악수를 청하고 듣기 좋은 말을 할 것, 그러는데도 북한 사람이 욕을 하면 마주 대항하지 말며, 한국말을 모르는 다른 나라 IOC 위원들이 볼 때는 큰소리로 농담하고 있는 것처럼 보이게끔 그저 웃는 얼굴로 들어줄 것."

그리고 북한 사람들이 이러이러하게 나오면 이러이러하게 대응하라는 것까지 예를 들어가면서 일러주었다.

정주영 자신도 북한 사람을 만나면 먼저 반갑게 고향 사람 만나서 반갑다는 서두로 아는 체를 했다. 그리고 "서울에서 왔습니다. 내가 정주영입니다." 하면 그들은 처음에는 "다 알아요."하며 퉁명스럽게 쏘아붙였다. 그 해에는 남북한이 다 흉년이었는데도 "북한은 금년 농사가 대풍이라면서요?"하는 식으로 그들의 경계심을 풀고는, 이북의 명산대천에 대한 좋은 소리들을 골라 하면서 남한을 내세우는 얘기는 한마디도 하지 않았다. 그랬더니 나중에는 이 사람들이 정주영만 보면 먼저 반갑게 인사하고 이런 말을 하기도 했다.

"선생님 같은 분만 남한에 살면 우리가 남북통일을 버얼써 했습네다."

정주영은 북한 대표를 만나서 이렇게 말했다.

"우리 땅에서 올림픽을 한 번 해보아야 하지 않겠습니까? 같이 협력해서 잘해 봅시다."

이렇게 동포애를 유발하며 호소하자 북한 대표는, "우리 민족이

사는 데서 해야지요." 하고 마음에 없는 대답을 했다.

정주영은 이미 나고야 쪽으로 굳어진 선진국 IOC 위원들보다는 소외되고 있는 중동 및 아프리카 IOC 위원들을 집중 공략하는 작전을 썼는데, 프랑크푸르트 '현대' 지사의 채수삼 지점장과 직원들의 사전 답사로 미리 익힌 지리 공부 덕택에 한국 대표단이 움직이는 데 아무런 불편이 없었다. 중동 위원들은 자기네 나라에서 건설을 많이 했던 '현대'를 이미 알고 있었고, 그래서 나쁘지 않은 '현대'의 이미지가 도움이 되었다. 정주영은 이를 백분 활용했다.

"우리나라의 일개 사업가도 일을 맡으면 신용과 책임을 지키는데, 국가가 책임지는 올림픽이다. 전혀 걱정할 필요가 없다. 당신들도 언젠가는 올림픽을 해야 할 것 아니냐. 개발도상국도 올림픽을 훌륭하게 치를 수 있다는 걸 보여주는 것이 아주 중요하다."

정주영의 이러한 말은 그들에게 상당한 설득력을 가지기 시작했다.

또 IOC 위원들에게 뭔가 정성이 담긴 선물로, IOC 위원 전원에게 꽃바구니를 만들어 보냈다. 그런데 정주영도 미처 생각 못했던 일이 일어났다. 꽃바구니의 반응이 그렇게 좋을 수가 없었다. 그 꽃바구니는 단순히 주문된 것이 아니라 현대의 해외파견 직원 부인들이 정성스럽게 하나하나 만든 것이었다. 다음날 각국 IOC 위원들이 회의를 끝내고 로비에 모여 있던 IOC 위원들이 한국 대표단을 보자 앞다투어 꽃에 대한 감사의 인사를 했다. 나고야 시는 IOC 위원 부부에게 최고급 일제 손목시계를 선물했던 모양인데, 그것보다는 정성스런 마음이 담긴 꽃바구니가 부담도 안 주고 따스함을 느끼게 했던 것 같다. 더구나 여자치고 아름다운 꽃을 싫어하는 여자는 없지 않은가.

꽃값이 제일 비싼 장미로 만들어진 꽃바구니가 각국 IOC 위원의 부인들을 아주 기쁘게 만들었다. 기뻐하는 아내를 보면 남편 기분도 좋아지는 법이다. 아내를 기쁘게 만들어준 데 대한 감사의 인사가 가는 곳마다 가득했다. 이 꽃바구니는 회의가 끝나는 날까지 미처 시들기 전에 싱싱한 것으로 교체시켰다. 정주영은 세계 각국의 IOC 위원 전원에게 꽃바구니를 선물하기 위해, 꽃집의 꽃이 모자라 꽃밭을 통째로 사서 꽃바구니를 만들어 보냈다.

수없이 반복해서 연습한 IOC 총회 청문회도 성공적이었다. 6명의 대표단을 단상에 앉혀놓고 했던 청문회는 국립영화제작소와 KBS가 공동 제작한 15분짜리 한국 소개 영화를 상영한 후 질문을 받는 식이었다. 빌딩이 숲을 이룬 서울 거리가 우선 우리나라를 아프리카의 오지 정도로 알고 있는 대부분의 IOC 위원들을 놀라게 했다.

"저기가 서울이냐? 도쿄나 LA와 다를 게 없잖냐?"

그런 웅성거림이 단상까지 들릴 정도였다. 가시 돋힌 질문이 없지는 않았지만, 되풀이했던 예행연습 덕분에 훌륭하게 청문회를 마쳤다. 만사를 제치고 달려온 우리 경제인들도 자기 돈을 쓰면서 각자 참으로 열심히 뛰어주었고, 대한체육회 조상호 회장, 최만립 총무도 정말 열심이었다. 프랑크푸르트에서 달려와 우리 대표단의 식사를 만들어했던 현대의 현지 직원 부인들도 모두 혼연일체가 되어 열심이었다. 최선의 결과가 조금씩 나타나면서 나고야 열풍이 식어가기 시작했다.

88올림픽 개최지 결정투표 전날인 9월 29일.

각국 기자단 모의 투표가 있었는데 서울시보다 나고야시가 우세하다는 결론이 나왔다. 그 바람에 나고야시 유치 대표단은 미리 샴페인까지 터뜨렸다.

그러나 정주영은 그동안의 로비 활동으로 확보한 서울 지지표가 적어도 46표는 된다는 계산을 하고 있었다. 46표면 서울 유치였다.

투표 당일, 오후의 투표를 앞두고 점심을 먹는 자리에서 모두들 결과에 대한 불안과 긴장으로 분위기가 무거웠다. 정주영은 언론이 뭐라고 하든 최소한 46표는 나올 것으로 믿는다고 내기를 걸자고 했으나 모두가 침묵으로 대답했다. 다만 교섭 반장으로 매일 표를 점검하는 책임을 맡고 있었던 외교관 전상진이 정주영을 거들기 위해서였는지 아니면 자기 나름대로 확신이 있었는지 자기는 46표 보다 많은 50표 이상으로 생각한다면서 내기에 응했다.

시간이 되어 회의장으로 가는데 북한 사람들이 마치 우리 대표단을 기다리고 있었던 듯이 대뜸 이런 말을 하는 것이었다.

"정 선생, 그만 수고하고 돌아가시죠."

정주영은 이제 오늘 결정이 나는데 결정되는 거나 보고 가야 하지 않겠냐고 대꾸했다.

"벌써 끝장났는데 뭘 그래요. 신문도 못 왔습니까?"

"독일 말 몰라서 못 봤습니다."

"다 끝났다고 썼습니다. 그러니까 돌아가시죠. 도저히 되지도 않을 것, 몇 표 나오지도 않을 텐데 왜 다닙니까?"

"그래도 아직 결정이 난 것은 아니니 결과를 두고 봐야죠."

정주영은 부지런히 발표장으로 향하였다.

드디어 오후 3시 45분, 제24회 올림픽 개최지 발표의 순간이 왔다.

"쎄울 코리아!"

사마란치 IOC 위원장은 프랑스어로 이렇게 외쳤다. 그 순간 우리 대표단은 만세를 부르며 서로 얼싸안고 환호하였다. 정주영이 예상했던 46표에 6표나 더 추가된 52표를 얻어 52대 27로 나고야를 물리치고 서울시가 88 올림픽 개최지로 최종 결정된 것이었다. 정주영도 놀랐고, 우리 대표단 모두가, 아니 한국인 모두가 놀란 득표수였다. 대표단은 정주영의 눈에서 흐르는 감격의 눈물을 처음으로 보면서 말로 표현할 수 없는 감동을 느꼈다.

저녁 7시부터 서울시 주최 축하 리셉션이 열렸고, 이튿날은 정주영이 바덴바덴에서 가장 좋은 식당을 빌려 축하 파티를 열었다.

한국의 올림픽 유치는 세계를 놀라게 했고 한국은 올림픽을 성공적으로 개최함으로써 세계의 변방 국가에서 중심 국가로 도약하는 발판을 만들기 시작했다.

정주영은 이렇게 성공적으로 올림픽을 유치하여 우리나라의 전반적인 발전을 이끌어 나갔으며, 세계 속에서 우리나라가 굳건한 자부심을 지닐 수 있도록 공헌했다.

정주영은 이렇게 사업이 아닌 사업 외적인 일에서도 최선을 다하는 기업가 정신을 발휘함으로써 일반인들이 배워야 할 값진 교훈을 만들어 냈다. 그는 평생 스스로 개발시켜 나간 기업가적 자질들과 도전 정신으로 혁신을 추구하며 얻은 체험들인 유·무형의 가치들을 상호 연결시켜 나간 시대의 거인임을 극명하게 보여준 셈이다. 뚝심과 집념의 기업인으로 목표를 정하면 앞뒤 가리지 않고 밀어붙이는 정주영의 추진력이 서울올림픽 유치에 가장 큰 역할을 했다는 사실은 아무도 부인하지 못한다.

정주영은 서울 올림픽조직위원회 위원장으로 피선되어 서울올림픽을 성공적으로 유치했고, 그간의 공로를 인정받아 대통령으로부터 국민훈장 무궁화장을 받았으며 2년 2개월간 대한체육회장을 지내기도 했다.

현대가 가족 이야기 ❼

정주영의 아내와 자식들

정주영은 1936년 1월 8일 16세의 변중석과 결혼했다. 두 사람은 슬하에 8남 1녀를 두었다. 정주영은 장남이었던 아버지가 남동생 다섯과 여동생을 모두 혼인시켜 분가시키는 모습을 보면서 장자의 역할을 배웠다. 정주영은 동생들의 학업과 혼인 문제를 모두 책임졌다. 그래서 형제들은 모두 맏형 정주영을 아버지처럼 여기며 현대의 기틀을 다지는데 힘을 하나로 모았다. 삼성그룹을 일으킨 이병철이 막내로서 독불장군처럼 혼자만의 힘으로 사업을 일구어 나간 반면 정주영은 많은 형제들과 자식들의 도움을 받으며 국내 최대의 기업을 일으킬 수 있었다.

• 아내 **변중석**

변중석(1921년~2007년)은 결혼 이후 유교적 전통이 강한 정씨 집안의 맏며느리로서 6명의 시동생들과 8남 1녀의 자녀 뒷바라지를 해오며 묵묵히 헌신해왔다. 그녀는 재벌회장 부인 티를 내지 않고 소박하고 검약한 생활을 한 것으로 유명하다. 자주 들렀던 슈퍼마켓 종업원들도, 동대문시장 포목점 주인도 그녀가 누구인지 잘 몰랐다고 한다. 초창기 현대건설 시절에는 자신의 식구들처럼 직원들에게 손수 밥을 해먹였고, 회사 규모가 어느 정도 커진 후에도 직원들을 위해 메주와 김치를 손수 담가서 나누어주곤 했다. 변중석은 1991년 병원에 장기입원하기 전까지 매년 메주를 쑤어 사원들에게 나눠줬다. 아예 경기도 덕소에 메주 공장을 세워 40년간 운영했다. 남편의 기업이 커질 때마다 메주 수가 늘어났다. 인정이 많았던 변중석은 설날과 추석 전후로 며느리들을 데리고 고아원 방문하는 일을 빼놓지 않았다고 한다. 물론 자신이 재벌가 아내임을 드러내지 않았다. 남편 일에 대해서는 일절 개입해본 적이 없고 묵묵히 내조하는 성품이다. 엄한 남편을 모시고 사는 변 여사는 늘 조마조마했다. 시동생들도 큰형님을 무서워하다보니 의논할 일이 있으면 모두 형수인 변중석을 통했다고 한다. 어느 해《여성중앙》기자와의 인터뷰에서 변중석은 남편 정주영을 "손님 같은 남편"이라고 했다. 잦은 출장으로 하루가 멀다 하고 집을 비우고 부부동반으로 출장을 간다 해도 하루 종일 아내를 호텔방에 두고 자기만 바쁘게 돌아다니는 무심한 남편이었다. 그래도 정주영은 생전에 펴낸 자서전『시련은 있어도 실패는 없다』와『이 땅에 태어나서』를 통해 "아내를 존경한다"는 표현을 썼다. 실제로 정주영은 인터뷰 등 기회가 있을 때마다 "(아내는) 패물 하나 가진 적 없고 화장 한 번 한 적이 없다. 그저 알뜰하게 간수하는 것은 재봉틀 한 대와 장독대의 장항아리들뿐이다. 부자라는 인식이 전혀 없는 그런 점들을 존경한다."고 말했다.

그러나 고인의 말년은 순탄하지 않았다. 건강하던 변중석은 맏아들 정몽필이 교통사고로 세상을 떠나면서 그 충격으로 건강을 잃고 말았다. 1990년에는 4남인 정몽우마저 자살로 생을 마치자 더는 버틸 힘이 무너지고 말았다. 또 2003년 5남이자 현대그룹 회장인 정몽헌이 자살로 세상을 등졌다. 생전에 3명의 자식을 먼저 떠나보낸 아픔을 겪은 것이다. 그래서인지 고인은 오랫동안 투병생활을 했다. 고혈압에 뇌세포가 파괴되면서 운동장애는 물론 기억력 상실, 사고능력 마비로 이어지는 희귀한 병을 앓으며 장기간 병원 신세를 졌다. 말년엔 거의 기억이 없어 2001년 남편 정주영과 2003년 정몽헌의 사망 사실도 몰랐다고 한다.

• 장남 **정몽필**

장남인 정몽필은 연세대 경영대학원을 마치고 잠시 영국유학도 갔다 왔다. 현대건설에서 본격적인 경영 수업을 쌓았고 인천제철 사장을 맡아 경영에 몰두하던 중, 1982년 4월 울산에 출장 갔다 돌아오는 길에 김천 부근의 경부고속도로에서 트레일러와 충돌하는 교통사고로 사망했다. 정주영의 맏며느리인 이양자는 남편의 사망 후 두 딸과 함께 청운동 정주영의 별채에 기거하며 집안의 맏며느리로서 시어머니 변중석과 함께 시댁의 안살림을 꾸려왔으나 1990년 9월 25일 지병으로 사망했다.

• 차남 **정몽구**

정몽구는 1938년 3월 19일 서울에서 태어났고, 경복고를 거쳐서 1967년 한양대학교 공업경영학과를 졸업한 후 미국 코네티컷 대학에서 2년간 경영학을 공부한다. 유학에서 돌아온 정몽구는 1970년 2월 현대자동차 서울사업소장에 발을 들여놓으면서 경영에 뛰어들었다. 이어 1973년 현대건설자료부장 및 이사, 1973년 한국도시개발 사장 및 현대정공 사장, 1974년 현대자동차서비스 사장, 1981년 현대강관 사장, 1985년 현대산업개발 사장, 1986년 인천제철 사장, 1987년~1993년 현대중장비 회장을 역임했으며 1989년 현대중장비산업을 설립, 모두 6개 회사로 MK사단을 구축했다. 1982년 4월 형 정몽필이 교통사고로 세상을 뜨는 바람에 장남 역할을 하게 됐다. 2000년 3월 현대그룹의 경영권을 놓고 '왕자의 난'이라고 불리는 경영권 승계 다툼이 벌어졌다. 이를 계기로 정몽구는 그해 9월 공정거래위원회의 승인을 받고 현대자동차 등 10개 사를 이끌고 현대그룹으로부터 독립했다. 부인 이정화와 1962년 결혼해서 1남 3녀를 두고 있다. 장남 정의선은 현재 현대자동차 부회장을 맡고 있으며 정도원 삼표그룹 회장 장녀 정지선과 결혼했다. 장녀 정선이는 선두훈 대전 선병원 이사장과 결혼했고, 차녀 정명이는 종로학원 원장 정경진(丁庚鎭)의 장남 정태영과 결혼했다. 삼녀 정윤이는 신성재 현대 하이스코 사장과 결혼했다.

• 3남 **정몽근**

정몽근은 경복고와 한양대 공대 토목공학과를 졸업했다. 금강개발산업 회장직을 맡아 조용히 경영을 꾸려가고 있는 인물이다. 현대건설에서 경영수업을 받았던 그는 뒤늦게 시작한 현대그룹의 백화점 사업을 실속 있는 알짜기업의 궤도에 올리는 데 수완을 발휘해서 현대백화점그룹을 이끌게 되었다. 정몽근은 현대그룹 회장 비서실에 근무하던 우경숙과 결혼했다. 슬하에 정지선(현대백화점그룹 회장)과 정교선(부회장) 등 2남만 두었다.

• 4남 **정몽우**

정몽우는 오산고와 중앙대 영문과를 졸업하고 1970년 8월 현대건설에 입사했다. 9년 후인 1979년에 고려산업개발의 전신인 현대포장건설 회장으로 승진했고, 다시 8년 만에 현대알루미늄 회장에 임명되었으며 서산간척지 농장 건설의 책임을 맡기도 했다. 그러나 고교 시절 머리를 크게 다친 뒤 시작된 우울증으로 시달려오다 1990년 4월 24일 서울의 한 호텔방에서 자살로 생을 마감했다. 부인 이행자와의 사이에 장남 정일선과 차남 정대선 등 두 아들이 있다.

• 5남 **정몽헌**

정몽헌은 보성고등학교, 연세대학교 국문학과를 졸업하고 연세대학교 경영대학원, 미국 페어레이 디킨스대학교 경영대학원에서 각각 석사 학위를 받았다. 원래는 문학가가 되는 것이 꿈이었는데 기업을 경영하라는 아버지 정주영의 지시로 현대건설 기획실에서 경영수업을 받았다. 1981년 현대상선 대표이사를 맡아 지내던 중 1984년 설립된 지 1년밖에 안 된 현대전자를 맡게 되었다. 정몽헌은 동종업계에서 10년이나 뒤진 후발업체를 특유의 추진력으로 밀어붙여 그룹 내 핵심 계열사로 키웠다. 그후 정몽헌은 정몽구의 MK사단에 버금가는 세력을 형성하기 시작했다. 그의 경영 스타일은 위임형으로 하루에 직접 결재하는 서류는 5건 안팎에 지나지 않는다. 그는 아버지에게서 경영 능력을 인정받아 1998년 현대그룹 회장이 되면서 대북 사업을 수행했다. 2000년 정몽구와의 '왕자의 난' 이후 현대그룹을 물려받았다. 그러나 정주영 사후 2003년 대북송금 사건과 관련해서 검찰의 조사와 정계의 협박을 받다가 그 해 8월 서울특별시 종로구 계동 현대그룹 사옥에서 투신자살하고 만다. 정몽헌의 사망 후 아내인 현정은이 현대그룹 회장에 취임했다. 현정은과의 사이에 장녀 정지이, 장남 정영선, 차녀 정영이 등 2녀 1남이 있다.

• 6남 **정몽준**

1951년 생인 정몽준은 중앙고등학교를 졸업하고 서울대 경제학과를 거쳐서 1993년 미국 존스홉킨스대학 국제대학원(SAIS)에서 박사 학위를 취득했다. 1975년 1월에 현대에 입사, 종합기획실에서 그룹 전반에 걸쳐 일하다 1982년 주력 기업인 현대중공업 사장에 취임했다. 정몽준은 미국유학에서 돌아온 직후 울산공대에 출강하기도 했으며 '기업경영이념'이라는 저서를 내는 등 명석한 두뇌와 신중한 처세로 아버지 정주영의 사랑을 받았다. 31세라는 젊은 나이로 국내 최대기업인 현대중공업 사장으로 임명되자 세간에서는 현대의 확실한 후계자로 점찍는 사람들도 있었다. 그러나 정몽준은 1988년 13대 총선 때 무소속으로 정치에 입문, 국회의원 자리를 거머쥐었고, 그 후 내리 당선되어 7선 의원을 역임하면서 정치인으로서의 입지를 굳혔다. 1993년 1월 대한축구협회 회장이 되었고 1994년 5월 FIFA 부회장에 당선되면서 2002년 월드컵 추진 위원장을 맡아 일본과 한국의 공동개최를 추진하여 성공시켰다. 한국 축구사에서 정몽준의 공로는 그야말로 지대하다. 정몽준과 현대가의 힘이 없었으면 한국 축구는 2002년 월드컵 신화를 만들어내지 못했을 것이다. 현대의 경영일선에서는 물러나 있으나 대외적인 영향력은 형제들 중 가장 강한 것으로 평가된다. 2014년 새누리당 서울시장 후보로 추대되어 6월 4일에 열린 제6회 지방선거에 출마했으나, 새정치민주연합의 박원순에게 패배했다. 아내 김영명과의 사이에 장남 정기선과 장녀 정남이, 차녀 정선이, 그리고 차남 정예선 등 2남 2녀가 있다.

• 7남 **정몽윤**

정몽윤은 중앙고등학교를 졸업하고 곧장 유학을 떠나 샌프란시스코주립대에서 경영학을 공부한 뒤 한때 현대종합상사에 근무하기도 했으나 현재 현대해상화재보험그룹의 회장이다. 정몽윤은 현대그룹에서 현대해상화재보험을 계열분리한 뒤 보험업과 소비자 금융업, 자산 운용업을 중심으로 계열사를 늘려 나갔지만 금융업 외에 다른 업종에 뛰어들지 않는 무욕의 행보를 보여 왔다. 1980년대부터 이끌어온 보험업이 지금도 회사의 근간이다. 배우자 김혜영과의 사이에 딸 정정이와 아들 정경선 등 1녀 1남이 있다.

- 막내아들 **정몽일**

정주영의 여덟째 아들인 정몽일은 조지워싱턴대학교 대학원 경영학 석사를 거쳐 잠시 현대종합상사에 몸담았다가 현재 현대기업금융과 현대기술투자의 대표이사 회장을 맡고 있다. 아내 권준희와의 사이에 아들 정현선과 딸 정문이 등 1남 1녀를 두고 있다.

- 외동딸 **정경희**

정주영의 외동딸인 정경희는 특별한 대외활동이 없고, 남편 정희영 씨가 선진해운을 맡아 경영 중이다. 정주영의 유일한 사위인 정희영은 특이하게도 정씨인데다 이름 끝 자도 정주영의 형제 돌림자와 똑같아 착각을 불러일으키고 있다. 실제로 사위 정희영 이름 석 자는 정주영의 여동생 이름과 한자까지 똑같아서 화제가 되기도 했다. 그는 서울상대를 졸업한 후 공채로 현대에 입사해 얼마 후 현대건설 이사, 현대중공업 부사장과 사장, 그리고 종합상사 사장 등을 역임했는데, '재벌사위'라는 말이 싫어 현재는 자영사업을 하고 있다.

제10장 정주영의 형제들

자신을 남들과 비교해서 과대평가하거나 과소평가하지도 말 것이며
또 남들과 같다고도 생각하지 말라. 사람을 양으로 판단해서는 안 된
다. 인간은 각자가 독특한 존재이며 어느 무엇과도 바꿀 수 없는 것
이기 때문이다.

- 미겔 데 우나무노 -

작은 일에 성실한 이를 보고 우리는 큰 일에도 성실하리라 믿는다.
작은 약속을 어김없이 지키는 사람은 큰 약속도 틀림없이 지키리라
믿는다. 그러므로 작은 일에 최선을 다하는 사람은 큰일에도 최선을
다한다고 믿는다. 이것이 신용이다.

- 정주영 -

뜻을 달리한 정인영, 한라를 세우다 ③2

크게 무리하지 않는다면 더 악화되는 일은 없을 것입니다.
그러나 반드시 조심스럽게 활동해야 합니다. 특히 주의하실 것은
첫째, 넘어지지 말아야 합니다(Don't get fall).
둘째, 너무 피곤할 정도로 무리하면 안 됩니다(Don't get too tired).
셋째, 너무 흥분하거나 화를 내면 안 됩니다(Don't get too excited).

– 정인영 자서전, 『재계의 부도옹 운곡(雲谷) 정인영』 –

처음으로 형님의 명령을
거역한 동생

현대건설의 무서운 성장이 있기까지 정인영의 공은 참으로 지대한 것이었다. 피난지 부산에서 미군 통역관 노릇을 하면서 그는 현대와 미군을 엮어준 최대의 공로자였다. 동아일보 외신부 기자로 외국 기관을 열심히 출입하며 갈고 닦은 그의 영어 실력이 현대건설이 미군 공사를 싹쓸이 하면서 기업을 키울 수 있는 발판을 마련했던 것이다.

그 후 정인영은 25년 동안 현대의 명실상부한 2인자로서 본격적인 기업가의 길을 걷게 된다. 그는 1951년 현대상운 전무로 시작해서 1953년 현대건설 부사장, 1961년 현대건설 사장을 역임하면서 국내는 물론 해외까지 뛰어다니며 대형 건설 공사를 따내는 등 기업가로서의 면모를 유감없이 발휘한다.

월남전이 막바지에 이르던 1970년대 초반, 월남에서 철수한 건설

업체들은 새로운 해외 시장으로 오일 달러가 급부상한 중동을 선택했다. 1973년의 중동 오일 쇼크는 우리에게 새로운 시장을 열어주었다. 현대는 중동의 첫 공사로 이란 반다르아바스 조선소의 훈련원 공사를 800만 달러에 수주했다. 현대는 1975년을 중동 진출의 해로 정하고, 중동 진출에 총력을 기울였다. 회사에서는 직원들에게 아랍어 강좌를 시작했고, 아랍어로 '현대'의 홍보 영화도 만들게 했다.

현대의 중동 진출 초기에 미국과 유럽, 일본의 경제계는 별로 신경을 쓰지 않았다. 한국 건설업체들의 기술과 자본, 해외 건설 경험 등을 과소평가한 탓이었다. 그즈음 현대는 1억 3,000만 달러짜리 바스라 아랍 수리 조선소 공사입찰을 추진했다. 현대맨들은 누가 얕보거나 말거나 어쨌든 열심히 뛰었다. 그 결과 중동 진출 원년인 1975년 10월 현대는 아랍 수리 조선소(ASRY)를 수주했고, 두 달 뒤인 12월에는 사우디 해군 기지 해상 공사도 따냄으로써 중동 진출의 서막을 열었다.

그런데 그 과정에서 현대건설 해외담당 사장인 정인영이 크게 반발을 하고 나섰다. 반대 이유는 현대의 능력에 비해 지나치게 규모가 크고 위험 부담이 많다는 것이었다.

"형님. 이 공사는 무리입니다. 우리에겐 1억 5,000만 달러짜리 공사를 진행할 힘이 없어요. 자칫 잘못하다가는 아예 회사 자체가 망하고 말 겁니다."

정인영은 그동안 현대가 정주영의 추진력, 일을 저지르는 스타일 때문에 크게 성공할 수 있었으나 중동 진출만은 자제해야 한다고 보았던 것이다. 당시 현대는 베트남의 전시 붐을 탄 공사 말고는 해외 공사에서 별 재미를 보지 못하고 있었다. 게다가 이미 중동에 진출한 삼환기업, 한국건업이 고전을 면치 못하고 있는 것이 정인영의 반대 이유였다.

정주영은 동생을 설득했으나 정인영은 중동 진출 문제에서만은 물러서지 않았다. 정주영은 동생의 현대건설을 위하는 충정이 결코 자신 못지않다는 것을 알고 있었기에 난감했다. 그동안 정인영은 정주영이 하는 일에 종종 반대 의견을 내놓은 적이 있기는 했지만 지금 그가 중동 진출을 반대하고 있는 것은 그런 소소한 문제에 대한 반대가 아니었다.

권기태 부사장은 중동으로 떠나라는 회장의 출장 명령을 받고도 정인영 사장의 강력한 반대에 부딪쳐 떠나지 못하고 있는 지경이었다. 정인영은 누라 뭐래도 현대건설의 당당한 제2인자가 아닌가! 당시 현대건설 내부에서는 정주영의 중동 진출 결심을 과욕이라고 반대하는 사람들도 꽤 있었다.

정주영은 반대하는 사람들이 사심이 있어서가 아니라는 것을 잘 알고 있었다. 정주영은 정인영이 없는 현대그룹은 있을 수 없다는 시중에 떠도는 말을 알고 있었다. 실제로 부산 피난지에서 미군 공사의 길을 터 준 것도, 고령교의 위기를 구해준 것도, 많은 공사 수익을 본 인천의 제1도크 공사를 따낸 것도 정인영이었다. 하지만 회사운영 방침에 근본적인 시각이 다른 것은 큰 문제가 아닐 수 없었다.

정주영은 비관론자들과 정반대의 생각을 갖고 있었다. 그는 중동에서 희망의 빛을 보았다. 중동의 선발 업체가 고전을 하는 것은 현대건설이 10년 전 태국에 진출했을 때처럼 경험 부족에서 오는 일시적인 시련이라고 생각했다. 또 현대건설이 아직까지는 각종 해외공사에서 재미를 못 본 것은 사실이지만 그 동안에 그만큼 축적해 온 기술과 경험이 있기 때문에 중동 진출에서는 반드시 성공할 수 있다는 확신을 그는 갖고 있었던 것이다.

정주영은 회사를 그만두겠다는 아우를 간곡하게 만류했으나 소용이 없었다. 형제가 독대를 하며 마주 앉은 날 밤, 정인영은 끝내 퇴사의 의사를 굽히지 않았다. 정인영은 술을 마시지 않는 탓에 정주영 혼자서 위스키 한 병을 다 마셨다. 그는 전날 밤에도 혼자서 술을 마시며 고민에 잠겼었다.

정주영은 하는 수 없이 현대건설의 기구를 개편함으로써 중동 진출 반대론자들도 한꺼번에 정리했다. 이로써 그렇게 죽이 잘 맞았던 형제가 중동 진출 문제를 두고 결국은 갈라서게 되고 만다.

그 무렵 정주영은 울산 조선소 건설에 거의 전념하다시피 하고 있을 때였다. 뿐만 아니라 사업규모 확대와 함께 조직이 크게 팽창하고 있을 때였다. 그런 시기에 자신의 분신과 같았던 정인영의 퇴진은 정주영 개인에게 뿐만 아니라 현대라는 조직에도 큰 손실이 아닐 수 없었다.

누구의 판단이 옳았는지는 얼마 지나지 않아서 판명이 되지만 당시 현대건설의 분위기는 열 명에 여덟, 아홉이 중동 진출은 무리이고 이러다 현대가 망하는 것이 아니냐는 분위기가 팽배해 있었다고 한다.

정주영은 반드시 중동에서 성공해서 본때를 보여주겠다는 각오를 하고 최고 경영진의 진용를 새롭게 짜고 자신이 직접 중동으로 날아가서 공사를 총지휘하기로 했다. 앞에서 살펴보았지만 1976년 7월에 있었던 사우디의 주베일 산업항 공사 수주도 정주영이 직접 현장에서 진두지휘를 해서 따낸 쾌거였다.

정인영, 한라그룹을 창업하다

현대를 그만 둔 정인영은 그때부터 독자적인 사업가의 길을 걷기 시작한다. 그에게는 1962년 현대그룹의 방계회사 형식으로 설립한 현대양행이 있었다. 현대양행은 군포 (軍浦)에 위치하고 있는 중장비 생산 회사였다. 현대양행은 국내 처음으로 굴삭기와 불도저, 덤프트럭 등 건설 중장비와 각종 산업설비, 공작기계 등을 생산하고 있었다. 정인영은 현대양행을 독자적으로 키워보겠다는 의사를 전하고 정주영의 양해 하에 자신을 따르는 사람들을 데리고 나왔다.

그때부터 정인영은 경영에 매진해서 1976년, 경남 창원 앞 바다 130만 평을 메워 세계적인 규모의 창원중공업 단지를 건설했다. 해외 선진국들을 돌아다니며 중공업의 중요성을 절실하게 깨달은 정인영은 당시 단일 공장으로는 세계 최대 규모에 속했던 창원 종합기계공장 건설에 착수하면서 주위를 놀라게 했다. 정인영은 미국의 GE와 웨스팅하우스를 합친 것과 같은 최신예 중공업기지를 건설하겠다고 장담했다. 또한 정인영은 1978년 한라시멘트, 1980년 2월 현대양행을 만도기계로 상호를 변경하고 1981년 한라건설을 세웠으며

1984년부터는 한라그룹의 회장이 되었다.

그런데 정인영에게는 생각지도 못한 시련이 닥쳐왔다. 1980년 전두환의 신군부가 정권을 잡으면서 시련이 찾아왔다. 신군부는 '국가보위비상대책위원회'를 구성하고 중화학공업의 난립을 재편한다는 명분과 투자 조정이라는 명목아래 현대양행 창원공장을 빼앗았다. 뿐만 아니라 신군부는 정인영을 파렴치한 기업인으로 몰아세웠다.

1981년 4월, 정인영은 업무상횡령 및 특별배임죄, 외환관리법 위반 혐의를 덮어 씌어 억울하게 구속된다. 구속 열흘 만에 혐의 없음으로 수사가 종결되어 풀려나기는 했으나 그는 국민들에게 부도덕한 기업인으로 낙인이 찍혔으며, 1전 한푼 못 건지고 창원중공업 공장을 강탈당하고 말았다.

그의 수중에는 만도기계와 원목사업을 책임지고 있는 한라자원, 해운사업부인 한라해운, 인천조선, 한라시멘트 등 5개 회사만 남겨지게 되었다. 정인영의 자서전 『재계의 부도옹 운곡(雲谷) 정인영』에는 당시 참담했던 그의 심정이 이렇게 씌어 있다.

"국보위를 내세워 무소불위의 권력을 행사하던 신군부는 80년도에 중화학공업 투자 조정에 대해서도 초법적인 방안을 검토하고 있었다. 보이지 않는 강력한 세력에 의해 현대양행 경영권 장악 시나리오가 진행되고 있었다. … 1980년 7월 4일과 7일 두 차례에 걸쳐 산업은행과 외환은행이 220억 원의 차입금을 현대양행의 출자금으로 전환시키는 조치를 취했다. 이로 인해 나의 현대양행 출자분은 42%로 줄어들었다. … 1980년 11월 11일, 현대양행은 영원히 내 곁을 떠났다. 현대양행을 통한 중공업 왕국 실현의 꿈은 그렇게 마감되었다."

그나마 다행스러웠던 것은 현대양행의 한 부문이었던 만도기계를 살려내서 훗날 한라그룹의 주축으로 삼을 수 있었다는 점이다. 한라그룹은 1996년 자산 6조 2,000억 원, 매출 5조 3,000억 원에 계열사 21개로 재계 12위에 올라설 수 있었다.

> ## 정인영의
> ## '오뚝이 경영'

정인영이 일생일대의 작품인 현대양행을 신군부에 강탈당한 이후, 그의 재기를 예상하는 사람은 아무도 없었다. 그러나 1980년대 자동차 산업의 호황이 한라그룹을 살려주었다. 자동차 부품을 제조하던 만도기계가 성장을 견인했다. 만도는 자동차부품 연 30만 대 생산규모 공장으로 성장해서 든든한 버팀목 역할을 했다. 정인영은 해외로 눈을 돌려서 파푸아뉴기니의 원목 개발을 시작했는데 놀라울 정도로 수익성이 높아서 재기의 발판을 삼을 수 있었다.

정인영의 경영 능력은 인천조선에서 빛을 발했다. 잘 알다시피 인천 앞바다는 조수간만의 차이가 무척 크다. 그런데 정인영은 인천조선에 플로팅 도크(Floating Dock, 해상에서 선박을 건조할 수 있도록 고안된 바지선 형태의 대형 구조물) 방식을 도입해서 도크 설치가 불가능하다는 전문가들의 의견을 뒤집고 조선업계에 일대 파란을 일으켰다.

1984년, 정인영은 옥계시멘트 공장을 증설하며 한라시멘트를 국내 최대 규모의 시멘트 기업으로 성장시켰고 1989년에는 한라그룹 사옥을 완공하면서 완벽하게 재기에 성공했다.

그즈음 정인영에게는 또 다른 시련이 덮쳤다. 1989년 7월, 정인영에게는 갑자기 뇌졸중이라는 치명적인 병마가 찾아들었다. 70세의 적지 않은 나이였기에 그가 경영일선에 복귀하리라고는 아무도 예상하지 못했다. 재활치료를 위해 일본과 미국을 오가던 정인영은 1990년 6월, 한라중공업 인천 조선소의 선박 명명식에 휠체어를 타고 나타났다. 그때부터 그의 '휠체어 경영'이 시작된 것이다. 그는 휠체어를 탄 몸으로 오전 6시에 서울 본사로 출근을 했다. 그리고 한라중공업 음성공장과 인천공장, 만도기계 안양공장 등 계열사 현장 곳곳을 누볐다.

그의 '휠체어 경영'은 국내에서만 머물지 않았다. 정인영은 정상인처럼 외국을 넘나들며 비즈니스에 열을 올렸다. 그는 휠체어를 타고 파푸아뉴기니 원목개발 현장을 찾아 건재를 과시했다. '재계의 부도옹(不倒翁)', '휠체어 총수', '프런티어 기업인' 등 그를 칭송하는 말들이 쏟아지기 시작한 것도 바로 이때다. 부도옹은 오뚝이를 가리키는 한자어이다. 정인영은 해외 시장 시장 개척을 위해 뉴욕, 모스크바, 파리, 브라질 등 세계 각국을 누볐다.

정인영은 1990년 전남 영암군에 한라중공업 삼호조선소를 탄생시켰다. 그것은 빼앗긴 현대양행을 뛰어넘는 중공업 기업을 구축하기 위한 무서운 집념과 투혼의 발로였다. 삼호조선소는 당시 모든 공정을 컴퓨터로 진행하는 최첨단 조선소였다.

정인영은 1991년 기업인 최고의 영예라 할 수 있는 금탑산업훈장을 수상함으로써 전두환 정권 시절 잃어버린 기업가의 명예를 되찾았다. 1996년에는 한라그룹이 국내 재계순위 12위에 올라서는 기염을 토하며 재계를 놀라게 했다.

현대의 정신, 돌관 정신

현대가의 기업 정신은 한마디로 '돌관(突貫) 정신'이다. 어려움이 닥칠 때마다 "해보기나 했어?"라는 강력한 추진력을 발휘한 것을 의미한다. 정몽구는 입버릇처럼 "좀 더 잘할 수 없나?", "좀 더 잘 만들 수 없나"라 는 말로 현재 상황에 만족하지 않고 '좀 더'라고 지속적으로 담금질을 해 돌관 정신을 키워왔다.

정주영은 1984년 신년사에서 이렇게 현대의 정신인 돌관 정신을 말하고 있다.

"내가 어느 책에서 본 토인비의 말이 있습니다. '역경은 오히려 스스로를 강하게 만들어서 새로운 발전의 원동력이 되게 한다.' 역경이 오히려 스스로를 강하게 만든다는 그런 신념이야말로 긍정적이며 적극적인 사고방식이라고 나는 생각합니다. 동서고금의 위대한 일을 이루어 낸 사람이나 혹은 단체나 국가가 다 실제 그러했고 또 그런 자세로 임하지 않았습니까? 〈중략〉 나는 지난번 아스리 조선소 입찰 팀이 기술용역회사로부터 기술회의를 하러 오라는 통보를 받고 그 회의에 응할 것이냐 포기할 것이냐 하는 단계에서 현대정신이 무엇이냐 하는 것으로 논쟁했었다는 말을 듣고 고무된 바가 컸습니다. 그들은 마침내 현실에 안주하려는 것은 현대정신이 아니다, 현대정신은 끝없는 모험에의 도전이며 울산의 마포만 백사장을 세계적인 조선소로 변모시킨 창조 정신이며, 이를 위해 1년 365일 돌관 작업을 해낸 강인한 추진력이라는 결론을 내리고 기술회의에 참석해서 어려운 문제들을 모두 해결하고 그 공사를 따내는 데 성공했던 것입니다. 그렇습니다. 우리 현대는 남이 마련해 준 평탄대로를 걸어온 것이 아닙니다. 창조하는 자의 각고와 개척하는 자의 용기로 절대적인 상황과 한계에 도전해서 이를 극복하고 넓혀 옴으로써 이름 없이 출발한 현대토건회사를 오늘날 이처럼 국제사회 속의 현대로 키워 온 것입니다. 발전하는 사람, 발전하는 기업, 발전하는 사회에는 반드시 그와 같이 발전을 가능케 한 창조적 동기가 숨어 있게 마련입니다. 창조적 생명력은 주어진 시간과 공간이라는 틀, 이른바 고정관념이라는 것을 깨고 벗어나는 데서 태어납니다. 창조적 생명력을 가진 기업은 사회의 틀 안에서 가진 것이나 지키고 또 늘려 가는 단순한 영리 행위에 안주하지 않습니다.

우리 현대는 무엇보다도 창조 정신을 가진 기업입니다. 바위덩이가 아무렇게나 뒹구는 한적한 모래사장 위에 우리는 세계 제일의 단일 조선소를 건설해 놓았습니다. 흔히 에스키모에게 냉장고 파는 일이 상술의 극치로 인용되곤 합니다. 그러나 우리는 조선소 부지를 찍은 사진 한 장으로 초대형 유조선을 수주해 냈습니다. 그리고 조선소와 그 유조선을 동시에 착수해서 조선소가 완공되기도 전에 그 배를 진수시킬 수도 있었습니다. 그것은 시간과 공간이라는 고정적인 상식의 틀을 철저하게 부수는 하나의 혁신이었으며 또 하나의 새로운 창조적 결정이었습니다. 고정 관념에서 본다면 그것은 혹 무모하거나 혹은 저돌적인 것으로 생각될 수도 있었을 겁니다. 그러나 상식을 초월한 곳에, 논리와 합리를 벗어난 곳에도 필연 이치는 있는 법입니다. 우리 현대건설이 다른 기업과 구별되는 특징은 바로 그와 같은 적극적이고 긍정적인 적극 의지에 있는 것입니다."

자동차 제국의 꿈을 이룬 '포니 정' 33

비록 정상에서지 못 해도 바른 길을 택해 산에 오른다면
그 자체가 올바른 산행(山行)이요,
정도(正道)를 지켜 산에 올랐다면 하산(下山) 또한 당당할 일이다.
– 정세영, 미래는 만드는 것이다 –

최초의 국산 자동차 '포니' 탄생

"언젠가는 수리업이 아닌 완성차를 만들어 보리라."

청년 시절 처음 세운 사업체가 자동차 수리 공장 '아도서비스'였기에, 그 당시에 자동차 부품이며 자동차의 성능에 대해서 정주영만큼 잘 숙지하고 있는 사람도 드물었다고 한다. 그래서 정주영은 꼭 자신의 손으로 자동차를 만들겠다는 야심을 가지고 있었다.

그리고 바야흐로 그때가 왔다. 박정희 시대를 맞이해서 수출 붐이 일어났고 어느 누구보다도 사업 기회를 잘 포착하는 직감력과 선견지명이 있던 정주영은 자동차 생산은 수출에 있어서 유리한 품목이 될 수 있다는 판단을 했다.

그래서 1967년 세운 것이 '현대자동차'였다. 초기에는 외국 기술로 포드자동차의 '코티나'라는 자동차를 첫 조립·생산했지만 성능도 뒤떨어지고 판매도 부진해 실패한 것이나 다름없는 실적을 보였다.

정주영은 외국회사에 예속되지 않고 기술 독립을 하겠다는 야망을 가지고 자동차 사업을 진행시켰다. 그는 자동차 사업에 진출할 때 외국 자동차조립이나 하려고 시작한 것은 결코 아니라고 생각했다. 정주영은 자동차 산업이 미래 산업을 주도할 것으로 판단하고 100% 우리 노력으로 국산 자동차를 만들기로 결심 고유모델 개발이라는 결단을 내렸다. 현대자동차가 독자적 모델을 개발하고 있다는 소식이 알려지자 당시 외국 언론과 기업인들은 이렇게 현대를 비꼬았다.

"현대가 자동차 고유 모델을 만들어내고 수출한다는 것은 잠꼬대와 같은 일이다."

하지만 정주영은 그런 말을 듣고 꿈쩍도 하지 않았다. 오히려 그는 그럼 말을 한 사람들의 코를 납작하게 해주었다.

현대자동차는 포드 사와 완전 결별을 한 후 3년이 지난 1976년 1월, 최초의 국산 자동차 '포니(PONY)'를 탄생시켰다. 이로써 우리나라는 아시아에서 두 번째, 세계에서 열여섯 번째로 고유 모델을 가진 자동차 생산국이 되었다. 그 결과 한국 최초로 고유 브랜드에 성공하고 미국과 캐나다 그리고 유럽 시장에까지 진출하는 쾌거를 이끌어내었다. 미래 자동차에 대한 정주영의 애정이 빚어낸 작품이었다.

자동차는 그 나라 산업 기술의 척도이며 달리는 국기이며, 자동차가 생산되는 나라는 무엇이든 완벽히 생산할 수 있는 국가라는 이미지가 있다. 그는 자동차가 100% 국산화되면 우리나라의 산업이 발전하고 그것이 곧 국가에 기여할 수 있는 일이라고 생각하고 자동차에 막대한 투자와 노력을 쏟아부었다. 정주영의 자동차에 대한 과감한 투자가 가능했던 것은 산업의 제반 여건이 이미 갖추어져 있던 덕분이었다.

현대는 이미 1970년대에 자동차, 조선, 선박 엔진, 산업 플랜트, 발전 설비, 해양 설비, 중전기기(重電器機), 중장비 등 중공업의 핵심 분야를 망라한 중공업 체제를 구축했다. 건설, 자동차, 조선업을 모태로 하는 전형적인 관련 다각화의 과정을 거쳐 구축된 '현대'의 중공업 체제는 내수보다는 해외 수요를 겨냥해서 국제적 규모를 갖추려 했고, 또 자생·자주적이고자 하였기에 합작보다는 자주 개발에 역점을 두었다. 당시 현대건설과 함께 현대의 성장을 주도했던 '현대중공업'은 1977년을 기점으로 매출액이 1978년 28.1%, 1979년 8.8%, 1980년 55.75%, 1981년 57%의 지속적인 성장을 했다.

건설이나 조선을 출범시킬 때처럼, 정주영은 현대의 우수한 인석 자원에 대한 믿음이 있기에 현대자동차의 세계 시장 제패를 믿어 의심치 않았던 것이다. 그리고 그의 꿈은 큰 결실을 맺었다.

{ **세계를 누비는
현대차**
'포니 신화'의 한 가운데는 단연 정세영이란 인물이 있다. 1967년 현대자동차가 설립될 때 초대 사장으로 취임했고, 최초의 고유 모델 '포니' 탄생의 주역이다.

정주영은 동생 정세영에게 순수 국산차 개발을 지시했다. 정주영의 지시를 받은 정세영은 이탈리아의 전문 설계 용역회사인 이탈리아 디자인 사에 스타일링 및 설계 용역을 맡겼다. 또한 최고 스타일리스트 조우지 아로에게 수출을 목표로 한 한국형 자동차의 모델 디자인을 의뢰했다. 1974년 '포니'는 토리노 국제모터쇼에서 세계 자동차 업계를 놀라게 했다. 이로써 우리나라는 아시아에서 두 번째, 세계에서 열여섯 번째로 고유 모델을 가진 자동차 생산국이 되었다. 포니는 성능과 디자인이 뛰어나서 한국 최초의 자동차 고유한 브랜드로 성공을 거두었다.

자동차에 대한 정주영 형제의 애정이 빚어낸 작품이었다. 포니는 한국인의 취향에 맞으면서 내구성이 좋아 국내 시장 점유율 60% 이상을 기록하고, 1984년 단일 차종으로 50만 대 생산을 돌파했다. 그때부터 우리나라 자동차 산업은 비약적인 발전을 맞이했다. 현대자동차는 해외로 눈을 돌려서 1976년 에콰도르에 포니 수출을 시작으로 인도·중국·터키·미국 등지에 진출했다.

현대 자동차는 포니 이후 1981년 포니2를 생산했으며, 1984년 국내 최초로 자동차 종합 주행장을 준공해서 종합자동차 회사의 면모를 갖추었다. 1986년 미국에 진출한 현대자동차는 합작회사를 만들자는 제의를 거절했던 포드 사와 당당하게 미국 시장에서 경쟁을 벌이게 된다. 현대자동차 고유 브랜드 '엑셀'의 인기는 유례가 없는 것이었다. 미국 진출 약 4개월 만에 5만 2,400대가 판매됐는데 그것은 1958년 프랑스 르노 사가 세운 수출 개시 1년간 최다 판매 기록을 불과 4개월 만에 갱신한 것이었다. 그리고 엑셀은 그해에 미국에 20만 3,000대를 수출하는 기록을 세우면서 경제지 《포춘(FORTUNE)》은 '1986년 미국의 10대 상품'으로 엑셀을 선정했다. 1987년에는 일본의 유수한 자동차 회사인 도요다, 닛산, 혼다 등을 누르고 미국 시장 수입 소형차 판매 1위를 차지함으로써 한국의 높은 자동차 공업 수준을 세계에 알렸다.

1991년에는 독자 엔진 개발에 성공함으로써 현대는 날개를 달기 시작했다. 독자 엔진 개발 덕분에 경쟁력이 높아진 현대는 승용차 외에도 트럭·덤프트럭·버스·밴 등 각종 차량을 제작 판매하기 시작했다. 현대자동차는 창사 27년 만에 100만 대의 생산 기록을 수립함으로써 기네스북에 오르기도 했는데, 이는 일본의 도요타가 35년, 닛산이 30년 걸려 이룩해 낸 기록이다. 1997년 상반기까지 '현대자동차'는 모든 차종을 통틀어 1,070만 대의 자동차를 생산했고, 이 중에서 450만 대를 수출했다.

자동차냐? 중공업이냐?

세계로 질주하기 시작한 현대자동차에도 위기가 닥쳐왔다. 경영을 잘못해서가 아니라 국가적 비상 사태를 맞이해서였다. 10·26사태로 박정희 정권이 무너지고 12·12사태라는 정변이 일어난 것이었다. 정주영은 자서전에서 정변의 두려움을 이렇게 적고 있다.

"기업을 이끌어오면서 언제나 가장 두려웠던 것은 정권이 바뀔 때마다 겪어야 했던 수난이었다. 정변(政變)으로 정권이 바뀌거나 정변 없이 정권이 바뀌거나, 어쨌거나 정권만 바뀌면 정경 유착이다, 부정 축재다로 매도되면서 제일 먼저 곤욕을 치르는 게 항상 기업이다."

1980년 5월 31일 국가보위비상대책위원회가 발족되면서 시작된 소위 '국보위 시대(國保委時代)'는 국민에게는 물론이고 기업에도 암흑의 시대였다. 신군부는 그해 8월 20일 중화학투자조정안(案)이란 것을 발표한다. 국보위는 언론 통폐합과 함께 경제 산업의 구조 개편이라는 구실로 기업 통폐합에도 손을 댄 것이다. 중화학투자조정 문제는 자동차뿐만 아니라 현대그룹 전체의 사활이 걸렸을 정도로 심각한 문제였다.

신군부의 실세들은 마치 당장이라도 새로운 한국을 창조할 수 있다는 듯 의욕과 자만에 차 있었으나 그들은 경제를 몰라도 너무 몰랐다. 중화학투자조정안은 해당 기업의 기술력과 기업 구조, 경영 능력 등의 차이를 완전히 무시한 탁상공론에서 나온 조정안이었다. 조정 내용의 핵심은 승용차와 발전 설비 분야의 일원화였다. 정주영으로서는 승용차와 발전 설비를 '현대'의 핵심 주력 사업으로 키우고 있던 터라 절대로 받아들일 수 없는 조정안이었다.

그러나 신군부 세력들은 "탱크로 밀어버릴 수도 있다"고 으름장을 놓으며 밀어부쳤다. 그야말로 경제 논리가 통하지 않은 시대였다. 당시 국보위가 내세운 명분은 대우자동차와 현대자동차를 합치고, 현대의 한국중공업과 대우중공업을 하나로 합쳐 해당 업종의 국가 경쟁력을 제고한다는 것이었다. 아무리 권력을 가진 자들이라도 잘나가고 있는 기업을 억지로 헤쳐모여를 하는 저의가 무엇인가?

현대는 심각한 고민에 빠졌다. 중공업과 발전설비를 맡느냐, 자동차를 맡느냐 양자택일의 기로에 섰던 것이다.

국보위와의 마지막 담판은 광화문 정부종합청사 대회의실에서 열렸다. 현대 측에서는 정주영과 정세영, 그리고 이명박 현대건설 사장이 참석했고, 대우 쪽에서는 김우중 회장이 참석했다. 경제부처 장·차관을 비롯한 각 부처의 장들도 자리를 함께 했다. 국보위 사람이 경제 산업 구조 개편을 위해서 자동차 산업과 발전 사업을 통폐합하겠다는 설명 끝에 먼저 김우중에게 찬성 여부를 물었다. 김우중은 간단하게 "예, 저희는 찬성합니다."하고 말했다.

그러자 국보위 사람이 정주영에게 물었다.

"정주영 회장도 찬성하시죠?"

"나는 찬성 안 합니다."

정주영이 잘라 말했다. 찬성이라니! 이런 말이 안 되는 통폐합에 찬성이라니! 당시 상황은 정세영의 자서전 『미래는 만드는 것이다』에 현장감 있게 묘사되어 있다.

그 날 국보위에서는 당장에 문제를 마무리 지어 양도 인수증에다 도장을 찍는다는 스케줄을 세워 놓고 도장까지 갖고 오라고 했다. 회의가 시작되자 신병현(申秉鉉, 작고) 당시 상공부 장관이 먼저 입을 열었다.

"나는 산업정책, 특히 자동차 관계는 잘 모르지만⋯."

그렇게 말문을 열자마자 큰형님이 나섰다.

"나는 자동차에 관해 잘 압니다. 우리가 평생 동안 일궈놓은 회사입니다. 그런데 장관님께서는 내용도 모르면서 맞바꿔라, 선택해라하는 게 말이나 됩니까?"

그러자 장관이 다시 말을 받았다.

"내가 모른다는 얘기지, 그동안 상공부에서는 계속 연구해 왔어요. 그러니 정 회장은 남의 말꼬리 물고 늘어지지 말고 신중하게 이 안(案)

에 대해 숙고해서 결정을 내리세요."

이번에는 큰형님과 김우중 회장 사이에 설전(舌戰)이 벌어졌다. 큰형님의 입장은 단호했다.

"우리는 누구처럼 다른 사람이 하던 것을 은행돈 끌어다가 인수해서 기업을 한 역사가 없습니다. 나는 언제나 내 돈으로 땅 사 가지고 거기다 말뚝 박고 시작했습니다!"

그때 국보위에서는 내부적으로 한국중공업을 합친 발전설비와 자동차를 놓고 현대와 대우가 선택만 하면 끝난다고 생각했던 것 같다. 김우중은 자신 있게 정주영에게 양보의 미덕을 보였다. "모든 면에서 선배인 정 회장님이 먼저 선택을 하시지요"라며 사업 결정의 우선 선택권을 정주영에게 주었던 것이다.

그러나 이런 말이 안 되는 통폐합에 찬성할 수는 없다고 생각했다. 정주영이 반대 의사를 꺾지 않고 반발하고 나서자 국보위 사람이 국보위를 어떻게 보고 감히 국보위 시책에 반항하느냐고 난리가 났다. 정주영이 고분고분 따르지 않자 국보위는 정세영, 이명박을 다른 방으로 끌어다 놓고 협박과 회유를 거듭했다. 그때 정주영은 생각했다. 무지막지한 저들을 상대로 끝까지 저항하다가 '현대'의 문을 닫을 수는 없는 일이고 시간이라도 벌어보자는 심산에서 2주일간 생각할 시간을 달라고 요구했다. 국보위 측은 일주일의 시간만을 주었다.

며칠 후, 정주영은 아현동 모처에서 국보위원장 전두환을 만났다. 그 자리에서 정주영은 전두환에게 책임지겠다는 다짐을 받고 중공업을 포기하고 자동차를 선택했다. 그러나 결과는 현대의 한국중공업은 대우로 넘어갔으나 대우자동차는 그냥 대우에 계속 남아있는 것으로 최종 정리가 되었다. 당시 대우자동차는 GM이 50%의 지분을 지니고 있었기에 정주영은 GM이 50%의 합작 지분 포기를 절대 안 할 것이기 때문에 자동차 통폐합은 안 될 것이라는 말을 했었다. 그런데 전두환은 상공장관이 이미 GM의 양해를 얻어 결재까지 받았으니 틀림없이 GM이 내놓는다고 했다. 결국 신군부에 정주영이 당한 셈이 되고 만 것이다.

그러나 결과적으로는 정주영과 현대의 승리였다. 그때 정주영은 "자동차는 남에게 줘버리면 다시 할 수 없지만 발전설비는 나중에라도 할 수 있는 거 아냐?"라고 반문했다고 한다. 물론 정주영의 입장에서는 두 가지 모두 놓치고 싶지 않았을 것이다. 하지만 노련한 사업가인 정주영은 자동차 시장의 미래를 보았던 것이다. 정세영의 자서전에서 당시를 회고하는 장면을 다시 한 번 보자.

30만 대 공장을 세워서 경쟁력 있는 자동차를 생산하게 되면 그때부터 규모의 경제를 실현한 새로운 차원의 회사가 된다. 다시 말해 세계 시장에서 주목을 받아 국가를 대표하는 기업으로 이미지를 굳히면, 그 때는 현대자동차가 부동(不動)의 기업으로 그룹의 핵심이 될 수 있다는 얘기였다. 실제로 세계 어느 나라나 그 나라에서 가장 큰 기업은 자동차 회사다. 우리는 그 점을 내다보고 자동차를 선택했던 것이다.

만약 그때 정주영 형제가 현대자동차를 내놓기로 결정했다면 오늘의 현대·기아차 그룹은 존재하지 못했을 것이다.

대권의 꿈이 가져온 시련 (34)

> "자신이 가진 것을 잃고 처음부터 다시 시작한다면,
> 유형이든 무형이든 그 동안의 삶에서 단 세 가지만 가질 수 있다고 한다면,
> 어떤 것을 고르겠느냐"는 질문에 "나는 내 삶에서 어떤 것도 놓치고 싶지 않다.
> 내가 좋아하는 게임을 계속하고 싶을 따름이다.
> 나를 이곳으로 데리고 온 지식을 계속 유지할 수 있다면,
> 무슨 일이든 계속할 수 있다면, 그리고 누군가에게 새로운 일을
> 시작하는데 필요한 자금을 빌릴 수만 있다면, 나는
> 또 한 번 새롭고 흥미로운 게임을 즐기고 싶다."
> – 워렌 버핏 –

{ **정치를 꿈꾸게 된 이유** 흔히 정주영은 박정희 시대의 가장 큰 수혜자로 알려져 있고 본인도 그 사실을 부인하기보다는 오히려 자랑스럽게 여기고 있기조차 하다. 두 사람의 꿈이 같고 의기가 투합했다고 정주영은 회고하고 있다.

"박 대통령도 나처럼 농사꾼의 아들이었다. 박정희 대통령과 나는 우리 후손들에게는 절대로 가난을 물려주지 말자는 염원이 서로 같았고, 무슨 일이든 신념을 갖고 '하면 된다'는 긍정적인 사고와 목적의식이 뚜렷했던 것이 서로 같았고, 그리고 소신을 갖고 결행하는 강력한 실천력이 또한 서로 같았다. 공통점이 많은 만큼 서로 인정하고 신뢰하면서 나라 발전에 대해서 같은 공감대로 함께 공유한 시간도 꽤 많았던, 사심이라고는 없었던 뛰어난 지도자였다. 개인적으로 특

별한 해택을 받은 것은 없었지만, '현대'의 성장 자체가 무엇보다 경제 발전에 역점을 두고 경제 정책을 강력하게 추진했던 박 대통령의 덕이라고 나는 생각한다. 지금은 너무나 망가뜨려져 침몰할 지경의 위기에 빠진 경제 상황이지만, 그래도 자동차 1,000만 대, 국민 소득 1만 불의 오늘을 만들어놓은 업적은 누가 뭐라든 박 대통령이 이룬 것이며, 이 사실에 대해서는 절대 과소평가해서는 안 된다."

한국의 산업 근대화는 박정희식 경제개발에 의해 촉진되어 왔고 정주영은 그 맨 앞에서 말을 달린 장수와도 같기 때문이다. 10·26사태가 일어나자 정주영은 큰 충격에 빠졌다. 시중에서는 큰 '빽'이던 박정희의 죽음으로 이제 곧 '현대'는 망할 것이라는 풍문이 나돌기도 했다. 그러나 현대는 이미 세계적 기업으로 튼튼하게 뿌리를 내린 기업이었다. 1980년 한국 경제 성장률이 마이너스 5.7%로 위축됐으나 '현대'는 망하기는 커녕 오히려 거꾸로 전년도 총매출액 6,066억 원의 갑절 가까운 조(兆)대를 넘어 1조 560억 원의 매출액을 기록했다.

하지만 정주영은 박정희 시대 이후의 정권들과 대개의 경우 불편한 관계를 유지하기 시작했다. 정경유착으로 성공한 기업이란 누명을 많이 쓰기도한 그였지만 이미 현대는 한국 최고의 재벌로 성장해 있었다. 이제 정주영은 풋내기 정권의 시녀가 되는 것보다는 한국 경제계의 수장으로서의 권위와 명예를 지켜야 할 의무가 생긴 것이었다. 사실 그는 전경련 회장으로서 한국의 '경제 대통령'의 위상을 지키기 위해 많은 노력을 기울였고 그것은 새로운 정권의 권력자들과 자주 충돌을 일으키는 소지가 되었던 것이다.

그는 대한체육회장으로 있을 때 IOC 위원 추천 문제가 불거지자 청와대에 들어가서도 자기의 의견을 분명하게 말했다.

"앞으로 88올림픽을 치러야 하기 때문에 이번 IOC 위원은 과거에 체육계와 관련이 있었던 인사로 국제 외교 감각에도 손색이 없는 사람을 적임자로 생각하는데, 박종규 씨는 염두에 없습니다."

"내 이름을 걸고 일하는 이상, 내 권한을 양보도 안 할 것이고 책임을 피하지도 않겠다."는 것이 그의 주장이었던 것이다. 하지만 청와대는 그의 의견을 받아들이지 않고 박종규를 IOC 위원으로 임명해버렸다. 정주영과 정권과의 불화는 차츰 깊어가기 시작했다.

정주영은 누구보다도 강직한 성격의 소유자였고 누구보다도 투철한 애국심의 소유자였다. 그는 88올림픽 유치위원장으로서 바덴바덴의 신화를 만들어냈고 또한 올림픽을 성공적으로 개최한 서울 올림픽 준비위원회 위원장으로서 자신의 재산을 아낌없이 쏟아부으면서 정부나 국가기관이 해야 할 일을 해나갔다.

그는 86아시안게임 준비, 성공적인 88올림픽 개최를 위해서 해외 경력이 있는 간부급 직원들을 올림픽조직위원회에 정예 사무 요원으로 파견했고, 한강 치수 정비 사업과 한강변의 기적을 보여줄 여건을 조성케 하는 등 최선을 다했다.

그는 올림픽 관련 정보 처리 시설 및 전시물도 기증했고, 88공식 자동차 공급업체로서 경기 진행용 전 차량을 무상 공급해주었으며 대회 관계자와 해외 유력 인사들을 초청, 산업체를 시찰하는 등 정성껏 접대도 했고, 해외 현지 지점장들을 동원해서 전 세계 올림픽의 유력 인사와의 접촉과 참여도 유도했다.

그는 그러한 일을 당시의 정권을 위해서가 아니라 자신이 태어나 살고 일하고, 후손들이 살아갈 내 나라를 위해서였다면서 이런 말을 남기며 자신의 사심 없는 뜻을 밝히기도 했다.

"88올림픽 준비 과정에서 나는 단 1원의 올림픽 관련 수익 사업도 하지 않았고, 단 1원의 올림픽 시설 공사도 하지 않았다."

정주영과 정권과의 불화는 노태우 정권에 들어서도 역시 마찬가지였다. 이들 권력자들은 재벌로부터 막대한 정치자금을 받아내 그것을 비자금으로 쓰면서 권력을 유지했지만 결정적 순간에는 항상 재벌을 윽박지르곤 했다. 전두환 정권 때 비자금 적게 냈다고 공중 분해된 국제그룹은 이러한 현실을 잘 반영하고 있다. 정주영이 노태우 정권의 경제 정책이 잘못됐다고 비판하고 나서자 노태우 정권은 현대를 탈세 혐의로 몰아서 1,300억 원의 세금을 추징했다.

그래서 정주영은 정치, 사회적으로도 최악의 상태여서 사람들은 이를 '총체적 난국'이라고 표현했다. 1991년 한국은 사상 유례가 없이 100억 달러에 달하는 무역적자를 내는 경제위기를 초래하면서 대선에 임하게 되었다.

1992년 1월, 정주영은 우리 사회 '총체적 위기'를 선언하고 대권 도전을 선언하게 된다. 그는 '깨끗한 정치', '정직한 정치', '국민 경제를 활기차게 만드는 정치'를 실천하겠다는 의지를 표명하고 '경제 대통령'으로 경제를 바로 잡겠다고 나섰지만 대권 도전에서 실패를 하게 된다.

{대권 도전

정주영의 개인사에서 DJ, YS와 어깨를 겨루던 92년과 정계은퇴를 선언한 그 다음 해만큼 굴곡이 심했던 시기는 없었을 것이다.

1987년 현대그룹 명예회장이 되어 경영 일선에서 물러난 정주영은 1992년 초, 전격적으로 정계 진출을 선언해서 국민들을 놀라게 했다.

정치에 발을 들여놓은 이후 그는 타고난 승부사 기질을 발휘해 약진을 거듭했다. 1992년 1월 8일, 그는 "6공에 매년 두 번씩 거액의 정치헌금을 냈다"고 발표하며 세인의 이목을 끈 뒤, 이틀 후에 창당 준비위원회를 결성하고 발기 취지문과 발기인 명단을 발표하는 것으로 통일국민당을 출발시켰다.

그리고 그 해 3월 24일에 치러진 총선에서 국민당은 창당 3개월 만에 31석을 차지해서 원내 캐스팅 보트 역할을 할 수 있는 성공을 거두었고, 5월 15일 임시전당대회에서 대통령 후보로 선출되었다. 그야말로 전국적인 세몰이를 하면서 새로운 정치의 시대가 열리는 듯했다.

정주영은 자신의 자서전 『이 땅에 태어나서』에서 자신이 정치에 참여하게 된 배경에 대해 이렇게 언급한 바 있다.

> "한 나라의 국력은 곧 그 나라의 경제력인데, 정치는 잘못 나아가고 있는데 경제만 잘 나아갈 수는 도저히 없는 일이다. 지금 현 시점에서 경제를 살려 놓는 일이 무엇보다도 급선무다. 그러려면 정치가 달라져야 하고 지도자가 경제를 잘 알고 지혜롭게 국가 경영을 할 수 있는 사람이라야 한다."

정주영은 우리나라가 세계적인 경쟁력을 갖추기 위해서는 통일을 앞당겨 남북의 통합된 힘으로 국가 경쟁력을 재고해 나가야 한다고 주장했다.

1992년 3월 5일 인간개발연구원 특강에서 정주영은 이런 이야기를 했다.

"앞으로 동북아시아는 5국 체제가 되어야 한다. 미국, 일본, 중국, 러시아, 그리고 통일한국 이렇게 다섯 나라가 어깨를 나란히 해야 지역 정치도 안정되고 특히 동북아의 경제가 세계를 이끌어 가는 기관차가 될 수 있다. 남한이나 북한 어느 쪽도 통일을 못한 채 허점을 보이면 밖의 네 나라가 경쟁적으로 달려들게 되어 하루도 편할 날이 없을 것이다."

이처럼 '경제의 중요성'과 '통일 경제'를 새로운 슬로건으로 내세운 정주영의 정치 참여는 기존 정치권의 세력 다툼으로 일관된 정치

현실에 신선한 바람을 불러일으키며, '경제 대통령'의 이미지를 심어나갔다.

그는 5월 6일 대선후보 등록을 마치고 "내 생애에서 지금이 최대의 시련기"라고 말했다. 하지만 "지금의 시련은 최대의 결과를 낳기 위한 진통이며 시련이 있기 때문에 성공할 것"이라며 선언했다. 5월 전당대회에서 대통령 후보로 선출된 그는 "집권하면 1년 뒤 재벌을 해체하겠다. 공산당 결성을 막을 필요가 없다. 아파트를 반값에 공급하겠다"는 등 깜짝 놀랄 만한 공약을 내세우며 저돌적인 대권 야망을 드러냈다.

그해 12월 그는 사전선거운동 혐의로 현대계열사에 압수수색이 들어와도 이종찬, 김복동, 김동길 등 당시 굵직한 정치인을 국민당에 끌어들여 취약한 입지를 넓혔다. 그러나 기존 정치권의 벽을 뚫지 못하고 1992년 말의 대통령선거에서 패한 정주영은 1993년 국회의원직마저 사퇴하며 정치일선에서 완전히 물러나 칩거에 들어간 후 회한의 세월을 보내게 된다.

그는 1998년 펴낸 자서전에서 자신의 주장을 밝혔다.

"문민정부 5년 동안 경제는 더 이상 나빠질래야 나빠질 수 없을 만큼 망가져서 해외 신용도는 바닥으로 추락하고 중소기업의 부도는 헤아릴 수도 없으며 10대 기업 안에 들던 대기업도 맥없이 부도가 나는 형편이다. 이러다가는 나라 자체가 부도나는 것이 아니냐는 위기감도 느낄 지경이다. 혹자는 나의 대통령 출마에서의 낙선을 두고 '시련은 있어도 실패는 없다'라고 주장하던 내 인생의 결정적 실패라 하는 모양이지만, 나는 그렇게 생각하지 않는다. 쓰디쓴 고배(苦杯)를 들었고 보복 차원의 시련과 수모도 받았지만 나는 실패한 것이 없다. 오늘의 현실을 보자. 5년 전 내가 낙선한 것은 나의 실패가 아니라 YS를 선택했던 국민의 실패이며 나라를 이 지경으로 끌고온 YS의 실패다. 나는 그저 선거에 나가 내가 뽑히지 못했을 뿐이다. 후회는 없다."

정주영은 '깨끗한 정치', '정직한 정치', '국민 경제를 활기차게 만드는 정치'를 실천하겠다는 의지를 표명하고 '경제 대통령'으로 경제를 바로잡겠다고 나섰지만 대권 도전에서 실패를 한 것이다.

정주영의 정치 참여는 '돈으로 모든 것을 이루려한다'는 부정적인 이미지를 심어주면서 한국의 대표적 기업가로서 쌓아온 그의 명성과 재계의 위상에도 깊은 상처를 남겼다. 그가 기업 활동을 하는 과정에서 느꼈던 정권에 대한 불만이 그의 정치 참여라는 외도를 불러왔는데 그 한 차례의 외도의 대가가 너무 컸던 것이다.

정몽구, 하늘의 뜻으로 장남이 되다

정몽구는 차남으로 태어났으면서도 장남의 역할을 해야 했다. 그것은 1982년 4월 29일, 형 정몽필이 교통사고로 사망한 때문이었다.

정몽구보다 두 살 위인 정몽필은 당시 인천제철 사장으로 있었는데 울산에서 서울로 올라오던 고속도로에서 그가 탄 승용차가 트레일러와 충돌하는 바람에 사망하게 되었던 것이다. 불의의 교통사고로 사망한 정몽필은 연세대 경영대학원을 나와 현대건설 상무, 현대종합상사 부사장, 동서산업 사장을 역임했었다.

사건이 일어나던 그날, 정주영은 비즈니스 때문에 미국을 순회하고 있었다. 호텔에서 장남의 사망 소식을 접한 정주영은 아무 말 없이 고개를 들어 하늘만 응시했다. 정몽필은 공부 잘하는 모범생이었고 아버지의 뜻이라면 어떠한 일도 마다하지 않고 따르던 착실한 아들이었다. 그는 자신의 사업을 물려받을 장남이 나이 쉰 살도 되지 않아서 세상을 떠났다는 것이 믿어지지 않아서 눈물도 나오지 않았다. 정주영은 훗날 어느 기자와의 인터뷰에서 이렇게 그때를 회상했다.

밖으로가 아니라 속으로 울었지요. 내가 미국여행을 하고 있을 때였습니다. 그 소식을 듣고 자식들한테 좀 더 잘해줄 걸 하고 후회했습니다. 늘 윽박지르고 키운 것을 후회했어요. 대한민국의 부잣집 아들들은 위축되어 있다고 보아야 합니다. 남보다 술집에 가서 용돈을 낮게 쓴 것 밖에는 없는데, 사회가 그걸 주목하고 화제로 삼아요. 1세들은 그전에 그런 걸 안 느꼈는데….

정주영은 장남의 사망 소식에도 불구하고 미국에서의 일정을 모두 마치고 귀국했다.

사고 소식을 전해 듣고 현장에 가장 먼저 도착한 사람은 정몽구였다. 참사 현장에 도착한 그는 사건현장이 차마 눈뜨고는 볼 수 없을 정도로 참혹해서 말을 잇지 못했다.

트레일러의 기사가 알지 못하는 사이에 승용차가 8m나 끌려간 사고라서 승용차는 형체를 알아볼 수 없을 정도로 찌그러져 있었고 정몽필과 운전기사는 그 자리에서 즉사했던 것이었다.

한창 일할 나이인 49세에, 비로소 경영의 참맛을 알아가던 때에 돌연히 찾아온 정몽필의 죽음은 가족들뿐 아니라 그를 아끼는 많은 사람들의 마음을 아프게 했다.

정몽필은 재벌가의 혼맥에 연연하지 않던 정주영의 뜻대로 충남 서천의 평범한 가정에서 태어나 이화여대를 나온 이양자와 결혼해서 슬하에 은희, 유희 두 딸을 두고 있었다. 그의 아내는 남편의 죽음에 대한 충격으로 오랫동안 후유증에 시달리다가 1991년, 위암으로 세상을 떠나고 말았다.

장남의 죽음은 어머니인 변중석의 마음에 깊은 상처를 주었다. 그리고 뒤이어 4남인 정몽우가 자살로 생을 마감하자 그녀의 슬픔은 극에 달했다. 변중석은 어느 주간지와의 인터뷰에서 이렇게 말했다.

"우리 부부에게 가장 큰 슬픔은 두 아들과 큰며느리를 먼저 보내야 했던 일이다. 그때마다 그분(정주영 회장)은 한동안 말이 없다가 "인과응보야. 결국 돈은 인간의 목적도 행복도 아니야" 하며 침통해했다."

뜻하지 않은 형의 죽음으로 장남이 된 정몽구는 조심스러운 처신으로 일관했다. 그는 훗날 형을 대신해서 현대그룹의 회장 자리까지 오르지만 한 번도 앞에 나서서 일을 도모하지 않았다. 오히려 한 발짝 물러서서 꼼꼼하게 두 조카의 살림살이를 챙겨주었다.

제11장

시련은 있어도
실패는 없다

이 세상에 물보다 유순하고 부드러운 것은 없다. 그러나 가장 굳고
딱딱한 것조차도 그것을 정복할 수는 없다.

– 노자 –

모든 일의 성패는 일하는 사람의 사고와 자세에 달려 있다. 새로운
일에 도전한다는 것은 확실히 대단한 모험인 것이 사실이다. 모험이
없으면 제자리걸음을 해야 하고, 그 다음에는 뒤떨어지며, 그리고 그
다음에는 아주 주저앉게 된다.

– 정주영 –

대북 사업과 통일의 꿈   ③⑤

불굴의 도전, 모험정신 이것으로 누구나 다 성공할 수 있는 것은 아니다.
그 이면에는 치밀한 검토와 확고한 신념(信念)이 있어야 한다.
다른 사람들은 현대를 모험을 하는 기업이라고들 한다.
그러나 현대는 모험을 하는 일은 없다. 왜냐하면 현대 계열기업은
어느 것 하나 실패한 경험이 없기 때문이다. 밖에서 볼 때 현대가
속단하고 창험(昌險)을 하는 게 아닌가 생각하는 사람도 있지만
우리는 치밀한 계획, 확고한 신념 위에 불굴의 정신을 가지고
밀고 나가기 때문에 실패를 모르는 것이다.
– 정주영, 1990.5, 현대사보 특별인터뷰 –

최초로 북한을 방문한 민간 기업인

정주영은 사업의 전체를 조망하는 탁월한 시각을 지닌 기업가였다. 이미 보았듯이 그는 건설, 자동차, 조선 등 실로 다양한 분야의 사업에서 한국 최초, 세계 최고를 만들어낸 경영 수완을 발휘했다. 그의 그런 능력은 전체를 조망하는 시각에서 나온 것인데, 그는 그것을 실천하는 장으로써 항상 자신의 의지와 사업 구상을 실천할 수 있는 '전진기지'를 만들어 놓았다. 이 전진기지는 그의 신념을 실천하는 첫 단추를 끼는 역할을 하곤 했다.

정주영은 베트남, 중동, 동남아에서 성공을 거둔 후, 북쪽으로 눈을 돌렸다. 그는 자신의 나이를 생각했고, 두고 온 고향을 생각했고, 이 나라가 하루 속히 통일이 되어야 한다는 생각을 했다. 통일이 되어야만 우리나라는 진정한 선진국 대열에 들어설 수 있으리란 믿음

때문이었다. 언제까지 반쪽짜리 나라로만 살 것인가?

정주영은 자신이 살아 있는 동안 통일의 초석을 다지는 역할을 하고 그 전진기지를 만들어야 한다는 소명감을 느꼈다.

1989년 1월 23일, 첫 소련 방문을 마치고 돌아온 정주영은 당시 북한 노동당 서열 제4위의 허담(許淡)의 초청으로 북한 방문길에 올랐다. 정주영은 '현대건설'의 박재면 부사장, 김윤규 전무, 비서실 이병규 부장을 대동하고 동경을 거쳐 도착한 북경에서 북한 사람들을 만났다. 네 사람은 그곳에서 평양으로 가는 비행기를 타고 최초의 민간 기업인으로 평양에 도착했다.

이 방문에서 정주영은 북한에도 고립을 면하기 위해 개혁이 필요하다고 생각하는 사람들이 상당수 있는 것을 확인했고, 몇 가지 사업에 대한 실마리를 풀어가기로 합의했다.

정주영은 허담과 만나 단독회담을 했는데 세련되고 노련한 외교관의 풍모가 엿보이는 허담이 먼저 민족의 분단은 비극이며 44년 만에 용단을 내려 정주영이 북한을 방문한 것은 애국애족의 표현이라고 생각하고, 고향 방문뿐만 아니라 앞으로 북남 관계에서 힘을 합치자는 요지의 인사를 했다. 정주영은 그 자리에서 금강산 개발에 대한 자신의 생각을 털어 놓았다.

"허담 선생의 호의를 고맙게 생각하며 어려운 가운데서도 초청해 주신 것에 감사를 드립니다. 통일은 우리가 다 같이 원하는 소원이지만 뜻과 같이 안 되는 안타까움이 있습니다. 그러나 인간의 정이 서로 통하는 길이 통일이 아니겠습니까? 나는 그동안 금강산 개발에 대해서 참으로 많은 생각을 해왔던 사람입니다. 금강산은 온 세계의 어느 명산보다도 월등합니다. 이 사업은 민족의 사업이며, 금강산 개발로 평화를 사랑하고 풍요로운 사회를 사랑하는 전 세계인들에게 크게 이바지할 수 있다고 생각합니다."

허담은 담담하게 소련과 중국은 합영법(合營法)의 어려움을 극복했기 때문에 국제 사회에서 외화 거래를 제대로 하고 있는데 북한도 수출을 목표로 한 합영 사업을 검토하고 있다고 대답했다. 정주영이 금강산 공동 개발에 대한 결실을 보고 갔으면 좋겠다고 했더니, 허담이 자기네도 일정을 짜서 다음날부터 적극적으로 회의에 나서겠다고 화답했다.

이튿날 25일 오전 9시, 인민문화궁전 회의실에서 금강산 공동 개발 실무회의가 시작되었다. 며칠 동안 논의가 계속되있는데 북한과 현대의 실무진은 밤을 새워 금강산 공동 개발에 대한 구체적인 사업 내역과 투자 계획까지 만들어서 회의에 임했다. 그들은 금강산 개발에 자금 걱정은 할 필요가 없다면서 외국 자본을 끌어들이겠다는 정주영의 계획에 대해서 '제 돈은 안 들이고 남의 돈으로 하려고 드는구나' 하고 의심하는 눈치였다. 정주영은 자본주의 경제의 개념이 없어서 그들의 그러는 자존심을 건드리지 않도록 조심하면서 납득을 시켰다.

"당신들도 할 일이 많을 텐데 금강산 개발에 모두 다 투자해 놓고 만약에 외국 관광객들이 안 오면 어떻게 할 참이오? 외국 관광객들을 끌어 모으려면 세계의 돈을 모아서 써야 해요. 내 경험을 얘기하면, 만약 내가 미국에 물건을 팔 목적으로 공장을 지어야 할 경우, 내 돈으로 충분해도 일부러 미국 돈을 끌어들여요. 그래야만 그들이 관심도 갖고 광고도 하고 그런단 말이오. 외국 돈을 끌어들여 호텔도 짓고 그래야 그 사람들이 와요."

그러니까 그들도 이해하고 수긍했다. 정주영이 그들을 설득한 것은 이런 내용이었다. 미국에 물건을 팔 목적으로 공장을 지어야 할 경우, 내 돈만으로도 충분히 지을 수 있어도 일부러 미국 자본을 끌어들인다. 그래야만 그들이 자국 내에 광고도 하고 관심을 갖는 법이다. 결국 외국 관광객을 끌어들이려면 세계의 돈을 모아 써야한다고 말했다.

회의는 열흘 동안 계속 되었다. 정주영 일행은 열흘 간 평양에 머물면서 오전에는 회의, 오후에는 관광을 하는 순서로 일정을 보냈다. 관광이래야 그들이 짜놓은 순서대로 따라가는 것이 전부였다. 그런데 그들이 보여주었던 공업 시설 중 경쟁력 있는 제품은 시멘트를 제외하면 전혀 없었다.

정주영은 원산에 있는 철도 차량 공장에 현대가 기술을 제공해서 생산을 확대시켜 수출하는 문제와 원산 수리조선소의 도크를 만드는 일에서부터 북한과 현대가 시베리아에 코크스 공장을 건설하여 북한에서도 쓰고 중국에도 팔 수 있도록 하자는 합의까지 이끌어냈다.

강원도의 고향 집을 방문할 수 있는 기회가 있었지만, 40년 동안 분단된 민족의 비극과 체제의 이질성을 실감하면서 착잡한 마음을 가눌 길이 없었다.

북한과의 금강산 공동 개발 의정서를 만드는 과정에서 정주영이 가장 중요하게 생각했던 부분은 금강산 개발에 관한 모든 인력이나 장비나 자재의 수송 경로와 교통 문제였다. 해상과 육로로 하되, 육로로 할 경우 판문점이나 동부 군사 분계선을 통과해야 한다는 주장을 정주영은 끝까지 주장해서 결국은 관철시켰다. 군사 분계선의 통과가 없는 금강산 공동 개발 작업은 아무런 의미가 없다는 것이 그의 생각이었다. 군사 분계선의 통과를 정주영은 남과 북의 민족이 합일로 나아가는 출발의 상징으로 생각했기 때문이었다.

정주영은 김일성 주석과 만나 현재 금강산 관광 사업의 기초가 된 '금강산 남북공동개발 의정서'를 체결했다. 김일성은 정주영에게 두 달 후인 4월에 다시 방문해 줄 것을 부탁했다.

그런데 그 후가 여의치 않았다. 정치권의 기상은 일기보다도 변화무쌍한 것이라서 남북관계는 대결적 구도로 변해갔고 정부가 지원하고 통일원이 허가해서 북한에 갈 때의 그 분위기는 한꺼번에 냉각되어버렸다. 정주영은 '금강산 남북공동개발 의정서'를 가지고 9년이란 세월을 기다려야 했다.

{ 소떼몰이 방북

정주영은 그로부터 약 9년이 지난 후에야 다시 북한을 방문할 수 있었다. 1998년 2월 새 정부가 들어서자 다시 대북 사업이 추진되기에 이르렀다. 그는 소 500마리를 끌고 판문점을 통해 방북할 계획을 내 놓았다. 당시는 남북경협이 끊긴 상태라서 소를 몰고 판문점을 통해 방북을 한다는 것은 상상조차할 수 없는 일이었다. 그러나 새 정부는 정경분리 원칙에 의해 남북

경협을 추진하는 것을 허락했고 현대 측에서는 발 빠른 행보로 대북 사업에 적극적인 의지를 보였으며, 차츰 정주영의 '소떼몰이 방북'은 결코 희극적인 발상이 아닌 실현 가능한 일로 굳어졌다. 그는 실무자들을 통해 북한 측에 다음과 같은 세 가지 조건을 제시했다.

첫째, 고향인 통천을 비롯한 북한에 곡물과 소를 지원한다.
둘째, 가족들과 함께 방문한다.
셋째, 반드시 판문점을 통과해야 한다.

민간인 최초로 정식절차를 밟아 판문점을 통과한다는 것, 더구나 소떼를 선물로 방북한다는 것은 정치가 아닌 경제로 분단의 벽을 허문다는 깊은 뜻이 담겨 있었다. 이런 점에서 국내뿐 아니라 세계 언론들까지 '소떼 방북'이라는 기이한 드라마에 촉각을 곤두세웠다

1998년 6월 16일, 정주영은 84세의 고령의 나이에도 불구하고 서산 농장에서 기르던 소떼 500마리를 몰고 남북 긴장의 상징인 판문점을 통과해 북한을 방문함으로써 세상을 놀라게 하는 감동을 연출한 것이다.

《신동아》 2001년 5월호는 그때의 감격스런 장면을 이렇게 보도하고 있다.

1998년 6월 16일 방북하는 날 새벽에 정주영은 돼지꿈을 꾸었다. 소떼를 몰고 가는데 돼지꿈이라니, 길몽이 아닐 수 없었다. 그래서 터져도 뭔가 큰 프로젝트가 터질 것 같은 기분이었다고 한다. 한편 그 전날 밤 소떼 행렬이 서산 농장을 떠나면서 장중한 드라마는 시작됐

다. 소를 실은 50대의 트럭이 밤새 줄을 이어 달려 판문점에 도착한 것은 다음 날 새벽이었다. 방송사들은 트럭 행렬을 공중 촬영까지 하며 중계방송 했으며, 판문점에는 전 세계 방송사와 신문사 기자들이 몰려와 취재경쟁에 열을 올렸다. 정주영의 시나리오는 완벽했다. 그는 이 드라마 한 편으로 세계적인 경제 이벤트의 주인공이 됐다. 이 드라마 한 편으로 현대는 세계인들에게 뚜렷한 이미지를 심었으며, 그 어떤 방법으로도 얻기 힘든 커다란 광고효과를 거두게 했다.

정주영은 이 방북에서 북한 당국과 금강산 공동 의정서를 체결하는 성과를 거두었다. 처음 북한 방문에서 금강산 개발 등 다양한 남북 경제협력 사업에 대한 논의를 했지만 남과 북의 정치적 이해관계로 인해 정주영의 남북 경제협력 사업은 9년이라는 오랜 시간을 기다린 후에 결실을 맺기 시작했다. 하지만 그는 그 긴 시간을 딛고 세계가 깜짝 놀란 사건을 만들어냈다.

1998년 10월, "북한을 개발시키는 일이 한반도의 통일을 앞당기는 길"이라고 생각한 정주영은 다시 2차로 소떼 501마리를 몰고 방북하여 북측의 최고지도자인 김정일 국방위원장을 만나 금강산 관광사업에 대한 최종 합의를 이루어 낸 것이다.

그는 판문점에서 인사말을 통해 그 감격을 이렇게 표현했다.

"어린 시절 청운의 꿈을 안고 소 판 돈 14원을 가지고 집을 나섰습니다. 그 후 긴 세월 동안 묵묵히 일 잘하고 참을성 있는 소를 성실과 부지런함의 상징으로 삼고 제 인생길을 걸어왔습니다. 이제 그

한 마리의 소가 1,000마리가 되어, 꿈에 그리던 고향 산천으로 그 빚을 갚으러 가는 것입니다."

정주영의 '소떼몰이 방북'은 1991년 베를린 장벽이 무너진 이래 사회주의 국가의 정치가 아닌 경제로 얼어붙은 빗장을 연 세계적인 빅 이벤트로, 국내외 모든 사람들의 관심을 집중시켰다. 또한 지난 반세기 동안 대립과 갈등의 상징이었던 판문점의 빗장을 열게 했고 금강산 관광사업 등 대북 사업으로 남북 화해와 남북 정상회담을 앞당겨서 평화·협력이라는 새로운 시대를 열었다.

이 소떼몰이 방북은 정주영만이 생각할 수 있는 창조적인 발상으로 세계적으로 유명한 프랑스의 문명비평가인 기소르망은 "20세기 마지막 전위예술"이라고 평한 바 있다.

금강산 관광 사업

정주영은 기업인으로서 뿐만 아니라 남북협력시대를 개척한 '민간 통일운동가'로도 평가된다. 이는 그가 만년에 이르러 성사시킨 금강산 관광개발사업 등 남북경협사업을 통해 분단 반세기 동안 축적된 남북의 대립과 긴장을 일시에 무너뜨리고 화해와 협력의 새 시대를 이끌어 냈기 때문이다.

정주영은 필생의 사업을 '금강산 관광 사업'이라고 여겼다. 그는 고령의 나이에도 불구하고 사업에 대한 열정을 버리지 않았다. 1998년 10월, 정주영은 두 번째로 소떼를 몰고 올라가서 드디어 북한의 최고

지도자인 김정일 국방위원장을 만나 금강산 관광 사업을 성사시키는 데 성공했다.

1998년 11월 18일, 분단 반세기 만에 남측의 민간인들을 태우고 첫 출항한 금강산 관광선은 남북 간의 오랜 대립과 불신을 청산하고 화해와 협력을 향한 역사적 이정표를 세웠다. 정주영에게 있어서 금강산 첫 관광은 생애 최고의 잊지 못할 일이었다.

9년 동안 어렵게 추진해온 사업이 성공적인 결실을 맺은 데다 통일에 든든한 초석을 놓았다는 자부심에서인지, 금강산 관광선을 타고 떠난 관광기간 내내 그는 상기된 표정이었다. 그의 일생일대에 이렇게 즐거웠던 적은 없는 듯했다.

출항식을 마치고 현대금강호에 승선했을 때, 관광객들이 일제히 환호성을 터뜨리자, 그는 만감이 교차한다는 표정을 지으며 눈물을 글썽이기도 했다. 출항 직후 금강호 9층 애드머럴 라운지에서 가족, 현대 최고경영자들과 저녁을 함께 한 자리를 통해 어린 시절 금강산에 얽힌 사연들을 들려주느라, 평소와는 달리 식사시간이 1시간 20분이 넘게 걸렸다.

이튿날인 19일에도 그는 금강산호텔 인근에 위치한 식당 금강원에서 가족 및 현대 임원, 북한 관계자들과 식사를 함께 하며 '노들강변' 등 몇 가지 노래를 직접 부르며 즐거워했다. 그리고 작가 김수현, 이미 환갑을 넘은 현대건설 사장 시절의 여비서 등과 금강산에 대한 이야기를 나누면서 관광일정을 보냈다. 금강산 관광은 그가, 현대가 이룩한 모든 노력의 결과와도 다름없었다. 그는 진정 나라와 조국, 그리고 기업을 위하는 진정한 기업가였다.

당시 방한 중이던 빌 클린턴 전 미대통령은 금강산 관광선의 출항 장면을 TV로 지켜보며 감탄사를 연발하며 대북 포용 정책에 대한 한미 공조 의지를 다졌다고 한다.

금강산 관광사업 이후, 정주영은 남북한 교환 통일농구대회, 북측의 교예공연 등을 선보여 남북경협 차원을 뛰어 넘어 남북 체육·문화교류에까지 확대, 발전시키며 남북간 대규모 물적·인적교류의 밑거름을 만들어 나갔다.

금강산 관광을 비롯한 이 같은 현대의 대북 사업은 단순히 일개 대기업의 사업을 떠나 남한 정부의 강력한 화해 의지를 보여준 결과물로 평가받기도 했다.

1998년 8월 북한의 대포동 미사일 발사 의혹으로 악화되던 국내외 여론에도 불구하고 금강산 관광선이 첫 출항을 했고 1999년 6월에는 서해교전에 이은 민영미씨 억류사건으로 관광이 일시적으로 중단되기도 했지만 '관광객 신변보장협상'이 타결되면서 관광이 재개됐다. 이에 따라 현대의 금강산 사업은 남북 화해와 남북정상회담으로 이어지는 협력분위기를 이끈 견인차로 평가받았다.

정주영은 현대그룹 명예회장으로서 노익장을 과시하며 정몽헌 회장 등 가족, 김용순 북한 아세아 태평양위원회 위원장 등이 배석한 가운데 북한 김정일 국방위원장과 면담하고 기념사진을 찍었고 판문점을 통해 귀경했다. 정주영과 김위원장은 현대와 북측이 추진 중인 경제협력 사업에 대한 협력을 다짐하고 금강산 관광사업을 포괄하는 금강산 종합개발사업 외에 서해안 공단 건설, 북한 건설인력 제3국 진출, 카 라디오 공장 건설 등 3개 남북경제협력 사업에 대해

북한과 합의하고 남북 관계개선 및 경제교류 확대에 획기적인 전기
를 세우기로 약속했다.

정주영은 1999년 1월 2일 사장단 신년하례에서 금강산 관광 사업
에 대해서 이렇게 자랑스럽게 말했다.

"금강산 관광 사업을 실현시켜 우리 국민에게 통일에 대한 희망과
함께 남북이 처한 경제난을 극복할 수 있는 길을 제시한 것은 우리
현대만이 할 수 있는 자랑스러운 업적이다."

과연 '소떼몰이 방북'과 '금강산 관광'은 정주영과 현대그룹의 저
돌성을 빼놓고는 생각할 수 없는 이벤트 사업이었다. 당시 언론은
이 역사적인 이벤트의 광고 효과를 "돈으로 따질 수 없다" 평가했다.
이런 공짜 선전을 버려둘 기업은 없을 것이다.

"판문점을 넘어 정 명예회장이 방북한 것은 돈으로 따질 수 없는
큰 효과가 있다. 전 세계 방송 매체가 앞 다퉈 보도했고, 우리나라와
현대를 세계에 알리는 엄청난 홍보 효과를 가져왔다. 이번 방북 사
건은 삼성이 30억 원을 들여 2,100억 원의 경제적 효과를 얻었다고
평가받은 지난 1998년 5월의 박세리 선수 우승과 비교해 볼 때 전
세계적으로 보도 매체 수(2배)나 시청자 수(5배) 등에서 상대가 안 될
정도로 컸다. 방북에 따른 순수 광고 효과는 삼성의 10배에 달할 것
으로 추산된다."

고전하는 금강산 사업

하지만 남북 화해의 일등공신이라는 평가에도 불구하고 현대의 대북 사업은 순조롭게 진행되지 못했다. 정주영이 말년에 가장 정성을 기울였던 금강산 사업은 수익성 부재로 큰 어려움을 겪기 시작했다.

금강호로 열린 금강산 뱃길은 2000년 6월과 8월에 각각 정주영·몽헌 부자와 북한 김정일 국방위원장 간의 면담을 성사시켰다. 또한 금강산 종합개발과 개성공단 건설 및 개성관광 사업 합의로 이어졌다. 금강산 관광 사업에는 단순한 비즈니스 차원을 넘어 남과 북이 분단을 극복하고 공존공영하자는 민족의 염원이 깃들어 있다.

하지만 남북경협을 계속 추진하기 위해서는 먼저 개별 사업의 수익성을 높여주어야 하는데 현대가 북한과 맺은 계약 조건으로는 수익성을 맞추기 어려웠고 결국 돈이 문제가 되었다.

현대는 남북경협 사업을 하면서 철도·통신·전력 사업 등의 30년 독점권을 획득하기도 했지만 사업 허가권자인 북한은 막대한 관광 사업 대가를 챙겨가는 등 돈만 밝혔고, 걸핏하면 사업 중단에다 번복·지연으로 현대를 궁지로 몰아가는 탓에 5년간 1조 원 이상의 손해를 봤다. 게다가 서해교전, 북핵 위기, 사스(SARS) 등의 외풍이 시도 때도 없이 불어 닥쳐 현대의 발목을 잡았다.

정주영은 말년에 현대그룹 경영에는 크게 관여하지 않으면서 대북 경협 사업에만 관심을 보였지만 너무 노쇠했고, 남북 간의 문제는 예측을 불허하는 면이 너무 많았고, 시대는 너무도 많이 변해 있었던 것이다. 정주영은 금강산 관광을 시발로 개성공단 건설 등 북한 프로젝트에 각별한 애정과 관심을 쏟았지만 끝내 결실은 눈으로 확인하지 못했다.

경제평론가 복거일은 정주영의 사후 그의 추도사에서 그의 마지막 사업인 금강산 사업을 이렇게 평하고 있다.

그의 가장 큰 실패였던 북한 사업은 이 점을 잘 보여준다. 상식으로는 도저히 이해할 수 없는 '금강산 관광 사업'도 아마 그의 계산으로는 타산이 맞았을 터이다. 전 같았으면 정부가 치를 대북 수교 비용을 대신 치르는 셈이니 사업 자체의 손실을 다른 이권으로 보충할 수 있었을 터이고 현대그룹 전체의 역량을 동원해서 사업을 적극적으로 추진할 수 있었을 터이다. 그에겐 불행하게도 세상은 이미 너무 많이 바뀌어 있었다. 러시아와의 수교를 위해 정부가 큰 위험에도 불구하고 몇십 억 달러를 빌려주던 시절은 이미 지나갔고 시민들은 큰 통일 비용에 고개를 젓고 있었고 기업의 투명성이 강조되면서 현대그룹의 역량을 대주주 마음대로 쓸 수 없게 된 것이었다.

만약에 정주영이 아직까지 살아서 그만이 가진 특유의 기지와 예측을 불허하는 창조적 돌파력을 발휘했다면 상식으로는 도저히 이해할 수 없는 '금강산 관광 사업'도 아마 그의 계산으로는 타산이 맞는 해법을 내놓고 야생마처럼 북한 땅을 누비고 있을지 모를 일이다. 하지만 그의 마지막 사업은 그룹 계열사 분리와 대북송금 특검 등 길고도 험한 가시밭길을 후계자였던 정몽헌에게 넘겨주어, 결국 그의 자살을 불러오는 결과를 낳았고, 지금도 불확실한 항로를 계속 달리고 있다.

정주영의 이 마지막 사업은 어쩌면 10년, 20년 후에나 선각자의 뛰어난 예지를 가진 사업으로 평가를 받게 될 지도 모를 것 같다.

정주영의 방북 일지 --

- 1989. 1   1차 방북, 금강산 개발 의정서 체결
- 1998.6.16   소 500마리와 함께 판문점 통해 방북(2차)
- 1998.10.27   소 501마리와 함께 판문점 통해 방북(3차)
- 1998.10.29   김정일 국방위원장 1차 면담(평양 백화원 초대소)
                     - 금강산 관광사업 합의
- 1999.2.4   5차 방북, 남북영농사업·평양체육관 건립·
                     남북 농구경기 개최 합의
- 1999.3.9   6차 방북, 서해안 공단개발 사업 합의
- 1999.8   현대건설 신입사원 금강산 수련대회 참석(관광선)
- 1999.9.28   7차 방북
- 1999.10.1   김정일 국방위원장 2차 면담(흥남 서호 초대소)
- 1999.12.30   현대건설, 금강산 뉴밀레니엄 전략회의(관광선)
- 2000.6.28   8차 방북
- 2000.6.29   김정일 국방위원장 3차 면담(강원도 원산)
                     - 해남강~통천 특별경제지구 설정
                     - 금강산 밸리 조성 합의 등

{시베리아를 잡아라

정주영은 '해야 한다'는 소명 의식과 '할 수 있다'는 신념으로 '강한 나라'를 만드는 산업인 자동차, 중공업, 전자 등 국가기간산업 분야에 과감히 진출, 우리나라 중화학공업 분야를 개척해 나갔다. 그리고 정주영은 중동 주베일 산업항 공사, 현대조선소 신화, 포니·엑셀 신화 등을 통해 개발도상국이었던 우리나라를 신흥공업국의 대열에 올려놓으며 '한강의 기적'을 이룩한 주역으로서 20세기 한국을 대표하는 세계적인 기업가로 자취를 남기게 된다.

그가 보여준 활약상은 모든 기업가들이 체험하고 싶어 하는 자기실현의 기업가 정신의 전형적인 본보기이다. 정주영은 주로 '무모할 정도로 과감한 추진력'으로 '불가능한 일을 가능하게 만들었다'는 평가를 받고 있다.

정주영은 미래를 내다보는 너른 안목으로 돈벌이보다는 나라의 발전에 기여하는 사업을 찾아 세계를 뛰어다녔다. 그의 말년의 작품이라고 할 수 있는 시베리아 개발 계획과 대북 사업이 바로 그것이다.

1990년대가 시작되기 이전부터 정주영은 북방으로 진출할 것을 마음먹고 있었다. 건설업의 경우 1970년대의 중동 특수도 이미 1980년대를 넘어서면서 끝났고, 1980년대에 호황을 누리던 동남아시아 시장도 불안한 상황이었다. 그때 정주영은 북방에 개간할 황무지가 있다는 것을 간파했고, 1989년 1월 6일 소련을 첫 방문하는 등 정치권보다 먼저 경제적인 접촉을 가졌다. 또한 그는 한국 경제인으로서는 처음으로 당시 고르바초프 대통령을 만났다.

1990년 6월 소련 방문 때 그는 일단 대통령 경제특별보좌관 페트라코프를 크렘린 궁전에서 만나, 한국이 소련의 경제를 어떻게 바라보고 있는지에 대해 세 시간 반 동안 상담을 했다. 그는 소신 있게 말했다.

"소련의 경제전문가들이 내세우는 시장 경제 체제의 도입에 대한 낙관론은 이론적으로 가능하다고 보지만, 실제로 시장 경제가 뿌리내리기까지는 많은 어려움이 뒤따를 것입니다."

이러한 어려움을 극복하고 이를 정착시키는 데 기간이 얼마나 걸리겠냐는 질문에, 그는 적어도 10년은 걸릴 것으로 본다고 얘기했다. 사실 이때 그는 10년 이상 걸릴 것이라고 말하려다가 상대가 실망하는 빛을 보일까봐 기간을 좀 줄였던 것이다. 1990년 9월, 정주영은 다시 소련을 방문하여 고르바초프 대통령과 마주 앉았다. 고르바초프는 한국과 러시아의 역사적 관계에 대해서도 아주 정확한 지식을 갖고 있었다. 정주영은 시베리아를 개발하는 것이 꿈이었다. 40여 분간 정치와 경제 이야기를 나눈 끝에 고르바초프는 정주영에게 문득 북한에 관한 말을 꺼냈다. 이때 그는 이렇게 말했다.

"한반도가 남북으로 분단된 당시에는 북한이 공업이 더 발달하고 국민 소득도 높았으며 남한은 겨우 농업에 의존하는 수준이었지만, 지금은 거꾸로 북한이 남한보다 가난합니다. 그 이유는 바로 북한은 공산주의를 채택했고 남한은 자본주의를 선택했기 때문이지요."

그는 고르바초프에게 자본주의의 경제성에 대해 이야기한 것이다. 정주영은 그 자리에서 "소련의 시베리아 개발같이 어려운 사업은 한국인과 한국 기업만이 해낼 수 있다"며 한국이 시베리아 개발에 참여할 수 있도록 해달라고 요청했다.

세간 사람들은 소련과의 접촉은 너무 앞서가는 행동이 아니냐고 의문을 제기했지만 정주영은 이렇게 응수했다.

"앞으로는 국가 간의 경계는 없어질 것이다. 지구촌이 하나의 경제로 모일 것이다. 이제 세계는 하나다."

그의 말은 오늘날 생각해보면 뛰어난 혜안이었음을 알 수 있다. 고르바초프와 정주영의 만남은 한국과 소련의 관계를 급진전시켰고, 한 달 뒤 노태우 대통령이 모스크바를 방문해 정식으로 한국과 소련의 수교가 맺어지는 데 결정적인 역할을 했다.

이처럼 시베리아의 개발을 구상하고 고르바초프와의 만나는 모습 속에서도 그의 천재적인 시장 감각을 엿볼 수 있다.

한·소 경제협력 발전은 한·소 양국 간의 경제 결합을 가져올 것이며 이는 남북한 평화 통일로 연결될 수 있을 것이고, 통일된 한국은 아시아 경제의 중추 역할을 할 수 있는 요인으로 작용할 것이라는 생각을 정주영은 갖고 있었다. 만약 그가 조금만 장수해서 기업 경영에 참여할 수 있었다면 시베리아 개발은 지금보다 대대적인 사업으로 발전할 수 있었을 것이다.

그 사장에 그 부하

뛰어난 리더는 믿음의 리더십으로 훌륭한 부하를 만들어내고 그 부하로 하여금 더욱 자신을 따르게 하는 매력을 가진 사람이다. 정주영도 아주 특별한 믿음의 리더십으로 부하들을 사로잡은 리더십의 명수였다.

1989년 정주영이 시베리아 개발 계획을 들고 소련을 방문했을 때의 일이다. 서울 본사로부터 긴급 연락이 왔다. 전화 속의 목소리는 사뭇 긴장되어 있었다.

"회장님, 좋지 않은 소식이 있습니다."

"좋지 않은 소식이라니?"

순간 정주영은 긴장되어 외쳐 물었다.

"리비아 트리폴리 공항에서 우리 대한항공기가 추락했습니다."

그 말을 들은 정주영의 얼굴은 하얗게 질렸다. 비행기 추락은 한꺼번에 수백 명의 사상자가 발생하는 대형 사고를 말한다. 그 비행기에 현대 직원들이 타고 있었다면? 정주영은 정신이 아찔함을 느꼈다.

"그 비행기에 우리 회사 김윤규 전무를 포함해 여덟 명이 타고 있었습니다. 아직 사상자 명단은 밝혀지지 않았습니다."

"뭐, 뭐라고? 김윤규가?"

정주영은 서울을 떠나기 전에 현대건설 전무 김윤규가 발전소 공사를 발주받기 위해 리비아 전력청 장관을 만나러 간다는 보고를 받았다.

전화를 끊고 나서 정주영은 "윤규가!" 하면서 탄식을 했다. 김윤규 전무는 정주영이 앞으로 현대를 이끌어갈 차세대 재목으로 보고 무척 아끼던 부하였다. 김 전무는 현대가 중동 건설에 진출했을 때 일을 야무지게 처리해서 정주영의 눈에 들었다. 정주영은 마음에 드는 부하를 호되게 부리는 그의 방식에 따라 이렇게 그를 질타하며 재목으로 키웠었다.

"당신(김 전무)은 수원 깍쟁이여서 발가벗고 30리 길을 가지만, 중동인들은 사막에서 쉬지 않고 5,000리를 걷는다는데 더욱 죽도록 일해야 하는 것이 아니냐?"

당시 리비아 트리폴러 공항에는 안개가 자욱했는데 비행기가 무리한 착륙을 시도하다가 공항 건물을 들이받았고 두 동강으로 부서져 승객 70명이 사망하고 30여 명이 부상을 당했다. 서울 본사에서 다시 걸려온 전화 보고를 받고 정주영은 안도의 숨을 내쉬었다. 다행스럽게도 김 전무는 살아 있다는 것이었다.

"전세기를 보내서라도 김 전무랑 부상당한 우리 현대 직원들 즉시 서울로 후송하고 서울중앙병원에서 치료를 받도록 조치해."

정주영은 리비아의 낙후된 의료 시설에 대해서 잘 알고 있었다. 비행기 추락 사고가 난 인근 병원들은 치료는커녕 입원실도 없어서 난리일 것이었다. 정주영은 소련에서의 공식 일정만 서둘러 마치고 일정을 당겨서 급히 귀국했다. 김포 공항에 내리자마자 정주영은 서울중앙병원으로 달려갔다.

"회장님! 소련에서 고생 많이 하셨죠?"

김윤규는 정주영이 병실로 들어서자 환자복을 입고 자리에 서 있었다. 그리고 그렇게 인사를 건네오는 것이었다.

"아니, 너? 윤규, 너, 멀쩡하구나?"

"예, 멀쩡합니다. 재수가 좋았어요."

"정말 괜찮은 거냐?"

정주영은 김 전무가 살아 있다고는 해도 상당히 많이 다쳐서 신음하고 누워 있으리라 생각하고 달려 온 것인데 그는 정말 멀쩡했다.

비행기가 추락했을 때 김윤규는 잠시 정신을 잃었다가 깨어났다. 깨어나 보니 그는 올리브나무 밭에 홀로 떨어져 있었다. 비행기의 동체는 두 동강이 나서 저 멀리 떨어져 시커먼 연기를 내뿜고 있었다. 그는 의자 위에 안전벨트까지 맨 채 거짓말처럼 앉아 있는 상태였다. 비행기가 두 동강이 나면서 그는 의자와 함께 공중에 붕 떠서 올리브나무 밭으로 떨어졌던 것이다. 그의 몸에는 상처 하나 없었고 아무런 이상도 없었다. 그는 멀쩡했지만 비행기 사고를 당한 사람이니까 병원에서 정밀 검사를 받아야 했기에 입원해 있었던 것이다.

사건 경위를 들은 정주영은 껄껄 웃으며 말했다.

"그래, 난 네가 사고 날 때 비행기에서 뛰어내릴 줄 알았어. 넌, 담력이 좋잖아."

그런데 김윤규는 더 놀라운 이야기를 꺼내는 것이었다.

"회장님, 리비아 발전소 공사건은 성사시켰습니다."

"뭐라고? 어떻게?"

그러자 김윤규는 한편의 무용담같은 이야기를 또 꺼내는 것이었다.

"몸은 멀쩡한데 병원에 누워 있으려니 환장하겠더라고요. 리비아 전력청 장관도 만나야 하겠고. 그런데 병원에서는 환자라고 못 나가게 하는 거예요. 그래서 생각다 못해 환자복 대신 현대건설 작업복으로 바꿔 입고 몰래 병원을 빠져 나왔죠. 무작정 리비아 전력청 장관을 만나러 갔지요. 전력청 장관이 깜짝 놀라더라고요. 비행기 추락 사고로 몸도 불편할 텐데 이렇게 오시다니, 하며 저더러 소파에 누워서 얘기하라고 하더군요. 소파에 누워서 오더를 성사시킨 사람은 아마 저밖에 없을 겁니다.”

“그래, 잘했다. 김 전무 근성을 인정하마.”

정주영은 리비아 발전소 발주를 받은 것보다 그런 부하를 두었다는 것이 더욱 기뻤다.

“너, 몸도 멀쩡한데 병원에 누워 있으면 뭘 하냐? 내일 일본에 갈 일이 있는데 같이 가자.”

정주영이 그렇게 말하자 김윤규는 반색을 하며 대답했다.

“좋지요. 그렇지 않아도 좀이 쑤셔 미치겠는데.”

정주영은 일본에서 일을 끝내자 김윤규와 함께 온천으로 향했다. 김윤규의 몸상태가 걱정이 되어서 온천장에서 휴식도 취하고 심신을 달래주기 위함이었다.

정주영이 돌아오는 비행기 안에서 넌지시 말했다.

“난 윤규, 네가 너무 멀쩡한 게 이상했어. 비행기에서 떨어진 놈이 너무 아무렇지도 않으니까 네가 이상하게 된 것이 아닌가 하고 무척 걱정했어. 하지만 이젠 안심이야. 일본 여행을 하면서 보니 넌 돌아버린 게 아니라 정상이야. 며칠 전 병실에 들어설 때 네가 멀쩡하게 일어서서 인사하는 너를 보고, 너무 충격을 받아 잠시 멀쩡한 정신으로 돌아온 줄 알았지 뭐야. 그래서 병원에 누워 있는 것보다 차라리 강행군을 시키는 것이 충격 요법에 괜찮겠다 싶어 일본에 같이 가자고 한 거야. 이젠 안심이야."

정주영은 김윤규의 손을 꼭 잡으며 특유의 너털웃음을 웃었다. 김윤규는 정주영 사후에 현대의 대북 사업을 총괄하는 책임자가 되어 정주영의 유지를 이어가는 데 혼신의 힘을 기울였다.

왕회장, 아들의 손을 들어주다 ③⑥

> "앞으로 내가 결정해야 할 가장 중요한 사항은
> 후계자를 고르는 것이다. 나는 거의 매일
> 누구를 후계자로 선정할 것인가를
> 고민하면서 많은 시간을 보내고 있다."
>
> – 잭 웰치 –

왕회장의 결단

1995년 12월 28일 목요일 오후 2시. 연말을 불과 사흘 앞둔 이날, TV를 보던 사람들은 뉴스 속보를 보고 놀라고 있었다.

"현대그룹의 후임 회장에 정몽구 현대정공 회장이 내정되었습니다."

현대자동차서비스, 컨테이너, 갤로퍼 사업 등의 성공으로 아버지 정주영으로부터 사업 수완을 인정받은 정몽구는 그룹 회장으로 선임된 것이었다. 지난 9년 동안 그룹 회장을 맡고 있던 정주영의 동생 정세영은 현대자동차 명예회장으로 추대되면서 경영 일선에서 물러났다. 현대그룹은 창업 50주년을 앞두고 2세 경영 시대가 열린 셈이다. 유교적 전통이 강한 정씨 가문에서 장자인 정몽구의 그룹 승계는 이미 예견됐던 것이었다.

그런데 그렇게 빨리 그런 결정이 이루어질 것은 아무도 예상치 못한 일이었다. 그룹의 최고의사 결정 기구인 6인 운영위원회뿐만 아니라 정몽구 본인조차 알지 못하는 사이에 인사조치가 이루어져서 연말의 경제계는 술렁거렸다. 하지만 정주영이 정몽구 체제를 결심한 것은 벌써 오래 전의 일이었다. 다만 그런 자신의 구상을 현실화시켜야겠다고 결심한 것은 인사 명령을 내리기 불과 일주일 전인 1995년 12월 22일 강릉에서였다. 정주영은 그날 운전기사만 대동한 채 서울을 빠져나가 강릉으로 향했다. 그리고는 '강릉 구상'이라고 명명된 생각에 잠겼다.

대권 도전에서의 실패 이후, 현대는 알게 모르게 정권의 견제와 탄압을 받았고 정주영은 전과 같은 활력을 잃어갔다. 정주영도 연로한 나이 탓에 건강도 급격한 쇠락을 보이기 시작했다. 그렇다고 그의 카리스마와 그룹 장악력이 떨어진 것은 아니지만 정권의 견제가 심해서 그룹 운용에 있어서 차츰 운신의 폭이 그전만큼 자유롭지 못했다. 정주영은 돌파구를 찾기 위해서 여러 가지 모색을 하기에 이른다.

그의 뇌리에는 우선 세 사람이 맴돌고 있었다.

'몽구는 그동안 빼어난 경영 수완을 보여 왔어.' '세영이는 현대자동차를 오늘날까지 키운 사람이지.' '몽헌이는 뛰어난 경영 감각을 가지고 있고….'

후계자로서 과연 누가 적당할 것인가?

"물론 장자라는 이유도 있지만 그동안 몽구는 뛰어난 경영 능력을 보여줬어. 몽구는 현대정공, 현대자동차서비스, 현대강관, 현대산업개발, 인천제철, 현대우주항공, 현대할부금융 등 일곱 계열사를 모두 성공적으로 이끌고 있지 않은가? 그렇다면…."

정몽구의 빼어난 경영 수완이 정주영의 마음을 굳히게 하는 데 결정적인 역할을 했다.

정주영은 강릉에서 사흘을 보낸 뒤 서울로 돌아왔다. 그는 박세용 기조실장을 불러서 정몽구에게 그룹 회장직을 승계하는 조치를 취할 것을 명령했다.

정몽구 신임 회장은 선친의 뜻을 받들어 현대그룹이 계속하여 국가 경제 발전에 기여하고 국민에게 사랑받는 세계적인 기업으로 성장해 가도록 노력하겠다고 취임 소감을 밝혔다. 그리고 그는 현대그룹의 경영 정신인 근면·검소·친애의 정신과 경영 철학을 계승 발전시키는 것과 동시에 새로운 경영 이념으로서의 '가치 경영'을 제시하고 현대그룹 전반의 쇄신과 경영 혁신을 주도해 나가겠다고 천명했다.

그런데 문제는 정몽구가 이건희처럼 그룹 전체를 쥐락펴락하는 막강한 대권을 움켜쥔 것이 아니라는 점이다.

그룹 회장직을 정몽구가 맡았지만, 이날의 인사 조치에는 그룹을 형제간에 계열 분리하겠다는 정주영의 복심이 밑바닥에 깔려 있었다. 정주영은 정몽구를 그룹 회장으로 추대하면서 그룹 부회장제를 신설하고 정몽헌 현대전자 회장을 부회장에 선임했다. 그런데 문제는 정몽헌이 현대그룹의 주력 기업인 현대건설과 현대상선의 회장직도 겸임한 점이다. 또 현대자동차 회장에는 정몽규 현대자동차 부사장이 임명됐다. 정몽구는 그룹 회장이긴 하지만 자신이 일구어 온 기업인 현대정공, 현대차서비스, 고려산업개발, 인천제철, 현대강관, 현대산업개발 등을 총괄할 뿐 주력인 전자와 건설은 정몽헌이 관할하는 인사는 어찌 보면 쌍두마차를 연상시키는 면이 많았다. 이렇듯 이날 인사는 현대그룹 회장직을 정몽구에게 물려줬지만, 실제는 형제간 계열 분리가 복선에 깔려 있었던 것이다. 또 정세영의 아들인 정몽규가 현대자동차 회장으로 선임된 것은 현대자동차가 그동안 자동차를 키워온 정세영의 몫으로 분리될 것이라는 전망을 낳았다. 이것들은 훗날 '왕자의 난'을 예견케 하는 불씨들이었다.

이 점에 있어서 훗날 정주영은 경영인으로서는 최고의 성공을 거두었지만, 대선 출마 등 정치 참여 문제와 더불어 후계 체제 구축에 혼선을 빚는 등의 그림자를 남겼다는 평가를 받게 된다.

어쨌든 정몽구는 1996년 1월 15일 그룹 최고 심의기구인 '사장단 운영위원회'를 '그룹운영위원회'로 개편하고 구성원을 새로 임명한다.

그룹운영위원회는 정몽구 그룹 회장, 정몽헌 그룹 부회장, 이현태 현대석유화학 회장, 정몽규 현대자동차 회장, 김정국 현대중공업 사장, 박세용 종합기획실장 등 5인으로 구성되었다. 운영위원은 업종 대표성을 고려해 선임되었는데, 정몽헌 부회장은 전자·건설 부문, 이현태 회장은 에너지·석유화학 부문, 정몽규 회장은 자동차, 김정국 사장은 중공업 부문, 박세용 실장은 종합상사와 기타 부문을 대표했다. 정몽구 회장 체제에 맞춰 원로 경영진들이 대거 퇴진하고 새로운 진용이 갖추어져 나갔다.

{ **바쁜 아버지와**
{ **평범한 아들**　　　　정몽구 회장은 1938년 강원도 통천
에서 8남 1녀 가운데 차남으로 태어났다. 그가 자라나던 시기에 아
버지 정주영은 몸이 열 개라도 모자랄 정도로 바쁜 사람이었다. 가
난한 농군의 장남으로 태어난 정주영은 죽을 고생을 하고 농사를 지
어도 세끼 밥도 제대로 먹지 못하는 농사가 싫었다. 그는 네 번 씩이
나 가출을 거듭하고 철도 공사판, 부두 노동, 쌀가게 배달원을 전전
한 끝에 사업가의 길을 걷고 있었다. 정몽구가 태어나던 무렵 정주
영은 서울 신당동에 '경일상회'라는 간판을 내걸고 쌀가게를 하고
있었다. 그는 일반 가정이나 음식점에 쌀을 파는 단순한 동네 쌀가
게의 개념을 뛰어넘어 서울여상, 배화고녀 기숙사에 쌀을 대주며 장
사 규모를 키워나갔다.

　정몽구가 초등학생일 때 한국 경제는 해방을 맞아 본격적인 자본
주의 체제로 진입해 들어가고 있었고, 정주영은 현대그룹의 모태라
고 할 수 있는 현대자동차공업사와 현대토건을 발족하고 있었다. 일
제 강점기에 이미 쌀가게를 접고, '아도서비스(아도서비스란 애프터서비
스의 일본식 발음)'라는 자동차 수리 공장, 광석 운반업을 하던 정주영
은 그간의 경험을 바탕으로 본격적으로 사업을 확장하며, 1947년 비
로소 '현대(現代)'라는 간판을 걸고 본격적인 기업가의 길을 걷기 시
작한 것이다.

　정주영은 현대란 말 속에 '이 시대(현대)에 최고로 열심히 일하는
회사를 만들면 회사의 구성원 모두에게, 나아가 우리 민족에게 밝은

미래가 보장될 수 있을 것'이라는 뜻을 담았다. 현대는 1947년 5월 25일을 창립 기념일로 잡고 있다. 이 시기는 '가난을 벗고 한번 심기일전해 보자'라는 정주영의 철학과 현대의 기업정신이 서서히 기틀을 마련하기 시작했던 시기였다.

정몽구가 10대 소년일 때 조국은 6·25 전란에 휩싸였고, 아버지는 더욱 더 바빠졌다. 정주영은 미8군 전방기지 사령부 본부 막사를 설치하는 공사를 맡는 등 전후복구 사업에 매달렸다. 정주영은 시련이 닥치면 움츠러드는 것이 아니라 그것을 자신에게 유리한 쪽으로 해석했다. 즉 "건설이란 평화 시절에는 평화를 건설하는 것이고 전쟁이 나면 전쟁에 빠른 공사를 할 수 있으니 사업에는 더없이 유리한 환경"이라면서 공사수주에 전력을 투구했다.

정몽구가 고등학교를 졸업할 무렵, 아버지는 한강 인도교 복구공사를 성공리에 마쳤다.

1958년 5월, 한강 인도교를 개통하던 날, 개통식에 참석한 이승만 대통령은 현대건설의 기술을 높이 치하하고 그간의 노고를 위로했다. 개통식 광경이 전국에 중계 방송되었다. 현대건설이 세간에 알려지기 시작한 것은 그때부터였다. 현대건설은 한강 인도교 복구공사를 통해서 경영면에서나 기술면에서나 회사 발전의 일대 전기를 마련할 수 있었다. 나름의 기술 노하우가 없던 당시 건설업계에서는 큰 뉴스 거리였다. 건설업계뿐만이 아니라 국가적으로도 상당한 관심의 초점이 되었다. 인도교 공사로 인해 내무부장관의 표창장까지 받게 된 것이다.

정몽구는 그런 아버지가 자랑스러웠고 가슴 뿌듯한 기쁨을 느꼈다.

그런데 정몽구의 어린 시절은 재벌가의 아들답지 않게 평범했다. 그 시기에 정몽구에게서 특별한 점이 보인다면 경복고등학교 재학 시절, 럭비를 하면서 특유의 리더십을 발휘하기 시작했다는 점이다.

{ 4년 간의 경복고교 동기생들

정몽구는 1955년 명문으로 알려진 경복고등학교에 입학했다. 이 고등학교 시절이 정몽구 본인에게는 물론 현대그룹에도 매우 중요한 의미를 지니게 된다.

그는 입학하자마자 건장한 체구가 눈에 띄어 럭비 선수로 발탁되었다. 평소에 운동을 즐기던 그였기에 시작하자마자 럭비의 재미에 푹 빠져들었다. 그는 학교에서 돌아온 후에도 럭비부 유니폼을 입고 다녔을 정도로 럭비를 좋아했다.

공이 어디로 튈지 모르는 럭비는 치열한 몸싸움이 경기의 승패를 좌우한다. 럭비는 무엇보다도 팀워크(teamwork)가 중요했다. 팀워크가 이뤄지지 않을 경우 럭비는 게임에서 이길 수 없다. 팀워크를 이루어 멋지게 트라이를 성공시키는 럭비는 하면 할수록 재미있고 통쾌한 사나이다운 운동이었다. 럭비에 열광한 그는 선수로서 두각을 나타냈다. 정몽구의 플레이는 훌륭했다. 그는 공을 잡으면 전력질주를 해도 난폭하거나 거칠어 보이지 않았고 마치 날랜 물고기가 파도를 헤치고 솟아오르는 듯이 유연하게 보였던 것이다. 정몽구가 활약한 경복고등학교는 서울운동장에서 열린 럭비 시합에서 용산고등학교를 3:0으로 제압하는 등 발군의 실력을 나타냈다.

정몽구는 고교 시절 럭비를 통해 훗날 기업조직에서 팀워크가 얼마나 중요한지 깨달았다고 임원들에게 자주 강조하곤 했다. 그는 고교시절 생활을 함께 했던 럭비팀의 팀워크를 그대로 현대에 옮겨 심게 된다. 그래서 현대·기아차그룹의 임원들 가운데는 유독 경복고 출신들이 많은데 세인들은 이를 두고 '경복고 사단' 이라고 부르기도 한다.

정몽구는 럭비선수로 뛰는 것 외에는 평범한 학교생활을 했다. 그는 공부에 그다지 신경을 쓰지 않았고, 운동과 놀이의 재미에 빠져서 지냈다. 그는 성적에 신경 쓰는 일이 거의 없었다. 시험 기간에 친구들이 열심히 공부 하고 있을 때, 그는 책상에 두 발을 얹고서 잡지책을 보고 있었다. 그는 공부에는 큰 흥미가 없었으며 성적에도 그다지 관심이 없었다. 성적이야 어찌되었건 그는 학우들 사이에서 인기가 있었다. 그것은 그의 대범하고 낙천적 태도 때문이었다. 그는 사람들과 잘 어울렸으며, 마찬가지로 사람들도 그를 좋아했다. 그는 부잣집 아들이라는 티를 전혀 내지 않고 언제나 과묵한 학생이었다. 하지만 그는 아버지로부터 물려받은 보스 기질 때문에 늘 많은 친구들이 따랐다. 그는 책벌레가 되기보다는 럭비선수로 이름을 날리는 일에 더 큰 열의를 가지고 있었고 경기가 있을 때마다 발군의 실력을 발휘했다.

그는 럭비부 주장으로서 어떻게 리더십을 발휘해야 할 것인가를 고민했다. 매일 연습장에 제일 먼저 나가 제일 늦게 돌아가는 사람이 되었다. 그러자 부원들은 그런 그를 믿고 따랐다. 그는 비로소 자신이 다른 사람들을 부릴 줄 아는 재능을 타고 났다는 사실을 깨달

앉다. 매일 오후 그는 같이 연습하게 된 동료들을 휘어잡고 지휘하며 놀라운 변화를 스스로 만들었다.

럭비부 주장으로서의 정몽구는 정력적이고 항상 신선한 힘이 넘쳤다. 그는 우직스러우면서도 언제나 안정감을 느끼게 하는 친밀함이 있었다. 그의 가장 큰 재산은 주위 사람들을 자석처럼 끌어당기는 능력이었다. 모든 동료들이 그를 좋아했고, 그 역시 그들을 좋아했다.

그는 럭비뿐만 아니라 싸움에서도 두각을 나타내면서 대단한 명성을 얻었다. 당시에는 고교생들의 패싸움이 잦았는데 럭비부 주장에다 힘이 세고 의리를 중시하던 정몽구는 종종 패싸움을 하기도 했다. 특히 학우 중에 누가 맞기라도 하고나면 즉각 보복전이 벌어졌다.

정몽구의 의협심을 나타내 보여주는 일화가 있다. 진주에서 올라와 아르바이트로 학비를 벌면서 어렵게 공부하던 전경련 부회장을 지낸 손병두 현 KBS 이사장을 학교 깡패들이 건드렸다. 정몽구는 이때 분연히 나서서 "공부 잘하는 병두 건드리지 말아라."하며 학교 깡패들을 손보아 주었다. 손 이사장은 "주먹에는 두 종류가 있다. 몽구 같은 의리파가 있었던 반면, 약한 학생들을 괴롭히는 저질들도 있었다. 몽구는 의리파였다."고 회고하면서 이렇게 말했다.

"정몽구 회장과 나는 경복고 2학년 때 같은 반이었다. 그는 덩치가 크고 힘이 장사여서 운동부로 많이 차출 당했다. 럭비부 주장을 했다. 정 회장의 아버지 정주영씨는 6·25 직후 한강철교 복구 공사를 맡아 성공적으로 공사를 해내면서 많은 돈을 번 것으로 안다. 그러나 몽구는 돈 있는 집 아이 티를 전혀 내지 않았다. 순박하고, 의리 있는 사나이로 꼽혔다. 친구들이 밖에서 매 맞고 왔다고 하면 찾아가서 혼내 주는 것은 그의 몫이었다."

정몽구는 럭비 외에 등산에도 취미를 붙였다. 그는 주말이면 인왕산, 북한산 등 주변 산을 친구들과 어울려 다니며 올랐다. 럭비와 등산에 심취하다 보니 학과 공부는 늘 뒷전이었다. 그 결과 그는 3학년 때 유급을 당해서 일 년을 더 고등학교를 다녀야 했다. 그런데 인생만사 '새옹지마(塞翁之馬)'라 했던가. 남들보다 1년을 더 고등학교를 다닌 것이 정몽구에게는 훗날 엄청난 자산이 되었다. 그에게는 고등학교를 4년이나 다닌 탓에 동급생과 후배 동급생이라는 두 겹의 인맥이 생겼다. 명문인 경복고등학교에서 공부 잘하던 그의 친구들은 거의 대부분 일류대학에 진학을 했고 훗날 정몽구를 떠받치는 인맥이 되었던 것이다.

입학 동기인 유인균(현 현대제철 고문), 노관호(전 현대차 사장), 오영건(전 현대자동차서비스부사장) 등과 3학년을 한 번 더 다니면서 사귄 친구들 중 김경덕(전 현대엔지니어링 부사장), 김종훈(전 현대정공 상무), 서태원(전 현대정공 전무), 이영직(전 현대중공업 전무), 이재영(전 현대건설 상무), 최남식(전 현대강관전무), 최태웅(전 현대정공 이사) 씨 등이 현재 그의 측근에서 일하고 있다. 또 청와대 정무수석을 지낸 이원종도 그의 경복고 동기다.

럭비 선수로 활동하던 경복고교 시절이 정몽구에게는 무엇보다 소중한 추억으로 남아있다. 현재 경복고 총동창회 부회장을 맡고 있는 그는 모교 발전을 위해 후원금을 아끼지 않는 동문으로 널리 알려져 있다.

거물 기업인으로 거듭나는 아버지

정몽구가 고등학교를 다니던 시절 아버지 정주영은 훗날의 현대그룹을 기약하는 굵직굵직한 사업을 시작해서 성공을 거두고 있었다. 정주영은 정몽구가 1학년 때인 1955년 5월에 고령교 복구공사를 끝내고 그해 후반 가창 댐 확장공사를 필두로 낙동강 우곡제 개수 공사, 강구교 공사, 호포교 공사, 내무부 중기공장 신축공사, 부산항 제4부두 신축공사 등의 수주 실적을 거두었다. 이듬해인 1956년에는 옥산교 공사를 비롯해서 가창 댐 확장공사, 강구교 2·3·4차 공사, 안성교 1·2차 공사, 낙동강 우곡 제3차 공사, 남산 육교 가설공사, 전매청 의주로 공장 복구공사 등의 수주 실적을 올렸다.

정몽구가 3학년이 되던 1957년 무더운 한여름, 국내 건설업체는 충격적인 뉴스로 경악을 금치 못했다. 전후 단일 공사로는 최대 규모의 공사인 한강 인도교 복구공사가 정주영 앞으로 떨어진 것이었다.

'공사 기간 8개월, 공사 금액 2억 3,000여만 환.'

노가다판에서 밥깨나 먹었다는 사람이면 누구든지 그것이 수지맞는 공사라는 것은 단번에 알 수 있었다. 그런 노다지 같은 공사를 당시 국내 건설업계를 주름잡던 대동공업, 극동건설, 대림산업, 삼부토건, 중앙산업 등을 제치고 이름도 잘 알려지지 않은 현대건설이 내무부 입찰에서 당당히 일번 낙찰자가 됐던 것이다. 이 공사를 성공적으로 해냄으로써 현대건설은 건설업계의 총아로 떠올랐다.

정몽구는 무엇이든 한번 시작하면 끝을 보고야 마는 아버지의 강인한 모습을 무척 존경했다.

1959년, 정몽구는 경복고등학교 졸업하고 한양대 공업경영학과에 진학했다. 그는 학기 중 군복무를 마치고 돌아와 복학을 했다가 1966년 대학을 졸업했다.

정몽구의 대학 시절 이야기는 이상하리만치 알려진 것이 거의 없다. 대학을 졸업한 정몽구는 미국 코네티컷 대학으로 유학길에 오른다.

자녀 교육에 있어서 정주영은 특별한 원칙을 내세우기보다는 큰 줄기만 잡아놓은 채 알아서 크도록 하는 자유방임적인 스타일을 고수했다. 가난한 농군의 아들로 태어나 일약 대기업의 총수로 성공하면서 그는 '현장 경험을 통한 학습'을 그 무엇보다 중요하게 생각했다. 그는 자녀들에게도 말을 앞세우지 않고 행동으로 모범을 보이려고 노력했으며 자립심과 신념을 강조하고 창조와 개척정신의 본보기를 보여줬다.

그런 그가 고집스럽게 강조한 것이 하나 있다. 그것은 영어를 잘해야 한다는 것이었다. 요즘은 영어 교육이 필수로 자리 잡았지만 당시 그가 주장한 영어 교육 원칙은 놀라운 것이었다. 그것은 현대건설 설립 후 미군 부대 발주하는 공사를 따내는 과정에서 영어의 중요성을 몸으로 체득한 까닭이다. 정주영의 동생 정인영은 일본 아오야마(靑山) 학원 출신으로 영어를 유창하게 구사했는데 동아일보 기자를 하다가 전쟁 통에는 미군 공병대 통역으로 일하고 있었다. 정주영은 그 동생을 통해서 부산 수영 지역의 미군 병사 간이 숙소 공사를 맡게 되었다. 이 공사의 수주를 시작으로 정주영·인영 형제는 미8군 군납 건설업자로 도약하는 날개를 달게 된다. 그때부터 정주영은 사업을 하기 위해서는 '영어'가 필수라고 인식했던 것이다. 그래서 그는 자식들 대부분을 미국에 보내 공부를 시켰다. 그가 미국 유학을 고집한 것은 학문을 배우라는 뜻보다 영어를 가르쳐야 한다는 의지 때문이었다.

정몽구는 아버지의 그런 의지 덕분에 미국 유학의 길에 오르게 되었다.

정몽구의 첫 직장 생활

미국 유학을 마치고 귀국한 정몽구는 1970년 현대자동차 서울사무소 부품과장으로 입사했다. 말하자면 그는 시작부터가 자동차였던 셈이다. 그것이 그를 자동차 전문 경영인으로 우뚝 서게 하는 계기가 되었다. 그가 첫 출근한 곳은 서울 종로구 세운상가 안의 한 귀퉁이의 조그만 사무실이었다. 정몽구는 미국 유학에서의 자동차 경험도 있어서인지 자동차 정비에 취미를 가졌다. 그는 갑갑하게 사무실에 앉아 있는 것보다 자유롭게 돌아다니며 관리하는 자동차 정비업이 더 좋았다.

이건희가 첫 직장에서 후계자로 부상하기 시작한 것에 비해서 정몽구는 거의 일반 사원과 같은 노가다를 하면서 첫 직장 생활을 한 셈이다.

그런 정몽구에게 뼈아픈 후회를 하게 만든 사건이 터졌다. 직장 생활 3년째인 1972년 여름, 불행이 닥쳐왔다. 그해 여름 울산에는 큰 비가 내렸는데 울산공장에 쌓여 있던 자동차부품이 몽땅 물에 잠긴 것이다. 당시 현대자동차는 포드와 합작으로 코티나를 조립 생산하고 있었다. 물에 잠긴 것은 코티나 1,000여 대를 수리할 수 있는 부품이었다.

자동차 부품의 국산화율이 10%도 안 되던 시절이라 부품의 대부분은 포드로부터 수입한 제품이었다. 포드 측은 물에 잠긴 부품은 모두 폐기처분하라고 했다.

그러나 항상 부품난에 쪼들리고 있던 현대자동차로서는 그것을 그냥 버리기가 아까웠다. 현대 측은 그 부품을 장부상으로 폐기처분하고 실제는 서울 원효로 현대자동차서비스로 옮겨서 녹을 벗겨내고 기름칠을 해서 이를 유통시켰다. 이런 일에는 꼭 마가 끼는 법이다. 부품을 유통시키던 담당 직원이 그 틈새를 노리고 판매 대금을 횡령하는 사건이 일어난 것이다. 회사에서 감사에 나서자 해고될 처지에 놓인 이 직원은 불법 유통시킨 자동차 부품 관련 전표를 국세청에 제출하고 말았다.

이때 정몽구는 세금포탈 혐의로 조사를 받는 등 엉뚱하게 책임을 지고 곤욕을 치러야 했다. 이 사건으로 정몽구는 커다란 충격을 받았다. 그때 정몽구는 투명 경영에 대한 깊은 자각을 하게 되었다.

그 후 정몽구는 1973년 2월 현대조선 자재부 부장을 거쳐서 1974년 현대자동차서비스 사장으로 승진하게 된다. 일제시절부터 아도서비스라는 자동차 수리업체를 경영해 본 정주영은 애프터서비스(AS)가 돈이 된다는 사실을 알고 있었기에 현대자동차에서 AS사업부를 분리시켜 현대자동차서비스를 발족시키면서 그 책임자로 정몽구를 임명한 것이었다. 이 같은 인사 조치는 정몽구가 서울사업소 부품과장으로 일을 했기 때문에 AS의 성격을 누구보다 잘 알고 있다고 판단한 까닭이다. 정몽구가 현대자동차서비스를 맡게 된 것은 훗날 그의 여정에서 명운을 가르는 계기가 되었다.

"서울, 부산에 설치돼 있는 기존의 직영 정비공장과 부품 판매 대리점, 지정 정비공장 등 현재 60여 개의 지방서비스 조직망을 1974년에는 100여 개로 늘려 고객들이 전국 어디서나 정비는 물론 부품 구입에 지장이 없도록 하겠다. 또한 서비스 회사가 독립한 후 운영이 부실해서도 안 되겠지만 그렇다고 흑자 운영은 하지 않겠다."

정몽구는 취임사에서 이렇게 말했는데 그가 흑자 경영에 연연하지 않겠다고 선언한 것은 그의 비장한 각오가 엿보이는 대목이다.

정몽구는 우선 수수료 관행을 바로 잡아 나가기 시작했다. 당시 AS업계는 그야말로 복마전이었다. 정비 차량 수요가 늘자 고객들은 기다리는 시간을 줄이기 위해 급행료조로 정비공들에게 돈을 주는가 하면, 현장직원들은 마음대로 친인척의 차량을 무료로 정비해 주기도 했다. 심지어 어떤 직원들은 부품을 교체해 준 뒤 중고품을 밖으로 빼돌리는 경우마저 있었다. 그런 현장 사정을 익히 알고 있는 정몽구는 현장을 수시로 돌아다니면서 쐐기를 박아나갔다. 그는 부정부패에 관련된 인물들은 지위고하를 막론하고 일벌백계해나갔다.

또 정몽구는 현장 사정을 누구보다 잘 알고 있었기에 직원들의 불만을 해결해 나갔다. 현대차서비스가 분리되기 전에 서울사업소와 부산사업소 현장 직원들은 스스로를 3등급 인생이라 여기고 있었다. 정몽구는 현장 직원들의 처우를 개선해주는 한편 스킨십을 강화해 나갔다. 그는 사장임에도 불구하고 정비가 끝나면 직원들과 소주잔을 기울이고 점심은 특별한 약속이 없으면 구내식당에서 직원들과 같이 먹었다. 사장이 직접 현장에서 진두지휘를 하는 현대차서비스의 경영 실적은 당연히 좋을 수밖에 없었다.

사업 첫해인 1974년, 31억 원 매출에 2억 6,000만 원의 순이익을 올린다. 흑자 경영에 연연하지 않겠다고 선언한 사업 첫해 순이익을 낸 것은 뜻밖이었다. 정몽구는 현대자동차서비스를 튼실하게 경영함으로서 사업가로서의 자질을 검증받게 된 것이다.

1975년, 회사 경영에 자신감을 얻은 정몽구는 파격적인 인사정책을 실시한다. 전사원제를 도입한 것이다. 그때까지 현대자동차는 사원과 공원을 구분했다. 대졸자만 사원이며 현장 정비공들은 공원으로서 신분상 엄격한 차별을 했다. 현장 경영에 잔뼈가 굵은 정몽구는 현장 공원들의 이런 불만을 없앨 수 있는 인사정책을 인사팀에 지시한다. 전사원 제도는 사원과 공원 차별을 금지해 전부 사원화하자는 취지였다. 이러한 조치는 사원들의 사기를 올리고 그들의 근무 태도에도 긍정적인 결과를 가져왔다.

현장주의자인 정몽구는 정비공들과 함께 정비차량을 타고 직접 순회정비에 나서는 것으로 유명했다. 순회정비는 말하자면 지방 정비망이 갖춰지지 않은 지역을 대상으로 하는 정비다. 당시 개인이 차를 사는 경우는 극히 드물었으며 대부분은 운수업체들이 수요자들이었기에 순회정비가 가능했다.

정몽구는 마치 전국 투어를 하듯이 순회정비를 다녔다. 그는 순회정비를 다니면서 지방 정비망을 조속히 확충해야 한다는 판단을 하고 거기에 매진한다. 그는 또 현대 차량의 모든 부품 창구를 일원화시킨다는 목표 아래 납품업체에 대한 관리에 최선을 다했다. 또한 상품 가치와 고객의 신뢰도를 높이기 위해 처음으로 HMC 순정부품 상표를 도입하기도 했다. 특히 코티나의 부품이 부족하자 연구 개발을 독려하여 국산화에 성공하는 집념을 보여주기도 했다.

1974년 9월, 정몽구는 부품 부문 조직을 재정비했다. 판매 2부를 개발부로 확대 개편하고 그 안에 프로젝트팀을 두어 부품 생산의 원대한 청사진을 그리기 시작한 것이다. 바로 이 프로젝트팀이 뒷날 현대정공을 탄생시킨 주체이기도 하다.

정몽구는 국산 부품의 개발에 집중적으로 투자를 해나갔다. 또 부품 대리점을 육성해야겠다는 생각으로 우선 영세성을 면치 못하고 있던 부품 대리점의 부도를 막고 여신 관리에 만전을 기하면서 우수 대리점에 장려금을 지원하는 등 각종 포상 제도를 실시했다.

포니가 출고되면서 부품사업이 활황기에 접어들자 그는 다음과 같이 지시를 내렸다.

"첫째, 대리점의 신용도를 조사할 것"

"둘째, 전국 어디에서나 손쉽게 포니 부품을 구입할 수 있도록 할 것"

이렇게 노력을 기울인 끝에 고객들 사이에서 포니의 부품은 구하기가 쉽다는 여론이 형성되었고, 이러한 여론은 '포니 신화'에 결정적인 영향을 미쳤다.

'기술의 현대'를 만들자

훗날 정몽구는 현대·기아차그룹을 '품질 경영'으로 세계 속에 우뚝 서게 만들지만, 그는 그룹 회장 취임과 함께 '가치 경영'을 새로운 경영 철학으로 천명한다. 그는 고객의 삶의 질을 높이는 경영으로 탈바꿈하는 기업만이 무한경쟁 시대에서 살아남을 수 있다고 강조하면서 고로(高爐) 방식의 일관제철사업, 항공우주산업, 금융 등 3개 사업을 새로운 성장 엔진으로 정하고 고도 산업사회에 대비해 반도체와 통신사업에 과감히 투자하겠다고 선언했다.

또한 정몽구는 21세기 세계 일등 기업을 목표로 정하면서 자율과 투명경영을 기치로 내걸었다. 그는 그 수단의 하나로 사외이사제 도입을 전격 선언하고 나섰다. 요즘은 사외이사가 일반화됐지만 당시로서는 매우 신선하고 파격적인 선언으로 들렸다.

깨끗한 기업 이미지를 정착시키고 사외이사들의 풍부한 지식과 경험을 활용하겠다는 의지를 갖고 사외이사제 도입 용단을 내렸다. 정몽구는 우선 현대정보기술과 금강기획 두 계열사에 사외이사제를 도입하기로 하고 1996년 1월 주총에서 사외이사들을 임명했다. 현대정보기술은 이철수 한국전산원장과 김효석 중앙대 교수가 사외이사로 임명됐다. 금강기획은 김정남 성균관대 교수와 이유재 서울대 교수를 사외이사로 임명했다. 현대종합상사는 그해 3월 주총에서 어윤대 고려대 교수, 이재후 운현합동법률사무소 대표, 이회상 에너지경제연구원 상임고문 등 3명을 사외이사로 선임했다.

정몽구가 기치로 내세운 가치 경영은 현대기술상 제정으로 더욱 구체화되었다. 현대종합기획실은 신임 회장의 지시로 1996년 4월 22일 '현대기술의 날'을 선포하고 '현대기술상'을 제정한다. 또 그 후속조치로 현대는 그룹차원의 연구개발을 총괄하는 '연구개발인재육성위원회'를 발족시킨다.

정몽구는 현대기술상 시상식에서 이렇게 선언했다.

"새로운 경영 이념인 가치 경영을 실현하기 위해 세계의 현대, 기술의 현대, 미래의 현대가 되어야 합니다. 이중에서도 기술의 현대를 우선적으로 달성하겠습니다."

정몽구는 그 자리에서 중소기업의 기술 개발을 지원하기 위해 현대기술상 수여 대상에 협력 업체도 포함시킬 것임을 밝혔다. 정몽구 특유의 협력 업체 육성론인 원청업체의 기술이 발전하기 위해서는 협력 업체의 기술 수준도 동반 상승해야 한다는 주장이 반영된 것이다. 현대환경연구원의 설립도 정몽구의 가치 경영 실천의지가 반영된 작품이다. 이어서 8월 20일, 현대는 현대환경연구원 개원식을 갖고 환경경영에 대한 의지를 대내외에 천명한다.

정몽구 회장을 새로운 사령탑으로 한 현대는 해외 시장 개척에도 적극 나서면서 1996년 말 152억 5,000만 달러를 수출해 재계 1위를 차지한다.

자동차 경영권을 거머쥐다

1997년부터 기아자동차 부도설이 급속히 퍼져나갔다. 한보사태의 충격에서 채 벗어나기도 전에 재계 7위의 대기업인 기아자동차의 위기 사태는 결국 나라 전체를 IMF 구제금융 시대로 몰고 갔다.

정몽구는 기아차 인수를 통해 자동차 시장 진입이라는 오랜 숙원을 풀기로 작심하고 유기철 현대정공 부회장을 불러 기아차 인수 방안을 은밀히 지시한다. 그는 1991년 갤로퍼 신화에 이어 싼타모까지 성공한 상태여서 자신감이 넘치고 있었던 때라 본격적인 자동차 사업을 벌여나가고 싶었다. 정몽구는 승용차 30만 대 생산을 목표로 하고 1994년 이미 현대정공 명의로 충남서산 일대에 120여만 평의 대규모 부지를 매입하고 자동차 사업에 필요한 연구개발 인력들을 속속 모으고 있던 중이었다.

기아자동차 인수를 검토 중이던 정세영 현대차 명예회장과 정몽규 현대차 회장 측은 아연 긴장할 수밖에 없었다. 기아차 인수를 두고 그룹 내에서는 여러 가지 설들이 흘러나왔다. 정몽구에게 자동차 사업을 내주기 위한 정주영의 포석이라는 설, 정몽규가 현대차를 정몽구에 넘겨주고 기아차를 떼 낼 것이라는 설이 난무했다.

그런 가운데 기아차는 결국 현대의 손으로 들어왔다. 기아차 인수가 결정되자 정몽구는 정주영에게 자신에게 자동차 사업을 맡겨 달라고 요청하고 나섰다. 정주영은 갤로퍼와 싼타모 성공으로 정몽구의 능력을 높이 평가하고 있었으므로, 현대자동차 경영에 정몽구가 참여하게 했다. 왕회장은 정몽구를 현대자동차 회장으로 발령하고 기아자동차 정상화 작업도 정몽구가 주도하도록 했다. 대신 회장을 맡고 있던 정몽규는 부회장으로 밀려났다. 왕회장은 한걸음 더 나아가서 정세영에게 자동차에서 손을 떼라는 지시를 내린다.

아마 여기서 정세영은 무척 섭섭했을 것이다. 정세영이 누구인가? 그는 정주영의 친동생이자 오른팔로서 형이 죽으라면 죽는 시늉까지 하면서 현대자동차를 만들어낸 장본인이 아닌가? 그는 무엇보다도 국내 최초의 자동차 독자개발 모델인 '포니 신화'를 만들어낸 주역이었다. 그래서 '현대자동차를 세운 것은 정주영이지만 현대자동차를 키운 것은 정세영이다' 라는 평가를 받고 있던 인물이다. 그만큼 정세영은 현대자동차에 애착이 많았을 것이다. 그런데 하루아침에 형으로부터 자동차에서 손을 떼라는 지시를 받고 나니 정말 허탈했을 것이다.

정몽구는 자동차 대권을 맡으면서 정세영에게 인천제철을 내주겠다고 제안했다. 정세영은 이 카드를 거부했다. 결국 정몽구와 정세영의 빅딜은 정몽구가 현대산업개발을 내놓는 것으로 끝이 났다. 눈물을 흘리면서 50여 년 자동차 인생을 마감한 정세영은 그래도 조카인 정몽구에 대해 이렇게 평가했다.

"추진력이 좋잖아. 특유의 돌파력으로 자동차를 잘 이끌어갈 것이야."

1998년 12월 3일 오후 2시 현대그룹은 중대 발표를 한다. 그룹을 자동차, 전자, 건설, 중화학, 금융 및 서비스 등 5개 소그룹으로 분할하고, 현대그룹의 자동차 부문을 단일 법인으로 합병해 일원화한다는 것이었다. 현대자동차와 기아자동차 공동대표이사에 정몽구가 선임됐다.

훗날 정몽구가 자동차 대권을 잡은 것은 한국 경제를 위해 천만다행한 일이란 평가를 받게 된다. 만약, 정세영과 정몽구가 자동차를 놓고 혈투를 벌였다든지, 정몽구가 별도로 자동차 사업을 추진했다면 오늘날과 같은 현대·기아자동차 그룹은 탄생하지 못했을 것이기 때문이다. 현대는 한때 어려운 시절을 겪었으나 정몽구가 이끄는 현대·기아자동차 그룹을 기반으로 다시 한 번 '왕회장' 정주영의 도전 정신을 재현해내고 있다.

왕자의 난과 거인의 마지막

> "경영 환경이 어려울수록
> 원활한 의사소통을 통한 근면과 참여가 중요합니다.
> 기업경영은 조직에 의한 경영이므로 상하, 종횡으로 잘 교직될 때
> 그 조직체가 튼튼하여 어려움을 뚫고 전진할 수 있습니다."
> – 정몽구 –

**아버지의
이상한 선택**   2000년 3월 14일, 이른바 현대가의 '왕자의 난'이 발생했다. 이 난리는 형제 간의 '경영권 분쟁'이었고, 현대가의 분열을 가속화시킨 결정적 계기였다. 정몽구는 결과적으로 아우인 정몽헌에게 완패해서 그룹 회장 자리를 내놓는 치욕을 겪으며 현대·기아자동차 소그룹으로 독립하는 길을 선택해야만 했다.

형제간의 경영권 분쟁이 심화되기 시작한 것은 1998년 1월 13일 정몽헌이 정몽구과 함께 '경영자협의회 공동의장'으로 발령이 나면서부터였다. 경영자협의회는 현대그룹의 최고 의사 결정 기구로서 두 형제가 그룹 공동회장직을 맡은 셈이 되었다. '그룹 회장 쌍두마차 체제'라는 국내 재벌 그룹사에 유례가 없는 파격적인 인사는 이미 '왕자의 난'을 예고하는 불씨를 내재한 것이었지만, 일각에서는

왕회장이 자신의 의중이 누구에게 있는지를 '공식적으로' 드러낸 인사라는 해석을 낳기도 했다.

이미 이런 평가는 1996년 정몽구가 그룹 회장이 되면서 불거진 것이었다.

정주영은 그룹 회장에 정몽구를, 그룹 부회장에 정몽헌을 앉힘으로써 두 형제간 서열을 정해주었다. 그러나 정몽구의 위상은 그룹회장에 전혀 어울리지 않았다. 정몽구는 1974년 현대차서비스를 처음 맡은 이래 현대정공, 현대강관, 고려산업개발, 인천제철 등의 회사를 거느리고 있었지만 정몽헌은 그룹 부회장 취임과 함께 그룹의 모기업인 건설을 맡음으로써 실질적인 법통을 이어받은 듯이 보였다. 특히 그는 현대전자, 현대상선, 현대종합상사까지 거느리게 됨으로써 그룹의 핵심 계열사들을 지배하게 됐다. 그래서 정몽구를 그룹 회장 자리에 앉힌 것은 장남에 대한 '배려'의 차원이었다는 구구한 평가가 나오게 된 것이다.

일세를 풍미했던 기업가인 정주영이 왜 분란을 예고하는 그런 이상한 선택을 한 것일까?

정주영으로서는 그러한 결정이 무모한 것이 아니라고 판단하고 있었을 것이다. 그는 항상 입버릇처럼 자신은 120살까지 살 수 있다고 건강을 호언하고 있었다. 그는 아직까지는 자식들의 능력을 테스트해보고 싶었던 것이다. 그래서 그는 현대중공업과 현대건설, 두 지주회사의 최대 지분(각각 11.56%, 4.58%)을 거머쥐고 후계 구도를 못박지 않은 채, 영향력을 끝까지 행사하면서 2세들의 경쟁을 자극하며 그룹을 키워나간 것이다.

그래서 왕회장이란 명칭을 얻게 된 정주영은 몽(夢)자 항렬의 아들들에게 관할 계열사를 나눠주고 각각 계열사 경영권을 인정해 주었다. 그리고 나름대로 경영능력을 보인 아들들에게는 경영권에 맞먹는 지분을 넘겨줌으로써 재산 분배를 계속해왔다. 두 형제간 대권분쟁이 벌어진 것은 왕회장의 후계구도에 대한 독특한 생각과 밀접한 관련이 있다는 분석이다.

그것은 상당히 긍정적인 평가를 받을 만한 계산법이었지만 왕회장은 자신의 건강을 오산하고 있었다. IMF 외환위기로 기업환경은 극도로 악화되어 있었고, 그와 동시에 본인의 건강과 판단력이 빠르게 악화되어가고 있었던 것이다. 그런 상황에서 후계구도의 혼선은 현대의 위기를 촉발하고 만 것이다. 그리고 두 형제간 분쟁은 왕회장의 권위도 여지없이 무너뜨리고 말았다.

왕자의 난, 가신(家臣)의 난

조선을 개국한 태조 이성계에게는 여덟 왕자가 있었다. 현대그룹의 창업주 정주영에게도 여덟 아들이 있었다. 그들이 '왕자의 난'을 일으킨 것도 닮은꼴이다. 현대가의 형제들이 왕자의 난에 휩싸여 있을 즈음 공교롭게도 이성계의 아들들이 벌인 왕자의 난을 다룬 사극 〈용의 눈물〉이 방영되고 있었다. 정주영은 이 사극을 녹화 비디오로 매일 2시간씩 보았다고 한다. 그는 당시 현대그룹 이야기와 너무 비슷한 내용의 〈용의 눈물〉을 무슨 생각을 하면서 보았을까?

무일푼의 가출 소년에서 세계적인 굴지의 기업군을 일으켜 세운 그였지만 생의 마지막 고비에서 자신이 세운 성이 무너지고 있는 비감을 느꼈을 것이다.

"삼성은 시스템이, 현대는 가신(家臣)이 이끈다."

삼성과 현대 두 그룹을 특징지을 때 재계에서 흔히 하는 말이다.

'왕자의 난'으로 불렸던 현대의 경영권 분쟁을 '가신의 난'으로 일컫는 이들도 많다. 두 차례에 걸친 왕자의 난은 따지고 보면 정몽구, 정몽헌 두 회장 진영에 속하는 가신들의 치열한 충성전쟁이자 두뇌전쟁이었다.

그런데 왜 현대에는 다른 재벌에는 없는 '가신'들이 판을 치는 것일까. 현대가의 가신그룹에 속했던 이계안은 이렇게 해석하고 있다.

"삼성만 하더라도 소비재가 많기 때문에 오너가 아무리 예뻐해도 시장이 받아들이지 않으면 CEO로서의 생존이 어렵다. 그러나 현대는 기간산업이 대부분이다. 오너가 영업을 하고 임원들은 생산·노무관리를 책임지다 보니 오너의 영향력이 다른 재벌에 비해 절대적으로 컸다."

그래서 현대에서는 오너를 중심으로 '가신그룹'이라는 특이한 인맥이 생성된 것이라는 한다. 정주영 시대에는 가신들의 일사불란한 충성만 있었을 뿐이었다. 그런데 왕회장이 쌍두마차 체제를 운행시키다보니 가신그룹도 둘로 쪼개어질 수밖에 없었다.

'정몽헌 3인방'으로 불리는 가신의 대표 주자는 이익치, 김윤규,

김재수였다. 이익치와 김윤규는 1969년 현대건설 입사 동기로 정주영의 비서출신이라는 게 공통점을 갖고 있다. 1996년 그룹 부회장이 된 이후 정몽헌은 왕회장 측근들을 핵심 참모로 끌어 모았다. 이들은 '왕회장 직계'로 언제든 왕회장과 독대가 가능한 인물들이었다. 이들은 장자인 정몽구 대신 정몽헌에게 후계구도의 무게를 실어 주는 과정에서 자연스레 정몽헌의 후견 세력이 되었다.

반면 정몽구는 왕회장과 독대할 수 있는 측근이 없어 '참모 전쟁'에서 열세를 보였다. '정몽구 3인방'으로 불리는 가신들은 유인균 INI스틸 회장, 이계안 현대카드 회장, 정순원 현대·기아차 기획총괄 본부장이었다. 이들은 모두 정몽구의 '경복고사단'이었다.

유인균은 정몽구의 고교 동창으로 리더십을 갖춘 재계의 마당발로서 정몽구의 의중을 가장 잘 파악하는 최측근이다. 이계안은 정몽구 진영의 제갈량으로 통할 만큼 시야가 넓고 전술 구사에 능하다는 평을 받고 있었다. 정순원은 현대경제연구원 출신답게 그룹 내의 대표적인 기획통으로 꼽힌다.

왕자의 난은 '1차 왕자의 난', '2차 왕자의 난'이라는 과정을 거쳐서 진행되었는데 여기서 시시콜콜하게 그 전개 과정을 늘어놓고 싶은 생각은 없다.

'1차 왕자의 난', '2차 왕자의 난'은 모두 정주영이 다섯째 아들 정몽헌의 손을 들어줌으로써 끝났다. 보도진에게 공개된 왕회장의 육성은 이랬다.

"앞으로 경영자협의회의장을 정몽헌 회장 단독으로 한다는 것을 여러분께서 의아하게 생각하는 모양인데, 정몽구 회장은 현대자동차 및 기아자동차 등 여러 가지 일이 바쁘기 때문에 정몽헌 회장이 단독으로 경영자협의회 의장을 한다고 하더라도 아무 잘못이 없다고 생각합니다."

이로써 정몽구는 아버지로부터 그룹 경영에는 관여하지 말라는 최후통첩을 받은 셈이었다.

그런데 2000년 5월 31일, 정주영은 유동성 위기로 현대그룹 전체가 흔들리자 자신을 포함해 두 아들과 함께 경영 일선에서 물러나겠다는 '3부자 동반 퇴진'을 전격 발표한다.

그때 정몽구는 "자동차 사업에 전념할 것임을 분명히 밝힌다"며 퇴진을 거부한다. 한 번도 아버지의 뜻을 거스르지 않던 정몽구가 처음으로 영(令)을 거역한 것은 '3부자 동반 퇴진'의 목적이 정몽구로부터 현대자동차를 뺏으려는 정몽헌 측이 벌인 음모라고 생각한 탓이었다. 그들의 시도는 결국 자동차를 지키기 위해 안간힘을 쓴 정몽구 측의 노력과 정부의 개입으로 무산됐으며, 그해 말부터 현대그룹은 사실상 해체되기에 이르렀다. 정몽구는 훗날 이때가 60평생 가장 힘든 시절이었다고 회고했다고 한다.

정몽구의 경복고등학교 동창인 손병두는 '왕자의 난'을 다른 시각으로 보고 있기도 하다.

"그건 참모들끼리의 싸움이고, 정주영 회장의 뜻이 아니었다고 본다. 1998년 12월, 현대자동차를 몽구에게 준 것도 정주영 회장이

몽구를 인정했다는 뜻이고, 그를 후계자로 염두에 둔 조치였을 것이다. 정주영 회장은 현대자동차를 몽구에게 주려고 치밀하게 준비했다. 몽구의 입지를 키워 주기 위해 현대자동차서비스가 관장하는 지역을 점점 넓혀 주었다."

뚝심의 사나이 정몽구

그러나 정몽구는 그룹에서 내쫓긴 비운의 왕자만은 아니었다. 그의 수중에는 현대·기아자동차란 보물 같은 기업그룹이 안겨져 있었다. 정몽구는 1998년 기아자동차 인수를 계기로 그동안 현대자동차를 키워온 삼촌 정세영을 밀어내고 현대자동차 및 기아자동차 회장에 취임해서 자동차그룹을 완전히 장악함으로써 재산분할 구도에서 동생 정몽헌과 거의 대등한 위치에 올랐다.

정몽구는 현대·기아자동차를 2000년 9월 현대그룹에서 분리함으로써 '왕회장'의 그늘을 벗어나 현대차를 사실상 독자경영하게 된다. 그는 현대자동차, 기아자동차, 현대차서비스 등 자동차 전문그룹을 거느린 수장으로서 새로운 전기를 마련하기 시작했다.

현대자동차는 IMF 직후 적자경영 상태였다. 그러나 정몽구가 경영을 맡으면서 1년 만에 4,000억 원의 흑자를 기록했다. 왕자의 난이 벌어진 2000년에도 현대자동차의 순이익은 6,700억 원이었다.

정몽구 1인 경영 체제로 분가한 2001년, 매출액 20조 원을 넘어섰고 순이익 1조 1,650억 원을 올리며 순이익 1조 원 시대를 연다.

그는 자동차 소그룹을 이끌고 밀려나듯 현대그룹에서 떨어져 나왔으나, 이는 결과적으로 현대차를 위기 직전에 구해낸 셈이 됐다. 어찌 보면 그것이 정몽구에게는 전화위복의 계기가 된 것인지도 모른다. 그 후 현대그룹은 왕회장의 사망 이후, 대북 사업 표류로 경영난에 빠져들었지만, 이미 그룹에서 떨어져 나온 현대·기아자동차는 그 '불똥'을 피해 순항을 계속할 수 있었기 때문이다.

한편 승자처럼 보였던 정몽헌은 2003년 8월 4일, 무리한 대북 사업과 대북 송금 사건에 휘말려 자살로써 생을 마감하고 만다.

'왕자의 난' 당시 정몽헌은 현대건설과 현대전자(현 하이닉스반도체), 현대상선, 현대엘레베이터 등 현대그룹의 중요 계열사를 이끌면서 사실상 현대그룹 후계자의 지위를 확보했었다. 그러나 계열사 내에 취약한 지분 구조와 대북 사업에 실패하면서 정몽헌과 정몽구의 명운(命運)은 뒤바뀌고 만 것이었다.

현대그룹에서 현대중공업과 현대전자가 잇따라 떨어져 나오면서 그룹은 현대건설·현대상선·현대아산으로 축소됐고, 이어 현대건설마저 채권단으로 넘어가 정몽헌의 입지는 무척 좁아졌다. 특히 대북 사업이 정권 교체기에 대북 송금 특검과 북핵 문제라는 암초에 걸리면서 난관에 봉착하게 된 것은 정몽헌에게 상당한 부담으로 작용했다.

반면 오로지 일만 생각하는 '뚝심 승부사' 정몽구는 아버지 '왕회장' 그늘에서 벗어나 독자 경영한 지 10년 만에 현대·기아차의 경영권 확보 이후 현대·기아차를 재계 서열 2위로 끌어올리며 승승장구하고 있다. '저돌적 돌쇠형'인 정몽구가 자신이 좋아하는 자동차에서 사업 수완을 제대로 발휘한 탓이다.

정몽구는 2001년부터 '품질 경영'을 최대 화두로 내세웠다. 그는 '품질 경영'을 바탕으로 "월드 베스트 카를 만들자"고 선언했다. 자동차 전문그룹으로 거듭나 세계를 종횡무진 누비자는 비전을 제시한 것이었다. '품질 지상주의'를 표방한 정몽구의 실천적 현장 경영은 그룹 전반에 강력한 파장을 일으켰다.

선진국 시장에서 값싼 차로만 인식되던 현대·기아자동차를 세계 5위의 자동차 회사로 성장시킨 데는 CEO인 정몽구의 역할이 절대적이었다.

마지막 3가지 꿈

정주영에게는 말년에 마지막 3가지 꿈이 있었다고 한다.

자신의 사후에도
첫째 현대그룹이 한국 제1의 기업으로 영속하는 것,
둘째 대북 사업의 완성, 셋째 6남 정몽준의 대권 쟁취가 그것이다.
《일요시사》 220호

이 가운데 대북 사업은 정주영의 인생 최대 도박이자 마지막 꿈이었다. 하지만 그의 마지막 사업인 대북 사업은 남북 간의 미묘하면서도 거대한 힘이 작용하는 관계로 개인적인 사업 능력이 아무리 뛰어나더라도 그 능력 외의 변수에 의해서 성패가 결정되는 것이었다.

정주영은 이미 젊은 시절의 영민함과 돌파력을 많이 잃은 상태였고 그의 마지막 사업에서 그의 능력 외의 변수는 너무도 크게 작용하고 있었다. 그리하여 그는 우리 민족에게 남북화해의 감격과 통일이라는 꿈을 던져주었지만 자기 자신은 마지막 사업이 결실을 맺지 못하고 좌초할지도 모른다는 것을 감지한 가운데 눈을 감아야 했다.

2001년 3월 21일 밤 10시 정각.

정주영은 눈을 감았다. 향년 86세.

이날 오후 3시경부터 폐렴이 악화되면서 아산중앙병원으로 옮겨졌으나 이미 손을 쓸 수 없는 지경이었다. 그는 3층 중환자실로 옮겨졌으나 곧 의식불명 상태에 빠졌다. 그로부터 한 시간 뒤인 오후 4시 경, 정주영은 끝내 의식을 회복하지 못하고 장남인 정몽구를 비롯한 정몽헌, 정몽준 등 가족들이 지켜보는 가운데 숨을 거뒀다.

그는 맨주먹으로 가출한 소년이었으나 83개 기업을 일으켜 세우며 세계적인 대기업과 어깨를 겨룬 기업가였다. 그러나 개인 정주영은 그냥 보통 사람으로 살았다. 청운동 집에 있던 유품은 일그러진 낡은 구두와 구멍 난 면장갑, 오래된 금성 텔레비전이 고작이었다.

정주영의 마지막 3가지 꿈 가운데 첫 번째 꿈은 기업인으로서 당연히 가질 소망일 것이지만 두 번째, 세 번째 소망은 그가 도전하고 좌절을 겪었던 정치적 경력과 무관해 보이지 않는다. 과연 정주영의 후세들 중 누가 그의 마지막 3가지 꿈을 이루어 줄 것인가?

'왕자의 난' 주요 일지 --

1999년 12월 31일 정몽헌 회장 측, 박세용 회장(그룹구조조정본부장)을 정몽구 회장
측인 현대자동차로 전보. 노정익 부사장이 구조조정본부장 대행

2000년 1월 4일 정몽구 회장 측, 박세용 회장을 인천제철 회장으로 다시 전보

3월 14일 정몽구 회장 측, 일방적으로 이익치 현대증권 회장을 고려산업개발
회장에 내정 발표.

3월 24일 김재수 구조조정본부장 긴급 기자회견에서 정몽헌 단일 그룹회장
체제 및 정몽구 공동회장은 그룹회장직 그만두고 현대자동차에만
전념한다고 발표. 이익치 회장과 노정익 사장에 대한 인사는 없
었던 것으로 원 위치.

3월 27일 현대경영자협의회 개최, 정주영 명예회장 참석해 육성 녹음 공개.
정몽헌 단일회장 체제, 정몽구 회장 수용 선언

4월 25일 현대그룹 계열사, 현대투신 영향으로 주가 폭락

5월 28일 현대그룹, 3조4000억 원 규모 유동성 확보 방안 발표

5월 31일 정주영 명예회장 및 정몽헌·정몽구 회장 퇴진 및 현대자동차 계
열분리 약속

6월 1일 정몽헌 회장, 회장직 사퇴서 제출 뒤 일본으로 출국. 정주영 명예
회장도 사퇴서 제출

6월 2일 정몽구 회장, 사퇴 거부 뒤 미국으로 출국

6월 8일 정몽헌 회장과 정몽구 회장 동시 귀국

6월 15일 김대중 대통령과 김정일 국방위원장 남북정상회담

6월 28일 정주영 명예회장과 정몽헌 회장 방북(김정일 국방위원장 면담)

6월 30일 정몽헌 회장 측, 당초 약속과 달리 현대자동차 제외하고 나머지
계열분리 편법 신청(역계열 분리), 공정거래위원회는 즉각 계열분
리 신청 반려

7월 25일 현대중공업, 이익치 현대증권 회장과 현대전자 측 제소(1997년
현대전자 외자유치 관련 보증각서가 빌미)

8월 23일 현대자동차 부문 10개사 계열분리(현대자동차, 기아자동차, 현대정
공, 현대강관, 현대우주항공, 현대캐피탈, 오토에버닷컴, 이에치디닷
컴, 인천제철, 삼표제작소)

8월 30일 이익치 회장 사표

영어 교육에 목말라 한 정주영

정주영은 자녀들이 명문대학을 가는 것이나 명문가와 혼맥을 맺는 것에 별로 관심이 없었다. 그런 그가 고집스럽게 강조한 것이 하나 있다. 영어를 잘 해야 한다는 것이었다. 요즘은 영어 교육이 필수로 자리 잡았지만 당시 그가 주장한 영어 교육 원칙은 놀라운 것이었다. 그것은 현대건설 설립 후 미군 부대에서 발주하는 공사를 따내는 과정에서 영어의 중요성을 몸으로 체득한 까닭이다. 영어를 잘하는 동생 정인영 덕에 미8군 군납 건설업자로 도약하는 날개를 달게 된 탓이다. 그때부터 정주영은 사업을 하기 위해서는 '영어'가 필수라고 인식한 듯하다. 그래서 정주영은 '자녀들이 영어를 잘해야 한다는 생각을 일찍부터 갖고 있었다.

몽구, 몽헌, 몽준, 몽우 등 정씨 집안의 몽(夢)자 항렬의 자식들은 대부분 미국 유학을 다녀왔다. 돈이 많은 재벌가의 자식들이라 으레 유학을 간 것이라고 생각할 수 있지만 정주영의 자식은 그래서 유학을 간 것이 아니다. 그들이 미국 유학을 간 이유는 오로지 '영어'를 잘해야 한다는 정주영의 의지 때문이었다. 정주영은 앞으로 사업을 하기 위해서는 영어가 필수라고 생각했고 그래서 자녀들을 모두 미국으로 보냈던 것이다.

정주영은 회사의 임원들을 선발할 때도 "그 친구 미국 사람과 말 통해?"라고 물을 정도로 영어에 관심이 높았다. 영어를 제대로 하는 인력이 거의 없었던 당시의 미군 공사는 말이 안 통해서 애를 먹었고 해외건설 사업에 나설 때도 마찬가지였다. 정주영은 현대사원을 공채로 뽑기 시작하면서부터 영어회화 시험엔 미8군 인사국장을 초빙, 시험을 치렀다.

조선, 자동차 사업을 시작하고부터 영어의 중요성은 더욱 커졌다. 일반 기술자라도 외국 협력사 직원들과 대화가 통해야 했고 그래야 기술 이전이 쉽게 이루어졌다. 현대는 직원들에게 영어회화 실력을 배양하도록 주문했는데, 그것은 당장 외국 협력사와 일을 순조롭게 해나가야 하는 것은 물론이거니와 훗날 해외 시장 진출에 대비해야 한다는 전략이 깔려 있었다. 정세영의 자서전을 보면 이런 대목이 나온다.

"우리 회사직원들 사이에는 '못하면 옷 벗어야 되는 세 가지' 필수항목이 있는데, 바로 '영어'와 '컴퓨터' 그리고 '운전'이다. 나는 회사의 업무성격이나 기업특성상 국제화(國際化)가 필수적이라는 인식에서 사원들에게 영어공부를 강조했다. 특히 수출을 해야만 생존할 수 있는 우리 기업의 특수성을 감안할 때 영어는 생존 수단이나 다름없었다."

정주영은 영어를 전사적 생존 수단으로 보고 영어 회화 능력을 최우선 조건으로 내세웠던 것이다. 현대그룹에 정통한 한 인사는 이런 증언을 하고 있기도 하다.

"아버지인 정주영 명예회장은 영어를 매우 중시했죠. 사람을 영어로 평가하기 일쑤였어요. 그런데 동생들인 정몽헌 회장이나 정몽준 의원은 영어가 능통했어요. 그래서 정주영 명예회장은 두 사람을 매우 유능한 아들이자 경영인으로 평가했죠. 하지만 정몽구 회장은 솔직히 영어를 좀 못했어요. 그러니 아버지 눈에 어떻게 보였겠어요. 더구나 자동차 기업은 국제 감각이 필수인데 영어를 못했으니…."

정주영은 자식들에게만 영어 공부를 강요한 것이 아니었다. 정주영 자신도 통역 없이 의사소통이 가능할 정도로 영어를 잘했다. 초등학교 졸업이 최종 학력이라 정주영이 영어 한 마디 할 줄 모를 것이라 생각하겠지만 그는 상당한 수준의 영어를 구사했다. 그의 영어 공부는 학교나 학원에서가 아닌, 차를 타고 이동하는 중에 혼자 단어를 외우고 테이프를 들으며 배운 독학이었다. 물론 그룹 회장이 된 후에는 원어민의 세련된 교정을 받았으리라.

정주영 정신을 기리며

우리들은 지금 두 개의 영원이 서로 합쳐지는 시점에 서 있다. 즉 영원을 뒷받침 해온 광대한 과거와 이미 기록된 시간의 최후까지 전 진하는 미래 교차점에 자리잡고 있다. 그러나 우리는 이들 두 영원의 어느 면에서도 살 수는 없다. 한 순간이라도 그럴 수 없다. 만약 그렇 게 하려고 하다가는 몸과 마음이 모두 부서져 버릴 것이다. 그러므로 우리가 살 수 있는 유일한 시간인 현재만으로 만족해야 되지 않는가? 지금부터 영원히 잠들 때까지.

– 데일 카네기, 『인생의 길은 열리다』

위대한 자산은 사람

"위대한 기업으로 도약하는 것을 막는 최대 적은 '좋은 기업'(The enemy of great is good)이다."

이 말은 『좋은 기업을 넘어 위대한 기업으로(From good to great)』 에서 짐 콜린스(Jim Collins)가 한 말이다. 많은 기업인들이 놀라운 개 척자적 정신으로 거둔 성공을 후에 그다지 존경받지 못한 기업인으 로 전락하는 경우가 많은데 그것은 대개의 창업가들이 가지고 있는 자아 중심적 사고방식 때문이다. 좋은 기업을 넘어 위대한 기업을 일군 사람들은 그러한 닫힌 사고를 넘어서 나 보다는 우리를 강조한 사람들이다.

21세기에 들어서 진정한 '세계 경영자'로 다시 주목받고 있는 칭기즈칸은 자기를 부를 때 '칸(Khan)'이라는 호칭 대신 '테무진'이라는 이름을 부르게 한 것으로 유명하다. 그는 격식에 얽매이는 것을 무척 싫어해서 공개적으로 토론하고 부하들의 의견을 수렴해서 대사를 결정했다. 그는 자신이 정복한 나라의 백성들을 차별하지 않았고, 철저한 능력 위주의 발탁으로 피정복 국가의 국민들에게서 높은 호응을 얻었다.

정주영도 처음부터 재력, 학력, 지력 면에서 어느 것 하나 남들보다 유리한 조건에서 출발한 것이 없었다. 때문에 사업을 하는 동안 그는 한시라도 나태한 마음이나 오만한 행동으로 살아오지 않았다. 그는 언제나 인간미 넘치는 보통 사람의 행동 양식으로 근검과 질약, 신념과 인내, 신뢰와 신의를 소중히 한 기업가이다. 그는 훌륭한 기업가가 가지고 있는 덕목을 도전과 개척자적 정신으로 실천한 대표적 창업자임을 증명하고 있다.

어느 해, 임금 협상이 난항 끝에 타결된 직후였다. 노사 파업 때문에 고생이 많으셨겠다는 인사에 정주영은, 이렇게 대답했다고 한다. "파업을 한 노동자들이 고생했지요. 연일 잠도 못 자고 먹는 것도 변변치 않았으니까요."

정주영 스스로가 근로자는 어느 수준까지 임금을 보장받아야 자신의 능력을 발휘한다고 생각했으므로 근로자의 입장에서 해결하려고 노력했다. 그리고 정주영은 자신이 배고픈 고생을 해보았고 막노동을 해보았으므로 근로자의 어려움을 누구보다 잘 이해하며, 그들의 단순함과 우직함을 좋아했다. 그는 노동자들과 어울리는 것을 스스로 즐겼다. 그는 언제나 한국 경제가 이만큼 발전한 데는 열심히 일해준 근로자의 힘이 컸음을 강조했다.

위대한 리더는 좋은 인재를 뽑아 적재적소에 쓰는 사람이다. 조직이 보유하고 있는 최고의 자원인 인재를 적소에 배치하여 최고의 성과를 만들어내는 일보다 큰일은 없다. 그리고 아랫사람이 신바람 나게 일할 수 있게 하는 데 조직 경영의 묘미가 있다. 그런 의미에서 정주영은 모든 임직원들과 협력 업체 가족들 모두를 '한솥밥 식구'라고 표현한다.

신입사원 수련대회에 반드시 참석한 것은 물론 젊었을 때는 체육대회 때마다 직원들과 직접 살을 부대끼며 씨름대회에 참가하여 자신의 독특한 인간적인 매력을 위대한 리더십으로 승화시켰다. 정주영은 보스로서 탁월한 인간적인 매력을 갖고 있다.

한번 사람을 신임하면 절대 버리지 않았으며, 언젠가 반드시 중용했다. 사람을 보는 눈이 좋아 능력에 맞는 인물을 적재적소에 활용할 줄 알았다. 그래서 그의 주위에는 그를 진심으로 우러르고 존경하는 사람들이 많았고, 그를 위해서 '충성'을 다했다.

평소 정주영은 "기업의 가장 위대한 자산은 사람"이라는 지론을 가지고 있었다.

성공한 사업가에서 위대한 사업가로

여기서 콜린스가 위대한 기업으로 도약하기 위한 조건으로 제시한 '고슴도치(Hedgehog) 이론'을 들여다볼 필요가 있을 것 같다. 고슴도치 이론이란 자신을 잡아먹으려는 여우의 온갖 위협에 대처하는 고슴도치의 자세를 말한다.

여우는 고슴도치를 잡기 위해서 고슴도치의 굴 주변을 맴돌며 여러 가지 교활한 꾀를 내어 고슴도치를 유혹한다. 드디어 완벽한 순간이 오고 여우는 사냥을 덮친다. 그러나 그 순간 고슴도치는 온몸에 가시를 세우고 몸을 공처럼 말아서 변신한다. 여우는 가시덩어리가 된 고슴도치 앞에서 공격을 멈춘다. 여우는 숲 속으로 퇴각하여 새로운 공격 전략을 구상할 수밖에 없다.

세상에는 고슴도치와 여우 사이의 싸움 같은 일들이 빈번히 벌어지고 있는데, 여우가 훨씬 교활하지만 이기는 건 늘 고슴도치다. 고슴도치는 자신의 컨셉트에 부합하지 않는 일에는 전혀 관심조차 없다. 고슴도치처럼 기업도 복잡한 전략보다는 일관성을 가지고 핵심역량(Core Competence)에 집중해야 한다는 이론이다.

위대한 사업가는 기회를 놓치지 않고 온몸을 던져서 아이디어를 자신의 현실로 만드는 사람들이다. 그리고 작은 실패라도 잊지 않고 타산지석으로 삼아 수성을 게을리 하지 않는 사람들이다.

정주영은 허세를 부리지 않고 진정 성공한 기업가가 되기 위해서는 자신과의 외로운 싸움에서 승리를 거두어야 한다고 늘 주장했다.

그것은 짐 콜린스가 말하는 위대한 기업으로 가기 위한 노력에 다름 아니다. 1999년 10월, 미국의 권위 있는 헤리티지 재단은 정주영의 이름을 딴 펠로우십 프로그램을 창설하고 '정주영 연구실'을 개설했다. 헤리티지 재단은 미국의 정책결정 과정에 막강한 영향력을 미치고 있는 유력 연구소다. 이 재단에서 인명을 딴 펠로우십 프로그램을 만든 것은 1992년 로널드 레이건 전 미국 대통령을 기념하기 위한 '로널드 펠로우'에 이어 두 번째 있는 일이었다.

헤리티지 재단 측은 정주영 명의의 펠로우십 프로그램 창설 배경에 대해 "아시아의 위대한 지도자로서 기억되고 존경받을 만한 인물을 원했는데 정 회장이 바로 그런 인물이며, 한국의 성공담을 세계에 알리는 데 앞장서 온 20세기가 낳은 인물이기 때문"이라고 설명했다.

1998년 미국의 오레곤 대학 리차드 스티어스 교수는 경영학자의 시각으로 쓴 정주영의 전기 『Made in Korea-Chung Ju Yung and the Rise of Hyundai』를 출간해 화제가 되었다. 이 책의 서문에서 그는 "미국의 기업 영웅에 대한 저서는 방대한 반면, 새로운 국제 시장에서 치열한 경쟁을 벌이고 있는 다른 세계에 있는 기업과 기업 지도자들에 대한 지식은 거의 전무한 형편"이라고 전제하고 "이 책은 다른 세계의 기업가에 대한 연구이다"라고 기술했다.

최근 국내에서는 서울대학교를 비롯한 몇몇 대학교에서 '정주영학'이란 과목을 설치하고 강의를 하고 있는데 학생들에게 인기가 높은 과목으로 떠오르고 있다고 한다.

이러한 현상은 기업인 정주영이 전 세계 기업가들에게 모범이 될 만한 요소를 많이 지닌 기업가라는 것과 또한 학문적으로 연구 분석할 가치가 있는 뛰어난 기업가라는 것을 증명하는 일일 것이다.

피터 드러커는 정주영과의 대담에서 그를 위대한 기업가로 추켜세우며 정주영이 새로운 기업가 모델을 창조했다고 말하기도 했다.

"지금 정회장께서 저를 경영학의 태두라고 불러주셨는데, 참으로 과분한 말씀입니다. 오히려 정회장을 뵈니 부끄러울 따름입니다. 우선 저는 2차 세계대전 이후 세계 각국의 경제 성장 모델을 분석하고 그 미래를 전망했지만 한국처럼 2차 세계대전과 6.25 한국 전쟁이라는 두 개의 큰 전쟁을 치르고도 급성장한 독특한 모델에 대해서는 충분히 알지 못했던 것이 부끄럽습니다. 또 이런 전후의 황무지 속에서 한강의 기적을 이룬 한국 경제를 선두에서 이끈 정주영 회장과 같은 아주 독특하고 위대한 기업경영 모델에 대해서도 역시 연구를 못했습니다."

북한에서도 존경받는 정주영

정주영의 소떼몰이 방북으로 시작된 남북협력사업은 국내 정치권과 재야, 그리고 운동권 사회에 많은 충격을 주었다. 이윤만 추구하는 재벌로만 인식했던 정주영이 남북협력에 선구자적인 역할을 할 수 있다는 것이 믿기지 않았다. 정주영이 소떼몰이 방북이란 이벤트를 연출했을 때 연로했어도 그의 역발상이 여전하구나 하고 느꼈던 사람들도 그의 진정성을 백퍼센트 믿은 것은 아니었다.

하지만 정주영은 남북협력사업을 이윤 추구만을 위해서 벌여나가지 않았다. 그가 현대라는 기업을 일구고 이 나라의 대표적인 재벌이 되는 과정에서 벌어진 일의 공과(功過)야 여러 가지 해석이 가능하겠지만 금강산 관광, 개성공단 사업으로 이어지는 남북협력사업은 엄청난 적자가 이루어지는 동안에도 지속적으로 진행되어서 국내는 물론 북한 사회에서도 많은 충격을 주었다. 어느 언론의 기사에는 정주영이 평양에 세운 정주영체육관을 지나가던 북한 주민의 인터뷰 기사가 이렇게 나와 있다.

"정주영 회장은 비록 노동자를 고용해서 돈을 번 부자 출신이지만, 민족사업에 많이 공헌했으니, 북쪽에서도 그의 뜻을 높이 평가하지요."

남쪽의 대표적인 자본가가 사회주의 국가 북한에서도 칭송을 받으니 참으로 신기한 일이 아닐 수 없다. 기업인으로서 정주영만큼 남북화해와 협력에 기여한 사람은 없다. 그는 아마도 훗날 남북분단을 막기 위해 단신으로 북쪽을 찾았던 김구 선생에 버금가는 평가를 받는 인물로 남을지 모른다. 더구나 그의 사업을 이어받았던 후계자 정몽헌이 대북 사업 때문에 자기 목숨까지 던진 것을 생각하면 말이다.

정주영, 그는 성공한 사업가에서 위대한 사업가로 남은 것이다.

참고문헌

1. 『시련은 있어도 실패는 없다』, 정주영, 제삼기획, 2001년 5월
2. 『이 땅에 태어나서: 나의 살아온 이야기(개정판)』, 정주영, 솔, 2015년 4월
3. 『峨山 鄭周永語錄 아산 정주영 어록』, 편집부 편, 삼련서점, 2002년 5월
4. 『5대 그룹 총수의 성격분석 보고서』, 임승환, 중앙m&b, 1998년 9월
5. 『아산 정주영의 기업가정신과 창업리더십』, 정대용, 삼영사, 2007년 1월
6. 『정주영 경영정신: 단순해서 아름답다! 무모해서 강력하다!』, 홍하상, 바다출
   판사, 2006년 3월
7. 『이병철 VS 정주영』, 홍하상, 한경비피, 2004년 1월
8. 『기업가의 탄생: 이병철 · 정주영 · 김우중을 통해 본 기업가의 심리와 자격』,
   김태형, 위즈덤하우스, 2010년 11월
9. 『이봐, 해봤어?: 시련을 사랑한 정주영』, 박정웅, FKI미디어, 2007년 3월
10. 『세기의 도전자, 위기의 승부사 정주영 〈이봐, 해봤어?〉』, 박정웅, 프리이코
    노미북스, 2015년 1월
11. 『한국 경제의 거목들: 5대 그룹 창업가들의 기업가정신 연구』, 김한원 · 이
    병준·박재용·서동원·손용석·임형록·삼우반, 2010년 4월
12. 『이기는 정주영 지지 않는 이병철』, 박상하, 무한, 2009년 4월
13. 『정주영 집념의 승부사 정몽구 결단의 승부사』, 박상하, 무한, 2011년 3월
14. 『창발전략경영혁신과 리더십: 삼성 이병철 회장과 현대 정주영 회장 창발전
    략경영혁신모형』, 천대윤, 삼현출판사, 2012년 10월
15. 『정주영, 희망을 경영하다: 우리 시대의 거인』, 조상행, 바이북스, 2012년
    6월
16. 『결단은 칼처럼 행동은 화살처럼 : 정주영의 기업가정신(개정판)』, 권영욱,
    아라크네, 2013년 5월
17. 『불굴과 도전의 정주영의 5가지 경영 정신』, 전도근, 북오션, 2015년 1월
18. 『영원한 도전자 정주영: 20세기의 신화 정주영에게서 찾는 한국의 미래』,
    허영섭, 나남, 2015년 6월
19. 『정주영 경영을 말하다: 시대를 초월한 세기의 기업인』, 현대경제연구원,
    현대경제연구원books, 2011년 3월